征信体系构建
制度选择与发展路径

The Construction of Credit Reporting System

Institution Option and Development Path

王晓明◎著

中国金融出版社

责任编辑：亓　霞　任　娟
责任校对：张志文
责任印制：程　颖

图书在版编目(CIP)数据

征信体系构建：制度选择与发展路径（Zhengxin Tixi Goujian：Zhidu Xuanze yu Fazhan Lujing）/ 王晓明著. — 北京：中国金融出版社，2015.8

ISBN 978-7-5049-8045-8

Ⅰ. ①征…　Ⅱ. ①王…　Ⅲ. ①信用制度 — 研究 — 中国　Ⅳ. ① F832.4

中国版本图书馆CIP数据核字 (2015) 第156122号

出版发行　中国金融出版社
社址　北京市丰台区益泽路2号
市场开发部　(010) 63266347，63805472，63439533(传真)
网 上 书 店　http://www.chinafph.com
(010) 63286832，63365686 (传真)
读者服务部　(010) 66070833，62568380
邮编　100071
经销　新华书店
印刷　天津市银博印刷集团有限公司
尺寸　185毫米×260毫米
印张　27
字数　395千
版次　2015年8月第1版
印次　2015年11月第3次印刷
定价　68.00元
ISBN 978-7-5049-8045-8/F.7605

序　言
Preface

推动中国征信体系深化发展

党的十八届三中全会提出要“建立健全社会征信体系”，2014 年国务院印发的《社会信用体系建设规划纲要（2014—2020 年）》中也将征信体系建设作为重要内容。征信体系是社会信用体系建设的核心内容，是政务诚信、商务诚信、司法公信和社会诚信实现的重要保障。推动中国征信体系深化发展，建立“守信激励、失信惩戒”机制，对于改善市场信用环境、降低信用交易成本、建立良性市场经济秩序、保持经济金融稳定运行具有重要意义，对于提升社会信用意识、建设良好信用文化、创新社会治理、转变政府职能具有重要作用。

中国征信体系深化发展的历史背景

现代中国征信体系起源于改革开放之后，当时的经济背景是存在大量银行不良贷款、企业“三角债”，授信活动面临严重的信息不对称，信用文化缺失严重。其间出现了一些市场化征信机构，但是，因为公信力有限、信息环境不透明等原因，发展速度一直较慢，行业规模较小，覆盖地域有限。近两年来，随着《征信业管理条例》的出台、互联网大数据征信的崛起和市场化征信机构数量的增长，这一状况开始转变。

在银行信贷领域，人民银行按照党中央、国务院的部署，在推动银行业改革时，同步推动征信系统建设，在2006年完成全国集中统一的企业和个人征信系统建设（金融信用信息基础数据库）并实现全国联网运行。截至2015年3月底，企业征信系统共收录法人及其他组织2060万户，2015年前3个月日均查询23.6万次；个人征信系统共收录8.62亿自然人，2015年前3个月日均查询153.2万次。

中国征信体系发展应坚持市场化道路

目前，全国统一的企业和个人征信系统已经奠定了中国征信发展的基础。在繁荣征信市场发展方面，需要依靠市场化征信机构，坚持市场导向，使市场在资源配置中起决定性作用，发展各类征信机构，通过市场机制作用，引导创新征信产品与服务，为社会提供多样化的征信服务，满足社会多层次、全方位、专业化的征信需求。

坚持市场化道路，也意味着要允许各类征信机构充分发挥自己的相对竞争优势，进行差异化发展，不要期望由政府出面建立能够包罗万象、囊括各类信息的大一统的信息系统，这不符合市场经济规律，将会遇到管理瓶颈的约束，也会阻碍征信市场的发展，影响征信效率的提升。国外实践也已证明，无所不包的全面征信只是一个理想状态，而差异化发展的道路才是征信业发展的一种常态。

中国征信体系应完善信息基础与制度环境

公共信息具有重大的商业价值，是征信机构的重要信息来源。公共部门在推动公共信息公开中应有底线思维，每个公共部门应依法推动信息公开，要求是全面、及时、准确，信息可获得的便捷性高，公平对待所有主体。对数据的深加工并用于商业目的，不是公共部门职责所在，应交给市场，实现公共信息的商业化应用。

推动各个公共部门之间的信息系统互联互通是另一项重大工作。国外在这方面主要的经验是建立统一的门户网站，与所有需要信息公开的数据库相连，统一对外提供服务，如美国、英国等。中国征信体系建设方向应是在各个部门建立好自身信息系统的基础上，建立统一门户网站，与各个部门的数据库进行链接，统一对外提供信息公开服务。

商业信用信息的共享应进一步推动。目前，随着贸易领域信用活动的日益频繁和互联网信用活动的高速发展，除金融领域之外的商业信用信息数量已经成为另一类重要的信用信息来源。在中国征信体系建设中，应充分认识这一趋势，鼓励此类信息通过共享、核查等方式，在依法前提下对外应用，帮助一些没有金融信用信息的信息主体开展信用活动，进入正规金融体系。

适应新形势要求，完善信息主体权益保护。当今时代，随着互联网大数据征信的崛起，信息主体权益保护问题变得非常突出，需要我们适应新形势要求，跟上技术和业务实践发展步伐，深入研究信息主体权益保护问题，尤其是要加快个人隐私保护立法工作，在信息流通与隐私保护之间寻求合适的平衡点，防止个人信息滥用。另外，要依法加强监管，规范征信机构业务活动，确保信息主体权益不受侵犯。

全国集中统一的企业和个人征信系统作为国家一项战略性制度安排，需要进一步完善，包括进一步拓展金融信用信息，实现对金融领域授信活动的全覆盖；根据金融机构的授信需求，按照重要性原则、信息质量原则，稳定丰富数据源；进一步开展多元化征信服务，丰富征信产品系列，满足市场需要；做好服务渠道建设，改善用户体验，提升服务效率等。

反思与超越：寻找前进的方向

中国征信体系已经历经20多年的发展历程，当前，急需对一些重大的发展问题进行总结、反思，站在历史、国际的视角，思考未来的发展道路。王晓明博士撰写的这本专著，对中国征信体系发展面临的一些重大问题进行了认真思考，对于我们正本清源、全面系统地去分析当前中国征信体系发展面临的问题具有重要的启迪。

晓明博士深入分析了征信制度模式选择，明确提出了中国应走的征信发展之路，具有重要政策意义。作者对当前征信市场主体——征信机构的发展也进行了全面分析，指出在全面征信理念下为什么最终征信机构的发展仍然是差异化的原因，这也是我们构建有序竞争、差异发展、相互补充的征信机构体系的重要理论基础。

晓明博士重点分析了征信机构的数据基础、产品形态、服务渠道等，结合自己多年从事征信系统建设、运行和管理经验，运用逻辑与事实相结合的方法，进行了深入的分析，包括征信机构数据征集的原则、内容和环境，征信产品的开发理念、产品体系和产品需要解决的问题，征信服务的渠道如何构建以及当前中国在渠道建设方面领先全球的经验等。

难能可贵的是，晓明博士并没有仅仅局限于传统征信范畴，而是以开放的心态，全面、系统地分析了可替代数据、互联网大数据等新型的征信业态，对这些新型征信业态的发展进行分析，并作为重要的方向进行研究，指出了这些新型业态的生命力。

在当前经济全球化的时代背景下，征信合作与数据跨境流动也是征信行业的重大发展课题。作者对此进行的一些探讨，有的建议可以落实为政策举措，有的建议可以作为征信机构间实现数据跨境流动的现实操作路径。

信息主体权益保护是征信行业发展中的重要一面，征信行业一直是在信息共享与信息主体权益保护的动态平衡之中前行的。晓明博士深入分析了征信机构的义务和责任，指出征信机构在发展中应适应信息主体权益保护的变化，并进行适时调整。

最后，晓明博士也在思考中国征信体系发展的未来，包括大数据征信、信息共享的新突破、征信领域的技术创新、全国集中统一的企业和个人征信系统建设及发展定位等，基本覆盖了中国征信体系深化发展的一些重要核心内容，对推动中国征信体系发展具有很好的借鉴意义。

当前，中国征信环境正在发生很大变化，尤其是互联网大数据在中国的迅速发展和互联网金融的突破性发展，已经引起全球关注。随着从国家层面推动的大众创业、万众创新高潮到来，社会公众创业激情已经点燃，征信领域也不例外。让我们积极参与其中，一起为中国征信体系的完善而努力，共同建设中国征信市场的美好明天！

潘功胜

中国人民银行副行长

2015 年 5 月于北京

目　录

Contents

第一章

征信制度模式与我国实践

全国统一的企业和个人征信系统（即金融信用信息基础数据库，简称征信系统）建设始于 1992 年的贷款证制度，建设历程至今已有 20 多年。在发展过程中，我国征信系统建设者充分利用后发优势，借鉴国外征信体系建设经验，慎重选择征信制度，走出了一条具有中国特色的征信体系发展之路。目前，征信系统已经成为我国重要的金融基础设施，在我国征信市场上发挥着基础性作用。通过回顾征信市场发展过程，分析国外征信制度的不同类型、各国不同征信制度的选择动因、最优征信市场规模和结构的确定等，对于我们加深对全国统一的企业和个人征信系统建设与我国征信市场发展方向的理解大有裨益。

第一节　征信发展及相关概念

一、征信的起源与发展

我国最早的“征信”一词出自《左传·昭公八年》：“君子之言，信而有徵，故怨远于其身；小人之言，僭而无徵，故怨咎及之。”其中，“信而有徵”的含义是“诚实可信，可以证明”。真正伴随信用经济而开展的征信活动在清朝末年已经起源（主要是一些钱庄开展此项活动）。在民国初年，随着银行体系的建立，我国最早的征信制度在上海开始逐步建立，主要从事资信调查活动。

在英语世界中，“征信”一词有多种表述形式，包括“Credit Checking”、“Credit Investigation”、“Credit Inquiry/Enquiry”、“Credit Reference”、“Credit Reporting”等，不同的用法往往针对不同的征信子行业，主要包括资信调查与信贷登记两种。西方主要国家的征信活动最早起源于 19 世纪初英国的裁缝行业。1830 年世界上第一家征信公司在英国伦敦诞生。时隔七年，1837 年美国第一家征信公司诞生。

考察征信行业的发展历史，可以发现征信行业的发展有三条主线：第一条主线是沿着贸易信用领域征信发展，主要集中在企业征信方面，以 1849 年就已经成立的邓白氏公司（Duns & Bradstreet）为代表，主要从事企业资信调查工作，服务于贸易信用领域；第二条主线是沿着金融信用领域征信发展，主要集中在个人和小微企业金融征信方面，最早起源于 1860 年在美国纽约布鲁克林成立的第一家个人征信机构，目前以益博睿（Experian）、环联 (Tranunions)、艾克飞 (Equifax)、科瑞富 (Crif) 为代表，全球发展，主要服务于消费信贷和小微企业信贷领域；第三条主线是中央银行或金融监管当局成立的公共征信系统，主要是从防范系统性风险的角度出发，收集金融机构的信贷信息，用于监控金融机构授信风险，也为金融机构提供征信服务，以 1934 年第一个成立于德国的公共征信系统为代表，发展至今全球已有 80 多个国家有了公共征信系统。

我国征信行业的发展曾经出现过较长一段时间的中断，改革开放后，随着信用经济的发展，20 世纪 80 年代征信活动重新出现，最开始是沿着第一条主线展开的，出现了一批从事企业征信的机构，主要是在一些发达城市从事资信调查活动。时至今日，规模不大，发展较慢。从 20 世纪 90 年代初期开始，人民银行开始推动金融信用领域征信，第二条和第三条主线启动，1997 年开始建设银行信贷登记咨询系统，1999 年个人信贷征信在上海试点，2006 年建成全国统一的企业和个人征信系统。近年来，我国征信行业发展开始加快，2013 年《征信业管理条例》正式发布实施。2013 年底至 2015 年 3 月底，已经有 60 多家企业征信机构获得牌照。2015 年初，8 家机构开始个人征信业务的准备工作。

二、征信及相关概念

"征信"一词的含义在我国存在一些不同的理解，并且与诚信、信用、授信、受信、社会信用体系等概念密切相关，导致在现实交流中，人们往往不是在同一个语境中进行对话，影响了交流开展与行业发展。我们需要站在征信业发展视角，立足征信活动本质，清晰界定各个词语的含义及其与征信的联系与区别。

（一）诚信与信用

诚信中的"诚"即诚实诚恳，"信"即信用信任，两个字合在一起的含义是诚实无欺，为别人所信任，描述的是一个人的道德品质，属于道德范畴，违反诚信原则，可能会受到法律的惩罚，也可能不会受到法律的惩罚。"诚信"一词不仅适用于经济活动，而且广泛适用于人与人之间交往的任何领域，包括社会、经济、政治、法律制度以及意识形态等领域。

信用是指在交易的一方承诺未来偿还的前提下，另一方向其提供货币、商品或服务的行为。如果能够正常履行承诺，反映在主体身上就是讲信用。因此，信用属于经济范畴，受契约规范，不仅反映交易主体主观上是否诚实守信，也反映其是否有履行承诺的能力。即使交易主体有偿还债务的主观愿望，但因经营不善偿还不了债务，也就没有信用。

这里，道德范畴的诚信与经济范畴的信用既有联系，又有区别。联系主要表现在：诚信之人，只要具备履约能力，一定会讲信用，遵守契约。区别表现在：诚信之人，不具备履约能力，可能不会遵守契约，没有能力履行信用责任；不诚信之人，具备履约能力，怕受到法律制裁，也可能会履行信用责任。

因此，道德范畴的诚信更关注一个人的道德品质，是对一个主体性格、品质的刻画；经济范畴的信用更关注信用活动的客观结果。但是，这两个概念不能割裂开来单独看待，因为经济领域的行为与非经济领域的行为是可以相互影响、相互作用的，非经济领域行为可以直接影响到经济主体在经济领域是否能够做到遵守信用，如公民和企业是否遵纪守法等，反之亦然。因此，当从宏观层面来考虑一个国家的信用环境建设时，所考虑的范围已经不再是单纯经济领域的信用行为，而是将非经济领域的诚信行为也一并考虑在内。诚信与信用的关系如图 1–1 所示。

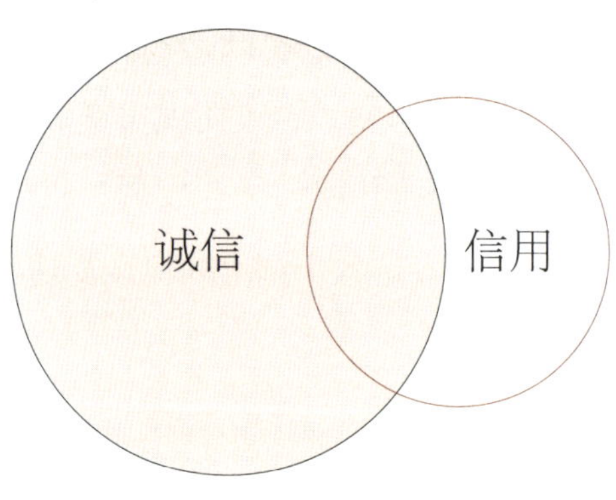

图 1–1　诚信与信用的关系

（二）授信与受信

授信是指资金盈余方（或信用担保方、商品供给方等，下同）直接或间接面向资金短缺方（或者商品赊销方等，下同）提供资金（或担保、商品等），以在一定期限内一次或分期偿还本金及利息为代价（或者是通过赊销赊付等贸易信用行为促进贸易活动开展）。这里的资金盈余方可以是法人或自然人，也可以是金融机构或非金融机构等；资金短缺方可以是法人或自然人，也可以是金融机构或非金融机构等。授信的载体主要有贷款、贸易融资、票据融资、融资租赁、信用证、保函、保理、票据贴现、垫款、担保、债券、贷款承诺、商品等，既包括表内业务，也可以包括表外业务。

受信与授信是严格对应关系，是指资金短缺方接受资金盈余方提供的资金、担保或商品的行为，以有偿为代价。两个概念一定是一起出现，有资金盈余方给予的授信，就有资金短缺方的受信。资金盈余方称为授信方，资金短缺方称为受信方，两类主体之间开展的资金借贷或商品赊付等行为称为授信活动，或者是信用活动。从范围看，这个概念的范围较大，既包括金融领域的授信活动，也包括非金融领域的授信活动，因此，当分析的范围包括这两个领域时，使用这一对概念比较方便。授信与受信的关系如图 1–2 所示。

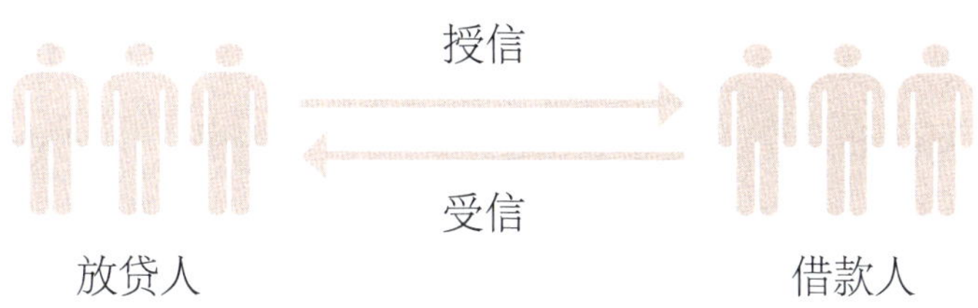

图 1–2　授信与受信的关系

（三）征信与社会信用体系、征信体系

1. 征信

“征信”一词含义丰富，在华人世界里，这一词有时被用于不同的情境。根据《国际贸易金融大辞典》的释义，“征信”一词与“Credit Reference”、“Credit Enquiry（Inquiry）”相对应，又称信用调查，是指交易双方在未正式进行交易前，或银行在对客户进行正式授信前，为确定对方的履约能力所做的有关对方信用情况的调查。信用调查的方法有委托往来银行代为调查、对交易对手提供的信息（银行或商业信息）进行验证、委托征信机构调查、委托商会等调查。

在美国《公平信用报告法》中，并没有对什么是征信进行界定，而是采用英美国家惯常的做法，直接对个人信用报告进行界定，经营信用报告的业务即为征信业务。在中国香港，根据《个人信贷资料实务守则》及其他规定，将征信称为信贷资料服务（信用信息服务），是指提供编制及／或处理企业或个人资料（包括信贷评分）的服务，藉以向信贷提供者为信贷目的及执行任何与信贷交易直接有关的职能，提供信贷资料信息及一些衍生信息。这里，这一定义有严格指向，并不包括资信调查领域。

2013 年我国实施的《征信业管理条例》中，对征信做了明确界定，是我国最为权威的官方定义。其中，征信是指对企业、事业单位等组织（以下统称企业）的信用信息和个人的信用信息进行采集、整理、保存、加工，并向信息使用者提供的活动。

这里需要指出的是，征信本身不是信用，而是提高信用水平的手段和工具。征信主要是通过专业化机构的活动，将能反映主体信用的信息收集起来，经加工、整理、分析后提供给客户，帮助客户了解信息主体的信用状况。这里收集的信息，主要是企业和个人在经济领域活动的信用记录，也包括一些能影响经济领域行为的非经济领域信息，如司法判决信息等。当我们将征信的目的进一步扩大，服务于建设整个社会良好的信用环境、营造诚实守信的社会氛围时，可以将信息的收集范围拓展得更宽。

2. 社会信用体系

社会信用体系是为促进社会各方诚实守信、遵纪守法、遵守契约而进行的一系列制度安排的总称。根据我国《社会信用体系建设规划纲要（2014—2020年）》所做的界定，社会信用体系以法律法规、标准和契约为依据，以健全覆盖社会成员的信用记录和信用基础设施网络为基础，以信用信息合规应用和信用服务体系为支撑，以树立诚信文化理念、弘扬诚信传统美德为内在要求，以守信激励和失信约束为奖惩机制，目的是提高全社会的诚信意识和信用水平。

社会信用体系主要包括社会信用法律法规和标准体系、信用信息共享与公开机制、征信机构与市场、信用监管体制、信用教育与宣传等内容。

社会信用法律法规和标准体系是社会信用体系建设的重要保障，主要包括个人数据保护、商业秘密保护、征信法规建设、政府与司法信息公开等方面的法律法规，以及信用行业的标准体系建设。

信用信息共享与公开机制是一国信用体系建设的核心，是降低信息不对称、提高透明度、防范信用风险、营造良好信用环境的重要手段，主要内容包括贸易信用信息、金融信用信息的共享，政府信息的公开，司法信息公开等。随着互联网技术的发展，一些机构拥有的网上行为信息（包括社交信息、浏览信息、电子商务流水信息、供应链信息等）也开始逐渐成为重要的共享内容。

征信机构和征信市场是社会信用体系建设的重要基础，是促进信息共享与公开、推动信息使用和对外服务、降低信息不对称、服务实体经济和金融的重要主体和场所。征信机构主要包括公共征信机构和私营征信机构，对外提供征信服务，也为金融监管和宏观管理服务。征信市场是征信机构开展征信活动的场所，涉及征信机构、信息提供者、信息使用者、信息主体等众多利益相关方。

信用监管体制是对一国社会信用体系建设进行整体宏观管理的制度安排，既包括对信息主体权益保护的监管，也包括对信息共享与公开的监管；既包括对征信机构的监管，也包括对信息提供者和使用者的监管，涉及范围广。各个国家在这方面的安排存在较大差异。例如，在美国，联邦贸易委员会、消费者金融保护局、美联储等都有部分管理职责；在英国，英格兰银行、金融行为监管局、信息专员办公室等履行管理职责；在我国，征信监管体制是信用监管体制中重要的部分，由中国人民银行履行监管职责。

信用教育与宣传在一国社会信用体系建设中居于重要地位，通过教育与宣传，可以让信守诺言、践行约定的道德风尚、习俗在人类生活的各个领域，尤其是在经济领域得以树立，广为传播，成为社会意识的一个重要组成部分。在英美等国，均有针对社会公众的信用教育与宣传。

3. 征信体系

征信体系是社会信用体系的一部分，是社会信用体系的核心。征信体系是关于征信机构进行信息采集、加工、分析和对外提供信用信息服务的一系列制度性安排，包括一国征信制度的确立、征信法律体系的建立、信息的采集和加工、征信机构和征信服务、征信监管、信息主体权益保护、征信宣传与知识教育等。

正如在社会信用体系建设中所分析的，征信体系是社会信用体系的重要组成部分，比社会信用体系概念的内涵要小一些，但是，却在社会信用体系建设中居于核心地位。可以说，没有良好的征信体系，就没有良好的社会信用体系。从具体内容看，两者的内涵呈现出包含与被包含的关系。例如，在社会信用体系建设中，关于公共信息公开、个人数据保护等方面的法律往往不是仅仅针对征信行业的，而是适用于更大的行业和范围；在信息的采集和运用中，政府部门推动信息的归集与公开是其信息依法公开的范畴，是打造透明政府、保证政府诚信的重要内容，与征信无关，征信机构只是使用公共信息的一个主体而已，还有大量的非征信机构也在使用公共信息改善自己的服务。征信体系主要围绕征信机构的业务活动来构建整个体系，使用的范围仅仅限于征信领域。征信体系建设的主要内涵是规范征信业务发展，保障信息主体权益，保证市场良好运作，其中涉及各利益相关方，包括授信方、受信方、监管者、政府部门等，而这些也是社会信用体系建设的重要内容。因此，无论从什么视角观察，征信体系都是社会信用体系最核心的部分，离开征信体系建设，社会信用体系建设就没有了核心内容，很难实施下去。

三、征信的作用

征信的本质是实现信息分享，全面反映信息主体的信用状况。征信的作用是建立在这一本质之上的，核心作用是解决信息不对称，帮助对信息主体的信用状况进行正确评估。但是，评估征信的具体作用，需要我们站在不同的视角来考察，方能全面准确：一是站在信息使用者的角度来考察征信的作用，二是站在信息主体的角度来考察征信的作用。其中，站在信息使用者的角度来考察征信的作用又可以按照信息使用者的种类不同而进一步区分，包括金融机构、商贸企业、政府部门、监管机构等。

（一）征信对授信方（包括金融机构、商贸企业等）的作用

1. 降低逆向选择

这是从微观层面来看的作用之一。授信市场上的逆向选择表现为：在信用交易过程中，在信息不对称情况下，由于受信方的信用不为授信方所获得，授信方很难对受信方的信用状况作出评价，而高风险的受信方可能会进行信用造假，或者愿意承担高利率贷款，授信方如果选择了这些高风险受信方，将会面临“劣币驱逐良币”现象，导致授信方作出逆向选择的决定。

在应对这一挑战上，授信方的选择不是很多。为了防止这一现象发生，授信方往往会进行信息共享，即开展征信活动，充分践行“我为人人，人人为我”的理念。现实中，无论在商贸领域，还是在金融领域，均有联合起来进行信息共享的案例。另外，征信机构也可以发挥其主观能动性，进行主动征信，开展资信调查，帮助授信方了解受信方的信用状况。

国外理论研究表明，征信活动能使授信方了解受信方的信用状况，有效识别信用风险大小，从而比较准确地预测还款概率，有利于实现对贷款对象的优化，减少逆向选择。

2. 防范道德风险

该作用也是微观层面上的问题。授信市场上的道德风险是指授信方与受信方签订契约之后，当主观意愿违约与没有履约能力难以区分时，可能会出现如下情况，即受信方虽然有能力偿还，但宣称自己没有能力偿还，从而出现贷款违约，最终目的是赖掉这笔贷款。一旦出现这种情况，授信方将不可避免地遇到道德风险这一难题。

为了解决这一难题，授信方可以做的选择主要有：一是进行贷前调查，充分了解受信方以前的履约历史，并不刻意去区分主观故意，还是没有履约能力；二是可以将受信方与自己的信用交易信息与其他授信方进行共享，或者通过征信机构，在更广泛的范围内实现信息共享，从而发挥“守信激励、失信惩戒”机制的作用，让受信方违约之后，今后将在社会上无法立足，从而有效避免道德风险的发生。

3. 准确进行风险定价

衡量授信方管理信用风险能力的重要指标是风险定价，而准确进行风险定价需要充分的信息支持，需要对受信方的信用历史进行全面的了解，才能基于这些信息，建立风险定价模型，进行精确测量。

在信息不对称的情况下，没有信息支持，要想对受信方的某一笔授信进行准确的风险定价是不可能的，授信方能够采用的重要措施之一是风险溢价，即通过收取高于均衡利率的价格，对授信进行定价，从而防范信用风险。这一做法看似对授信方有利，其实不然，因为这种做法很容易导致逆向选择和道德风险的发生，影响信用交易活动的开展，最终没有赢家。

征信可以有效促进信用信息的共享，在全面征信情况下，可以比较准确地反映受信方的历史信用状况，便于授信方基于受信方全面的信用状况，进行准确的风险定价。

4. 避免出现信贷配给

信贷配给是一个重要的经济学现象。传统经济学认为，在完全信息和零交易费用的前提下，利率会自动调节信贷资金的供求，使市场价格处于均衡状态。但是，在信息不对称的情况下，授信方自愿将贷款利率确定在市场出清利率以下，而造成信贷供给不能满足信贷需求的情况，称为信贷配给。

当然，造成信贷配给的原因有很多，比如政府管制、不确定性、不对称预期、信息不对称等。其中，信息不对称是一个非常重要的原因。信息不对称导致信贷配给的理论逻辑是：在信息不对称的情况下，由于逆向选择、道德风险、授信方监控受信方存在成本等原因，授信方在发放贷款时比较谨慎，宁愿将利率控制在出清利率之下，也不愿意完全满足市场的信贷需求，以控制风险，防范逆向选择、道德风险等可能带来的损失，从而造成信贷配给。

征信的重要作用就是解决授信市场的信息不对称，帮助授信方全面了解受信方的信用状况，在降低逆向选择、防范道德风险的同时，也将有效避免信贷配给对经济的影响，从而实现授信市场均衡发展，推动信贷市场发展。

（二）征信对政府部门履职的作用

征信对政府部门（这里包括司法部门、监管机构）的作用体现在两个方面：一是帮助政府部门作为民事主体参加信用活动，如政府采购、人员招聘等，政府部门作为信息需求方出现，了解受信方信用状况，避免出现逆向选择和道德风险；二是帮助政府部门履职，这是在政府部门依法履职过程中征信可以发挥的作用，本部分重点探讨这一作用。

1. 帮助政府部门依法履职

政府部门在依法履职过程中，有时需要了解被执法对象的信用状况。例如，政府部门在纳税、环保等方面有时需要征信的帮助，司法部门在依法审理案件的过程中有时也需要征信的帮助，金融监管部门和宏观经济管理部门（如美联储、中国人民银行、英国金融行为监管局等）在宏观审慎监管和对金融机构进行监管时也需要征信的帮助。

征信为政府部门依法履职提供的征信服务主要包括信用报告服务、信贷市场统计分析、金融机构信贷资产质量分析、验证商业银行内部评级模型等。提供服务是依法进行的，必须有法可依，才能进行提供，不需要进行授权。对于中观和宏观数据，征信可以在收集的信息基础上运用统计的方法获得，支持金融监管部门和宏观经济管理部门的监管，防范系统性风险。

2. 帮助政府部门联合奖惩

在征信活动中，除了授信信息外，有些公共信息也与信息主体的信用相关，或者影响到信息主体的信用状况，因此在征信过程中，往往也采集公共信息，如工商注册登记信息、纳税信息、法院判决信息和执行信息、企业和个人破产信息、行政奖惩信息等。

这些信息通过征信平台进行共享，可以有效发挥其作用，帮助推动这些公共信息在经济领域、社会领域等方面的应用，充分利用全社会力量，真正在全社会范围内形成“守信激励、失信惩戒”的机制，帮助政府部门扩大信息的应用范围，发挥信息的作用，从而促进政府部门履职效力的提升。

（三）征信对信息主体的作用

征信对信息主体的作用主要表现在如下几个方面：一是通过展示自己的信用状况，获得在社会上的“经济身份证”，帮助信息主体公平、公正地参与到信用交易活动中去；二是可以发挥法律约束作用，避免信息主体过度负债，影响自身在社会上的经济活动及其他社会活动。

1. 帮助信息主体获得公平信贷机会

每一个企业和个人，在社会上开展信用交易活动时，都有公平获得信贷的权利，这一权利有时因为各种主客观因素，往往不能得到满足，尤其是弱势群体，容易受到歧视，因此，一些国家出台了一些法律，来保障信息主体公平获得信息，尤其是加强了对个人的保护。

研究已经表明，在没有征信的情况下，授信机构为了防范风险，可能会对信息主体征收较高的利率，这样就产生了对客户的掠夺行为；反过来，客户面对过高的利率，正常履约的意愿会降低，导致违约发生。这样一对矛盾发展到最后，会导致信贷市场正常运行受到影响。因此，征信通过信息共享，可以将信息主体的信用状况准确、完整地展现在授信机构面前，让授信机构全面了解信息主体，便于授信机构作出正确的判断，帮助信息主体获得公平的信贷机会，避免不能获得授信，或者授信利率过高，对其造成经济损害。

2. 帮助信息主体避免发生过度负债

征信通过信息共享，可以对借款者产生有效的纪律约束，并且这一纪律约束将清晰地为借款者所了解。借款者将会意识到，只要其出现违约，在下次申请授信时，就可能得不到授信，或者授信利率将大幅攀升。因此，为了避免受到惩罚，借款者会更加努力偿还贷款，从而降低信贷市场的违约率和利率。这一机制有效增加了借款者的还款激励，减少了逆向选择和道德风险。

研究表明，如果每个潜在的授信机构不能确切知晓借款者从其他授信机构已经或者能够获得的授信信息，则放贷者将面临很大的风险。从信用风险评估角度看，一个借款者的风险大小依赖于他到期时的负债总额。如果授信机构不了解借款者从其他机构获得的授信信息，借款者就会有过度借贷的动机。因此，正是通过征信的信息共享，有效杜绝了借款者同时向好几个授信机构申请信贷并获得授信的情况，避免了信息主体的过度借贷行为，产生了对借贷者的纪律约束。

第二节　征信制度模式

从全球视角观察，征信制度模式主要可以分为三种类型：市场主导型征信制度模式、政府主导型征信制度模式、政府与市场共同推动型征信制度模式。一国选择征信制度模式，需要综合考虑经济、金融、政治、历史、文化等多种因素。

一、市场主导型征信制度模式

（一）市场主导型征信制度模式的内涵与产生基础

市场主导型征信制度模式是指征信业发展以社会化征信机构为主导，运行机制以商业化运作为目标，征信业务运作以自愿和契约为主要原则，政府部门的主要职责是保护信息主体权益、规范征信市场发展的一种制度安排。

在市场主导型征信制度模式下，信息共享有两种方式：一是由会员自发组成信息共享联盟或集团，信息只在本联盟或集团内共享，只服务于会员机构，不以盈利为目的，信息仅限于会员提供的信息；另一种是由征信机构作为独立第三方提供征信服务，不仅服务于信息共享会员，还服务于其他任何第三方，信息覆盖范围广泛，以盈利为目的。从发展趋势看，后者的竞争力更强，更适应大国经济、具有高度流动性的经济体。

由于现实世界的复杂性，一个制度往往是多种因素综合在一起而形成的，既有一定的必然性，也有一定的偶然性。但是，从总体来看，我们还是能够发现一些影响制度演化的因素。对于市场主导型征信制度模式而言，其产生的基础主要表现在以下几个方面。

一是需要坚实的市场经济基础。市场经济的核心是信用经济，在推动市场经济发展的过程中，为促进信用经济发展，需要发达的征信市场来支持；反过来，发达的征信市场离不开市场经济的土壤。因此，市场经济发展与征信市场发展是相伴而行、互为基础的。无论是市场主导型征信制度，还是其他征信制度，市场经济基础都是其产生的共同基础。

二是多以自由市场经济国家为主。一国选择什么样的征信制度模式，与一国对市场经济发展的主要理念密切相关。在崇尚自由市场经济的国家中，政府部门很少介入经济的实际运行中去，往往充当经济的管理者和“守夜人”角色，而征信市场也是市场经济的一部分。因此，这种类型的国家，其经济形态几乎完全是私人经济，征信业的发展也不例外，征信机构也是以社会化征信机构为主。

三是与一国的金融结构体系有一定关系。一国的金融结构体系对选择什么样的征信制度也有一定的影响。我们看到，资本市场比较发达、间接融资占比较低的国家，选择市场主导型征信制度的比例相对高一些；以间接融资为主的国家，选择完全市场主导型征信制度的比例相对较低，原因可能是随着信贷市场对一国经济重要性的增强，该国更可能会重视从政府层面推动这一领域的信息共享，以掌握信息整体情况，防范系统性风险。

（二）市场主导型征信制度模式的特点

市场主导型征信制度模式具有鲜明的特点，主要包括运营机制比较灵活、收集信息比较丰富、征信服务比较多元、响应市场需求比较快、可能存在信息分割现象、对金融监管部门服务不足等。具体如下：

一是运营机制比较灵活。市场主导型征信制度模式的突出特点是运营机制比较灵活，征信机构在公平市场环境下进行自由竞争，征信机构之间可以开展业务合作、技术合作以及股权收购、联盟等多种形式的合作，征信业态丰富，产业链体系完整。例如，在实践中，一国在征信领域可能有不同类型的征信机构；大型征信机构与小型征信机构并存；行业间的收购兼并经常发生；大型征信机构与小型征信机构之间既有竞争，也有合作，突出表现在许多小型征信机构往往作为数据中间商，为大型征信机构提供其收集到的各类信息，并收取一定的费用等。

二是收集信息比较丰富。征信的本质特征是全面反映信息主体的信用状况，社会化征信机构有充分的动力去做全面征信工作，扩大信息维度，提升信息覆盖范围。我们在实施市场主导型征信制度的国家看到，现在，征信机构虽然各自的主业存在一定的差异，但是，在信息覆盖上，都是尽其所能地采用多种形式，收集信息主体的信息，信息的覆盖面包括贸易信用领域的信息、金融信用领域的信息、公共信息等。

三是征信服务比较多元。社会化征信机构面临股东要求其盈利的压力，在征信服务上均是走多元化发展路线，充分挖掘数据价值，细分客户需求，推出不同系列的、具有自身特色和竞争力的征信服务。例如，一些征信机构既提供基础信息服务，也提供中间变量服务；既提供风险评估服务，也提供风险解决方案；既提供帮助客户的决策支持，也提供面向客户的外包服务；有些征信机构则专注于一些特殊的行业、特定的服务场景，如专注于医疗行业、提供背景调查和反欺诈服务等。

四是响应市场需求较快。这是市场主导型征信制度的一个重要特征，也是市场经济的必然要求。由于市场上存在着不同的征信机构，如果一个征信机构不能迅速地满足市场的需求，将很快被其他征信机构所取代。正是这种优胜劣汰的市场竞争的一般规律作为一只无形的手，在发挥着作用，确保了征信机构能够以客户需求为导向，建立快速反应机制。

五是可能存在信息分割现象。在市场主导型征信制度模式下，收集的信息比较丰富，但是也存在一个悖论，即在实行市场主导型征信制度的国家，征信市场往往是分割的，原因在于这些国家的征信是依靠自愿和契约来实现的，在这种情况下，很难有一个机构有能力在全国范围内的金融信用领域实现全面征信，更不用谈在贸易信用领域了。例如，在美国，目前实现的主要是消费者的金融信用征信，但即使在这一领域，三家个人征信机构中也没有一家可以宣称在全国范围内实现了对金融信用领域的全面征信，而是各有特色和侧重，这正是三家个人征信机构推出三合一信用报告的重要原因。

六是对金融监管部门服务不足。这里的金融监管部门包括宏观审慎管理部门，如一些国家的中央银行等。整体来看，由于市场导向型征信制度国家的征信机构是市场化机构，往往以利润为导向，在整个系统的设计、信息采集等方面往往不是从金融监管部门的需求出发来考虑的，而是面向授信机构的征信需求提供服务的，导致金融监管部门在需要一些数据支持和服务时，有些信息依靠征信机构可能无法产生，如企业信贷信息、监管部门需要监控的数据项、一些宏观统计等，只能是根据征信机构现有的数据基础来提出需求。因此，客观地说，社会化征信机构在对金融监管部门的服务方面存在一定的不足。

（三）市场主导型征信制度国家在全球的分布情况

根据征信主体的不同，征信机构可以分为企业征信机构和个人征信机构。企业征信机构的市场化程度较高，目前全球绝大多数国家均有市场化的企业征信机构。但是，需要指出的是，在国际视野中，一般而言，谈及征信机构，往往是指个人征信机构，因为个人征信机构与企业征信机构的征信模式存在较大差异。在国外，绝大多数企业作为有限责任法人，以净资产对外负责，公开其相关信息是天然的义务，企业征信机构可以从一些公开渠道进行信息的征集；相反，个人的相关信息，尤其是在消费者信贷领域，没有披露义务和要求，需要通过金融机构间的信息共享方式来促进个人信息共享。因此，国际上在谈及征信市场的市场化程度高低时，往往是以个人征信机构的市场化程度来衡量的。

根据2014年世界银行对全球189个经济体的调查结果，有个人征信机构（私营或公共）的经济体共157个，其中，只有私营征信机构的经济体有68个，有62个经济体的私营征信机构对成年人口的覆盖率在5%以上，具体情况如表1-1所示。

表 1–1　仅有私营征信机构（个人）的国家 / 地区　　单位：%

国家 / 地区名称	拥有征信机构的类型	私营征信机构对成年人口的覆盖率
澳大利亚	仅有私营征信机构	100.0
加拿大	仅有私营征信机构	100.0
克罗地亚	仅有私营征信机构	100.0
冰岛	仅有私营征信机构	100.0
爱尔兰	仅有私营征信机构	100.0
以色列	仅有私营征信机构	100.0
日本	仅有私营征信机构	100.0
韩国	仅有私营征信机构	100.0
墨西哥	仅有私营征信机构	100.0
新西兰	仅有私营征信机构	100.0
挪威	仅有私营征信机构	100.0
波多黎各（美）	仅有私营征信机构	100.0
塞尔维亚	仅有私营征信机构	100.0
瑞典	仅有私营征信机构	100.0
英国	仅有私营征信机构	100.0
美国	仅有私营征信机构	100.0
中国香港	仅有私营征信机构	96.1
中国台湾	仅有私营征信机构	87.9
哥伦比亚	仅有私营征信机构	87.0
波兰	仅有私营征信机构	84.3
希腊	仅有私营征信机构	82.5

续表 1

国家 / 地区名称	拥有征信机构的类型	私营征信机构对成年人口的覆盖率
荷兰	仅有私营征信机构	79.4
斐济	仅有私营征信机构	78.9
匈牙利	仅有私营征信机构	74.6
厄瓜多尔	仅有私营征信机构	73.0
特立尼达和多巴哥	仅有私营征信机构	67.4
俄罗斯	仅有私营征信机构	64.6
纳米比亚	仅有私营征信机构	64.3
巴拿马	仅有私营征信机构	63.0
格鲁吉亚	仅有私营征信机构	56.8
南非	仅有私营征信机构	55.4
泰国	仅有私营征信机构	52.7
哈萨克斯坦	仅有私营征信机构	51.7
博茨瓦纳	仅有私营征信机构	51.7
新加坡	仅有私营征信机构	50.8
巴林	仅有私营征信机构	48.3
乌克兰	仅有私营征信机构	48.0
沙特阿拉伯	仅有私营征信机构	47.0
斯里兰卡	仅有私营征信机构	44.5
斯威士兰	仅有私营征信机构	42.1
吉尔吉斯斯坦	仅有私营征信机构	38.2
爱沙尼亚	仅有私营征信机构	34.2

续表 2

国家 / 地区名称	拥有征信机构的类型	私营征信机构对成年人口的覆盖率
科威特	仅有私营征信机构	32.0
柬埔寨	仅有私营征信机构	29.3
委内瑞拉	仅有私营征信机构	28.7
瑞士	仅有私营征信机构	26.3
印度	仅有私营征信机构	22.4
摩洛哥	仅有私营征信机构	21.1
芬兰	仅有私营征信机构	19.6
不丹	仅有私营征信机构	18.0
乌兹别克斯坦	仅有私营征信机构	17.8
加纳	仅有私营征信机构	14.1
汤加	仅有私营征信机构	12.3
菲律宾	仅有私营征信机构	11.3
牙买加	仅有私营征信机构	10.1
摩尔多瓦	仅有私营征信机构	8.8
丹麦	仅有私营征信机构	7.8
赞比亚	仅有私营征信机构	7.3
塔吉克斯坦	仅有私营征信机构	7.0
塞浦路斯	仅有私营征信机构	6.8
瓦努阿图	仅有私营征信机构	6.8
津巴布韦	仅有私营征信机构	5.8

续表 3

国家 / 地区名称	拥有征信机构的类型	私营征信机构对成年人口的覆盖率
乌干达	仅有私营征信机构（私营征信机构对成年人口的覆盖率小于 5%）	4.9
肯尼亚	仅有私营征信机构（私营征信机构对成年人口的覆盖率小于 5%）	4.9
巴布亚新几内亚	仅有私营征信机构（私营征信机构对成年人口的覆盖率小于 5%）	3.6
苏丹	仅有私营征信机构（私营征信机构对成年人口的覆盖率小于 5%）	1.3
尼泊尔	仅有私营征信机构（私营征信机构对成年人口的覆盖率小于 5%）	1.0
坦桑尼亚	仅有私营征信机构（私营征信机构对成年人口的覆盖率小于 5%）	0.6

资料来源：世界银行 Doing Business 工作组。

二、政府主导型征信制度模式

（一）政府主导型征信制度模式的内涵与产生基础

政府主导型征信制度模式是指征信业的发展由政府部门主导，公共征信机构是征信市场的全部，没有私营征信机构，资金来源主要是财政支持和 / 或征信服务收费，征信业的运作以政府强制为原则，征信服务的主要目标是防范系统性金融风险和防范信用风险，政府承担征信管理与征信服务职责。法国是典型的实行政府主导型征信制度模式的国家。

在政府主导型征信制度模式下，也有两种征信方式：一种是由中央银行或金融监管机构代表政府直接建设公共征信系统，成立专门的部门去运作和管理；另一种是由中央银行或金融监管部门代表政府作为重要出资人，发起设立具有政府背景的征信公司，来运作征信业务。严格地说，后一种模式已经具有了一定的市场化色彩，而不是纯粹意义上的政府主导型征信制度模式。

对于政府主导型征信制度而言，其产生的基础主要有以下几个方面：

一是间接融资占主要地位。从全球金融结构的视角看，除了少数经济比较发达的大型经济体外，大多数国家或地区的金融结构还是以间接融资为主，并且即使在经济比较发达的大型经济体，间接融资也占有非常重要的地位。上文的分析已经表明，当一国金融结构中间接融资占据主要地位时，政府部门从防范系统性风险的角度出发，就有了建立公共征信机构的动力。

二是混合经济模式国家。市场经济发展到今天，在很多国家，混合经济特征明显，政府对经济的调控力量很强，在影响经济发展中扮演着重要角色，甚至在一些国家，在经济运行中就表现出私营与国有共存、互融的情况。由于政府在经济发展中具有较强的影响力，这些国家往往较容易出现公共征信机构。

三是征信行业赶超发展。随着市场经济的发展，一些新兴市场经济国家对征信服务的需求快速上升，但是，征信行业具有特殊性，往往很难找到一个权威的征信机构，能够让金融机构放心地将信息通过它进行共享，征信行业依靠市场的力量可能经过很多年也无法实现信息的大集中。在这种情况下，需要政府介入，发挥后发优势，实现赶超发展，在全国范围内推动信息共享，公共征信机构也就应运而生了。

四是征信行业的自身特性。征信行业的一个突出特征是行业经济规模不大，但社会效益巨大，该行业最大的效率就是实现信息在全国范围内的广泛共享，而行业自身的市场化运作相对处于次要地位，因此，能够实现信息广泛共享的制度模式安排，就是一个好的制度安排。在这种行业特征下，公共征信机构通过公权力的介入，强制推行信息共享，较容易实现这一目标。

（二）政府主导型征信制度模式的特点

政府主导型征信制度模式的特点也很突出，主要表现在强制进行信息共享、履行独立第三方角色（公信力）、实现监管服务与征信服务相结合、信息共享推进效率高、服务范围和内容相对较窄、市场形态单一等。

一是强制进行信息共享。在政府主导型征信制度模式下，由中央银行或金融监管机构出面，推动自身监管范围内的金融机构进行信息共享。显然，它们使用的一定是政府公权力，强制进行信息共享，这是由其服务目标所决定的，这种信息共享服务的是社会公益目标，不是以盈利为目的。

二是履行独立第三方角色。由中央银行或金融监管机构履行独立第三方角色具有天然的优势，原因在于，作为政府部门，没有自身的商业利益，不会产生利益冲突，一定会秉持客观、公平、公正的立场对待所有参与信息共享的金融机构，可以有效解决金融机构将大量涉及商业秘密的客户信息交给第三方存在的信息泄露和被不公平使用的顾虑，推动信息共享。

三是实现监管服务和征信服务相结合。自公共征信机构诞生以来，服务于宏观审慎管理和微观金融监管、防范金融体系的系统性风险、维护金融体系稳定一直是其重要的目标。随着不断发展，公共征信机构的服务目标也在进一步拓展，许多公共征信机构一直在利用数据优势，充分发挥数据资源作用，面向金融机构和社会各方提供征信服务，推动金融领域信息共享，从微观上、根源上减少影响宏观金融体系稳定的因素。目前，一些国家的公共征信机构已经开始面向社会提供互联网征信服务，如西班牙中央银行等，有效实现了监管服务与征信服务的结合。

四是信息共享推进效率高。在政府主导型征信制度模式下，可以有效发挥公权力的作用，迅速实现信息共享，避免市场主导型征信制度模式下征信机构需要与各信息主体进行自发谈判带来的不确定性，能够在全国范围内以较短的时间，实现信息的共享。以欧盟为例，最近，欧洲中央银行正在推动建立成员国中央信贷登记系统，欧洲中央银行计划从 2014 年到 2016 年底完成长期数据采集框架和各相关准备工作，到 2017 年下半年中央信贷登记系统一期建设完成并正式上线运行，从 2017 年下半年至 2019 年完成系统的二期建设。可以想象，如果不是欧洲中央银行出面，实现全欧洲金融机构信息的共享几乎是不可能的。

五是服务范围和内容相对较窄，市场形态单一。公共征信机构相对于社会化征信机构而言，在信息共享上，以共享成员的信贷信息为核心，信息共享面较窄；在征信服务上，以基础信息共享为核心，增值征信服务相对较少。但是，这一现象在近年来有所改变，许多公共征信机构也已经开始在更广泛的范围内共享信息，除了信贷信息外，还对一些公共信息进行共享，包括法院信息、税务信息、工商信息等；在服务上，也开始提供多元化的征信服务，包括信用评分的提供、内部评级模型验证等。另外，政府主导型征信机构的市场形态单一，金融机构的可选择范围不多，对市场效率有一定的影响，需要有效解决服务效率和服务成本问题。从征信市场的最大效率是信息共享的角度出发，这一问题也是有可能得到妥善解决的。

（三）政府主导型征信制度国家在全球的分布情况

世界银行 2014 年对全球 189 个经济体的调查结果显示，在全球 157 个有个人征信机构的经济体中，只有公共征信机构的经济体有 55 个，其中，30 个经济体的征信系统对成年人口的覆盖率在 5% 以上。具体情况如表 1-2 所表。

表 1-2　仅有公共征信机构（个人）的国家 / 地区　　单位：%

国家 / 地区名称	拥有征信机构的类型	公共信贷登记系统对成年人口的覆盖率
比利时	仅有公共征信机构	96.4
拉脱维亚	仅有公共征信机构	76.8
毛里求斯	仅有公共征信机构	71.9
白俄罗斯	仅有公共征信机构	64.5
土耳其	仅有公共征信机构	63.6
保加利亚	仅有公共征信机构	62.9
文莱	仅有公共征信机构	56.6
加蓬	仅有公共征信机构	50.8
印度尼西亚	仅有公共征信机构	46.4

续表 1

国家 / 地区名称	拥有征信机构的类型	公共信贷登记系统对成年人口的覆盖率
法国	仅有公共征信机构	44.5
蒙古	仅有公共征信机构	32.7
突尼斯	仅有公共征信机构	30.2
阿塞拜疆	仅有公共征信机构	28.7
黑山	仅有公共征信机构	26.0
卡塔尔	仅有公共征信机构	23.3
科索沃	仅有公共征信机构	22.8
阿曼	仅有公共征信机构	20.6
黎巴嫩	仅有公共征信机构	20.3
马尔代夫	仅有公共征信机构	17.3
阿尔巴尼亚	仅有公共征信机构	16.7
佛得角	仅有公共征信机构	16.7
贝宁	仅有公共征信机构	10.0
刚果共和国	仅有公共征信机构	9.4
约旦河西岸和加沙	仅有公共征信机构	9.0
叙利亚	仅有公共征信机构	7.7
莫桑比克	仅有公共征信机构	5.7
东帝汶	仅有公共征信机构	5.7
喀麦隆	仅有公共征信机构	5.4
赤道几内亚	仅有公共征信机构	5.1
毛里塔尼亚	仅有公共征信机构 (公共信贷登记系统对成年人口的覆盖率小于 5%)	4.6

续表 2

国家 / 地区名称	拥有征信机构的类型	公共信贷登记系统对成年人口的覆盖率
布隆迪	仅有公共征信机构(公共信贷登记系统对成年人口的覆盖率小于 5%)	3.9
马里	仅有公共征信机构(公共信贷登记系统对成年人口的覆盖率小于 5%)	3.6
老挝	仅有公共征信机构(公共信贷登记系统对成年人口的覆盖率小于 5%)	3.5
科特迪瓦	仅有公共征信机构(公共信贷登记系统对成年人口的覆盖率小于 5%)	3.2
多哥	仅有公共征信机构(公共信贷登记系统对成年人口的覆盖率小于 5%)	3.0
中非共和国	仅有公共征信机构(公共信贷登记系统对成年人口的覆盖率小于 5%)	2.6
约旦	仅有公共征信机构(公共信贷登记系统对成年人口的覆盖率小于 5%)	2.2
乍得	仅有公共征信机构(公共信贷登记系统对成年人口的覆盖率小于 5%)	2.1
阿尔及利亚	仅有公共征信机构(公共信贷登记系统对成年人口的覆盖率小于 5%)	2.0
布基纳法索	仅有公共征信机构(公共信贷登记系统对成年人口的覆盖率小于 5%)	2.0
安哥拉	仅有公共征信机构(公共信贷登记系统对成年人口的覆盖率小于 5%)	1.8
利比里亚	仅有公共征信机构(公共信贷登记系统对成年人口的覆盖率小于 5%)	1.7
也门	仅有公共征信机构(公共信贷登记系统对成年人口的覆盖率小于 5%)	1.2
海地	仅有公共征信机构(公共信贷登记系统对成年人口的覆盖率小于 5%)	1.1

续表 3

国家 / 地区名称	拥有征信机构的类型	公共信贷登记系统对成年人口的覆盖率
几内亚比绍	仅有公共征信机构 (公共信贷登记系统对成年人口的覆盖率小于 5%)	1.0
塞拉利昂	仅有公共征信机构 (公共信贷登记系统对成年人口的覆盖率小于 5%)	1.0
尼日尔	仅有公共征信机构 (公共信贷登记系统对成年人口的覆盖率小于 5%)	1.0
塞内加尔	仅有公共征信机构 (公共信贷登记系统对成年人口的覆盖率小于 5%)	1.0
孟加拉国	仅有公共征信机构 (公共信贷登记系统对成年人口的覆盖率小于 5%)	0.9
利比亚	仅有公共征信机构 (公共信贷登记系统对成年人口的覆盖率小于 5%)	0.5
吉布提	仅有公共征信机构 (公共信贷登记系统对成年人口的覆盖率小于 5%)	0.3
刚果民主共和国	仅有公共征信机构 (公共信贷登记系统对成年人口的覆盖率小于 5%)	0.2
埃塞俄比亚	仅有公共征信机构 (公共信贷登记系统对成年人口的覆盖率小于 5%)	0.2
马达加斯加	仅有公共征信机构 (公共信贷登记系统对成年人口的覆盖率小于 5%)	0.2

资料来源：世界银行 Doing Business 工作组。

三、政府与市场共同推动型征信制度模式

（一）政府与市场共同推动型征信制度模式内涵与产生基础

政府与市场共同推动型征信制度模式是指在征信业的发展过程中，政府部门发挥管理作用、引领作用和基础征信服务作用，公共征信机构是市场基础，

社会化征信机构是市场的重要组成部分，公共征信机构与社会化征信机构有机融合、差异化发展，征信业的运行实行强制与自愿相结合，公共征信机构与社会化征信机构的服务目标相互交叉、各有侧重，既兼顾微观征信服务，又致力于系统性风险防范，有效发挥政府与市场各自优势的一种制度性安排。

在政府与市场共同推动型征信制度模式下，也有两种征信方式：一种是公共征信机构与社会化征信机构在各自的领域内发展，业务独立运营，没有交集，不存在信息交互情况；另一种是公共征信机构集中采集数据，既面向金融机构提供征信服务，又面向社会化征信机构提供基础数据，供社会化征信机构在此基础上进行深度的征信产品开发，社会化征信机构除了信息来自于公共征信机构之外，也广泛从社会上采集各类信息。目前，这两种模式均存在，第一种方式占主流，第二种方式为一些国际组织所推崇。

政府与市场共同推动型征信制度是一种比较完美的征信制度，兼具了市场主导型征信制度与政府主导型征信制度的优点，可以有效推动征信市场的发展，其产生的基础主要有以下方面：

一是金融结构与经济形态。政府与市场共同推动型征信制度一般是诞生在市场经济比较发达、金融结构以间接融资为主的国家，道理与前两个模式中提及的内容是一致的。实践中，在德国、意大利等欧洲国家以及韩国等国家，金融结构以间接融资为主，授信机构在金融运行中发挥着核心作用，在经济上崇尚市场经济，允许多种业态的经济主体自由发展。这一特征反映在征信领域中，表现为公共征信机构与私营征信机构并存，共同成为征信市场的重要组成部分。例如，德国的公共征信机构在全球成立时间最早，也有高度市场化运作的夏华（Schufa）公司；意大利有公共征信机构，也有科瑞富这样的市场化征信公司；韩国有公共征信机构，也有国家信息和信用评估公司（NICE）、韩国信用评估公司（KCB）等市场化征信机构。

二是政府部门在经济中的影响力。在一些政府部门对经济具有相对较强影响力的国家，政府与市场共同推动型征信制度模式较适宜产生，原因在于这些国家既相信市场经济的力量，又愿意让政府这只“有形之手”在经济中发挥一定的作用，尤其是在规范发展、引领市场等方面，从而避免征信领域的市场失灵，避免依靠市场力量长期不能建立起有效的征信市场、阻碍经济发展的情况发生。

三是征信行业赶超的需要。这适合于一些新兴市场经济国家，其市场经济发展很快，对征信需求有着很高的期望，急需建立一个与市场经济发展相匹配的征信市场，既能实现信息的广泛、高效共享，又能实现征信市场的效率，从而实现征信业的赶超。我们在许多新兴市场经济国家看到了这些实践，这些国家充分发挥了政府和市场各自的作用，有效地推动了本国征信行业的赶超，适应了本国经济的发展。

（二）政府与市场共同推动型征信制度模式的特点

政府与市场共同推动型征信制度模式兼具上述两种制度的优点，特点突出，主要表现出以下特点：强制与自愿相结合、信息共享与市场效率相结合、监管服务与市场服务相结合、公共征信机构与社会化征信机构的信息存在互动的空间、公共征信机构与社会化征信机构的发展需要进行平衡。

一是强制与自愿相结合。政府与市场共同推动型征信制度模式的一个重要特点是强制与自愿相结合。其中，在一个国家中，公共征信机构均采用强制进行信息共享方式，而私营征信机构基本上采用自愿进行信息共享的方式。强制进行信息共享可以确保信息在全国范围内实现大集中，自愿进行信息共享可以使信息共享更加灵活，涉及的征信领域更丰富、征信深度更大。因此，这两种情况相结合，可以充分发挥各自优势，推动信息共享。

二是信息共享与市场效率相结合。政府与市场共同推动型征信制度模式的另一个特点是信息共享与市场效率相结合。政府部门出面，可以确保信息在更大范围内实现共享；通过市场化方式组建私营征信机构，可以有效提升征信服务的市场效率。在有些国家，两者还可以有机地融为一体，共同推动一国征信市场的发展。

三是监管服务与市场服务相结合。政府与市场共同推动型征信制度模式可以有效地实现监管服务与市场服务相结合，政府部门组建的公共征信机构可以有效地满足监管部门的需求。包括宏观审慎监管与微观监管的需求。例如，欧洲一些国家建立的公共征信机构，在很大程度上是为监管服务的。私营征信机构则不同，其以利润最大化为目标，重点是满足市场对征信服务的需求，因市场需求而动，为监管部门服务历来不是它们的主要目标。在政府与市场共同推动型征信制度模式下，两种类型的征信机构均存在，可以有效地实现监管服务与市场服务相结合，在更大程度上兼顾两类服务的需求。

四是公共征信机构与社会化征信机构的信息存在互动的空间。在有些国家，公共征信机构与社会化征信机构的信息可以进行互动，当然，前提是能够从国家层面确保信息安全。例如，在一些国家，经监管许可的征信机构可以进行信息的互动，甚至允许信息的跨境流动。

五是公共征信机构与社会化征信机构的发展需要进行平衡。公共征信机构与社会化征信机构的设立目标存在着根本性差异，公共征信机构以社会效益最大化为原则，在一国征信市场上发挥着基础性作用，不论是公司制，还是会员制等，不以盈利为目的；市场化征信机构通过对市场需求的快速响应，实现自身利润的最大化，满足全社会多元化的征信需求。因此，两者存在着根本性的差异，不存在“东风压倒西风”的问题，两者共存并差异化发展，从而构成一个有序发展的征信市场格局，形成合力，共同发挥两类机构的作用。

（三）政府与市场共同推动型征信制度国家在全球的分布情况

根据世界银行 2014 年对全球 189 个经济体的调查结果，在全球 157 个有个人征信机构的经济体中，既有公共信贷登记系统又有私营征信机构的经济体共 35 个，其中 26 个经济体的私营征信机构人口覆盖率较高，9 个经济体的公共信贷登记系统的人口覆盖率较高。具体情况如表 1–3 所示。

表 1–3　公共与私营征信机构并存国家或地区的情况　　单位：%

国家 / 地区名称	拥有征信机构的类型	私营征信机构对成年人口的覆盖率	公共信贷登记系统对成年人口的覆盖率
阿根廷	私营征信机构和公共征信机构并存	100.0	41.2
亚美尼亚	私营征信机构和公共征信机构并存	65.8	23.5

续表 1

国家 / 地区名称	拥有征信机构的类型	私营征信机构对成年人口的覆盖率	公共信贷登记系统对成年人口的覆盖率
玻利维亚	私营征信机构和公共征信机构并存	39.0	15.1
波黑	私营征信机构和公共征信机构并存	8.1	39.7
巴西	私营征信机构和公共征信机构并存	63.6	52.5
智利	私营征信机构和公共征信机构并存	8.8	44.7
哥斯达黎加	私营征信机构和公共征信机构并存	100.0	27.4
捷克	私营征信机构和公共征信机构并存	76.6	6.4
多米尼亚	私营征信机构和公共征信机构并存	63.1	38.1
埃及	私营征信机构和公共征信机构并存	21.8	5.8
萨尔瓦多	私营征信机构和公共征信机构并存	32.0	28.2
危地马拉	私营征信机构和公共征信机构并存	8.7	19.2
洪都拉斯	私营征信机构和公共征信机构并存	36.1	21.8
伊朗	私营征信机构和公共征信机构并存	33.8	45.0
意大利	私营征信机构和公共征信机构并存	100.0	24.6
立陶宛	私营征信机构和公共征信机构并存	97.7	28.8
马其顿	私营征信机构和公共征信机构并存	83.7	36.4
马来西亚	私营征信机构和公共征信机构并存	78.6	56.2
尼加拉瓜	私营征信机构和公共征信机构并存	40.7	16.2
巴拉圭	私营征信机构和公共征信机构并存	45.5	22.8
秘鲁	私营征信机构和公共征信机构并存	100.0	33.5
葡萄牙	私营征信机构和公共征信机构并存	23.4	100.0
罗马尼亚	私营征信机构和公共征信机构并存	46.6	12.3
西班牙	私营征信机构和公共征信机构并存	15.3	50.0

续表 2

国家 / 地区名称	拥有征信机构的类型	私营征信机构对成年人口的覆盖率	公共信贷登记系统对成年人口的覆盖率
阿联酋	私营征信机构和公共征信机构并存	28.3	6.8
乌拉圭	私营征信机构和公共征信机构并存	100.0	84.6
中国	私营征信机构和公共征信机构并存	不清楚	接近 100
巴基斯坦	私营征信机构和公共征信机构并存（私营征信机构对成年人口的覆盖率小于 5%）	4.5	7.3
越南	私营征信机构和公共征信机构并存（私营征信机构对成年人口的覆盖率小于 5%）	1.4	41.8
斯洛文尼亚	私营征信机构和公共征信机构并存（公共信贷登记系统对成年人口的覆盖率小于 5%）	100.0	3.2
斯洛伐克	私营征信机构和公共征信机构并存（公共信贷登记系统对成年人口的覆盖率小于 5%）	65.7	2.8
卢旺达	私营征信机构和公共征信机构并存（公共信贷登记系统对成年人口的覆盖率小于 5%）	15.7	2.4
奥地利	私营征信机构和公共征信机构并存（公共信贷登记系统对成年人口的覆盖率小于 5%）	53.2	2.0
德国	私营征信机构和公共征信机构并存（公共信贷登记系统对成年人口的覆盖率小于 5%）	100.0	1.3
尼日利亚	私营征信机构和公共征信机构并存（公共信贷登记系统对成年人口的覆盖率小于 5%）	5.8	0.1

注：世界银行将中国列为仅有公共征信机构（个人）的国家。根据 2015 年最新情况，我国新成立 8 家个人征信机构，因此，我们将中国调整到政府与市场共同推动型征信制度模式国家中来。另外，个人征信系统对成年人口的覆盖已经接近 100%，因此，对于这一数据我们也根据实际情况进行了调整。

资料来源：世界银行 Doing Business 工作组。

第三节 征信市场特征、股权结构与市场效率

征信市场的发展既有一般性规律，也有自身特殊规律。一般性规律主要表现在征信市场的发展要遵循市场经济发展的一般规律，通过政府“有形之手”和市场“无形之手”，共同推动市场发展；自身特殊规律表现在这一行业是一个呈现自然垄断的行业，信息共享与股权安排的不同组合会显著影响到市场效率。

一、征信行业的自然垄断性

现代微观经济学在讨论市场结构时，一般都是从竞争程度或垄断程度入手，把市场分为完全竞争、垄断竞争、寡头垄新和垄断四种基本的市场结构。影响市场结构的变量很多，最主要的是网络经济和规模经济效益。网络经济特征越强，规模经济效益越高，市场结构越容易趋向垄断，因为在这样的市场里，为实现规模经济效益，只能存在一个或几个市场主体，而且由于进入成本很高，也阻碍了新进入者，即使进入，也只会增加成本，不会带来更多效益。就征信业而言，其本质上是信息提供者（也是信息使用者）之间的一个信息共享平台，因此，在征信机构与大量信息提供者之间形成了双向的信息流网络。可以说，征信业的强网络经济特征决定了征信业的天然垄断性，征信业所提供信息产品的特殊性则进一步加强了该行业的垄断性。因此，正如国际金融公司出版的《征信知识指南》所指出的，征信机构的特点是可以通过网络的溢出效应和规模经济形成自然垄断。具体分析如下：

（一）网络经济特征与征信业的垄断性

征信领域的许多权威著作都指出，征信业具有天然垄断性。例如，《金融隐私——征信制度国际比较》（*Financial Privacy: An International Comparison of Credit Reporting Systems*）一书指出，由于信息产品的公共产品特性，以及征信活动的网络经济特性，征信机构只有通过不断扩大信息采集范围及服务地域范围，才能确保盈利，因此，征信业本身就具有很强的自然垄断性。

1. 征信业具有强网络经济特征

网络经济区别于其他经济形态的一个最主要的特点是网络经济所特有的结构——网络结构。网络结构是由节点和线连接组成的网状系统。在网络经济中，一般来说，节点越多，连接密集程度越高，结构越复杂，网络的效应或功能就越强；反之则相反。

就征信业而言，由于信用报告的使用者（同时是信息提供者）之间并不直接交换信息，而是由征信机构充当数据交换的中间平台，而且这个信息网络有特定的数据报告标准，因此，征信业是一个典型的基于信息网络的产业。同样，与该网络连接的信息源越多，征信对风险的预测也就越准。

2. 网络经济特征决定了征信业的规模经济

从成本的角度看，规模经济表现为平均成本随着生产规模的扩大而下降，网络经济下高的固定成本和低的边际成本二者所形成的平均成本曲线急剧下降，恰恰决定了具有网络经济特征的行业具有规模经济特征。

（1）初始成本高。具有网络经济特征的产业往往是世界上初始成本最高的产业。以单向的城市自来水管网为例，众所周知，铺设一套管网的成本很高，不仅如此，近年来由于水资源的紧缺，许多城市不得不从更远的地方引水，更增大了成本的支出。对于其他网络而言，无论是物理网络还是信息网络，也是如此，随着一个网络节点的增多，连接会更加密集，从而所需要投入的初始成本就会更高。

（2）边际成本和平均成本急剧下降，收益大幅增加。由于边际成本和平均成本急剧下降，一方面，从微观层面看，市场上的已有主体会主动地扩大规模，以降低成本，增加收益，从而避免亏损，实现盈利；另一方面，从宏观层面看，由一个主体生产的成本小于多个主体分别生产的成本之和，而且单一网络所带来的网络经济效益，也要远远高于多网并存下的竞争机制所产生的效益。例如，如果两家企业在一个城市的每一街道上同时架设输电线路，其中一家企业把电力输送到一家用户，而另一家企业则向其隔壁的另一家用户输电，从社会整体来看，显然是缺乏效率的。

基于以上原因，一个拥有特定标准、占主导地位的网络的存在，将有效提高网络的覆盖率，也是市场效率最高的一种选择，因此，我们可以讲，具有网络经济特征的行业具有天然的垄断性，征信业也是如此。

（二）信息产品特征与征信业的垄断性

由于信息的复制成本很低，几乎可以忽略不计，所以信息一旦生产出来，就可以在几乎不增加成本的情况下以任意规模在生产中运用，从而导致收益递增。因此，信息产品不同于有形产品的一个明显特征，就是平均成本大幅递减，边际成本趋近于零。因此，生产信息产品的行业具有明显的规模经济特征。

征信机构提供的产品和服务，无论载体如何变化，实质内容都是信息。因此，一份信用报告生产出来后，提供给多家商业银行比起提供给一家商业银行，成本并不会增加，但带来的效益会成倍增加。因此，每一家征信机构都会努力占据市场，最后导致市场上只有一家或少数几家征信机构。

（三）社会福利与征信业的垄断性

对于具有规模经济特征的行业而言，竞争并不一定能增进社会福利。例如，在自由资本主义时期，美国电信产业完全处于自由放任状态，当时仅纽约市就有上千家互不连接的电话公司，使用电话的人们要忍受努力回想用哪一家公司的电话才能找到要寻找的人的苦恼，人们不仅要记住电话号码，还要记住电话公司的名称。随着技术的进步、企业的兼并和政府管制制度的完善，美国电信业现已成为当今世界电信产业中效率最高的产业。

征信业同样如此。如果没有一个全面统一采集信息的征信机构，而是有多家征信机构，而且采集的信息或者完全不同，或者存在重叠，对于商业银行而言，必定要从多家征信机构购买信用报告，从而增加了商业银行的成本。这就是为什么有公共征信机构的国家只会建立一个公共征信系统，为什么美国截至目前只有三家私营的个人征信机构，并且它们在相互竞争中也寻求合作，如对外提供三合一信用报告等。

（四）全球征信业的自然垄断情况

世界范围内征信业发展的高度集中也恰恰证实了征信业的垄断性。就公共征信机构而言，无论欧洲、拉丁美洲还是新兴市场，有公共征信系统的国家都只会建立一个公共征信机构，来充分发挥其在金融领域的基础设施作用；而且，近年来，公共征信机构之间还呈现出相互合作的趋势，如欧洲的公共征信系统之间就积极开展跨境信息交换，扩大系统规模。

就私营征信机构而言，在自由竞争体制下，经过优胜劣汰，在行业规律的推动下，在绝大多数有私营征信机构的国家里，征信市场也呈现高度集中的特征，即通常只有一家或几家私营征信机构。从国际情况看，征信机构跨国经营非常活跃。在全球，也就活跃着那么几家征信机构，包括益博睿、环联、艾克飞、科瑞富等，它们不仅在本土占据主导地位，并且占据了一些国家征信市场的大部分份额，呈现出高度集中态势。

最近，征信业内发生一件大事，欧洲中央银行正在推动统一信贷登记分析系统项目，以统一采集、存储、提供欧盟各成员国的信用数据，更好地满足欧洲中央银行及其他欧盟监管部门对于信贷市场风险分析和监管、货币政策分析、金融市场统计和研究的需求，为金融机构等数据报送机构提供信息服务。这一项目的启动实施再次表明，征信领域具有高度自然垄断特征。

二、征信市场的外溢效应

从各国情况看，征信市场还有一个重要特征，即小市场规模、大市场效益。小市场规模是指征信市场作为信息服务市场，自身的业务规模很小，整个市场的营收水平相对于信贷市场规模，处于非常低的水平。大市场效益是指征信市场在一国社会信用体系建设中发挥着重要的作用，关系到整个信贷市场的稳健发展和金融体系的稳定，征信市场有力地提升了信贷可获得性，推动了金融普惠，促进了信贷市场的发展与经济增长。

国外很多研究者研究了征信市场与信贷市场之间的关系。帕格诺（Pagano）和雅派利（Japelli）在 20 世纪 90 年代的研究中首先在两者之间建立了正相关关系，他们发现信贷登记系统的存在是提高信贷可获得性的重要因素，私人部门的借贷规模在设立了征信机构的国家比没有设立征信机构的国家要大。从那以后，其他研究，包括雅派利和帕格诺 (2000，2002），萨皮恩泽尔（Sapienza，2002），迪亚科夫（DjanKov）、麦克雷什（Mcleish）和施莱弗（Shleifer，2005）等的研究均证明信用信息的可用性与信贷可获得性之间存在正相关关系。2007 年，特纳和瓦格斯发表了《还款信息报送对拉美经济的影响》一文，研究发现，相比没有设立征信机构的国家的情况，覆盖了全部成年人口信用信息、采用全面信用信息采集机制的征信机构能够将信贷占 GDP 的比重提高 47.5%。

2013 年，清华大学系统发表了《征信系统对经济社会的影响》研究报告，全面研究了人民银行征信中心建设、运行和管理的全国统一的企业和个人征信系统对经济社会的贡献。报告指出，与没有征信系统相比，征信系统在 2012 年拉动了约 0.33 个百分点的 GDP 增长；2012 年，征信系统促进大型、中型、小微型企业新增贷款分别为 347 亿元、370 亿元、6750 亿元，分别占同类新增贷款总额的 3.21%、3.08% 和 27.55%；2012 年由于征信系统的存在而新增的就业为 142.17 万人，占当年全国城镇新增就业的 11.45%。

以上研究已经清晰地表明了征信市场对经济社会的重大贡献，尽管在不同的研究之间存在着贡献程度不同的现象，但是，征信市场对经济社会的重要贡献是毋庸置疑的，征信市场带来的重大社会效益已经得到了国内外社会各界的广泛认可。

但是，相比于征信市场对经济社会发展的重大贡献，相比于其他一些重要行业，征信市场却是一个规模非常小的行业，以至于空间很小，很难容得下过多的征信机构，呈现出自然垄断的局面。我们以美国为例，观察征信市场的小规模特征。美国经济发达，征信市场完全是市场主导型的，征信市场发达，但是，相比于其服务的信贷市场，其市场规模很小。下面仅以三家从事个人征信业务的征信机构益博睿、艾克飞、环联为例，这三家征信机构已经占据美国个人征信市场90%以上的份额，因此，通过三家征信机构的营业收入与美国的住房贷款和消费信贷余额的对比，基本上能够了解美国征信市场体系的规模与信贷市场规模之间的对应关系，并且可以反过来预测我国征信市场发展至成熟之后的规模水平，美国三家征信机构营业收入与住房贷款和消费信贷余额见表1–4。

表1–4 2009—2013年美国三家征信机构营业收入与住房贷款和消费信贷余额 单位：亿美元

	2013年	2012年	2011年	2010年	2009年
益博睿	24.04	22.58	20.92	20.60	20.59
艾克飞	13.16	11.45	10.17	9.82	9.31
环联	7.41	7.26	6.60	6.36	6.28
三家机构营业收入汇总	44.61	41.29	37.69	36.78	36.18
美国住房贷款与消费信贷合计	131461	130442	130529	132148	135463

资料来源：美联储网站和三大征信机构年报。

表1–4展现了美国三大个人征信机构近年来营业收入情况、美国住房贷款与消费信贷余额。我们可以对比两者数据，形成两者比值走势图（见图1–3）。从图1–3中可以看出，在美国，2009—2013年两个市场之间的比值平均在

3380，这基本上能够反映美国住房贷款和消费信贷市场与征信市场规模的比值。如果根据三大征信机构占美国征信市场的 90% 的比例来计算，可以发现，这一比值基本上为 3000。

这是美国成熟市场的情况，对于推测我国的征信市场规模有一定的参考意义。例如，我国 2013 年接近 13 万亿元的个人消费信贷（包括个人住房贷款）若按照美国的情况来折算，可以发现，即使假定目前我国的征信市场已经达到了美国的成熟度，个人征信市场的总营业收入规模也最多在 43 亿元。因此，即使算上企业征信市场，估计我国征信市场的规模在短期内也较难达到 100 亿元。

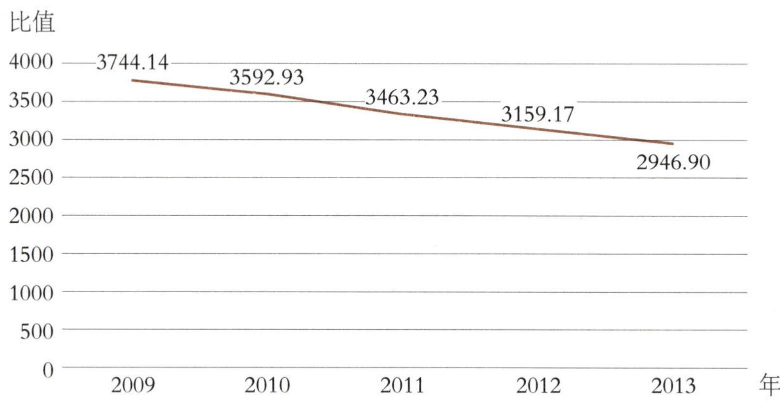

图 1-3　2009—2013 年美国住房贷款与消费信贷合计与三家征信机构总营业收入比值走势

因此，有充分的理由说明，征信市场具有典型的小市场规模、大市场效益的特征。当然，这一推断仅仅局限于征信服务在信贷市场的应用，如果将征信服务扩展至多个市场，则不在考虑范围之内。

三、征信机构的股权结构安排

目前，在全球征信行业的研究中，大家已经不再将焦点过多地集中在是否应通过市场化手段推动征信市场发展、是否要进行信息共享等方面，研究者们基本上已经就这些问题达成了比较一致的看法和意见，而是将研究的重点开始逐步转移到如何利用市场化手段推动征信市场发展、通过什么样的股权结构安排来促进市场发展上来。

从全球范围内来看，征信机构的股权安排有很多形式。对于公共征信机构而言，其所有权显然归属于国有，其股权安排形式比较单一；对于社会化征信机构，我们又称之为私营征信机构，其股权私有，但是，股权结构的安排却有多种形态。研究征信市场的效率，应重点将精力放在私营征信机构的股权结构形态分析上，因为不同的股权结构形态，会对征信市场的效率有直接的影响。

根据美国政策与经济理事会迈克尔·特纳（Michael Turner）等人的研究，数据提供者与使用者是否在征信机构中拥有股权、拥有股权的比例等都会对征信市场的效率产生影响。

在表 1–5 中，我们可以看出，根据数据使用者—提供者是否拥有股权、拥有股权比例等，我们可以将征信机构分为六类：一是股份完全为独立第三方所有、数据使用者—提供者在其中没有股份的机构，二是少数数据使用者—提供者集中持有少数股权的机构，三是多数数据使用者—提供者分散持有少数股权的机构，四是少数数据使用者—提供者集中持有多数股权的机构，五是多数数据使用者—提供者集中持有多数股权的机构，六是行业协会集中持有多数股权的机构。

表 1–5　征信机构股权归属的不同情况

	作为征信机构股权持有人的数据使用者—提供者的数量			
	不持股	集中持股（少）	分散持股（多）	
数据使用者—提供者持有征信机构股份的不同情形	股份为独立第三方拥有	无	无	
	持有少数股权	数据使用者—提供者持有少数股权	数据使用者—提供者分散持有少数股权（不常见）	
	持有多数股权	数据使用者—提供者集中持有多数股权	行业协会持有股权	数据使用者—提供者分散持有多数股权

从全球征信行业的发展情况看，每种情形均有对应的征信机构（见表1–6），各个国家根据自己的情况选择适合自己的制度安排，但是，我们知道，股权结构的安排具有复杂性，既有历史的必然性，也有一定的偶然性，具有后发优势的国家需要充分认识到这一特征，有意识地引导征信机构的股权进行合理安排。

表 1–6　不同征信机构股权结构在一些国家的情况

	第三方（独立）	数据提供者持有一定程度的股权			
数据使用者—提供者参股的一般形式	无直接股权或基本没有实际股权	数据使用者—提供者持有少数股权	行业协会（多数）股权	数据使用者—提供者分散持有多数股权	数据使用者—提供者集中持有多数股权
实例	美国的主要征信机构、澳大利亚的威达公司（Veda）	澳大利亚的益博睿	新加坡征信机构	印度的信用信息有限公司（CIBIL）	墨西哥征信机构

四、股权安排与市场效率

根据特纳等的研究，不同的股权安排与市场效率之间有着密切的关系，股东身份的独立性对于市场效率非常重要。当然，特纳等在分析这一问题时，并没有进行严格的数据分析，而是根据观察到的一些现象，从逻辑上进行整体推断，得出了相关结论，可能与现实有一定出入，因此，可以为我们提供一定的参考，但不能成为决策依据，各国还需要根据自己的实际情况，来灵活选择适合自身的制度安排。

在征信市场发展过程中，需要高度重视股权结构安排，应采取有效措施，引导股权结构安排，防止征信机构存在利益冲突。

（一）独立第三方作为股权持有人的优点与缺点

严格说来，独立第三方作为征信机构的股权持有人有如下优点：一是可以有效避免利益冲突。征信机构在独立情况下，最有可能公平地对待所有的使用征信服务者，尤其是从事放贷业务的金融机构，不会利用信息优势有意识地去支持一些金融机构，从而丧失公信力。二是最有可能扩大征信服务范围。作为独立第三方，征信机构从追逐利润最大化、股东利益最大化的视角出发，不会仅仅将征信服务局限在某一领域，而会扩大征信服务范围，从而在客观上推动征信市场的发展，满足社会各方的征信需求。三是有充分的动力去开发多元化的征信产品与服务。作为独立第三方，同样是从追逐利润的视角出发，征信机构会积极关注市场需求，通过开发多元化的征信产品与服务满足市场需求，从而实现征信服务需求与供给的平衡，不会造成征信服务供给短缺。

但是，独立第三方作为股权持有人，也有一定的缺点，突出表现在数据提供者在向其提供数据时，会有所保留，主要原因是数据提供者担心共享信息会使其失去对于客户私人信息和重要信息的控制优势，这正是一些国家信息共享不充分的重要原因之一。例如，在美国，到目前为止，信贷信息共享通过主要的公司制征信机构进行共享还主要集中在个人领域，作为独立第三方的征信机构在信息共享上受到金融机构的很大制约。

（二）数据使用者—提供者参股征信机构的优势和劣势

1. 集中持有多数股权

这里描述的是征信机构的多数股权为一家或少数几家数据使用者—提供者持有的情形，对应的市场结构往往是少数大型授信机构占据了信贷市场的主要份额。

在这种股权结构安排下，从征信市场发展的视角考察，优点是能够迅速地建立起征信机构，并通过一些其他手段，从不同来源采集一些信息，服务于股东的征信需求。

缺点主要表现在对征信市场发展不利，在利益驱动下，这种主要服务于大型授信机构的征信服务模式可能会产生强烈的利益冲突，获得不公平的信息优势，损害其他授信机构，包括那些没有加入其股权体系的其他大型授信机构、其他小微型金融机构、从事放贷业务的其他机构如百货公司和保险公司等；在服务定价上，也可能会采用差别化的定价策略，导致面向那些没有拥有征信机构股权的授信机构的服务收费价格高于那些拥有征信机构股权的授信机构的服务收费价格等。

2. 分散持有多数股权

数据使用者—提供者分散持有一家征信机构的股权，任何一家都不处于控股或很重要的参股地位，只有大家联合起来，才能实现对征信机构的控股权。这类情况多体现为某一个行业形成对一家征信机构的控制，而不是为某一家或少数几家大型授信机构所控制。

这种股权结构的优点是能够将某一行业的集体力量发挥出来，形成信息共享，而保证征信机构不为某一家或某几家授信机构所控制，从而能够确保行业内所有参与者的利益，保持公平、公正地面向行业内提供服务。

这种股权结构的缺点是它仍可能偏向于服务单一的行业（如银行业），而行业之外的其他潜在数据使用者及提供者将在一定程度上被忽视，对征信机构开展跨行业征信服务有一定阻碍，影响了征信机构在更广泛范围内提供服务的能力，不能发挥信息的最大价值，造成了资源的浪费。

3. 行业协会持有多数股权

在一些国家，征信机构的股权结构安排是行业协会持有多数股权，这一点类似于数据使用者—提供者分散持有多数股权，由行业协会代表本行业来开展征信活动。

这一持股方式的优点与缺点也与数据使用者—提供者分散持有多数股权类似，优点是具有迅速动员各方力量组建起有效运行行业信用信息数据库的能力，并且这种模式的动员能比数据使用者—提供者分散持有多数股权的情况更容易达成一致意见，更容易操作和执行。缺点是征信机构可能将服务精力过多地集中在某个特定的行业，产生的动因是行业内成员有共享彼此间客户信息的需求，由行业协会代表全体成员出面，组建这种信息共享的平台。这种模式很难建立起跨行业、具有包容性的全面征信的框架体系。

4. 持有少数股权

这种情况又可以分为两种方式：一是数据使用者—提供者分散持有一家征信机构的少数股权，二是数据使用者—提供者集中持有一家征信机构的少数股权。第一种方式类似于独立第三方的模式，这里不进行讨论，我们重点讨论后一种方式。

这一持股方式的优点是既能让一些大型授信机构参与到征信机构的组建中来，迅速实现信息的共享，又能够有效地防止征信机构为少数大型授信机构所控制，以致影响征信市场效率的提升。

这一持股方式的缺点是持有少数股权的数据提供者仍可对征信机构的决定施加一定的影响（超出普通数据提供者的影响力）。目前，我们并没有充分的证据证明这样的征信机构在运作方式上，能够在多大程度上接近于一家完全独立的征信机构，只能是一种近似的判断，其接近于完全独立征信机构的程度取决于征信机构的多数股权所有者与少数股权股东之间的关系，可能的逻辑直觉是两者呈现负相关关系。

（三）征信机构的股权结构演变

征信机构的股权结构并不是一成不变的，从全球范围内来考察，我们可以发现，一些国家征信机构的股权结构，尤其是主要征信机构的股权结构一直在调整，这与一国征信发展水平、征信机构的公信力、征信机构的数据采集和服务能力、信贷市场和其他信用市场的整体格局有很大的关系。

人们普遍认为，在征信机构刚成立时，为了信息共享的需要，数据使用者—提供者参与信息共享对于推动征信机构成立可能更具有参考意义，但是，当征信业需要采集更多的信息、面向更多的机构提供服务时，需要兼顾面向消费者、小微企业等信息主体的征信服务时，更需要征信机构具备相对独立性，征信机构的所有权结构开始并逐步地与数据使用者—提供者相脱离，征信机构逐步走向独立，由具有公信力的第三方来运营。

根据特纳等的研究，巴西的萨睿萨（Serasa）原本由银行创立，之后多数股权被独立持有（由益博睿持有），最后成为完全独立的征信机构（完全由益博睿持有）。印度的信用信息有限公司（CIBIL）也是如此。这家征信机构由大银行创立（最初两家大银行持有其 80% 的股份），之后过渡到多家银行持有多数股权（一家银行持有的最大股份为 10%），2014 年环联收购了其多数股权，成为一家独立的多数股权征信机构。

特纳等将私人征信机构股权的演变划分为三个阶段（见表 1–7），对于我们认识、分析征信机构的演变规律具有一定的参考价值。但是，在征信市场的股权结构安排中，各国有各自的特色，不可能严格按照某一种模式发展，往往存在相互交叉、共同存在的现象，需要从国家层面，有意识地采用一些制度性安排，推动征信机构的股权安排一开始就能沿着正确的发展道路前进。

表 1–7　征信机构演变的阶段

阶段	描述
早期 / 初期建立阶段	银行 / 数据提供者持有的股权有助于促进数据共享并提高收入
中期 / 规模化阶段	逐步过渡，股权持有人的数据不再是核心数据，银行持有的股权减少，开始更多地侧重于新数据来源和增值服务
成熟 / 优化阶段	成为独立的征信机构，具有服务所有数据使用者的最大动力，数据提供者和客户遍布多个行业，大多数收入来自于增值服务

第四节　我国征信制度的模式选择及市场培育

我国征信业的发展可以分为两个部分，一是近代时期，二是改革开放后。我国征信业发展历史曾经一度中断，近年来获得了蓬勃发展，全国性的征信体系得以建立，征信制度的模式选择也得到确定，我国征信业开始进入规范发展阶段。

一、近代我国征信业的发展

近代我国征信业的发展历史起源于20世纪20年代前后，当时还是北洋政府时期，现代银行业已经兴起。1920年，时任上海银行公会主办的《银行周报》总编的徐沧水先生开始筹划成立上海征信所，并在1921年召开的银行公会第二届联合会上正式提出了设立征信所的议案。但是，由于人力和物力欠缺、政局动荡等原因，该项计划不了了之。

1932年6月上海商业储蓄银行、中国银行、浙江实业银行联合设立中国征信所，这是我国历史上第一家正式的征信机构，第一任董事长为章乃器。中国征信所实行会员制，发起设立时有18家基本会员，到1935年11月，已经有154家会员，每天接受的委托调查平均为20～30份。中国征信所的主要任务是调查企业的生产经营状况、财产状况、信用状况并开展催收工作等。1935年，中国征信所在天津、武汉等地设立分所，1937年在重庆设立分所。但是，在1937年日本侵华战争爆发后，中国征信所的发展受到巨大影响，业务大幅下降，主要靠出版一些出版物维持生存，这一状况一直持续到新中国成立后才结束。

1944年，重庆的联合票据承兑所发起设立了一个征信机构，该所不久联络了四联总处[①]，于1945年3月由“四行二局一库”（中央银行、中国银行、交通银行、中国农民银行，中央信托局、邮政储金汇业局，中央合作金库）及重庆市银钱业公会发起设立联合征信所，帮助银行对企业进行资信调查。抗战胜利后，联合征信所总部由重庆迁往上海。另外，联合征信所陆续在全国设立了很多分支机构，主要承担“四行二局”委托的一些资信调查业务，并面向全社会提供一般征信服务。联合征信所受四联总处领导，经费来自经营收入加上“四行二局”给予的补贴，1949年曾筹划改组为公司制，但随后上海解放，联合征信所的使命至此结束。

可以说，我国在近代时期，已经有了近代征信业的发展，但是，受到当时历史条件的限制，这一制度并没有被延续下来，一直中断到改革开放后，在新的征信需求推动下，征信业才开始重新起步。

---

①指1937年8月由中央银行、中国银行、交通银行、中国农民银行在上海成立的四行联合办事处。1938年11月该处在汉口改为四联总处，后迁往重庆。

二、改革开放后我国征信业的发展

我国征信业的发展历史自新中国成立以来真正的起步是从改革开放初期开始的，随着我国信用经济的发展，市场对征信和评级的需求开始大量出现，现代征信业开始在我国诞生。

（一）评级行业发展概况

长期以来，我国金融市场体系以间接融资为主，间接融资在信用交易领域占支配地位，因此，金融市场对金融领域征信的需求很大。1987 年，国务院发布《企业债券管理暂行条例》，同年人民银行开始下达全国发行债券额度。为建立统一、规范的债券市场，急需建立一批评级机构。为此，1987—1989 年，人民银行系统先后设立了 20 多家评级机构，支持企业债券市场发展。从 1989 年开始至 1990 年夏，为了遏制通货膨胀，国家实行了“双紧”政策（财政政策与货币政策从紧），各地资金市场逐渐萎缩。1989 年人民银行下发《关于撤销人民银行设立的证券公司、信誉评级公司的通知》，由人民银行成立的评级公司开始逐步撤销，或者与人民银行脱钩，推向社会。1990—1992 年，信用评级进入了一个以组建信誉评级委员会为基本模式的阶段，评级业务开始逐步走向规范化和制度化。但是，从 1992 年底至 1996 年底，随着债券市场的萎缩，评级机构失去了主要的收入来源，评级机构发展处于低潮时期。从 1997 年开始，我国市场经济体制确立，债券市场逐渐发展起来，评级机构也开始逐渐发展起来，逐步形成了目前的评级市场格局。

当前，我国的信用评级市场有 70 多家信用评级机构，在债券市场进行评级的机构有 8 家，属于信用评级机构的“第一集团军”，规模较大，收入较高；其余为在信贷市场进行评级的信用评级机构。目前，从事信贷市场评级的信用评级机构发展面临着严峻局面，急需进行转型。另外，由中国银行间市场交易商协会代表会员出资设立的中债资信评估公司于 2010 年 8 月成立。中债资信评估公司与其他信用评级机构不同，采用的是投资人付费的运营模式，这一模式确保了中债资信评估公司在整个债券市场评级中发挥独特的作用。鉴于评级机构具有特殊性，与传统的征信领域存在很大的不同，不在《征信业管理条例》的规范范围，本书将不对这类机构进行深入分析。

（二）征信行业发展概况

20 世纪八九十年代，我国出现了一些商业领域的征信机构，从事普通商业信用征信活动（贸易信用征信）；也有一些外资征信机构进入到我国市场，通过合资的形式，从事此类业务活动，这类业务活动我们常常又称为企业资信调查。从实际情况看，在很长一段时间内，我国市场经济深化还没有达到西方发达国家的水平，普通企业之间的授信活动在很长一段时间内是一个禁区，导致从事普通商业信用征信活动的征信机构发展的速度并不快，规模也不大，主要集中在一些比较发达的城市，包括北京、上海、广州、深圳等。因此，从历史发展的视角观察，在我国市场经济的起步阶段，我国征信的大量需求是存在于金融体系内的，而这一领域是只有具备高度公信力的机构才能推动的，普通征信机构很难进入，这正是人民银行为何出面推动我国金融领域征信体系建设的重要原因之一。

从全国范围看，我国征信行业发展取得了一定的成绩，在推动信贷市场发展、维护金融稳定、提升公民信用意识，帮助政府部门履职等方面发挥了重要作用。目前，我国征信行业的主体主要有以下几类：

一是中国人民银行征信中心。中国人民银行征信中心由中国人民银行设立，根据法律授权，负责建设、运行和维护全国统一的企业和个人征信系统。目前，全国统一的企业和个人征信系统已经成为我国重要的金融基础设施。截至 2015 年 3 月底，个人征信系统已经收录 8.62 亿自然人，2015 年前 3 个月日均查询 153.2 万次；企业征信系统收录 2060 万户企业和其他组织，2015 年前 3 个月日均查询 23.6 万次。

二是各级政府部门设立的信息中心。这类机构收集、整理公共部门信息并对外提供信息服务，其业务活动属于公共信息公开范畴，不在《征信业管理条例》规范的范畴内，但是，这类机构也是征信机构重要的信息源，是信息服务提供者。目前，这类机构有 20 多家。

三是社会化征信机构。自2014年以来，在征信监管部门备案的企业征信机构和经批准的个人征信机构已经有70多家。企业征信业务主要是开展资信调查，或者是与政府部门的相关信息实现联网并对外提供信息服务，也有一些征信机构正在积极进军大数据征信领域。我们相信，随着征信市场的发展，未来会有更多的征信机构陆续进入这一领域。

三、我国政府与市场共同推动型的征信制度模式

从我国征信市场发展的历程和现状看，我国征信市场的发展是典型的政府与市场共同推动型征信制度模式，最初时是市场自主发展，但是，由于当时的许多社会化征信机构缺乏公信力，很难解决相互信任问题，一直无法建立全国统一的征信体系。为了迅速建立全国统一的征信体系，党中央、国务院作出了一系列部署，人民银行代表国家出面推动，取得了较好的成绩，完成了全国统一的征信系统建设，政府推动在这一期间发挥了主导作用。随着《征信业管理条例》的实施，在前期取得成绩的基础上，人民银行根据法规要求，大力推动征信市场发展，丰富市场主体，公共征信机构与社会化征信机构并存、在各自领域发挥作用的局面已经开始出现，征信市场开始进入快速发展的轨道。

（一）党中央、国务院高度重视全国统一征信体系构建

一直以来，党中央、国务院高度重视人民银行推动的征信体系建设，并作出了一系列重大决策部署。1999年，中共中央、国务院文件（中发[1999]12号）中提出，“有关部门要配合发展消费信贷，加快建立个人信用制度”。1999年时任国务院总理朱镕基批示：“银行信贷登记咨询系统应赶快建立，全国联网。个人信誉公司同意在上海试点。”2001年12月，温家宝总理批示：“请人民银行会同有关部门研究提出方案。可从信贷信用征信起步。”2002年，《中共中央、国务院关于进一步加强金融监管，深化金融企业改革，促进金融业健康发展的若干意见》（中发[2002]5号）提出，“要在试点的基础上，抓紧建立全国企业和个人征信体系”。2002年3月，按照国务院的要求，由人民银行牵

头的 22 个单位组成建立企业和个人征信体系专题工作小组，该小组的任务就是负责提出全国企业和个人征信体系建设总体方案。2003 年 9 月，国务院明确赋予人民银行“管理信贷征信业，推动社会信用体系”的职责，我国征信体系建设进入统筹规划和系统推进阶段。2003 年 10 月，党的十六届三中全会再次明确要求“加快建设企业和个人信用服务体系”。2004 年，温家宝总理在全国银行、证券、保险工作会议上强调，我国社会信用体系建设应从“信贷信用征信起步”，要“加快全国统一的企业和个人信用信息基础数据库建设，形成覆盖全国的基础信用信息服务网络”。

2007 年《国务院办公厅关于社会信用体系建设的若干意见》提出，“要以信贷征信体系建设为切入点，进一步健全证券业、保险业以及外汇管理的信用管理系统，加强金融部门的协调和合作，逐步建立金融业统一征信平台”。2011 年 10 月，党的十七届六中全会通过的《中共中央关于深化文化体制改革推动社会主义文化大发展大繁荣若干重大问题的决定》提出，“把诚信建设摆在突出位置，大力推进政务诚信、商务诚信、社会诚信和司法公信建设，抓紧建立健全覆盖全社会的征信系统”。2011 年 10 月 19 日，国务院常务会议对推进社会信用体系建设进行了部署，要求“十二五”期间，“要以社会成员信用信息的记录、整合和应用为重点，建立健全覆盖全社会的征信系统，全面推进社会信用体系建设”。2012 年 1 月，全国金融工作会议再次强调，“要抓紧建立覆盖全社会的征信体系，加快建立金融业统一征信平台”。

2013 年，《征信业管理条例》出台，首次从法律上明确征信系统的地位，即征信系统是国家设立的金融信用信息基础数据库。2014 年 1 月，李克强总理主持国务院常务会议，部署加快社会信用体系建设，原则通过了《社会信用体系建设规划纲要（2014—2020 年）》，并于 2014 年 6 月正式印发，进一步明确了征信系统的定位和使命。

（二）全国统一的企业和个人征信系统成功建成

1. 企业征信系统建设历程

20 世纪 90 年代，随着改革开放的推进和市场经济体制的逐步确立，商业银行贷款打破了长期以来按行业、地域分工的格局，借款人可以选择银行，银行也可以选择借款人。由于信贷供求双方信息严重不对称，企业多头贷款、恶意拖欠和逃废银行债务的现象不断滋生。金融生态环境变化使商业银行经营面临诸多困难，银行业迫切需要有一个共享企业借贷信息的平台，以全面了解企业的信用信息。

1991 年 4 月，当时的人民银行深圳分行开始试行建立企业信息档案，即所谓的“贷款证制度”，一个企业只能有一个贷款证，用于登记企业的基本信息和信贷信息，并为金融机构发放贷款提供查阅服务。继深圳之后，这一制度在厦门、宁波等地也先后实行，效果良好。这一制度引起了时任国务院副总理朱镕基的高度重视，要求“推行贷款证制度”。1995 年 11 月，人民银行颁布了《贷款证管理办法》，将贷款证作为一项制度推向全国，至 1996 年底，推广到全国经济发达的 200 个大中城市。

1997 年 7 月，在借鉴国内外经验的基础上，人民银行提出了建立我国银行信贷登记咨询系统的设想，并开始组织建设。1998 年，首先在广东、福建两省的 15 个地市开展试点。1999 年 5 月、8 月，人民银行先后颁布《银行信贷登记咨询制度实施意见》(银发〔1999〕178 号)、《银行信贷登记咨询管理办法（试行）》(银发〔1999〕281 号)，以保证系统建设和运行管理有法可依。1999 年 12 月，银行信贷登记咨询系统在全国 301 个城市实现本地联网运行。2001 年 12 月，银行信贷登记咨询系统在全国 31 个省域的分系统联网成功。2002 年 12 月，银行信贷登记咨询系统总行分系统完成全国信息汇集，城市、省域和总行分系统集成的功能全面的银行信贷登记咨询系统实现全国联网运行，在各金融机构间建立起一个信贷信息共享的机制和平台。随着银行信贷登记咨询系统的建成，纸质的贷款证也升级为带磁条的贷款卡。2014 年 12 月，贷款证正式完成其历史使命，退出了历史舞台。

但是，银行信贷登记咨询系统三级联网的数据库结构模式在信息查询、深度产品开发方面效率较低，难以满足授信机构的征信需求。为了提高系统运行效率，2004 年，人民银行借助更为先进的数据库架构体系，开始推动全国集中统一的企业征信系统建设，将所有的数据集中在一起，形成中央集中统一的数据库，并通过网络面向全国提供服务。经过一年多的建设，于2005年底完成在上海、天津、浙江、福建四个省市的试点上线，2006年6月实现全国联网运行，并于7月完成与银行信贷登记咨询系统的切换工作。

2. 个人征信系统建设历程

个人征信的发展与零售信贷市场的发展密不可分。在我国零售信贷市场上，有几个重大的业务发展，对个人征信开展起到了很大的推动作用。一是城镇住房制度改革。1994年，国务院下发《国务院关于深化城镇住房制度改革的决定》，明确住房商品化，停止福利分房，住房实物福利分配方式改为以货币工资分配为主的方式，个人住房贷款需求开始出现，商业银行需要了解个人的信用状况。二是信用卡市场的发展。我国真正意义上的信用卡市场是从1995年广东发展银行发行信用卡开始的，1998年中国银行也开始发行信用卡，2002年工商银行发行了牡丹信用卡，招商银行、深圳发展银行也于2002年开始发行信用卡。这一市场由于是纯信用的性质，对个人征信产生了强烈的需求。三是汽车贷款市场的发展。20世纪90年代末，国内一些银行开启了汽车信贷业务，2002年汽车信贷业务开始出现快速发展，但随后遇到了信用风险问题，因此对个人征信也有迫切的需求。

在此种经济背景下，由于社会化征信机构一直没有推动个人征信，因此，必须由政府部门出面推动个人征信制度发展。我国的个人征信系统建设，最早是从1999年7月人民银行批准上海资信有限公司试点开始的。1999年7月，经人民银行批准，上海市政府发起成立了主要从事个人信用信息服务的上海资信有限公司，开始把分散在各银行和社会有关方面的个人信用信息归集起来，进行采集、储存、加工，形成个人信用信息数据库，为各有关方面提供个人信用报告服务。但是，上海资信有限公司的服务范围仅限于上海市内，受到地域限制，影响了其发展空间。随着跨区域经济交往的日益密切，这种制度性安排已经不适应经济金融发展需求，需要从全国视角统一考虑，建立全国统一的个人征信体系。

2004年，人民银行开始组织商业银行建立全国集中统一的个人征信系统，当年12月实现15家全国性商业银行和8家城市商业银行的全国联网，并在8

个城市提供试查询服务。2005 年 8 月，个人征信系统实现与全国所有商业银行和部分有条件的农村信用社的联网试运行。2006 年 1 月，全国统一的个人征信系统正式联网运行。

2008 年，鉴于上海资信有限公司的历史使命已经完成，经上海市政府与人民银行共同决定，由中国人民银行征信中心收购上海资信有限公司的大部分股份，实现控股，统一协调全国统一的征信系统与上海资信有限公司的发展，实现上海资信有限公司与征信系统的差异化、互补化发展，推动上海资信有限公司实现转型，继续在我国征信领域发挥重要作用。

全国统一的企业和个人征信系统自 2006 年建成以来，在我国经济、社会等各方面得到广泛应用，已经成为我国一项重要的金融基础设施。

（三）社会化征信机构的规范发展已经启动

长期以来，我国社会化征信机构的发展一直处于发展较慢的状态，形态比较复杂，市场规模较小，公信力较低，收集的信息量有限，业务主要集中在资信调查领域，依靠从公共部门获得信息、主动从相关数据源采集信息等来开展征信活动。造成这一局面的主要原因有信息获得比较困难、贸易信用信息大规模共享的条件还不具备、社会化征信机构自身的力量有限等。

但是，近年来，我国征信市场正在发生一些重要的变化，突出表现在互联网技术的广泛应用，一些拥有大数据的机构开始出现，新型征信业态正在萌芽，为征信市场的发展提供了新契机、新思路、新主体，我国征信市场发展的春天已经来临。

人民银行作为征信监管部门，积极顺应新形势的要求，大力推进征信市场主体培育，创新监管思路，审批通过了一批具有多种股东背景的个人征信机构，企业征信机构的备案工作正在积极推进。从已经获得审批或备案的征信机构来看，征信机构的背景有来自金融领域的、来自互联网机构的、来自其他信息服务机构的、来自以前的征信机构获得监管认可的、来自没有金融与数据背景的第三方独立机构的等，丰富了我国征信市场主体，为我国征信市场的发展创造了良好的发展空间。已备案或审批的征信机构名单见表 1–8。

表 1-8　已获备案或审批的征信机构名单

在中国人民银行备案的企业征信机构	
北京	
中诚信征信有限公司	考拉征信服务有限公司
北京宜信致诚信用评估有限公司	网信征信有限公司
北京海智金诚信用管理有限公司	中诚信源征信有限公司
北京冠捷时速信用管理有限责任公司	中品质协（北京）质量信用评估中心有限公司
金电联行（北京）信息技术有限公司	中企评协信用评级中心（北京）有限公司
东方安卓（北京）国际信用评估中心有限公司	北京中数智汇科技有限公司
北京国富泰信用管理有限公司	北京东方金诚数据咨询有限公司
北京和融通征信服务有限公司	全联（北京）征信有限公司
元素咨询有限公司	华夏信融信息技术有限公司
北京联信征信咨询有限责任公司	律城信核（北京）信用管理有限公司
独角兽信用评价（北京）有限公司	厚普征信有限公司
国诚信（北京）征信有限公司	信和汇诚信用管理(北京)有限公司
百融（北京）金融信息服务股份有限公司	
上海	
上海东方企业信用征信有限公司	上海建科企业信用征信有限公司
上海华予信企业信用征信有限公司	上海杰胜商务咨询有限公司
上海永成企业信用征信有限公司	上海远东执信企业信用征信有限公司
上海维氏盾企业征信有限公司	上海新维企业信用征信有限公司
上海资信征信有限公司	上海凭安企业信用征信有限公司
华誉企业征信服务（上海）有限公司	天翼征信（上海）有限公司
上海中誉企业信用咨询有限公司	商安信（上海）企业管理咨询有限公司

天津	
联合信用征信股份有限公司	天津五八同城信用管理有限公司
深圳	
鹏元征信有限公司	
陕西	
陕西灵辉企业信用管理有限公司	东方安卓（北京）国际信用评估中心有限公司陕西分公司
陕西融信信用管理有限公司	陕西西部资信有限公司
贵州	
贵州融信宜通征信有限责任公司	
湖南	
湖南商易征信有限公司	
福建	
龙创征信有限公司	福建省企业信用信息管理有限公司
浙江	
浙江汇信科技有限公司	杭州中德企业信用服务有限公司
温州中新力合征信服务股份有限公司	义乌中国小商品城征信有限公司

四川	
四川兴中诚信用服务有限公司	成都信了吗信息科技有限公司
成都金智通金融数据服务有限公司	川恒征信有限公司
江苏	
江苏金农股份有限公司	
辽宁	
中策征信有限公司	瑞泽氏征信有限公司
大连倍通商业信用咨询有限公司	华夏方圆信用评估有限公司
广州	
广东顺德德信行信用管理有限公司	广州智乘企业征信有限公司
重庆	
重庆龙强渝信用管理有限公司	重庆云微信用管理有限公司

人民银行批准开展个人征信业务准备工作的机构

芝麻信用管理有限公司	腾讯征信有限公司
深圳前海征信中心股份有限公司	鹏元征信有限公司
中诚信征信有限公司	中智诚征信有限公司
拉卡拉信用管理有限公司	北京华道征信有限公司

资料来源：中国人民银行网站（截至 2015 年 3 月）。

（四）我国征信系统建设的几个经验

经过多年的征信系统建设，我们深刻感到，我国征信系统建设一直在正确的道路上前进，才取得了今天巨大的成就，尽管还存在一定的不足，但是，从国内外的评价看，我们在征信体系建设方面已经走在了国际前列。我们在建设中也积累了关于我国征信体系如何发展的一些经验，主要有：

一是紧抓最大的市场需求。国外的征信业发展是先从贸易信用开始的，然后随着信贷市场的发展，金融领域的征信才逐渐成为主流。但是，在我国，这一方向恰好相反，我国长期以来是以间接融资为主的国家，社会融资主要由信贷提供，零售信贷领域的需求基本上是由银行来满足的，与美英等国的融资结构存在巨大的不同，这就决定了我国征信业的发展必须首先从信贷市场开始，尽快满足这一市场巨大的需求。当然，随着近年来互联网金融的快速发展和非金融信用活动的日益活跃，我国征信市场的需求结构正在发生变化，征信机构也应抓住市场需求，快速填补市场空白。

二是实现全面征信。尽管征信机构的差异化发展是常态，但是，每个征信机构都应在自己的能力范围内，尽量实现全面征信。征信系统的建设之所以能够发挥基础作用，原因就在于征信系统不仅实现了地域广覆盖，也实现了信息内容的广覆盖、机构的广覆盖，真正成为一个重要的金融基础设施。当然，在全面征信方面，具有公信力的机构最有可能实现这一点，我们在推动征信系统建设的过程中还需要继续努力，不断提升信息覆盖度，不仅包括非银行信息，也包括信贷领域中很多没有纳入到征信系统中的机构信息。

三是全国集中统一征信。我们的经验表明，在一国征信市场上，必须至少有一家大型的征信机构实现在全国范围内的征信，在征信方式上实现核心信息的大集中，包括信贷信息等，这是一国征信体系发挥作用的关键。正是由于全国统一的企业和个人征信系统的建成，实现了信贷信息的全国大集中，我国信贷市场的发展，尤其是零售信贷市场的发展才能取得今天的成就，我国的利率市场化才有了坚实的数据基础，商业银行基于风险定价的体系才能真正建立。可以说，全国统一的征信系统的存在已经深刻地改变了我国商业银行的经营模式，并嵌入到商业银行等授信机构的信用风险管理流程中。目前，社会上也有一些联网征信的方式，但是，从深化征信服务的视角看，这并不是终点，仅仅是起点，尤其是对核心信息，还是应尽量实现集中统一征信。

四是深化征信服务。在征信系统建设中，我们始终牢牢树立“为授信机构和社会各界服务”的宗旨，努力改进征信服务，切实满足市场需求。在信息更新方面，已经实现信息的 T+1 更新，在全球处于领先水平；在服务内容方面，不仅提供基础的征信服务，而且在不断努力提供多元化的征信产品，满足市场的需求；在面向授信机构和信息主体的征信产品交付方面，不仅有专线服务，而且有互联网服务、现场临柜服务等，交付方式便捷，在全球也处于领先水平。

五是做好信息主体权益保护工作。在征信系统建设过程中，我们深刻体会到，在促进信息共享的同时，应做好信息主体的权益保护工作，维护个人隐私，包括公众的知情权、异议权、更正权等，保护企业商业秘密，这是征信系统建设取得成功的根本。为此，为了保证征信系统的良好运行，在一开始没有法律的情况下，人民银行先后下发了《银行信贷登记咨询管理办法（试行）》和《个人信用信息基础数据库管理暂行办法》等规章，对信息的采集、使用等进行了规范，禁止信息用于营销目的，无论是信息采集，还是信息使用，均需要信息主体的授权。这种管理方式在国际上几乎是最严格的管理方式，确保了企业和个人征信系统的平稳运行。现在，又有了《征信业管理条例》，提升了信息主体权益保护的法律层次和力度。

四、我国征信制度模式的完善

尽管我国征信市场的发展已经取得了一定的成绩，征信制度模式已经采用最优的做法，公共征信机构与社会化征信机构并存、有序发展的市场格局正在形成，但是，我国征信市场在发展中仍然存在一定的问题，政府与市场共同推动型征信制度模式需要进一步完善，包括公共征信机构与私营征信机构互相补充（充分发挥各自优势所决定）、要避免征信机构出现利益冲突（征信机构公信力和市场效率所决定）、征信市场应避免过度竞争（小市场和自然垄断特征所决定）等，充分发挥公共征信机构的基础性作用，加快推动市场主体建设，形成公共征信机构与社会化征信机构力量较为均衡、市场发展稳健高效的良好局面。主要的策略有：

（一）协调好全国统一的征信系统建设与社会化征信机构发展之间的关系

国际经验已经表明，公共征信机构与私营征信机构可以并行存在，和谐相处，共同推动征信市场发展。根据我国国情，国家出面建设、运行和管理全国统一的企业和个人征信系统，迅速推动信贷信息实现全国集中，在打破信息壁垒、保障国家金融信息安全、推动信贷市场发展等方面发挥着基础性作用。下一步，需要进一步推动全国统一的企业和个人征信系统建设，收集更多种类的信用信息，丰富征信产品和服务种类，进一步奠定全国统一的企业和个人征信系统的基础性地位。

同时，我国也应大力发展社会化征信机构，让社会化征信机构发挥主要作用，支持社会化征信机构做大做强，鼓励社会化征信机构的多元化发展，鼓励民营征信机构发展，鼓励社会化征信机构间的重组并购和整合，鼓励社会化征信机构与全国统一的企业和个人征信系统形成功能互补、有序发展的格局，形成合理的市场结构，大力推动商业领域征信服务，弥补商业领域征信服务的短板。

（二）我国征信机构的发起设立应避免利益冲突

尽管《征信机构管理办法》并没有在征信机构发起设立的股东资质方面作出避免利益冲突的约束，但是，从国外征信业发展经验看，我国在征信机构的发起设立中，还是应考虑潜在利益冲突，降低征信市场发展走弯路的风险。

一是要尽量避免征信机构不被单一授信机构或少数几家授信机构控制。授信机构在开展授信业务活动中，利用自己对征信机构的控制地位，可能会违反公平竞争原则，谋求在授信业务活动中从征信机构获得不公平的信息优势，损害其他授信机构的利益，阻碍市场创新。

二是要尽量避免一家控股公司下既有征信业务，又有授信业务。我们知道，一家控股公司可以进行多元化经营，可能会发起成立授信机构，也可能会发起成立征信机构，这样一来，虽然从控股公司的视角看，与征信机构不存在利益冲突，但是，从平行业务单元看，两者存在利益冲突。因此，判断是否存在利益冲突，应从实质上是否存在利益冲突来判断，而不是从形式上进行判断。

三是要尽量避免征信机构被一个行业所控制。我国目前行业征信发展很快，但是，行业征信的特点也是比较明显的，即容易专注于自己的领域，而忽视了跨行业征信对于推动全面了解信息主体信用状况的重要性，忽视了对全社会提供征信服务的社会责任。

（三）我国征信机构数量应保持在一个合适的规模

寻找最优的征信市场结构和规模是一件比较困难的事情，很难有理论模型或者在实践中有一个标准模式能够得出最优的市场结构和规模，只能通过国际比较，或者是通过行业的规模来推测。

从国际经验看，美国征信市场上有各类机构 200 多家，整个欧洲有 40 多家。我国与美国、欧洲相比，无论在地域上，还是在经济发展的规模上，均具有一定的可比性，因此，可以预估，我国未来稳定的征信机构规模也可能会在这一区间内。如果考虑到人口因素，这一区间也可以适当向上进行浮动。

从行业规模的角度看，我们预计，在较短的时间内，我国金融领域的征信市场营收规模在短期内较难超过 100 亿元人民币。考虑到征信行业是一个人才密集型、技术密集型行业，在技术、人力、软硬件等方面投入较大，在未来征信市场结构和规模较优的情况下，我国征信市场中征信机构的数量需要控制在一定的范围内，尤其是要考虑到未来我国可能会出现一些大型征信机构，通过兼并、收购、市场淘汰等，导致征信机构的数量进一步下降。

（四）应鼓励探索新的征信业态

传统的征信模式是征信机构从银行等信息源单位采集信息，并进行整合、加工、分析等，然后对外提供服务。这些业务的开展都是由信息提供者和信息使用者发起的，信息主体在其间只是发挥一个授权作用。但是，近年来，全球趋势是信息主体权益保护日益严格，征信机构在信息采集过程中受到越来越多的限制，传统的征信模式往往因为拿不到足够的数据而受到挑战，尤其是涉及资产信息的采集时，更是困难，导致传统征信机构很难从资产——负债的全视角对信息主体的信用状况进行全方位评估。

全球征信业界现在正在探寻新的征信业态形式，目前，主要面向消费者的做法是借鉴企业资信调查的模式，信息不再提前进行收集，而是到了信息主体有从事信用交易活动的需求时才开始征信，这个征信动作由信息主体发起，表现为信息主体本人搜集信息，征信机构进行监控并提供平台支持，根据信息主体提供的资料再按照一定格式汇集成信用报告。目前，国内外均有这类征信机构。

（五）需要为征信机构的发展提供政策支持

我国的征信市场虽然已经取得了初步的成绩，但是，整体来看，征信机构的发展还处于相对较弱的状态，整个征信市场与理想的状态还有很大差距，行业收入远远没有达到潜在产出水平，因此，需要对已经获准进入市场的征信机构在政策上给予支持，切实帮助征信机构迅速做大做强。主要有以下方面：

一是各级政府、各个部门要对征信机构依法采集信息给予支持，尤其是为征信机构采集信息提供便捷通道，尽量开放数据源，鼓励辖内征信机构建设，鼓励企业和个人信用信息集中。

二是积极推广征信服务使用，不仅在政府部门依法履职中加大应用，而且更应该鼓励企业、个人在开展信用交易活动时使用征信服务。

三是可以从国家层面，出台支持征信机构发展的财税政策，包括适当降低征信机构的税率水平、给予征信机构初期发展的财政资金支持等。

参考文献

[1] 左丘明：《左传》，北大中文系文献库。

[2] 中华征信所企业股份有限公司：《国际贸易金融大词典》，上海，上海世界图书出版公司，2001。

[3] 汪海清编著：《企业征信调查实务》，上海，立信会计出版社，2008。

[4] 冯祥春主编：《国际商务英语大辞典》，北京，中国对外经济贸易出版社，2000。

[5] 朱原等译：《朗文当代高级英语辞典：英英、英汉双解》，北京，商务印书馆，1998。

[6] 伊特维尔等：《新帕尔格雷夫经济学大辞典》，北京，经济科学出版社，1996。

[7] 尼古拉·杰因茨著，万存知译：《金融隐私——征信制度国际比较》（第二版），北京，中国金融出版社，2009。

[8] 杜金富、张新泽、李跃、王振营：《征信理论与实践》，北京，中国金融出版社，2004。

[9] 王晓明：《构建多元化的征信市场主体》，载《中国金融》，2014（23）。

[10] 孙建国：《信用的嬗变：上海中国征信所研究》，北京，中国社会科学出版社，2007。

[11] 中华人民共和国国务院：《征信业管理条例》，2013年发布。

[12] 中华人民共和国国务院：《社会信用体系建设规划纲要（2014—2020年》，2014年发布。

[13] 香港特别行政区：《个人资料（私隐）条例：个人信贷资料实务守则》，2003年第二次修改。

[14] 斯蒂格利茨著，纪沫等译：《信息经济学：应用》，北京，中国金融出版社，2009。

[15] 艾洪德、范南：《世界发达国家个人征信产业比较及我国的实践问题》，载《深圳金融》，2004（10）。

[16] 玛格里特·米勒编，王晓蕾等译：《征信系统和国际经济》，北京，中国金融出版社，2004。

[17] 清华大学中国与世界经济研究中心课题组:《征信系统对中国经济和社会影响研究》，2014。

[18] The Federal Trade Commission（2009），“The Fair Credit Reporting Act”.

[19] World Bank Group（2015），“Doing Business 2015:Going Beyond Efficiency”.

[20] Tullio Jappelli，Marco Pagano(1999), “Information Sharing , Lending, and Defaults: Cross-Country Evidence”，May 1999, Working Paper, No.22, UNIVERSIT DEGLI STUDI DI SALERNO.

[21] IFC（2012），“Credit Reporting Knowledge Guide”,www.ifc.org.

[22] Michael Turner, Robin Varghese（2007），“Economic Impacts of Payment Reporting Participation in Latin America”，www.perc.net.

[23] Michael Turner, Robin Varghese, Patrick Walker（2014），“Credit Bureaus in Emerging Markets: Overview of Ownership and Regulatory Frameworks”，www.perc.net.

第二章 全面征信理念与差异化发展

征信领域的一个重要理念是全面征信，采用多种征信方式，从不同视角、不同维度反映企业和个人的信用状况，实现征信服务的多重目标，营造诚实守信的信用环境。但是，观察全球主要经济体的征信市场，我们发现，更多的征信机构根据自己的竞争优势，采用了差异化发展的方式，形成了业态丰富、相互补充、相互借鉴、相互融合、有序发展的市场格局，全面征信与差异化发展处于一种对立统一的关系之中，分析清楚两者关系，就会明白我国征信市场发展的道路应该如何选择。

第一节　全面征信的内涵及发展

作为独立第三方提供数据服务的行业可以按照目的分两大类：一类是提供征信服务，帮助管控信用风险；另一类是提供数据营销服务，用数据支持市场营销开展。两类数据服务在信息征集上既各自独立，又有交叉。例如，在授信领域既有风险管理，又有市场营销；有些数据既可以用于风险防控，又可以用于市场营销，这往往是一枚硬币的两面。当然，无论哪种数据服务，都是尽可能地拥有更多的数据，服务于自己的目标，在征信领域我们称之为全面征信。但是，受制于主客观条件限制，全面征信也有自己的边界，在全球的发展情况也存在较大差异。

一、全面征信的内涵

全面征信的内涵是指为了反映企业和个人的信用状况，征信机构全面收集企业和个人的信用信息，以及能够直接或间接反映企业和个人信用状况的其他信息，帮助授信方准确、全面地识别企业和个人真实的信用状态，预测企业和个人未来违约的可能性，防范信用风险，准确进行风险定价。

从全面征信的内涵看，全面征信可以分为三层含义：第一层含义是国际上经常讨论的共享受信方的正面信用信息和负面信用信息；第二层含义是在不同类型授信方之间的信息共享；第三层含义是除了信贷信息外，还要共享能反映受信方信用状况的其他信息，如能够直接反映受信方信用的支付信息，如水、电、煤气费的缴付等，以及能够间接反映或影响企业和个人信用状况的其他信息，如公共信息等。

（一）正面信息与负面信息含义及共享

在征信领域中，正面信息是指企业和个人按时履约、遵纪守法的相关信息，包括依约偿还贷款、按时支付公用事业费用的信息等。负面信息是指企业和个人违约、违法违纪的相关信息，包括拖欠贷款、拖欠公用事业费用、行政或司法处罚信息等。

我国《征信业管理条例》中，没有使用负面信息的概念，而是根据国情，使用了不良信息的概念，两者的含义是一致的。该条例采用了罗列法，对不良信息进行了如下定义，即不良信息是指对信息主体信用状况构成负面影响的下列信息：信息主体在借贷、赊购、担保、租赁、保险、使用信用卡等活动中未按照合同履行义务的信息，对信息主体的行政处罚信息，人民法院判决或者裁定信息主体履行义务以及强制执行的信息，以及国务院征信业监督管理部门规定的其他不良信息。

正面信息与负面信息都进行共享是指征信机构在信息采集的过程中，无论是客户的正面信息，还是负面信息，均进行采集，从而全面反映企业和个人的信用状况。

（二）不同类型授信方之间的信息共享

在金融体系中，存在众多的授信方，按性质划分，有商业银行、信用社、政策性银行、担保公司、租赁公司、小额贷款公司等；按规模划分，有大中型授信机构和小型授信机构等。在市场自主发展的情况下，可能会形成许多不同类型的小圈子的信息共享集团，导致信息的分割，不能实现充分的信息共享，对全面了解企业和个人的信用状况不利。

全面征信的一个重要含义就是打破这种封闭共享的小集团，尽可能实现在不同类型授信方之间进行信息共享，尤其是实现大中型授信机构与小型授信机构之间的信息共享。但是，在一些国家，我们看到，由于受到大中型授信机构的抵制，小型授信机构很难加入到全面的信息共享中去。因此，全面征信的一个重要含义就是要推动各类授信机构，尤其是小型授信机构全面参与到同一个信息共享体系中去，促进信息在一个平台上实现最大程度的共享。

（三）不同类型的信息要进行共享

能够反映企业和个人信用状况的信息很多，从国内外情况看，主要包括信贷信息、贸易信用信息、水电煤气和电信等公用事业信息、司法处罚信息、缴欠税信息、工商注册登记信息、其他行政执法信息等，信息的大类可以分为授信信息、公用事业信息（非传统数据）、政府和司法部门信息等。

征信机构在推动信息共享时，理想的状态是实现不同类型的信息共享，从多角度反映企业和个人的信用状况，以实现对企业和个人信用状况的全面反映。当然，在现实世界中，这一理想状态只能作为一个目标去追求，至今全球没有一家征信机构能够做到这一点，做得好的征信机构离这个目标近一些，做得好的国家信息共享的程度高一些。

二、全面征信的作用

全面征信的作用实际上与征信的作用并没有本质的区别，只是在发挥征信的作用方面更为充分，更有效率。关于全面征信带来的好处，国外有一些学术研究进行了深入的分析，一些由负面征信向全面征信迈进的国家更是对全面征信的作用有更深的感受。正是基于全面征信的好处，一些国际组织，如世界银行及其集团下属国际金融公司、国际货币基金组织、跨国征信行业组织等正在全球范围内大力倡导全面征信理念。

（一）学术研究对全面征信作用的总结

学术领域关于全面征信作用的研究主要是基于信息经济学理论开展的，研究者有斯蒂格利茨(Stiglitz)、韦斯（Weiss）、帕格诺（Pagano）、雅派利（Japelli）、贝隆（Barron）、斯坦顿（Staten）、鲍威尔（Powell）、特纳（Turner）等。

研究发现，信息共享得越充分，越能使授信方准确地去度量借款人的风险，确定风险溢价，使低风险的受信方享受低利率，对高风险的受信方通过高利率覆盖风险，从而改善贷款质量，提高授信风险管理的精准度；信息共享得越充分，越有利于帮助弱势群体，如小微企业、弱势人群等进入到金融体系中，获得金融支持，实现信贷机会公平，促进金融普惠；信息共享得越充分，越有利于授信方建立起定量的信用风险评估模型，越能提升模型的预测能力，辨别受信方风险状况的能力就越强，越有利于提升审批效率；信息共享得越充分，越能激励受信方遵守契约精神，养成遵纪守法的行为习惯，从而有效地降低受信方的违约率，从制度层面塑造良好的信用环境。

国际金融公司在《征信知识指南》（2012）中引用特纳、贝隆、鲍威尔等的研究，清晰地展示出全面的信息共享对于降低违约率、提升信贷审批率具有重要作用，违约率出现了大幅下降，审批率出现了大幅提升，来自零售商等其他授信机构的信息是信贷信息的重要补充，有助于提高风险评估的准确性（见图 2-1 至图 2-4）。

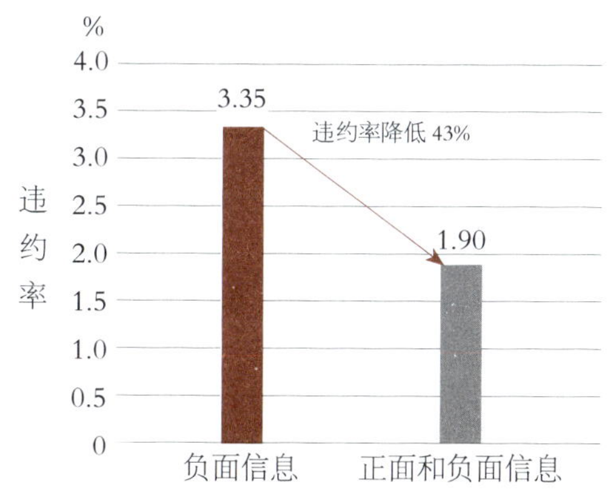

资料来源：国际金融公司使用贝隆和斯坦顿（2003）数据。

图 2-1　共享正面信息对违约率的影响（以美国为例）

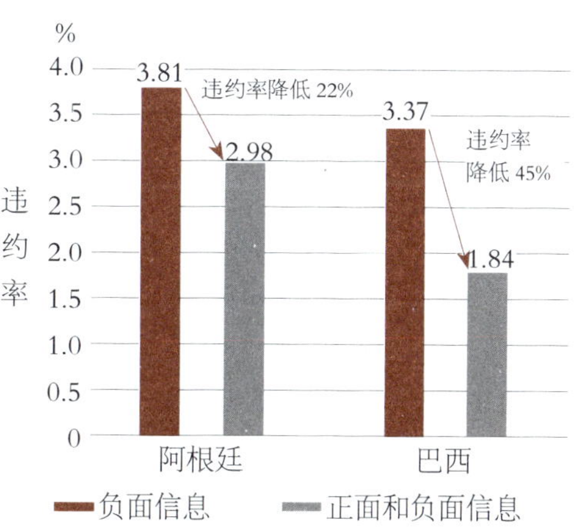

资料来源：国际金融公司使用 Powell、Mylenko、Miller 和 Majnoni（2004）数据。

图 2-2　共享正面信息对违约率的影响（以阿根廷和巴西为例）

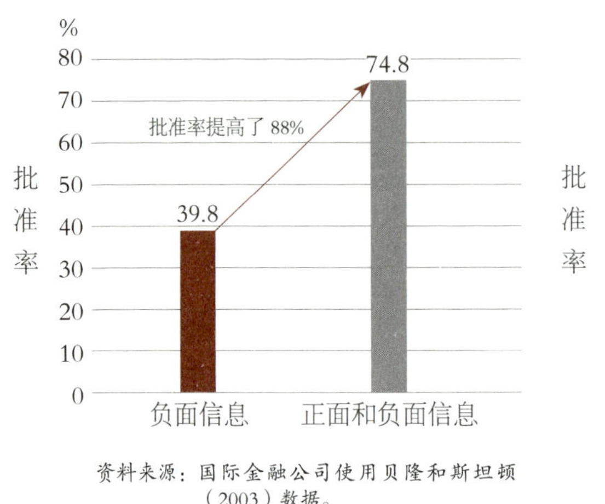

资料来源：国际金融公司使用贝隆和斯坦顿（2003）数据。

图 2-3　共享正面信息对贷款批准率的影响

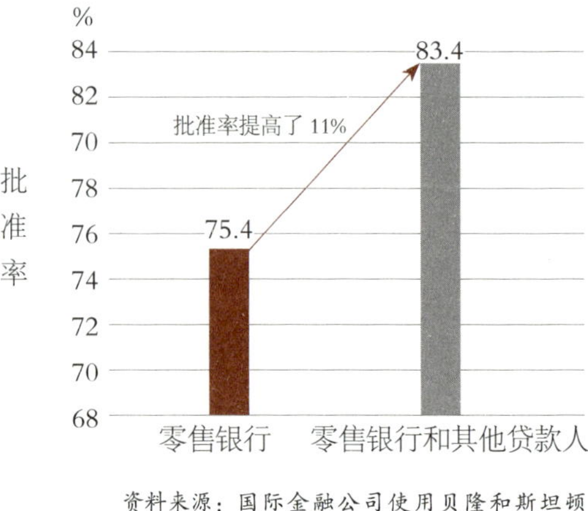

资料来源：国际金融公司使用贝隆和斯坦顿（2003）数据。

图 2-4　共享零售商和其他授信机构的正面信息对信贷批准率的影响

（二）征信机构关于全面征信作用的看法

澳大利亚从 2014 年 3 月开始由负面征信转向全面征信，该国的征信机构对全面征信的作用有着更为切身的感受。根据澳大利亚和新西兰两国最大征信机构——威达（Veda）公司的看法，全面征信可以在以下方面发挥作用：

一是开始重视受信方的良好信用行为。如果受信方能够保持良好的信用行为，按时履约，这一行为将会被征信机构记录并广为传播，征信行业对受信方正面信息的重视程度大幅提升，使受信方的守信历史在帮助其获得金融服务时发挥作用。

二是帮助有失信行为的受信方更快地重建信任。当某一个受信方出现过负面的或不良的信用信息时，其可以加快开展信用活动，积累更为丰富的正面信用信息，展示自身良好的信用行为，来冲销曾经出现过的负面信息对自身的影响。

三是可以加快帮助受信方建立信用报告。在只记录负面信息或其他征信受限的情况下，一个受信方建立自己的信用报告可能会等待很长的时间，但是，全面征信可以有效弥补这一点，只要这个经济主体作为受信方发生过信用行为，就可以立即被记录并帮助受信方建立一份属于自己的信用报告，迅速建立自己的信誉，这一点对年轻人以及一些海外移民而言更为重要。

四是可以建立更为平衡的征信体系。全面征信的一个重要作用就是可以建立正面与负面兼顾、全面而完整、透明而清晰的征信体系。相比仅仅征集负面信息的征信体系，全面征信体系可以帮助那些以前有过不良记录的群体重新获得信贷。

五是可以帮助授信双方达成更好的交易。征信机构开展全面征信，可以更为全面地帮助授信方了解受信方的信用历史和信用行为，这对于授信双方进行公平竞价、合理确定授信规模、达成良好信用交易具有重要作用。

三、全面征信的边界

全面征信并不意味着征信没有边界，全面征信的边界有三大限制因素：一是个人隐私法和商业秘密保护等相关法律的限制，二是市场约束，三是数据基础环境。在这三大因素的制约下，全面征信需要高度关注个人隐私、商业秘密保护，需要充分考虑征信的本质特征，遵循法律法规、客观规律，符合现实情境。

（一）个人隐私和商业秘密保护的影响

征信行业面临的重大挑战之一是个人隐私和商业秘密保护，征信行业的发展史就是一部信息共享与个人和企业信息保护不断平衡的动态史。总体来看，虽然个人隐私和商业秘密保护非常重要，但是，在授信过程中，双方都会从中受益，受信方需要牺牲一些隐私或商业秘密，适度披露一些关于过去行为的信息，换取对应的授信服务，这是企业和个人融入现代信用经济、享受良好金融服务所必须付出的代价。在实践中，有些国家对个人隐私和企业商业秘密保护得严格一些，征信行业在信息公开和共享方面就会受到一些限制；有些国家在推动经济和金融发展方面崇尚自由，征信行业信息共享就充分一些。

1. 身份信息的限制

一些国家在立法中发现，授信机构可能会根据性别、婚姻状况、种族、肤色、宗教、国籍、年龄等因素，作出对受信方不公平的对待，把这些与信用无关的因素作为负面信息，根据这些信息对一些群体实行歧视或差别对待，影响了公平信贷。因此，为了避免这些影响，许多国家在立法中，对一些身份信息进行限制使用，从而保证受信方公平获得授信的机会。

例如，美国在《公平信贷机会法》中明确规定，不允许基于种族、肤色、宗教、出生国家、性别、婚姻状况、年龄等信息在授信过程中对受信方进行歧视；欧洲许多国家对受信方的哲学和政治信仰、政党或工会的会员身份、宗教、隐私、种族或民族背景、健康信息或性生活信息、遗传信息等禁止处理；我国对受信方的宗教信仰、基因、指纹、血型、疾病和病史信息禁止采集。

2. 对负面信息的限制

征信服务在减少交易主体之间信息不对称的同时，也重在构建"守信激励、失信惩戒"机制，因此，应给予信息主体重塑自身信用形象、重建信誉和社会地位的机会，这就需要为负面信息设定保存期限，避免时间久远的负面信息成为一直影响信用交易的"污点"。因此，对于法律规定超过一定期限的信息，禁止采集使用。需要强调说明的是，这里所讲的主要是个人的信息。

例如，美国在《公平信用报告法》中明确规定，对发出救济令或破产宣告之日起超过 10 年的信息，民事诉讼、民事判决或被捕记录自登记之日起超过 7 年的信息，税收留置自完税之日起超过 7 年的信息，催收账户超过 7 年的信息等，一律不予收集、展示。意大利的相关法律规定，对于违约不超过两个分期付款周期或两个月的负面信息，自负面信息被消除之日起不超过 12 个月；对于违约超过两个分期付款周期或两个月的负面信息，自负面信息被消除之日起不超过 24 个月；对于仍存在逾期的负面信息，自产生该信息的合同到期日起不超过 36 个月。我国《征信业管理条例》直接规定，负面信息自不良行为或者事件终止之日起超过 5 年的，应当予以删除。当然，更不能采集。

3. 商业秘密保护的影响

在征信领域，法律对于企业的保护主要是涉及商业秘密，尤其是针对资信调查业务而言，更是容易侵犯企业的商业秘密，这方面的相关规定需要遵循各国关于商业秘密保护的法律规定，但是，关于征信方面的具体法律往往不对这一问题做相关规范，而是遵从其他法律的约束。

例如，在美国，商业秘密保护的法律体系是以判例法为主的，在成文法方面主要有《侵权法重述》、《统一商业秘密法》以及相关州法。根据商业秘密的定义，企业拥有的大量的客户信息等显然属于企业的商业秘密，企业有准确披露财务信息的义务，但没有披露不受法律规制的、影响其核心竞争力的商业秘密等信息的义务。对于商业银行等授信方而言，其客户信息属于其商业秘密，其将自己拥有的客户信息拿出来进行共享，是基于整个行业的利益，属于让渡了对这一部分信息的控制权，是实现金融体系稳定和自身稳健发展必须付出的代价。但是，不是所有的客户信息，商业银行都是可以拿出来共享的，如企业的信贷信息。到现在为止，美国也没有形成全国共享的、统一的企业信贷征信体系。

而在我国，商业秘密保护的法律主要体现在《反不正当竞争法》、《合同法》、《民事诉讼法》、《公司法》等法律中，对商业秘密的内涵、商业秘密的侵犯及处理等进行了规定，以保护企业的商业秘密。

因此，在全面征信过程中需要高度重视企业商业秘密保护，不能践踏法律所不允许触及的商业秘密，要实现全面征信与商业秘密保护之间的平衡，在既定的法律框架内开展全面征信活动，谨守征信的业务边界。

（二）基于征信市场运行规律的约束

全面征信受到的第二个影响是需要基于征信市场运行规律来开展，需要紧紧围绕征信目标，做到重点突出、注重效率，高度重视文化差异，根据征信制度的安排来调整信息采集的范围，主要包括以下几方面。

1. 征信目标的限制

为反映企业和个人的信用状况，尽管需要全面了解企业和个人的信用历史行为，但是，这并不意味着需要穷尽采集企业和个人留下的所有信息记录。我们发现，实际上完全没有这样做的必要。有时，为了达到我们征信的核心目的——防范信用风险、约束企业和个人行为，我们只需要采集一些关键的信息即可以做到这一点，即重要性原则。

总体来看，首先，处于核心地位的是金融领域的信贷信息、贸易领域的贸易信用信息。其次，为了对这些信息进行补充，扩大可以纳入征信体系的人群，非传统数据（核心是水、电、煤气、电信等公用事业缴费信息）的采集也要兼顾。最后，还有一些公共信息，包括破产信息、民事诉讼和判决信息、税务信息、工商注册登记信息等，对反映企业和个人的信用状况也有一定的帮助。如果能实现上述信息在一定程度上的大规模共享，就已经是一个很好的征信体系安排了。

2. 市场效率的限制

全面征信还要高度重视市场效率的发挥。研究发现，随着信息共享程度的提高，征信系统的运行维护成本也在快速上升，并且受制于很多外部因素，这种体系很难实现可持续的稳定，影响了市场效率的提升，包括相互冲突的信息会影响到对事实真相的了解、过多的信息存量影响了数据库的运行效率、数据质量的维护成本大幅上升等。

人民银行征信中心邀请国际组织对我国征信业发展面临的问题进行分析时，相关国际征信专家明确指出，在坚持全面征信的同时，务必要掌握适度原则，信息种类不必包罗万象，数据项应精简，突出反映核心问题，以提高征信服务效率。因此，全面征信应坚持适度原则，不能无限制地扩大信息源，将一些与信用风险判断无关的信息纳入到数据库中来会造成数据冗余，影响数据质量，影响征信效力的发挥。

3. 文化制度的限制

全面征信的发展还受到文化、制度等方面的影响，在这种情况下，全面征信只能“让路”，这是征信市场运行的另一个重要规律。我们发现，在不同的文化中，征信受到的约束是不一样的，例如，在一些国家，正面信息和负面信息均可采集，但是，在另一些国家，往往只能采集负面信息。当然，随着社会的进步，各国对征信作用的认识在不断深化，采用全面征信做法的国家开始变得越来越多。

另外，征信制度的安排对于全面征信能否实现也发挥着关键性作用。在一些信息收集具有强制性的国家，实现全面征信的难度要小一些；在一些信息收集依靠市场来发挥作用的国家，实现全面征信的难度要大一些。对于那些依靠市场来发挥作用的国家而言，实现全面征信往往受到一些利益集团的抵制，如行业协会、大型授信机构等，经常会造成征信市场的分割，全面征信很难实现，比较多见的形态是形成了几个分割的征信机构。

4. “信息焦虑”规律的制约

在信息行业日益发达的今天，有时，并不是我们不能获得信息，而是信息非常多，反而影响了我们的判断，这种现象我们也称为“信息焦虑”现象。因此，哪些信息对于我们判断受信方的信用有用，能够与受信方未来的违约率建立起明显的相关关系，需要仔细分析。在征信的过程中，不必试图穷尽采集与受信方有关的所有信息，而应将精力重点放在那些可以与受信方的信用建立起明确相关关系的信息上，消除“信息噪音”。

（三）信息采集的现实环境

1. 公共信息采集的环境限制

从发达国家经验看，全面征信需要具有良好的信息采集环境，尤其是公共信息的采集制度安排。从国外情况看，许多发达国家颁布了信息自由法案，致力于推动政府信息透明，这为征信机构采集政府部门拥有的公共信息提供了法律依据。在实践中，这些国家也不断加大执法力度，严格执行法律规定，推动公共信息公开，有些国家甚至设立了统一的门户网站，便利公共信息查询。例如，美国联邦政府建立政府信息公开网站（www.data.gov），作为“搜索引擎”，将查询人链接到相关政府部门网站上，查询政府公开信息。对于依申请公开的信息，如工商注册登记信息等，在这些国家也可以方便查询。征信机构与社会各界一样，可以便捷获取公共信息，用于开展征信服务。因此，良好的信息采集环境能够帮助征信机构公平地进入这一领域，从事征信活动，展开市场竞争，为社会各界提供良好征信服务，推动征信市场繁荣发展。

但是，在现实中，情况却与理想有很大差距，许多国家在公共信息公开方面做得还很不到位，有些国家没有公共信息公开的相关法律，有些国家虽然有这方面的法律但是执法不严，导致公共信息难以获取，数据源机构没有规范、完善的信息归集机制，信息分散，没有整合，电子化程度不高，没有公开透明的信息公开平台，信息的可获得性很差，数据质量存在严重问题，数据获取并用于征信目的的法律体系不健全，严重影响了全面征信的开展。

2. 数据质量的限制

在全球范围内，数据质量是一个非常重要的问题，数据的全面性、准确性和及时性是衡量数据质量的重要指标。在信息技术高度发达的今天，解决数据质量问题是实行全面征信的关键；否则，征信机构将会陷入庞大的异议处理中，会严重影响征信机构的公信力。

做好数据质量工作，需要从宏观层面做好一些基础性工作：首先，数据源机构应努力打造良好的技术环境，为本机构内的信息归集做好基础工作；其次，数据源机构应有意识地将业务管理过程中积累的数据进行清洗、整合和归集，在数据的全面性、准确性、及时性上做好制度性安排，确保数据质量，发挥数据的作用，服务于自身业务的开展；再次，数据源机构应有信息公开或共享的意识，实现数据的可获得性，践行"我为人人，人人为我"的价值理念，在社会范围内最大限度地发挥数据的价值，既服务于全社会，也服务于自身的业务开展，实现多方共赢；最后，应建立数据源机构与征信机构之间顺畅的信息交换、异议处理、错误数据更正机制，确保数据质量，为全面征信在微观基础上创造条件。

但是，在现实世界中，受多种因素的制约，在商业信用领域，尤其是贸易信用领域，数据质量一直都存在较大的问题，信息系统较差，信用管理理念薄弱，历史数据积累不足，数据质量较差，数据来源不稳定，数据提供不具有可持续性，很难实施系统的征信活动，影响了全面征信工作的开展。

四、全面征信的推广

征信业的发展历史已经清楚地表明，征信信息的共享从一开始就是从共享负面信息开始的。随着征信业的发展，社会各界逐渐认识到全面征信的重要性，逐步开始帮助企业和个人建立全面的信用档案。

首先，征信在历史上是从共享负面信息开始的。这个道理很简单，每个授信方都愿意把使自己受到损失的受信方的失信信息拿出来共享，让其接受惩罚，发挥联合惩戒作用。在较长的一段历史时间内，大多数国家征信业的发展是从共享受信方的负面信息开始的。共享受信方的负面信息无论是从授信方的视角，还是从道德和法律的视角看，都更容易一些。从授信方的视角看，授信方想通过这种约束作用，达到提醒其他授信方免受损失、帮助自己收回损失、对失信人进行惩罚的多重目的。从道德和法律的视角看，失信人既违反契约精神，违背法治精神，也违反社会道德，因此，对于这类信息的共享相对要容易得多，各方也很容易达成一致。

其次，近年来，全面征信的理念在大多数国家得以推行。全面征信的推行一开始之所以面临困难，主要是受个人隐私权的保护、授信方将其优质客户信息作为自己的商业秘密加以保护等因素的影响。但是，随着研究的深入，授信方发现，进行正面信息的分享，能够有效地扩大授信面，更好地预测风险（见表 2-1），使征信的作用能够得到最大程度的发挥等。这些研究结论有效地推动了全面征信的开展，尤其是征信对经济具有巨大的外部性效应，导致许多国家的政府部门直接介入到征信领域，全面征信得到更大程度的推广。信息类型和来源对预测能力的影响如表 2-1 所示。

表 2-1　信息类型和来源对预测能力的影响

信息类型 / 信息来源	正面信息和负面信息	仅有负面信息
“全面信息”（银行、零售商和非银行金融机构共享信息）	预测价值高（如美国、英国和意大利）	预测价值较低（如澳大利亚、瑞士）
“行业分割”（比如仅在银行之间或零售商之间共享）	预测价值较低（如墨西哥、科威特）	预测价值较低（如马来西亚、博兹瓦纳）

资料来源：国际金融公司：《征信知识指南》，2012。

再次，近年来，一些国际组织，包括世界银行、国际货币基金组织、世界银行所属的国际金融公司、跨国的征信行业协会等，越来越深刻认识到全面征信的作用并在全球进行推广，这对全面征信迅速普及很多国家尤其是一些新兴市场经济国家起到了非常重要的作用。

最后，为推动全面征信工作，世界银行开发了一个指数，即信用信息指数。该指数满分为 6 分，从不同视角来衡量一国征信体系的发达情况，分数越高，一国征信体系越完善。该指数涉及的指标主要有：发布的信用信息是否既包括正面信息（如贷款规模和按时偿还等情况），又包括负面信息（如违约、未能按时偿付、破产等情况）；发布的数据是否包括企业和个人这两个类别的信息；发布的数据是否涵盖来自零售商、贸易授信方或事业单位和金融机构的信息；发布的数据是否连续记录两年以上；金额超过人均收入 1% 的信用交易信息是否进入数据库；借款人是否有权查阅个人信用数据记录等。从中可以看出，大多数指标均涉及全面征信的内容，如果一个国家实行了全面征信，对于提升该国的信用信息指数水平具有很好的帮助；反过来，通过这一指数进行国家排名，又有力地推动了全面征信的推广。

第二节　征信的主要方式

征信机构在开展征信业务时，有多种征信方式，包括资信调查、信息共享、信息核查以及基于这一基础的信用风险评估等。一般地，对于一家征信机构而言，往往会在资信调查与信息共享之间选择一种方式；信用风险评估是一种增值服务，无论使用哪种征信模式，均会开展这种增值服务；信息核查是另一种特殊的服务方式，在征信领域中也经常使用。

一、资信调查

资信调查是指征信机构在接受委托方要求调查某一企业或个人的需求订单后，根据委托方的要求对企业或个人的信用状况开展主动调查，形成企业或个人的资信调查报告，并提供给委托方的一种征信服务。这种征信方式的主要特点是征信的开展是需求驱动、定制化服务的，每份信用报告都有自己的特色，不仅仅是信息的罗列，还包括完整的分析和调查人员的建议。

资信调查可以分为个人背景调查和企业资信调查，前者是指受委托方的委托，对一个人的背景、信用状况等进行调查，形成个人的背景调查报告；后者是指受委托方的委托，对一个企业的特征、能力、资本、担保品、企业状况等进行调查，并经过人工分析，形成一个关于企业的资信调查报告。

（一）个人背景调查

个人背景调查主要是由独立专业机构依托权威数据源，通过合法的途径和方式，对被调查人提交的个人背景信息进行核查比对来进行的。上述调查一般是在征得个人同意后，委托背景调查机构或征信机构开展的。在实践中，我们常常将涉及经济目标的个人背景调查归入征信领域。

1. 背景调查的分类

背景调查的类型主要有员工背景调查、租房背景调查、志愿者背景调查等。

员工背景调查是指雇主对特殊岗位求职者和现有员工进行背景调查，尤其是对与弱势人群相关的工作岗位，或者可以接触到消费者财务信息的岗位进行背景调查。雇主依据员工背景调查的结果作出合理的用人决策，从而降低工作场所暴力、员工偷窃以及被诉雇用过失的风险。员工背景调查往往在征得员工本人同意后，委托征信机构出具个人的信用报告。

租房背景调查是指房屋出租人和物业管理方对准租户履约或按期支付租金的可能性进行评估。租房背景调查可以由征信机构出具调查报告。

志愿者背景调查是指对志愿组织的志愿者进行背景调查，如服务于儿童或老年人的志愿者组织等。志愿者背景调查也可以由征信机构出具调查报告。

2. 背景调查需要的信息类型

不同的背景调查，侧重使用的信息类型有所不同。员工背景调查侧重使用被调查人的身份信息、学历及职业资格信息、工作经历信息、信用信息、驾驶记录信息、法院民事和刑事诉讼信息等；租房背景调查侧重使用被调查人的信用信息；志愿者背景调查侧重使用被调查人的犯罪记录信息。

3. 信用信息的重要性

用于与经济相关目的的个人背景调查对个人信用信息是高度重视的，个人在金融机构中的信用记录是可以用于这些方面的，如员工背景调查等，因此，在个人背景调查中，调查机构往往会从信贷登记机构获取个人的信用信息，有时征信机构也直接提供这种服务。例如，美国《公平信用报告法》规定，为雇用目的而使用消费者信用报告是合法使用消费者信用报告的行为之一。为此，美国三大征信机构（益博睿、环联、艾克飞）提供一种称为“雇用报告”（Employment Report）的信用记录，其中包括消费者的居住地址、信用支付历史、前雇主或潜在雇主的信用评价等。在美国，雇主通常用一个人的信用记录来评估他的责任心。如果消费者的信用不佳，他就可能会失去一份好工作。

（二）企业资信调查①

在征信领域，我们说到资信调查时，一般均指企业资信调查，针对企业的信用状况进行调查和分析，了解其偿债能力和偿债意愿。企业资信调查是站在授信方的视角来进行的，可以是授信方自己完成调查，也可以委托征信机构完成调查。

1. 企业资信调查的内容

传统上，评估企业信用状况遵循的原则可以归结为“5C”原则，包括品格（Character）、能力（Capacity）、资本（Capital）、担保品（Collateral）、企业状况（Condition）。也有人将评估企业信用状况遵循的原则归结为“3F”原则，

① 本部分参考了汪海清编著：《企业征信调查实务》，上海，立信会计出版社，2008。

包括个人因素(Personal Factor)、财务因素(Financial Factor)、经济因素(Economy Factor)。近年来，也有人将其归结为“5P”原则，这是公认比较具体而全面的评价方法，具体如下：

一是个人因素（Personal Factor），主要包含公司的主要股东与管理团队的出身背景、年龄与健康状况、个人经营企业经历和理念、社会评价及信用记录、企业营运和财务管理能力等。

二是资金用途因素（Purpose Factor），主要是看受信方的资金用途是长期资金用途还是短期资金用途，评估企业的营运计划及评估借款额度的合理性，避免过度借贷现象发生，或者资金不用于约定用途等。

三是还款来源因素（Payment Factor），主要包含企业是否有偿债意愿、是通过资产转换来清偿（如应收账款到期收回款项偿还）还是通过企业营运产生的现金流来清偿（主要针对中长期授信）等。

四是债权保障因素（Protection Factor），主要包含为确保债权得到清偿所采取的一系列对受信方实行财务约束的条件（如限制盈余分配、财务上维持一定的流动性等），对企业提供担保品的种类、品质、估值、变现能力等进行分析，对保证人的信用状况、保证金等进行分析等。

五是发展前景因素（Perspective Factor），主要包含企业所在行业的景气展望(其中，GDP增长率和行业产值增长率预期是核心)、企业自身的发展潜力(其中，创新能力、营销能力、行业地位等是核心）等。

2. 企业资信调查流程

第一步是接受客户委托后，拟订调查计划，确定调查重点，有针对性地列出需要调研的重要事项，包括经营情况、设备情况、业务运营情况、资产负债情况、运营计划等，列出需要特别重点说明的情况，包括影响发展的重大政策等。

第二步是收集资料。资料来源可以分为客户提供、已公开资料、以前征信机构已经拥有的该客户资料、向有关方面了解的资料（包括原料供应商、商品经销商、同业及其他机构帮助提供的资料等）。收集资料要遵循可用性原则，需要在收益与成本之间做平衡，并不是资料越多越好。另外，引用资料时要注明出处，便于核对。

第三步是分析资料。首先，使用验证方法，通过不同资料之间的比对或相互验证，来发现资料的真实性，验证企业的诚信度，或者再次与提供信息的第三方进行核对，以进一步确认信息的真实性。其次，可以根据一些信息，来估计其他的信息，例如，通过税收的缴纳可以确认企业营收情况，根据水电等使用情况来估计营业情况。最后，运用各种统计方法进行横向、纵向对比，包括比率分析法、趋势分析法、同业比较法等，判断企业的经营效率与盈利能力等。

第四步是进行实地调查。征信人员需要根据书面资料提供的线索进行实地调查，验证提供的资料是否正确，并对非书面材料方能够反映的情况进行观察，包括员工精神面貌、厂址情况、生产线生产情况等。

第五步是撰写资信调查报告。征信人员根据收集的材料、分析的情况、实地调查等信息，撰写资信调查报告，从所处环境、行业地位、生产经营、财务状况、信用状况、发展前景等多个方面进行分析，为客户提供翔实、客观的资信调查报告，帮助客户进行决策。

3. 企业资信调查原则

一是客观原则。要做到准确地呈现事实，进行客观的分析，不要使用主观的判断，以免对授信人员造成误导，由“仅供参考”变为“决策推荐”，发生不必要的纠纷。

二是简明原则。资信调查报告一定要简明、平实、易懂，让授信人员一上来就能抓住重点，以节省授信人员的时间，使其迅速对企业有一个全方位的判断和印象，因此，应多使用摘要、图表、比率对比分析等多种直观形式，简明地传达真实意见。

三是全面原则。资信调查报告要尽量将涉及企业的重要事项无一遗漏地进行充分揭示，以免漏掉重要信息，影响对企业的判断，尤其是要避免因各种原因故意隐瞒相关信息，对授信人员判断造成误导。

四是一致性原则。因为资信调查报告是调查人员撰写的，包含对企业的分析，很容易发生前后不一致的现象，造成资信调查报告失去公允性和参考意义，因此，调查人员应仔细检查，避免报告前后不一致的现象发生。

五是保密原则。因为资信调查报告中大量的信息来自企业自己、交易对手或第三方，涉及被调查企业很多商业秘密以及企业主要负责人的个人隐私，因此，需要严守纪律，不得将资信调查报告向外泄露，以免损害被调查企业及委托客户的利益。

二、信息共享

信息共享是不同于资信调查的另一种征信方式。该种征信方式不以订单化、客制化需求来驱动，而是以某一群体最大化信息共享公约数为基础，实现该群体信息在一个平台上进行共享，是典型的标准化、批量化的征信方式。在信息化技术日益发达的今天，信息共享已经成为一种重要的征信方式，尤其是在个人征信领域，由于授信业务金额小、笔数多、单笔收益低，信息共享可以有效地降低征信成本，实现批量作业。

（一）信息共享的分类

从全球征信业发展实践看，在金融领域，信息共享可以分为两大类：强制型信息共享与自愿型信息共享。两类信息共享存在很大不同，如信息共享的范围、信息共享的组织方式、信息共享的实施主体等。

1. 强制型信息共享

强制型信息共享是指在国家层面进行制度性安排，强制要求授信机构进行信息共享，帮助金融监管部门了解信贷市场运行情况，防范系统性风险，帮助金融机构进行信息共享，防范信用风险。这类信息共享我们往往称为信贷登记。强制型信息共享具有如下特点：

一是国家层面安排。由国家规定安排授信机构强制进行信息共享，信息的共享范围和共享内容、数据的交互方式等，都是强制规定的，授信机构在信息报送、数据质量维护方面具有法定义务。

二是在信息共享范围方面，一般要求各授信机构必须将自己拥有的相关信用信息拿出来进行共享，对所有的授信机构一视同仁，任何授信机构没有在信息报送方面的自由裁量权，信息的共享是标准化的，共享范围整齐划一；在查询方面，所有授信机构均可以查询关于一个企业或一个人其名下全部的信用信息，而不是分类共享。

三是信息共享的组织方式一般是建立信息共享平台与授信机构之间的双向的数据互动方式，这一点与自愿型信息共享是一致的，由所有授信机构将自己的信用信息报送给信息共享平台，信息共享平台进行加工整理；信息共享平台根据授信机构的请求，可以查询该机构的客户汇总负债信息和相关明细信息。

四是实施主体一般是政府部门，也有一些是在政府部门的推动下，通过会员制的方式来实现的。这一道理易于理解，因为只有政府部门才能够动用公权力，从国家整体利益层面制定制度，并作出组织安排，强制进行信息共享，目标是防范系统性风险。

2. 自愿型信息共享

自愿型信息共享是指信息的共享依靠市场的力量自发完成，信息共享的安排按照契约原则、自愿和互惠原则进行，通过系统性的互惠制度安排，进行信息共享，帮助授信机构预防过度授信、坏账、欺诈等，支持债务催收，提升信贷质量。自愿型信息共享具有如下特点：

一是自愿型信息共享是市场驱动的。在征信领域，自愿型信息共享是由市场驱动的，参与信息共享的机构之间在征信市场上达成进行信息共享的协议，包括共享范围、共享内容、共享组织方式等，采用盈利或非盈利的方式，组成信息共享集团，进行信息共享。

二是自愿型信息共享的核心是互惠。基于征信“我为人人，人人为我”的精神，自愿型信息共享的核心是互惠，即此类信息共享是授信机构之间相互出让自己对客户信息的控制权，进行分享。互惠是本着对等原则进行的，往往是提供什么类型信息，共享什么类型信息，并受到一系列互惠共享原则的制约。

三是自愿型信息共享在信息共享上存在不完整性。由于这种类型的信息共享是自愿进行的，征信机构没有强制授信机构进行信息共享的权力，因此，授信机构极有可能不将自己所有客户的信用信息拿出来共享，如只共享个人信用信息，并不共享企业信用信息，或者只共享负面信息，不共享正面信息等，导致这类信息共享并不能保证信息的充分、全面共享。这也正是我们在一些国家的征信市场上所看到的，同类型征信机构之间在信用信息共享方面还存在一定的差距，每家机构几乎很难做到信息的充分共享。这一点是自愿型信息共享与强制型信息共享的最大区别。

四是自愿型信息共享的实施主体一般是市场化机构。自愿型信息共享的实施主体主要有两类：一类是授信机构间组成信息共享联盟，共同发起成立会员制机构，构成封闭的信息共享集团；另一类是由作为独立第三方的征信机构作为中间平台，担负起授信机构间信息共享的重任，这类机构的信息共享并不封闭，当然，作为数据提供机构，在享受服务时会得到商业上的利益优惠。

这里需要注意的是，会员制业态有两类，一类是纯粹市场化机构自发建立的共享组织，另一类是政府推动成立的会员制信息共享模式，两者之间有很大的差异。政府部门主导的会员制信息共享模式对授信机构具有更大的约束力，在组织信息共享方面更为有力。

3. 两种方式的优劣

在信息共享的内容上，存在一个悖论：采用强制型信息共享的机构在规定的信息共享范围内共享效率高，可以确保在这一范围内的信息共享能够完全实现，但是，对于不在规定范围内的信息共享，往往很难有动力、很难有机制保证推动信息的共享；采用自愿型信息共享的机构往往依靠市场力量来推动，很难有一种手段保证在某一领域信息能够完全进行共享（但是，近年来，随着越来越多的机构认识到信息共享的重要性，基本上已经能够实现全面信息的共享），共享效率较低。不过，由于市场化征信机构出于对盈利目标的追求，在信息范围拓展方面往往比强制型信息共享更具动力，其在某一领域的信息共享全面性低于强制型信息共享，但是，其覆盖的信息共享种类却较多。

当然，当仅仅局限于某一类信息领域来谈论信息共享时，显然还是强制型信息共享的效率要高于自愿型信息共享的效率。这一点通过比较公共征信机构与社会化征信机构的信息共享就能够看出来。例如，在一些强制进行信息共享的国家，研究发现，无论是企业和个人的信贷信息，均可以实现共享，但是，在一些依靠市场力量推动信息共享的国家，到目前为止，在企业信贷征信领域还存在很大的空间。

实践中，在信息共享方面，根据《全球营商环境报告》的调查数据，42% 的受访者表示本国法律要求银行（有的还包括其他授信机构）必须向征信机构报送数据，39% 的受访者表示本国法律强制要求金融机构（含银行）必须查询信用报告。

（二）信息互惠共享原则

强制型信息共享的原则比较简单，是依靠国家意志实现的，往往在相关法律中加以明确并保证实施，数据报送统一，查询内容统一，相对简单，体现了普惠原则。但是，在自愿型信息共享中，则是依靠共享集团内部约定的互惠原则发挥作用，保证整个信息共享得以顺利进行。互惠共享原则是所有参与信息共享的机构共同议定的，因此，信息共享集团不同，互惠的原则可能存在不同，这直接导致一些国家从国家层面出发，制定了一些互惠共享的原则，以推动信息共享。因此，本部分将以英国为例，重点分析自愿型信息共享的互惠原则。

1. 数据使用者的类型

英国在进行信息的互惠共享时，对数据使用者的类型进行了区分，主要有如下种类：一是完全使用者，该类用户定期（经常以月为最低单位）将自己拥有的关于某一类特定信用产品或组合中所有账户正面的、拖欠的和违约的数据，在取得了合法许可的前提下提供出来进行共享；二是仅提供违约数据的使用者，使用者同意提供所有账户的违约信息；三是作为债务购买者的使用者（这类似于我国的资产管理公司等），此类机构既可以报送关于购买到的债务的所有账户的正面的、拖欠的和违约的数据，也可以只报送违约信息，在类型上将被分别归入到上述两种类型中。

当然，也有一些新机构要求加入信息共享集团，或者有些机构要求信息共享升级。全新的进入机构，需要先报送相关信息，3 个月后才能查询数据；已经加入到信息共享集团的机构，如果开展新的种类的信贷业务，或者已经存在某类业务但一直没有报送和共享，同样需要连续报送 3 个月后，才能开始进行信息的共享。

2. 互惠共享原则的主要内容

第一个互惠共享原则是指导原则，明确要求信息的共享仅限于预防过度承诺、坏账、欺诈和洗钱的发生，支持债务催收和追踪受信方，以达到提高放贷质量的目的。从这一原则可以看出，在英国，信贷信息的共享是为了防范信用风险，并不支持信贷市场营销，这一点与一些国家的征信目的存在不同。

第二个互惠共享原则是信用数据共享的一般原则。该原则规定：（1）用于共享的信息在提供和使用时必须满足合法、合规、自愿原则，数据使用者必须按照授权许可的目的使用数据；（2）信息共享必须遵循提供什么类型信息（如全面或负面信息），共享什么类型信息原则，数据使用者必须将自己该类型的全部信息提供出来进行共享；（3）征信机构必须按照原则许可的方式使用和提供信息。

第三个互惠共享原则是共享信息的使用原则。该原则规定：（1）数据使用者一定不能使用共享信息去调查其他特定使用者的任意客户；（2）共享数据不能被用于识别和挑选新的目标客户。

第四个互惠共享原则是附加原则。该原则要求使用者有义务开展定期检查，确保各项操作都符合原则的规定，并且保证数据的完整性、准确性和及时性，必须采取积极的措施来克服存在的不足。

3. 个人与企业信息共享

对于个人信用信息与企业信用信息，一般是分别进行征信的，但是，当牵涉到某一个共同的相关利益时，两者的信息可以共享，主要内容如下：

一是若企业为个体贸易商、合伙制公司或拥有三名（含）以下董事的独立公司，在审查其信用风险时，尤其是需要查阅该企业的一个或所有董事、合伙人、个体贸易商的个人信用信息时，可以进行共享。

二是当为个人提供信用时，需要检查其所担任董事、合伙人、个体工商户等机构的信用行为，可以查询相关机构的信用信息，辅助判断个人的信用状况。

三是当授信机构同时向个人及其担任主要负责人的机构提供授信时，该授信机构可以同时查询该个人和机构的信用信息，并将两者作为一个整体进行分析。

四是如果一家征信机构只提供个人征信服务，那么，为了推动信息共享，可以和其他企业征信机构联合，结成信息共享伙伴，共同对外提供征信服务。

（三）信息共享的其他原则

除信息互惠共享原则外，信息共享的其他原则与资信调查的基本原则具有相似之处，但是也存在不同之处，重大的差别在于资信调查含有调查人员的分析和判断在其中，而信息共享则是基本事实的呈现，即使包含信用评分等服务，也是基于统计方法进行的客观分析，与违约率有着直接的相关性。

信息共享的其他基本原则主要有：

1. 全面性原则

全面性原则是指在信息共享时，应根据授信业务的需要，实现对反映受信方信用状况信息的全面共享。这里的全面性有多重含义：一是对于某一类信息，应在考虑成本——收益的前提下，尽量全面地实现共享。例如，信贷信息的共享，在信息维度方面要尽量全面，以满足授信业务分析的不同需要。二是对于全面反映受信方信用状况的其他种类信息，包括公用事业信息、公共信息、贸易信用信息等，尽量全面地实现共享。三是无论是正面信息，还是负面信息，都要实现共享。

全面性原则是采用信息共享方式的征信机构开展业务的基础，信息共享越具有全面性，征信机构在全面反映受信方信用状况、帮助授信方降低征信成本、谋求在征信市场竞争中的领先地位方面越具有优势。

2. 准确性原则

准确性原则即指在信息共享过程中，征信机构应采取多种措施，如信息交互技术、逻辑校验规则、数据核查方法、数据纠错机制等，保证数据报送、加工、存储的准确性。影响数据准确性的方面主要有数据源机构的数据不准确、传输过程中出现错误、匹配和整合过程出现错误、信息主体信息已经更新等，征信机构需要从这几个方面入手，全面制定相应的措施，确保信息共享的准确性。

准确性原则是征信机构能够具有公信力、帮助授信机构准确评估信用风险的基础，也是对信息主体公平、公正的必要条件。国内外实践表明，征信机构的数据准确性是全球征信机构均面临的严峻挑战，需要征信机构作出长期、持续的努力。

3. 及时性原则

及时性原则是指征信机构在信息共享时要尽量实现快速定期更新，及时反映信息主体的最新信用状况，避免因不能及时掌握被征信人的信用变动情况而给授信机构带来损失。这里的及时性包括如下方面：一是在授信机构方面，对于新产生的信用信息，能够及时报送至征信机构；二是征信机构能够及时将这些最新信息进行加载、整合、存储入库；三是征信机构能够及时将这些最新信息用到相关的征信产品中去。

当然，我们在论及及时性原则时，需要考虑成本——收益之间的平衡，以及数据源机构的承受能力，这正是在许多国家信贷信息至今还是按月更新而不是按日更新的重要原因。

4. 客观性原则

征信机构以信息共享为主要工作方式，应基于第三方立场，根据共享的信息内容，忠实记录信息主体的历史信用状况，保证信用报告内容的客观中立。

遵循客观性原则是以信息共享为主要征信方式的征信机构的主要特点，这类征信机构提供的核心征信服务是批量化、标准化的，是信息的忠实展示，即使有一些定量产品如信用评分，也是基于统计的方法，通过计量方法而得出的客观结果。

三、信息核查

信息核查是不同于资信调查与信息共享的另一种征信方式，该种方式是指征信机构与相关数据源机构建立系统对接，在线实时对信息主体的信息进行联网核查，帮助识别信息主体提供的信息是否真实、准确。随着信息化技术的发展，尤其是互联网时代的到来，信息核查作为一种征信方式已经成为征信机构开展征信的一个重要补充工具，成功地解决了许多信息不能进行采集共享的难题，解决了信息共享中面临的许多法律问题。

（一）信息核查的分类

根据信息核查程度的不同和对象不同，信息核查可以分为反馈比对结果、反馈信息内容、反馈行为信息等，其中，前两类是针对公共部门信息共享的，后一类是针对个人和企业主体信息共享的。

1. 反馈比对结果

该类信息核查是指征信机构与相关数据源部门建立直接的系统连接，征信机构只提供通道服务，授信机构通过系统终端，使用该信息核查服务，上传信息并经相关数据源部门比对后反馈比对结果。主要操作流程是：授信机构通过系统终端，上传相关信息给数据源部门，数据源部门将授信机构提供的信息与数据源部门库内的信息进行比对，比对后向授信机构出具比对是否一致的判断。

该类信息核查服务是最为简单的信息核查，必须由授信机构提供需要验证的信息，数据源部门并不出具任何关于某一企业或个人的具体信息，而只是给出一个定性的判断。该类信息核查服务由于涉及企业或个人信息的内容较少，能够比较有效地规避侵犯个人隐私或企业商业秘密的问题，但是，在很多比较谨慎的数据源部门看来，此类服务也需要经过信息主体授权才能提供。作为可信的系统查询方，授信机构有义务保证查询的合法性。

2. 反馈信息内容

该类信息核查是指征信机构与相关数据源部门建立直接的系统连接，征信机构只提供通道服务，授信机构通过系统终端，使用该信息核查服务，授信机构提出查询请求并经数据源部门同意后反馈相关信息内容。主要操作流程是：授信机构通过系统终端，上传查询相关信息的请求给数据源部门，数据源部门收到查询请求后，向授信机构提供关于企业和个人的相关信息。

该类信息核查的程度要比反馈比对结果深，直接将关于某一企业或个人的相关信息反馈给授信机构，会涉及个人隐私和企业商业秘密保护的问题，因此，在实践中，数据源部门在提供此类信息时，往往非常谨慎，除法律特别规定外，均需要取得信息主体的授权，才能进行查询。

3. 反馈行为信息

该类信息核查的性质不同于上述两类信息核查，一般是通过系统对接互联网系统或物联网系统，直接对企业和个人的行为信息进行核查，及时反馈这类行为信息，如个人的支付行为信息、企业的生产经营信息等。这类信息核查的操作流程是：征信机构根据授信机构的委托，在获得信息主体授权的情况下，将自己的信息系统直接对接企业的相关系统，或者是一些个人信息的储存系统，直接获取关于企业和个人的相关信息，与信息主体提供的情况进行核对，从而帮助授信机构判断信息主体的信用状况。

这类信息核查比较复杂，征信机构直接调取企业或个人的行为信息，严重涉及个人的隐私和企业的商业秘密，必须进行严格的保护，因此，必须进行严格的授权。

（二）信息核查的特点

1. 有效解决信息归集中的法律授权问题

我们知道，征信机构在信息共享与采集的过程中，面临的一大难题就是信息采集的法律授权问题，许多国家在这方面都有着严格的规定，造成了信息归集的困难，许多信息，如财产信息、行为信息等，在传统的征信模式下很难实现归集与共享。

但是，信息核查有效地解决了这一问题，原因在于信息核查是需求触发的征信活动，不需要信息提前在征信机构的数据库中存储，征信机构只是提供一个查询通道，并且因为是信息主体的需求触发的，很容易获得信息主体的授权，又能有效实现信息的共享，因此，信息核查的征信方式可以有效地解决信息归集中的法律授权问题。

2. 可以低成本地及时实现对信息的更新

在当今时代，信息量在按照指数级增长，依靠传统的征信模式，再大的数据库也无法有效管理庞大的信息量，因此，在传统领域里使用传统的征信模式，在一些新的信息领域内使用全新的信息核查方式，可以有效降低征信机构的运行成本，依靠技术驱动，依靠各类行业数据库、企业数据库，来共同完成征信工作。

另外，使用信息核查的征信模式，可以有效地解决信息更新的及时性问题。我们深刻体会到，随着信息量的增大，信息更新的及时性已经成为制约征信效率的一个重要因素。面对海量的信息，征信机构运用传统的征信模式，根本不能保证信息的及时更新；而信息核查的征信方式依托高效的技术手段，与相关行业数据库、企业数据库相连，征信因实时需求而触发，不用时不进行信息的采集，有效地解决了信息的及时更新问题，保证了随时共享的信息都是来自数据源部门的最新信息。

3. 对征信增值产品开发有一定的影响

信息核查的征信方式也存在一定的缺陷，主要表现在该种方式不能有效实现信息的归集，征信机构不再拥有庞大的数据库和海量的信息，很难利用数据进行深入的数据挖掘，生成有价值的征信增值服务，征信机构将因缺少存量数据而越来越受制于其他部门。因此，信息核查虽然可以成为一种重要的征信方式，但是，征信机构在传统领域，包括银行信用与贸易信用领域、公共信息领域等仍然要尽量使用传统的征信方式，保持征信机构的核心竞争力。

（三）信息核查的应用

在现实场景中，信息核查的应用主要集中在一些涉及个人隐私和企业商业秘密比较多的领域，或者是信息量比较大、信息不易批量获得的领域，如涉及个人的财产信息、行为信息，企业的生产经营信息、重要支付信息等，主要包括以下方面：

1. 公共信息的联网核查

从国内外情况看，公共信息的公开可以分为两种，一种是直接公开，另一种是依申请公开。对于可以直接公开的信息，征信机构可以直接从互联网上进行采集，不需要联网核查；对于依申请公开的信息，或者必须经本人授权才能公开的信息，可以采用联网核查的方式。

这方面涉及的信息主要有工商注册登记和年检信息、税务信息（包括缴税和欠税信息）、不动产登记信息（财产类）等。对于这方面的信息，在国内外都有专门的运营机构，对于可信赖的征信机构，是可以开放信息联网核查服务的，在一些国家，甚至有一些专门的政府机关对接征信机构提供服务。

2. 商业信息的联网核查

企业和个人在交易活动、经营活动中产生的商业信息是不公开的，征信机构可以与相关的商业数据源机构洽谈，达成信息联网核查的协议，在取得信息主体授权后，可以联合核查，也可以表现为信息主体本人的信用信息查询，通过数据源机构的后台直接传输给征信机构，用于征信目的。

目前，主要的应用领域有个人的网上支付行为、银行支付结算信息、公用事业缴费行为、企业的生产经营信息（产业互联网、物联网提供）等，这些种类的信息一般可以通过信息核查的方式获得。例如，在美国，有的征信机构在获得信息主体授权后，根据消费者提供的交易账户信息，从相关的公用事业公司、房屋出租方、银行等机构验证信息真伪，并提取其近段时间的账户交易和支付记录，或者通过消费者提供的在线登录账户用户名和密码提取相关记录。

第三节　差异化发展与我国战略

全面征信作为一种理想的征信状态，为国际社会所推崇，但是，在全球各国的征信业发展实践中，研究发现，全面征信只能在局部领域实现，没有一个征信机构可以实现在所有领域的全面征信；相反，实行差异化发展，谋求在某一领域的相对竞争优势，却是征信业发展的一种常态。改革开放以来，我国的征信业发展时间虽然较短，但是一直在努力探索征信市场发展的最佳道路，尤其是在全面征信与差异化发展方面，我们一直在探索两者的对立统一关系。

一、差异化发展的国际现实

在全球征信业快速发展的今天，征信机构类型众多，有个人背景调查机构、个人征信机构、企业征信机构、非传统征信机构、微型金融征信机构等，也有从产权角度划分的私营征信机构与公共征信机构，不同种类的征信机构具有自己在这一领域的相对竞争优势，尽管许多征信机构试图跨界经营，但是，近年来，国际征信市场上各家征信机构经营的业务版图并没有发生较大的变化，实行差异化发展并不断谋求进入新的领域成为一种常态。

（一）个人背景调查机构

个人背景调查机构严格地说不是征信机构，但是，与征信有着千丝万缕的联系，因此，在这里我们也进行简单介绍。背景调查最先起源于近代美国，原因在于美国是多元化文化融合的国家，居民来自世界各地，背景复杂，因此，无论是在政治上，还是其他社会领域，尤其是公司经营方面，都面临着很大的用人风险。

目前，全球有 1300 多家从事背景调查的机构，其中一半以上的机构集中在美国（630 家）、英国（121 家）、加拿大（54 家）和印度（327 家）。亚洲有 455 家，欧洲有 153 家，非洲有 29 家。

在美国，超过 5000 名员工的公司中约有 95% 会进行员工背景调查。近几年，这个比率一直维持在较高水平。在其他国家，各行业进行背景调查的比率正在大幅度上升。

全球比较著名的背景调查公司有首优咨询 (First Advantage)、雇佣权利商业服务公司（Hireright/Usis Commercial Services）、律商联讯 (LexisNexis) 等。

近年来，我国一些企业在招聘过程中开始运用员工背景调查，最初以世界 500 强企业或者纯外资的欧美企业为主，目前开始慢慢向一些大型的本土企业扩展。目前，在我国本土活跃的背景调查公司有 20 多家，主要有跨国企业首优咨询以及本土企业北京太和鼎信管理顾问公司、八方锦程人力资源公司、中信企盾国际商务调查公司等。

（二）私营的个人征信机构

从国际经验看，私营的个人征信机构（以下简称个人征信机构）主要从事个人征信业务，但是，近年来也开始向小微企业征信领域进军，这是因为个人征信机构主要是从事小微企业的征信行为，在信用风险管理中，对小微企业往往也按照零售信贷的处理方法进行风险管控。

目前，世界上大多数国家均有个人征信机构，但是，全球的个人征信机构越来越呈现出一种高度集中、高度垄断的态势。从全球范围看，在个人征信领域占据优势地位的征信机构有益博睿、艾克飞、环联、科瑞富等，这些机构均在进行跨国运作，在许多国家经营征信业务。也有一些国家有自己的占据优势的个人征信机构，如韩国的国家信息和信用评估公司（NICE）等。

在信息共享方面，个人征信机构主要从银行、信用卡公司、其他非银行金融机构、公共部门（如法院、税务等）、零售商、公用事业（水、电、煤气、有线电视、电话、网络）单位等处采集信息，信息主要集中在个人和小微企业领域，其中，个人信息占绝大部分。

图 2-5 来自《全球营商环境报告（2012）》，对个人征信机构的信息来源进行了分析。在所调查的国家中，来自银行领域的信息最多，超过 90% 的个人征信机构从银行业采集信息，超过 50% 的个人征信机构从小微信贷机构处采集信息，超过 40% 的个人征信机构从零售商处采集信息等。个人征信机构的信息来源已经清楚地表明，个人征信机构的信息来源广泛，覆盖面较宽，在个人征信领域，全面征信会得到更好的贯彻。

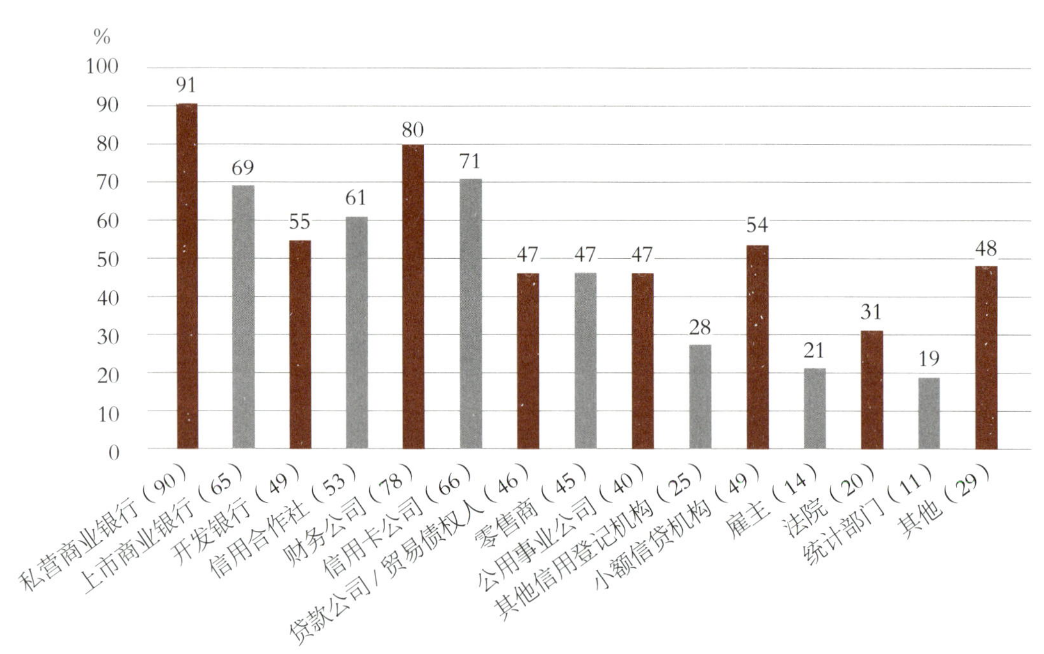

图 2-5　被调查的个人征信机构中拥有某类信息的机构占比

（三）公共征信机构

公共征信机构代表政府，运用国家公权力推动信息共享。在绝大多数国家，公共征信机构在法律规定的范围内开展业务活动，采用强制性的法律规定，确保自身的运行，这一点与其他类型的征信机构均有所不同。公共征信机构信息征集的主要范围是其管辖范围内的授信机构，收集的信息不仅包括个人信息，也包括企业信息。

有一点需要注意：公共征信机构征集授信机构的信用信息并不是以企业或个人为标准来征集的，而是以该笔授信额度对系统性风险的影响程度来确定的。因此，公共征信机构在信息征集的过程中，往往会规定一个最低的授信门槛，超过该门槛的所有授信信息，均要被采集进来。例如，西班牙公共征信机构规定的最低门槛是 6000 欧元。但是，另一个趋势也值得关注：近年来，消费信贷快速发展，在经济中的重要性越来越大，为了及时掌握这一信息，许多国家已经降低或取消了数据采集金额的最低门槛，并且对外提供个人征信服务和企业征信服务。

目前，公共征信机构运营得比较好的国家有法国、意大利、西班牙、中国等。其中，在法国和中国，公共征信机构已经成为征信市场的基础，在整个征信体系中占据非常重要的地位。

在信息共享方面，所有受管理的金融机构都要向公共征信机构报送数据，数据覆盖范围受数据提供者范围的限制，如果超出法律规定的范围，公共征信机构在信息的共享方面将处于相对较弱的地位。当然，近年来，全球也有一些公共征信机构积极拓展信息覆盖范围，面向社会提供征信服务。

根据《全球营商环境报告（2012）》的调查（见图 2-6），在所调查的公共征信机构中，全球几乎所有的公共征信机构均从商业银行处采集银行信用信息（占比达到 99%），但是，从零售商、公共部门等处采集信息的机构占比却非常低（如采集零售商信息的公共征信机构只占公共征信机构总数的 1%）。可见，从全球平均水平来看，公共征信机构拥有的信息覆盖度要低于个人征信机构。

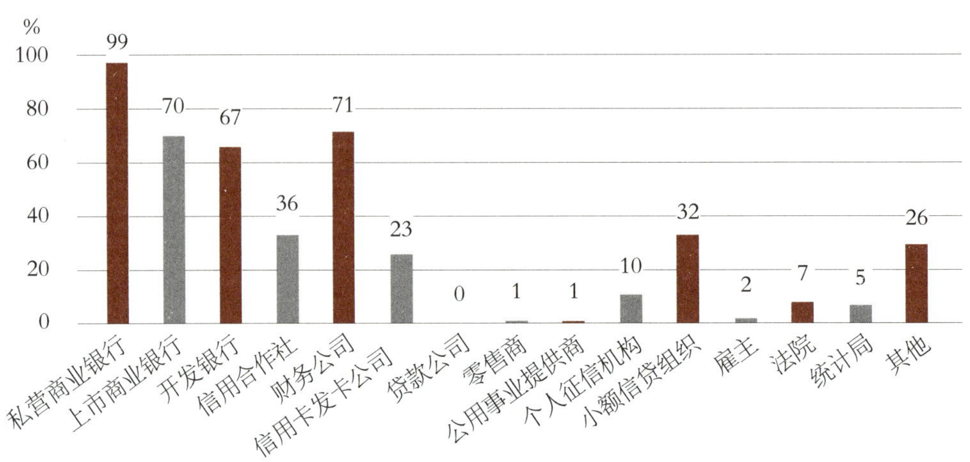

图 2-6　被调查的公共征信机构中拥有某类信息的机构占比

（四）私营的企业征信机构

从全球范围来看，私营的企业征信机构（以下简称企业征信机构）在征信方式上主要有两种：一种是独立地采集信息，并对外提供征信服务，这就是资信调查服务；另一种是组成封闭的共享集团，共享信用信息，即信息共享。一般而言，这两种征信方式在企业征信机构中都在使用。例如，美国的邓白氏公司既开展资信调查业务，也依托信息共享推动中小企业信息共享，共享贸易信用信息、银行信贷信息等。

在具体的业务运营内容上，企业征信机构一般是以公共信息以及企业的生产经营信息、财务信息、贸易信用信息等为基础开展征信活动的。其中，贸易信用信息的共享一般类似于银行信用信息的共享，采用的是会员制的共享方式，形成封闭的信息共享集团。

尽管企业征信机构也想推动企业信贷信息的共享，但是，从国际范围看，这方面还不是十分成功，商业银行自愿通过企业征信机构共享企业信贷信息的比例还很低，即使在美国，作为最大的企业征信机构，邓白氏公司所组织的商业银行共享中小企业信贷信息的计划也仅仅有 400 多家中小银行参加，这在美国仅占银行总数很小的比例。

在中小企业信贷市场上，商业银行间也有强烈的动机共享信贷信息。为了掌握数据的控制权，最大限度地将信息的使用范围限定在大家约定的范围内，在自愿型信息共享的市场上，商业银行一般是采用会员制的方式来推动信息共享。这一点从美国的小企业金融信息交换所（The Small Business Financial Exchange）的运作即能看出来，该交换所是一个全国性的会员制组织，不以盈利为目的，专门收集金融机构提供的小企业的正面和负面的银行信用信息，也包括小企业的财务信息。

目前，国际领先的企业征信机构是邓白氏公司，其前身是1841年在纽约成立的商品交易所。最初，该公司向用户提供纸质企业资信参考信息，如今则采用电子方式在全球提供1.4亿家企业的信用信息。世界第二大信用保险集团科法斯（Coface）也凭借信用风险业务建立了覆盖数千万家企业的支付行为信息数据库。

（五）非传统征信机构

近年来，许多国家大力推进普惠金融，帮助弱势群体以及一些薄信用报告者进入金融体系，但依靠传统的征信机构往往很难达到这一目标，因为弱势群体等在传统征信机构中并没有信息，要想对这类群体进行信用评价，必须借助一些非传统数据来完成，尤其是水、电、电信、电视、煤气、网络等的支付信息。美国政治经济研究所（PERC）的研究发现，没有或缺少传统信用信息的人中有许多人是低风险的活跃消费者，他们定期支付房租、公用事业账单并缴纳其他费用，他们的这些非银行支付信息极少被报送给征信机构，而这类信息对于评估个人信用状况、提升评分模型的预测能力有积极作用。

在美国，联邦住房管理局、房地美、房利美等机构专门制定了非传统信用信息使用指南供授信机构使用，这类信息逐渐受到重视。但是，拥有这些数据的机构并不是授信机构，缺乏参与征信系统进行信息共享的商业动力，认为共享信息会带来很多成本和不必要的麻烦；此外，受制于个人隐私保护等原因，有些州的法律也禁止拥有这些数据的机构对外提供数据。因此，在这一背景下，在美国诞生了一类非传统征信机构，我国目前也已经有这类机构的雏形。这方面的典型代表是支付信息征信公司（Payment Reporting Builds Credit）。据了解，该公司目前客户数多达 1 亿户，不仅包括缺少或没有传统信用记录的消费者，而且包括因传统评分低而希望改善评分的消费者。

与传统征信机构主要从各类机构（授信机构、公共部门等）采集消费者信息不同，非传统征信机构奉行的是一种全新的征信理念，即“消费者可以更主动地参与到自身信用档案的建立”，它的核心业务模式是“由信息主体本人提供信息，征信机构对信息进行验证、核实，最终出具信用报告，向信息使用方提供”。这种新的征信模式将征信对象扩大到众多没有或缺少传统信用信息的人群，帮助这些消费者逐步建立信用档案、从正规金融体系获得信贷服务，促进了普惠金融的发展。

大多数非传统征信机构通过建立基于互联网的数据上报平台，支持信息主体上报基本信息和非传统信用账户支付记录，并通过多种方式核实信息，最终提供与传统信用报告和信用评分相类似的替代性信用报告和评分产品，帮助消费者从金融机构获取信贷。随着业务的不断发展，这些机构还进一步将消费者可提供信息的范围扩大到收入、资产等反映偿债能力的信息，并从公开渠道获取消费者的破产、诉讼、法院判决等公共信息，从负债水平、偿还意愿和偿债能力等多方面评估借款人，实现了对消费者的360° 全方位征信。在大数据时代，这种征信方式可能代表了征信业的另一种新趋势。

（六）微型金融征信机构

在金融领域，信贷信息的共享是有门槛限制的，尤其是在自愿型信息共享体系内，由于信息共享在很大程度上是基于一种会员共享的方式，导致许多微型金融机构往往被排斥在信息共享体系之外，即使在一些非常发达的国家，至今，一些微型金融机构也没有加入征信体系，导致微型金融机构在征信领域受到歧视。

为了解决这一问题，许多国家积极地探讨微型金融机构加入征信体系的问题。主要的解决思路有两种：一种是让微型金融机构以平等的主体身份加入到征信体系中来，如中国、印度、厄瓜多尔等；另一种是建立微型金融征信机构，专门从事微型金融机构的征信活动，这方面的例子有南非、中国等。

下面我们重点以印度和南非为例来分析两种解决思路。

1. 印度微型金融机构加入征信系统

近年来，印度的微型金融行业发展很快，但是蕴含着一些风险，其中一个重要的原因是信息不能共享，多重借贷和过度负债现象严重，最终引发 2009 年安德拉邦（Andhra Pradesh）清偿危机。2009 年，在国际金融公司的帮助下，微型金融机构网络（简称 MFIN，由 46 家非银行金融机构和微型金融机构组成，成员业务占到全印度微型金融业务的 80%）订立了一些自律规则，帮助建立起全国所有微型金融机构都参与、所有账户的信用信息都采集的综合征信共享机制，防止信息分割。为实现这一目标，国际金融公司积极参加各种圆桌座谈会、大型研讨会、高级别会议等，与相关各方讨论建立综合征信系统的优势。

最近，一些征信机构开始为微型金融机构提供征信服务，如高分（High Mark）公司和艾克飞公司等。目前，印度大多数微型金融机构已经加入征信体系，定期报送数据，征信系统对微型金融机构客户的覆盖面已达到近 90%。

截至 2012 年 5 月，高分公司的农村及微型金融数据库规模已是印度最大，共纳入 7500 万个账户和 4000 万个借款人信息。其自开业以来的 12 个月里，已提供了近 750 万次征信查询。

2. 南非成立的微型金融征信机构

在南非，提供微型金融征信的机构主要有两家：一家是私营征信机构康普斯坎（Compuscan），另一家是国家贷款登记系统。

（1）康普斯坎。1994 年，康普斯坎在南非特定的信贷市场背景之下成立。当时，南非政府颁布的《高利贷法》“豁免条款”直接促进了小额信贷业务在南非的蓬勃发展，小额信贷机构也越来越多，但是，它们的不良负债水平却一直在增长。当时，南非的征信基础设施已经非常成熟，益博睿、环联等国际大型征信机构在市场上占主导地位，但是它们只为银行等主流贷款机构服务，忽略了小额贷款公司对征信服务的需求。因为当时很多小额信贷机构几乎是建立在纸质办公的基础上，不具备接入征信系统的硬件条件，大型征信机构认为为其提供服务是无法盈利的。康普斯坎的发起人却看到这一市场空白，成立了这家专门为小额贷款公司提供服务的征信机构。从 2000 年开始，康普斯坎代用户把小额信贷借款人还款情况自动按月报送到国家贷款登记系统，并从国家贷款登记系统共享其他银行报送的小额信贷业务信息，扩展了信息源。2006 年，康普斯坎成为南非信贷提供商协会（Credit Provider Association）的准会员，获得了该协会各种信用提供机构的信用信息，包括银行、零售商、信用卡发卡商、公共事业公司、小额贷款公司、电信公司、信用保险公司等。此外，它还采集来自法院的个人破产、留置权以及和金钱有关的判决信息。近年来，它还从金融机构、非银行类贷款机构、电信公司、法院以及其他源头采集企业信息，开发企业征信产品。如今，该机构已经成长为南非第三大征信机构。

（2）国家贷款登记系统。2000 年，鉴于小额信贷市场出现的诸多问题，南非小额信贷监管委员会认识到，切实实现对消费者的保护和促进小额信贷业稳定、可持续、健康发展，需要完善的信用信息系统的支持，于是建立专门的小额信贷信息登记系统——国家贷款登记系统。该系统于 2000 年 11 月正式运营，这是一个公共性质的、封闭的、以互惠原则为基础的小额信贷机构信用信息共享系统。根据《国家信用法》，监管机构强制要求所有注册登记的从事小额信贷业务的机构向其报送信贷信息，包括授信、还款、再授信及账户取消等信息。

2003 年，为扩大信息共享范围，该系统与南非信贷提供商协会达成信息共享互惠协议，信贷提供商协会向该系统报送会员机构的信贷信息，其会员可查询该系统的信息。作为交换，其他向国家贷款登记系统报数的机构也可以在信用评估时查询信贷提供商协会提供的信贷信息。

2006 年，小额信贷业监管职责和国家贷款登记系统被划归到国家信用监督管理委员会。此后，国家贷款登记系统从小额信贷征信平台逐渐向统一征信平台转变。现在，除了提供小额信贷的详细信息以外，它还提供个人信贷账户的概况信息、法院民事判决信息、催收信息以及信息主体的地址、电话号码、就业信息和查询信息。

随着信息共享系统的发展和市场监管的完善，小额信贷市场出现了良好的市场运行状况，市场规模不断扩大，市场主体的行为也更加负责，过度借贷与负债大大减少。随着风险的降低，越来越多的银行开展小额信贷业务，市场的信息也更加透明。

二、我国的全面征信之路

（一）我国全面征信的信息基础

虽然我国的征信市场发展起步晚，但是，起点高，速度快，经过近些年的努力，目前，我国全面征信的基础已经具备，主要表现在数据源机构的电子化水平大幅提升、公共信息公开的力度不断增大、行业和地方信用体系建设正在推进、丰沛的商业数据资源正在源源不断地产生等。

首先，数据源机构的电子化水平大幅提升。近年来，我国信息化水平进展迅速，无论是政府部门，还是普通企业，均采用先进的信息化技术，数据的电子化存储已经非常普及，国内外的众多信息技术服务商也积极参与到这一活动中来。例如，各级政府部门的电子政务工作已经取得很大成绩，政府门户网站已经建立，相关信息档案已经实现电子化存储，信息化基础设施持续稳定增长；我国商业领域的信息化水平也在快速发展，电子商务平台、行业数据平台、企业生产经营信息平台、云计算服务平台等都走在了国际前列。

其次，公共信息公开的力度不断增大。随着《政府信息公开条例》的实施，以及中央大力推动社会信用体系建设，出台了《社会信用体系建设规划纲要（2014—2020年）》，政府部门和司法部门进行信息公开的力度不断增大，信息利用的规范性也在进一步完善，例如，司法部门、工商管理部门、税务部门等先后在信息公开方面采取了措施，包括最高人民法院推出的失信被执行人名单信息公布与查询、被执行人信息查询、法院公告查询等信息公开系统，国家工商行政管理总局推出的全国企业信用信息公示系统，以及国家税务总局推出的重大税收违法案件信息公布栏等。

再次，行业和地方信用体系建设正在推进。近年来，在社会各界的推动下，行业信用体系建设加快推进，工商、纳税、价格、进出口、安全生产、产品质量、环境保护、食品药品、医疗卫生、知识产权、流通服务、工程建设、电子商务、交通运输、合同履约、人力资源和社会保障、教育科研等领域正在积极整合行业内的信用信息资源，实现信用记录的电子化存储，加快建设信用信息系统，加快推进行业间信用信息互联互通；许多地方政府部门也在大力推动本地信息公开，对本地区各部门、各单位履行公共管理职能过程中产生的信用信息进行记录、完善、整合，形成统一的信用信息共享平台，建立了一些信息中心，负责信息归集并面向社会提供服务。

最后，丰沛的商业数据资源正在源源不断地产生。我国商业领域信息化水平的提升也非常快速，在一些领域已经走在了世界前列，如银行业、电子商务、互联网金融、社交网络、行业互联网、行业供应链互联网平台、物联网的发展等，每天都在产生大量的数据流，大数据时代的确已经到来。这些庞大的数据资源为我国征信业开展全面征信提供了广阔的空间，当然，也为我国征信业差异化发展预留了足够的空间。

（二）联合征信与集中统一

关于我国征信体系建设，一直存在“两种理念之争”：一种是联合征信理念，另一种是全国集中统一建库理念。在这两种理念指导下，出现了两种实践探索：一种是试图在各个部门信息基础上推动互联互通，另一种是在全国范围内集中统一建库。我们发现，征信的方式存在多种形态，在一定的时空和条件约束下，需要选择一条阻力最小、见效最快的发展模式，尤其是要抓住重点，迅速在某几个关键领域形成信息的全面共享。

联合征信是一种比较理想的模式，其原理是首先由各个部门、各个行业建立自己的信息系统，然后通过互相连接的方式，实现全社会信息的共享。要实现这一目标，需要具备如下条件：一是各个部门都应该有很好的数据库，能够具备互联互通的基础；二是有统一的牵头部门，来构建不同部门之间互联互通的平台；三是信息的交换是标准化的，可以很方便地进行信息整合；四是由于部门间、行业间是纵横交错、互相交织的，信息的重叠性、相互制约性很高，需要有高效的信息管理机制，确保信息的高效交换，确保数据质量和责任分担。

在现实世界中，要想建立这种互相联网、信息不落地的信息共享机制非常困难，实际上目前我们没有见到全世界有任何一个国家可以实现这种征信机制。有些人可能会说，现在一些国外的政府部门，如美国等，已经实现公共信息的联网共享模式。不可否认，利用这种互联互通的模式来实现政府信息公开是可以的（重要特点是可以容忍其他部门、行业信息库服务效率低下对整个互联互通体系服务效率的冲击），但是，这种方式在征信方面并不是首选项，因为征信机构需要对信息进行深加工，需要高效率，这种联合征信的模式无法保证对信息的深加工和高效的数据对外服务，实践中我们至今也没有发现哪个征信机构与各商业银行之间是采用联合征信的模式来实现银行信贷信息共享的。因此，对于征信机构而言，尽量不采取联合征信的模式。

因此，我国在征信方面，应在一些核心和重要、关键的领域，利用全国集中统一的模式，在全国范围内集中建库，推动征信市场的发展，这样可以减少将来信息共享的阻力。利用这种征信模式，征信机构可以将来自各方的信息整合到自己的数据库中，一方面为信息主体出具信用报告，另一方面可以对信息进行深加工，开发多元化的征信增值产品，系统服务效率也完全掌控在自己手中。从另一角度看，信息本身是征信机构最为重要的资产，体现了征信机构的核心竞争力，征信机构有强烈动力去掌控数据。

当然，面对不同国家或地区的外部环境，在无法直接采集信息的情况下，加之一些类型的信息变化的频率较高，如登记类信息，采用联合征信的模式将使信息更新更为及时准确，因此，在征信活动中对这类信息往往采用联网核查方式（互联互通的一种模式）来为客户提供服务。

当前，我国在推动全面征信方面，正在利用全国集中统一建库的理念，来推动征信行业的发展；同时，在某类信息受到相关制约的情况下，我们也正在选择联合征信的方式，例如，我国征信系统与组织机构代码系统和公民身份信息系统的联网核查等，两种模式不能截然对立，要综合运用。

（三）全国集中统一的征信系统

由人民银行代表国家建设的全国统一的企业和个人征信系统自建立以来，一直秉持全面征信理念，大力推动信息采集，也在不断研究各种信息采集的手段，适应市场发展的新变化，积极拓展信息覆盖范围，并取得了一定的成效。

1. 在金融领域形成对授信机构的全面征信

经过十年努力，征信系统接入机构数量逐年增加。目前，企业和个人征信系统基本覆盖全国信贷市场，已接入机构包括全国性商业银行、城市商业银行、农村信用社、外资银行、村镇银行、财务公司、信托投资公司、金融租赁公司、汽车金融公司等银行类金融机构，接入的其他类型机构主要有小额贷款公司、住房公积金管理中心、保险公司、信托投资公司、金融资产管理公司、融资担保公司等机构。人民银行征信中心正在积极推动融资租赁公司、证券公司、保理公司等其他从事信贷业务的机构接入征信系统。

截至 2015 年 3 月底，企业征信系统接入机构数和个人征信系统接入机构数分别为 1886 家和 1855 家（见图 2-7 和图 2-8）。为落实国家支持小微型金融机构发展的政策精神，促进小微型金融机构的健康发展，企业和个人征信系统为小微型金融机构，包括村镇银行、小额贷款公司、融资性担保公司、贷款公司、汽车金融公司、消费金融公司等提供系统接入和查询服务，目前分别接入小型金融机构和微型金融机构 1316 家和 1285 家。

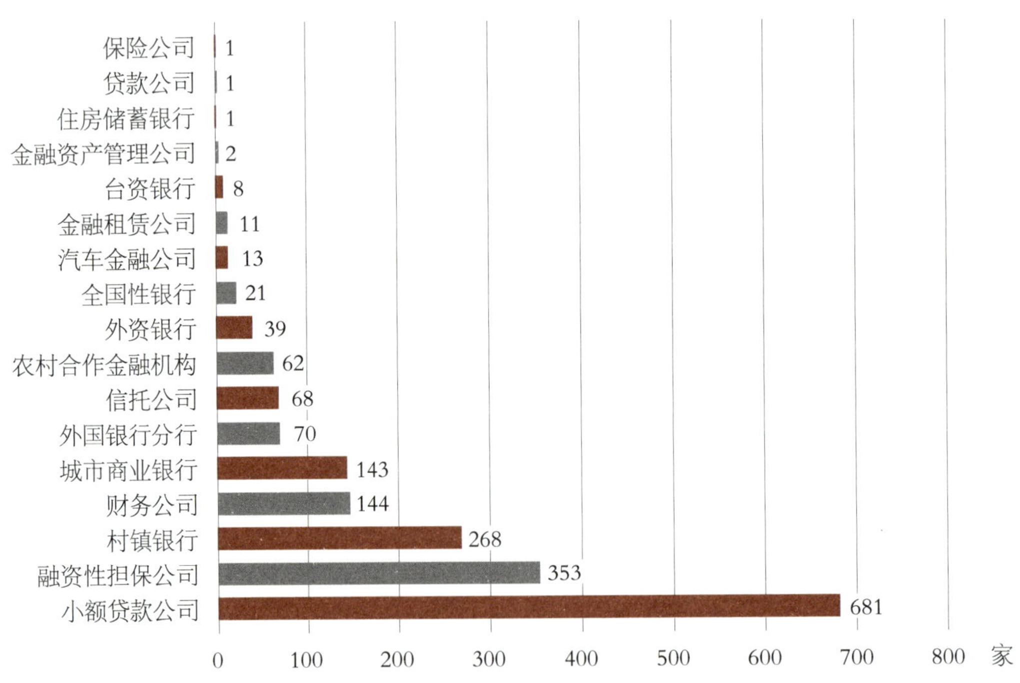

图 2-7　2015 年 3 月底企业征信系统接入机构情况

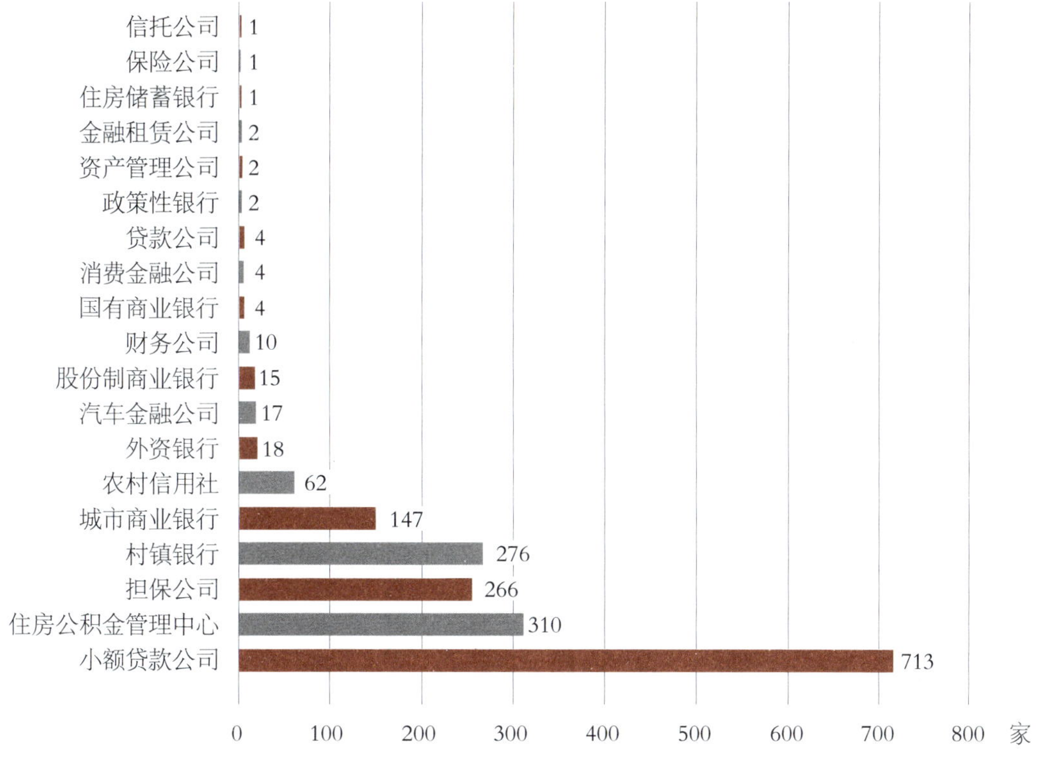

图 2-8 2015 年 3 月底个人征信系统接入机构情况

2. 对国内企业和个人的覆盖越来越全面

征信系统基本上为国内每一个有信用活动的企业和个人建立了信用档案。截至 2015 年 3 月底，企业和个人征信系统分别为 2060 万户企业及其他组织、8.62 亿自然人建立了信用档案。其中，有中征码的企业和其他组织 1018 万户，有信贷记录的自然人 3.6 亿多人。我国个人征信系统已成为世界上收录人数最多的征信系统（见图 2–9），企业征信系统收录的企业和其他组织数（见图 2–10）也在全球众多企业征信系统中位居前列。

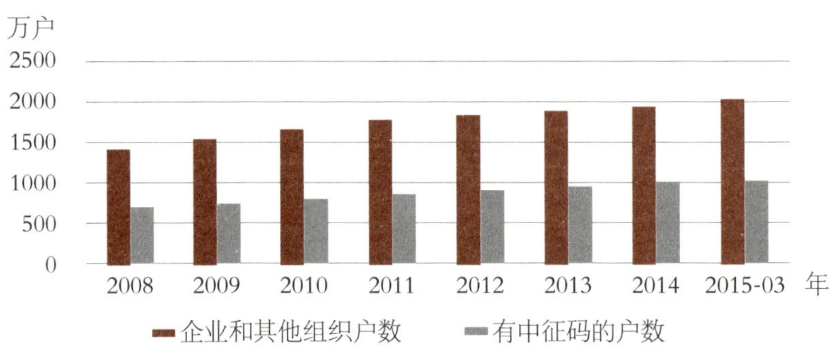

图 2-9 近年来企业征信系统收录企业和其他组织数趋势

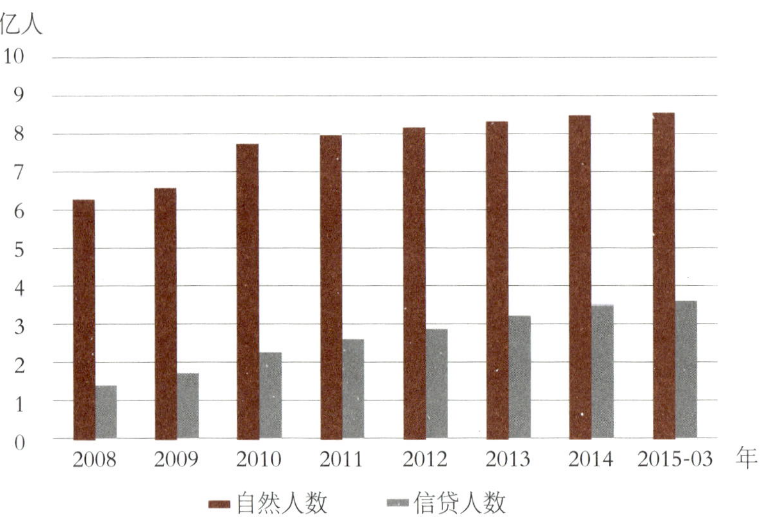

图 2-10 近年来个人征信系统收录自然人数及信贷人数趋势

3. 在更多信息种类范围内的全面共享取得一定进展

人民银行征信中心（以下简称征信中心）自成立以来，一直努力拓展信息覆盖范围，稳步推进全面征信，并取得了很好的效果，主要表现在公共领域的信息采集不断取得进展、对金融领域所有授信的全面覆盖正在推进、企业和个人身份联网核查取得成效等。

一是在公共领域的信息采集不断取得进展。为进一步拓宽企业和个人征信系统信息覆盖范围，征信中心于 2007 年启动反映信用状况的非银行信息采集工作，包括公共信息和其他非传统数据，主要采集企业和个人后付费的非金融负债以及遵纪守法、履行法定义务等方面的信息，如企业和个人的公用事业缴费信息、社会保险参保缴费信息、住房公积金缴存信息以及一些涉及企业和个人生产经营和还款能力的行政许可和处罚等公共信息，并正在探索建立可持续地反映信用状况的其他信息的采集机制。

二是对金融领域所有授信的全面覆盖正在推进。根据国务院关于建立金融业统一征信平台的指示，征信中心一直在积极推动将证券行业、保险行业与授信有关的信息纳入征信系统。目前，保险公司的信用保证保险信息和国内贸易信用保险信息、证券公司的约定购回证券交易信息和股票质押回购交易信息接入工作已经取得突破，中国平安保险股份有限公司的信用保证保险信息和国内贸易信用保险信息已经纳入征信系统，中国出口信用保险公司、中信证券公司、国泰君安证券公司、海通证券公司已与征信中心签订信息共享协议。

三是企业和个人身份联网核查取得显著成效。征信系统与公安部的人口数据库和国家质检总局的组织机构代码数据库对接，分别实现了公民个人身份信息和组织机构代码信息的联网核查，为核验信息主体身份提供了便利。

三、我国征信市场的差异化发展

全面征信固然可喜，但是，征信市场发展更多的是呈现一种差异化发展的局面，集中精力在具有相对竞争优势、相对薄弱的征信领域实现全面征信，从而形成相互补充、有序竞争的市场格局是一种现实的选择。我国征信市场的发展同样如此，这取决于全面征信的相对性与差异化发展的绝对性，是全面征信与差异化发展的对立统一。

（一）我国具备征信差异化发展的独特优势

征信行业是一个讲求规模经济的行业。如果一国空间较小、人口不多、行业较少，很难在征信领域展开大的布局，往往只有极少的征信机构；但是，如果一国地域辽阔、人口众多、行业齐备、经济规模和容量足够大，是可以支撑起一个复杂、多样的征信市场体系的。综观全球，具备这样基础的国家很少，我国应该算其中一个。

一是我国地域辽阔、人口众多，为征信行业发展提供了独特的发展优势。我国的国土面积有 960 万平方公里，在全球排名前四，仅次于俄罗斯、加拿大和美国，这是征信业差异化发展的地域基础。截至 2014 年底，我国人口数量为 136782 万人，15 ~ 60 岁人口数量为 99070 万人，这一点仅印度可以与我国相比，因此，我国金融深化、贸易信用深化的潜力巨大，可以被征信的人口潜在基数非常大，这是我国征信业差异化发展的人口基础。正是地域辽阔和人口众多，使得即使存在一些征信机构，也不妨碍这些征信机构均能实现规模经济，为差异化发展的征信机构格局提供了坚实的自然条件。

二是我国行业齐备，经济基础良好。我国三大产业齐备，行业门类齐全。仅以工业为例，我国拥有 39 个工业大类、191 个中类、525 个小类，是全世界唯一拥有联合国产业分类中全部工业门类的国家。从经济基础看，我国作为一个经济大国，三大产业均保持稳步增长，第三产业增长迅速，第一产业、第二产业、第三产业2014年产业增加值分别为58332亿元、271392亿元、306739亿元，2014 年我国 GDP 总量为 636463 亿元，GDP 全球排名第二。这些行业均要开展金融信用、贸易信用等活动，并且行业规模庞大，信用活动需求庞大，足以支持我国征信行业的差异化发展。

三是我国的新技术应用走在全球前列，新兴经济高速成长。当前，国际新技术转移速度加快，新技术在我国经济、社会和日常生活中的应用越来越广泛。例如，互联网的广泛普及对零售行业的冲击、物联网的应用使得生产经营管理更加精细化，可穿戴设备的逐步推广应用带来了巨大的商机，社交网络平台的发展推动了人们交流习惯的改变等。这一切在我国发展之快，已经超出了人们的想象。在这一基础上，大量的信息沉淀下来，为征信市场的差异化发展提供了坚实的数据基础。

四是我国的贸易信用行业正在快速发展，为征信市场发展提供了丰富的想象空间。随着我国实体经济的发展，除了信贷信用外，贸易信用已经成为支持实体经济发展的另一重要手段。从美国情况看，美国市场贸易信用非常发达，在规模上已经与信贷信用不相上下。近年来，我国贸易信用迅速发展，正在成为除了信贷信用之外我国信用经济的另一大支柱。但是，在这一领域，我国的征信机构几乎还没有能够发挥作用。可以预计，未来的发展空间一定很大，这也为差异化发展的征信市场的未来成长提供了潜在的基础。

（二）我国征信市场差异化发展的现实

从我国征信市场的发展历程与现状可以看出，在一段较长的时间内，我国征信市场一直处于自发发展的状态，征信市场规模较小，主要的征信机构有中国人民银行征信中心，以及一些社会化征信机构，分别在不同的领域发挥着作用，不同征信机构之间在征信方式、业务侧重点上也存在不同，但总体看来，社会化征信机构发展比较慢，没有出现一些大型的、具有客观独立性的征信机构，均衡的差异化发展格局还没有形成。2015 年初，国际金融公司的专家在《南华早报》上接受采访时指出，我国需要增加真正按照征信市场客观规律设立的征信机构的数据，推动真正意义上的征信业发展。

实际上，我国征信市场差异化发展的步伐从 2014 年开始已经迈出，一批具有企业征信资质和个人征信资质的征信机构已经开展业务或者正在筹备开展业务。从业务形态上看，征信机构的差异化发展思路已经出现。有些征信机构将主要精力集中在互联网金融（含微型金融）征信领域，有些征信机构将主要精力集中在企业征信领域，有些征信机构将主要精力集中在个人征信领域，将来也会出现一批既经营企业征信又经营个人征信的机构。

目前，我国征信机构的征信理念也发生了新的变化，这一变化可能会对传统理念构成挑战。从传统的理念来看，征信是从第三方数据源机构征集数据，汇集起来面向社会提供服务。但是，当前，也有一种理念认为，征信活动可以依靠数据源机构自身沉淀的数据来开展，并且在现实业态中，已经出现了这种模式。这是市场选择的结果，“存在即合理”，数据源机构愿意将自己的信息拿出来做征信，这是其自身的商业模式选择，关键是看其从征信活动中得到的收益是否多于不将客户信息拿出来面向社会提供服务获得的收益。因此，如果一些沉淀大量数据的机构愿意将自己的客户信息拿出来与全社会分享，只要依法合规，从促进信息流动的角度看，是没有任何问题的。但是，从国际征信市场发展的规律来看，这条道路也可能比较难走，因为这条道路很难解决利益冲突和公信力问题。

另外，对我国征信市场发展方向有重大影响的另一个重要现实是平台征信现象。现在，我国有一些大型的互联网服务公司，它们建立了规模巨大的网上服务平台，服务平台上存在大量的用户，这些用户大量的交易行为或社交行为被记录下来，形成庞大的数据资源。有些机构依托这些数据建立了征信机构，对外开展征信服务。从全球视角观察，这一现象在我国表现得尤其突出。这种业务形态是完全可以的，并且具有强大的生命力。但是，对于平台征信要采取严格措施进行监管，确保信息主体的合法权益得到保护，不能采取一揽子授权、一次授权终生使用等方式，在看似合法的外衣下，对信息主体的权益造成侵犯。因此，这些平台征信的核心和关键是如何保护信息主体的权益，在开展征信活动时应严格按照法律的要求进行规范。

参考文献

［1］杜金富、张新泽、李跃、王振营：《征信理论与实践》，北京，中国金融出版社，2004。

［2］王晓明：《信用文化建设的实现路径》，载《中国金融》，2012（5）。

［3］美国的《公平信贷机会法》、《公平信用报告法》、《统一商业秘密法》等，中国的《反不正当竞争法》、《公司法》等，以及历届世界征信大会演讲资料、征信中心内部工作论文和相关部门网站等。

［4］Stiglitz,Joseph , Andrew Weiss（1981），“Credit Rationing in Markets with Imperfect Information”，American Economic Review，71:393-410.

［5］Tullio Jappelli，Marco Pagano（2000），“Information Sharing in Credit Markets: A Survey”，CSEF Working Paper，University of Salerno.

［6］Powell, Andrew（2001），“A Capital Accord for Emerging Economies?”World Bank Working Paper.

［7］John M. Barron, Michael Staten（2003），“The Value of Comprehensive Credit Reports: Lessons from the U.S.Experience”，Credit Reporting Systems and the International Economy, Margaret J. Miller, The MIT Press.

［8］Michael A. Turner, etc.（2012），“A New Pathway to Financial Inclusion: Alternative Data, Credit Building, and Responsible Lending in the Wake of the Great Recession”, www.perc.net.

［9］IFC（2012），“Credit Reporting Knowledge Guide”，www.ifc.org.

［10］World Bank Group（2015），“Doing Business 2015:Going Beyond Efficiency”.

第三章

征信数据基础与数据质量

综观全球征信机构的数据基础，信用信息是征信的核心，采集信用信息是为了反映受信方的负债情况、还款能力和还款意愿。根据授信方的不同，信用信息可以分为金融信用信息和贸易信用信息，前者是银行等授信机构在授信过程中产生的信用信息，后者是非金融机构及个人在授信过程中产生的信用信息，如企业与企业、企业与个人、个人与个人之间的赊销赊付等信息。此外，征信机构也会采集能够反映受信方负债情况、还款能力和还款意愿的公共信息等，作为信用信息的重要补充。为准确、全面、及时反映信息主体的信用状况，征信机构应该尽可能地保证这些信息的准确、及时、完整，高度重视数据质量，为高效的征信活动开展创造良好的基础。

第一节　金融信用信息

金融信用信息是征信机构采集的核心信息，这些信息是基于资金借贷、担保、保险等活动产生的，主要是受信方与商业银行等金融授信机构发生授信业务往来的过程中产生的相关信息，涉及各类贷款、信用卡、贸易融资、贴现、保理、贷款承诺、保证、信用证、保函、票据承兑、其他担保、信用保险等表内外授信业务。

一、理论基础和征信原则

征信机构作为独立第三方，通过采集并推动金融信用信息共享，帮助授信机构全面、准确了解受信方信用状况，从而防范和管理信用风险，这是典型征信机构最为常态的一种做法。

（一）采集的理论基础

利用过去预测未来是征信机构采集金融信用信息的理论基础。在信贷市场上，受信方的信用历史行为通常被看作是一种可靠的、能够对其未来进行预测的依据。这是由于授信机构在授信过程中对于交易对手的真实情况可能不了解，只能通过受信方还款历史的详细信息来了解受信方过去的信用状况，并用于预测其未来的还款概率。

研究显示，可以从一个人过去的行为比较可靠地预测其未来的行为，过去的行为是对未来行为的最好预测（Trafmunv，1996），过去的行为会影响态度（Cahalan,Cisin, Crossley，1969；Bern,1972；Olson，Stone,2005），行为的不同会导致态度和记忆的不同（Wansink，Ray，1996），人们通常根据他们以前的行为来判断自己的态度（Bern，1972）等。例如，消费者会根据其自身过去的实际网络购物经验而改变其对网络购物的态度（Kim，Ahn，2007；Wang，2010）。

这种根据过去行为预测未来违约情况的分析在金融领域早有应用。例如，在很多国家，银行向企业发放信贷的前提往往是企业要至少提供 6 个月至 1 年的银行账户信息，银行可以通过监测该公司的现金流，观察公司的经营状况和信用行为。再如，微型信贷机构主要使用小组贷款的方式，这种方法可以让信贷机构向小组成员放贷，参与小组的个人通过这种方式建立起信用记录。从实际效果看，这些信用信息能够有效反映受信方的经济偿还能力、还款意愿，可以帮助受信方获得融资，尤其对于个人来说，是反映其还款可能性的最核心的信息。因此，业内通常将受信方的信用历史称为“信用抵押品”。

（二）金融信用信息以共享为原则

商业银行等授信机构在进行信贷决策时，常用的信息来源主要包括自身对以前客户（老客户）信息的积累、外部调查（如实地走访、对公开信息的搜索等），以及从征信机构获取的其他授信机构拥有的信息。从征信机构获取信息相对而言成本较低，并且在本机构掌握的信息外，还能了解受信方（新贷款申请人）在其他授信机构的还款记录和总负债情况。这就要求授信机构承担对等义务，也将自己拥有的信息提供给他人。也就是说，授信机构之间必须存在信用信息互惠共享的制度安排。这种互惠共享是有层次的，即授信机构提供什么类型的信息，就共享什么类型的信息。有些授信机构只愿意提供违约等负面信息而不愿意提供正面信息，那么按照互惠共享原则，它们也只能共享负面信息而不能共享正面信息。但是，对于强制型信息共享，授信机构没有选择的余地，由政府强制力保证实施。

对于征信机构来说，金融信用信息共享是征信服务的核心基础。征信机构采集到金融信用信息后，进行长期、连续的积累，并按照同类信息共享的原则，通过标准模式在授信机构等信息提供者之间共享，以及提供利用数理统计的方法（如建立模型等）整合后的一些信息，帮助授信机构优化贷款决策、规避信用风险。

从授信机构的角度来看，通过征信机构共享金融信用信息为其低成本地搜集和加工信息提供了有效渠道，已经成为支持其信贷业务不可或缺的工具，特别是对于零售信贷业务来说，由于业务本身零星分散、交易金额较小、业务响应快速等特点，客户调查的费用成本相对较高，因此，其对于金融信用信息共享的依赖性更高。

二、金融信用信息的采集范围

为了全面反映企业和个人的信用状况，征信机构不仅全面采集企业和个人的正面信息和负面信息，而且还尽量从不同种类的授信机构采集反映其信用状况的金融信用信息，以衡量其整体负债水平，实现全面征信的目标，防止多头借贷和过度负债发生。

（一）信息来源

各国征信体系之间的差异决定了各国征信机构在金融信用信息采集上有着各自的特点，大体而言，征信机构主要从以下来源采集金融信用信息。

1. 银行

对于金融信用信息的采集，征信机构最大的信息源是银行，主要包括商业银行、政策性银行、信用社、财务公司等。银行是经济体系中最大的授信机构，特别是在欧洲、日本及很多新兴市场国家，征信机构尤其是公共征信机构的主要工作是推动实现银行间信贷信息共享，并且法律对银行间信贷信息共享实行强制共享的安排。《全球营商环境报告（2012）》的调查数据显示，42% 的受访者表示本国法律要求银行（有的还包括其他授信机构）必须向征信机构报送数据。

在美国、英国等资本市场比较发达的国家，以自愿共享为主，这些国家的征信机构（基本上是私营征信机构）完全靠与银行的协商去采集信贷信息。由于银行会担心失去优质客户和自身的市场份额，经常以保密条款为借口拒绝共享信贷信息，它们也有选择征信机构的自主权，特别是规模较大的银行，因此，在这类市场上，没有哪家征信机构能够实现对企业和个人信贷市场的全面覆盖。

2. 其他从事贷款或发放信用卡的金融机构和非金融机构

这些机构包括资产管理公司、信托公司、贷款公司、信用卡发行机构等。这些机构在开展贷款或信用卡的发放、追偿业务时，掌握了大量的金融信用信息，也是征信机构的主要数据提供者。如在美国，信用卡行业多元化发展，除传统金融机构外，一些百货公司、石油公司等也发放信用卡，因此，征信机构可选择的金融信用信息来源较多，除银行外，还有信用卡发行公司和商业零售机构等。

3. 保险公司、担保公司

保险公司和担保公司均有一部分业务属于授信业务，如信用保证保险、贸易信用险、保单质押贷款、信贷担保等，这些业务信息能够反映受信方债务偿还履约情况。保险公司愿意共享这类信息，因为在开展这些业务时保险公司是风险的实际承担者，同样需要考察受信方的信用状况。从国外情况看，保险公司与征信机构普遍存在互惠关系，保险公司是征信机构的重要数据源，有的征信机构还建立了专门的保险理赔数据库等。征信机构也在相应的法律框架内为保险公司提供信息和服务。以美国为例，《公平信用报告法》等法律明确规定保险公司在开展保险业务时可使用征信机构提供的信用报告，主要用于预测风险、进行核保和定价。

担保公司也是征信体系的重要参与方。担保公司为他人提供担保，自担保生效起就形成了担保公司的一项或有负债，若被担保人到期不能清偿借款，担保公司就负有偿还担保债务的责任。这种情况一旦发生，会给担保公司带来实际损失，因此征信机构采集并推动担保信息共享，能够有效地保护担保公司，反映信贷市场上的整体授信状况，维护信贷市场的稳定。

随着各国金融市场的开放，金融业正在通过多种方式推动综合经营，银行、证券与保险机构间业务的相互交叉日益普遍，这些授信机构的授信信息也越来越重要。另外，除担保、保险等业务外，证券公司开展的融资融券、质押式回购等业务同样含有授信内容，也是征信机构需要采集的内容。

4. 民间借贷、网络借贷、企业债券

新金融的发展在传统银行体系之外，还催生了大量的影子银行，有些目前不在金融监管范畴内，但实际上也在从事着信贷业务，如 P2P 等。由于没有相应的监管，民间借贷、P2P 等蕴含的风险很大。因此，为了反映受信方的整体负债情况，征信机构应该采集这类信贷信息。但是，对于民间借贷而言，由于债权人分散，信息不透明且难以获得，征信机构采集这类信息的难度很大，目前基本上没有成功案例。

近年来，在互联网信息技术支持下发展起来的 P2P 等，严格地讲，属于民间借贷范畴，但是，网络借贷平台是通过网络进行的，已经超越了传统的民间借贷所局限的熟人社会，与传统信贷业务非常相似，并且风险更大，对信用风险管理的要求更高。因此，征信机构非常有必要采集这类信息。从实践看，目前，美国等国家的网络借贷平台在运营中会使用征信机构的数据对受信方进行信用评估，但国外的征信机构还没有从这些网络借贷平台采集信贷信息。

此外，企业发行的债券也是一类重要的负债。美国、欧洲企业债券市场比较发达，企业债券发行额占国内生产总值的比重较高。因此，债券信息虽然不是信贷信息，但国外一些征信机构也会采集企业债券的发行与履约情况等信息，以衡量企业的整体负债水平。

（二）信息采集特点

由于各国经济发展、法律环境和信息披露机制的不同，在金融信用信息的采集内容上，各国征信机构的具体做法存在一定差异且各有侧重。从各国实践看，对于金融信用信息的采集总体上呈现以下几个特点。

一是征信机构越来越重视金融信用信息采集的全面性。一方面，各国放松对征信数据采集的限制，不再限制对正面金融信用信息的采集和使用。例如，法国、丹麦、澳大利亚、匈牙利等原本严格限制正面金融信用信息采集的国家现在已经允许征信机构采集正面信息。另一方面，全球公共征信机构的功能定位和业务目标发生变化，即采集的金融信用信息从仅限于中央银行（监管部门）内部使用，发展到以信用报告的形式提供给授信机构使用，因此，公共征信机构基本上降低或取消了数据采集的最低贷款额限制。

二是能够反映小微企业信用状况的金融信用信息逐步受到重视。传统上，企业和个人的金融信用信息采集通常是分开的，分别由专门的企业征信机构和个人征信机构来完成。近年来，随着小微企业贷款业务的发展和信息技术的进步，征信机构开始同时采集小微企业及其实际控制人的信息，把对小微企业及其实际控制人、重要高管的评估结合起来，这也是出于衡量整体负债水平的考虑。因为小微企业业主（实际控制人）的信用记录也是评估小微企业信用风险的重要指标，很多小微企业业主会以个人名义对企业的商业贷款进行担保或者干脆是个人申请经营性贷款。根据《全球营商环境报告（2012）》调查，参与调查的 100 家个人征信机构中超过 80% 或多或少都采集企业信息。征信机构也越来越注重从小微金融机构采集小微企业及其控制人的金融信用信息。

三是征信机构并非采集所有信贷相关信息。一般来说，涉及影响授信机构竞争力的相关信息征信机构并不采集。例如，信贷业务的价格信息（如利率、担保费率等）一般不予采集，这是因为金融的核心在于风险控制和风险定价，在市场化的利率体系下，利率定价是授信机构的核心竞争力，这类信息在一定程度上能够体现授信机构的风险偏好、竞争策略、客户质量，这类信息的共享会让一些机构“搭便车”。

三、我国征信系统的金融信用信息采集

金融信用信息是全国统一的企业和个人征信系统（以下简称征信系统）的核心内容。征信系统通过覆盖全国的信用信息网络，接入商业银行、信用社等从事信贷业务的金融机构，并按照统一系统、统一管理、统一标准的原则对外提供服务，实现了企业和个人金融信用信息的全国交换和全国共享。

（一）采集现状

我国征信系统在建设之初，就借鉴了国际先进经验，逐笔、全面（无门槛限定）地采集企业和个人的正面和负面信贷信息，迅速实现了信贷信息的大集中。

近年来，我国更注重从社会融资规模（见图 3-1）口径出发，全面规划、推动征信系统的信息采集，以全面反映信息主体的信用状况。另外，征信系统对金融领域信贷信息全面覆盖的相关法律也有明确的要求，如《征信业管理条例》规定，“从事信贷业务的机构应当按照规定向金融信用信息基础数据库（征信系统，笔者注）提供信贷信息”。这里所说的“从事信贷业务的机构”不仅包括商业银行，还有住房公积金管理中心、小额贷款公司、消费金融公司等，并且随着金融体系改革的不断深化，这类机构的种类和数量还在不断扩大。

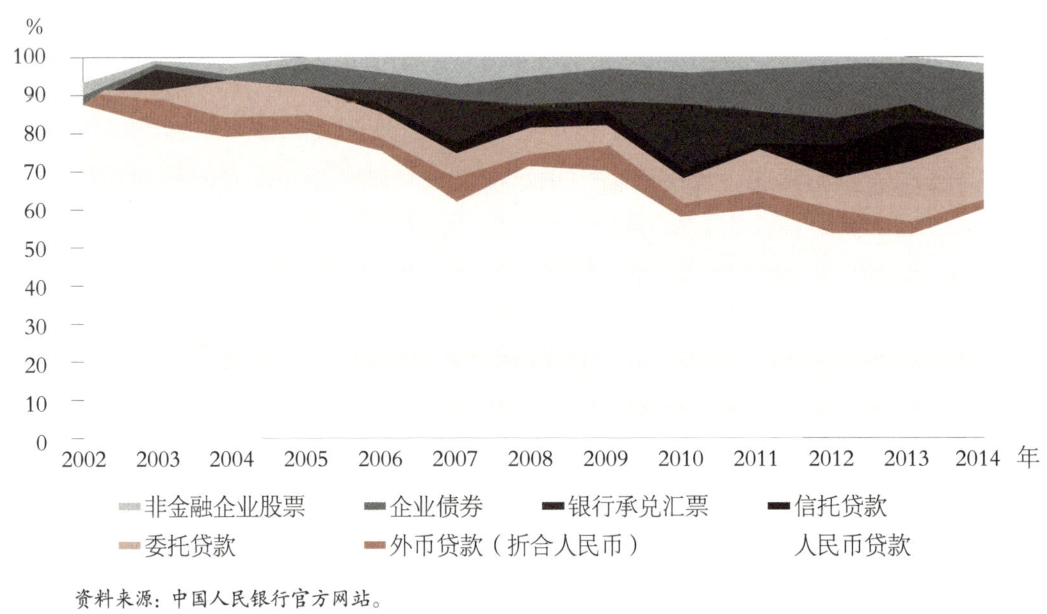

资料来源：中国人民银行官方网站。

图 3-1　2002—2014 年我国社会融资规模结构

目前，企业和个人征信系统已基本覆盖银监会批准的所有金融机构，还接入了小额贷款公司、融资性担保公司、保险公司、资产管理公司、住房公积金管理中心等，基本上为国内每一个有信用活动的企业和个人建立了信用档案。这意味着通过征信系统，任何个人或企业，无论在国内任何地方，也无论在哪一家金融机构留下信用信息，基本上都已经被收录在征信系统中。另外，人民银行征信中心通过上海资信有限公司，推动建成了网络借贷机构之间共享自身信贷信息的网络金融征信系统（NFCS，上海资信公司组织建设），帮助网络借贷机构实现同类型机构之间的信贷信息共享，为监管政策明确后征信系统从网络借贷机构采集信用信息打好基础。

（二）未来发展安排

全国统一的企业和个人征信系统将切实按照《征信业管理条例》赋予的职能，立足社会融资规模口径，继续努力推动各类授信机构和授信信息接入征信系统，推动金融信用信息的全面共享。

一是对于已经接入征信系统的机构，随着金融创新业务的开展，现有的采集信息种类可能不能完全覆盖该机构的全部授信业务，如委托贷款信息等。因此，我们将仔细梳理，按照业务实际情况完整地采集信息。

二是依托金融业统一征信平台，全面推动银行、保险、证券、外汇等金融信用信息的共享，以及公司债、中期票据和短期融资券发行与履约信息的共享。

三是通过基于互联网的小微机构接入平台，加快推动小微授信机构接入征信系统，实现小微授信机构的全面接入。

四是未来在条件允许的情况下，我们将探索依托征信系统推动建立民间借贷登记制度的可行性，尽量促进民间借贷信息的共享，推动民间借贷阳光化。

五是进一步推动授信机构信息共享的范围从贷款信息扩大到能够更多反映企业和个人信用状况的信息，扩大从金融机构采集的信息范围，如客户的授信申请信息等。

第二节　贸易信用信息

贸易信用信息主要来自商业领域中普通企业、个人之间由于商品交易而延期付款或预收货款所发生的授信活动，体现的是非金融机构之间的企业与企业、企业与个人、个人与个人之间因贸易授信而产生的债权债务关系，一般不经过金融市场，这类信息掌握在债权人和债务人手中，推动此类信息共享也非常重要。

一、贸易信用信息概述

贸易信用是一种古老的信用形式，是整个信用制度的重要基础。贸易信用与商品生产经营紧密结合在一起，能够加速商品流通，扩大再生产。在社会化商品经济条件下，贸易信用发展迅速，成为普遍的经济现象，几乎能涵盖所有的企业。研究表明，在发达国家和地区，有 80% 的企业都使用贸易信用。

（一）贸易信用信息的表现形态

贸易信用基于企业的交易与支付相分离形成，表现形式很多，如赊销赊购商品、分期付款、预付定金等，总的来说可分为赊销和预付两大类。贸易信用体现的债权债务关系具体为卖方的货品交付行为信息、买方实质形成但未票据化的应付账款及该应付账款履约信息、买方通过信用支付方式（银行承兑汇票和商业承兑汇票等具有融资功能）完成的应付账款及其履约信息。

因此，贸易信用信息主要以卖方企业的应收账款和买方企业的应付账款的形式存在，体现了债权企业对债务企业资金等资源的占用，是预测企业未来违约与否的一类重要数据源。其他类型主体之间的交易也是如此。对于企业而言，如果出现了延迟付款的情况，往往意味着它的现金流出现了问题（也不排除大企业因议价能力太强而经常拖欠，以及双方对于交付的商品不满意等情形）。这样的信息，不仅对这家企业的供货商有意义，而且对给这家企业授信的授信机构来说也非常有意义。即使金额很小，贸易信用信息的任何恶化也应被视为企业财务状况恶化的前兆。债权企业和银行有共享债务企业贸易信用信息的需求，买方企业也有积累自身贸易信用信息的需求。因此，征信机构很有必要采集贸易信用信息。从实践看，在评估发展中国家的个人和小企业贷款方面，在小微企业和个人没有金融信用信息的情况下，贸易信用信息是了解受信方信用情况的重要替代信息来源。

（二）贸易信用信息的特点

相对于金融信用信息，贸易信用信息有以下突出特点，使得征信机构在采集两类信息时有着不同的安排。

一是分布广。金融信用信息集中存在于金融机构，行政管理信息集中存在于政府及其有关部门，而贸易信用信息存在于各个行业、各个领域，分布十分广泛、零散，这是贸易信用信息的突出特点，也是贸易信用信息共享比较困难的重要原因。

二是数量大。企业的贸易信用信息伴随着企业的贸易活动，不仅参与贸易的企业数量远远大于金融机构和政府部门，而且贸易行为的笔数、金额等也并不逊于金融信用的笔数和金额。在美国等市场经济发达国家，研究表明，贸易信用的市场总额已经与信贷市场总额几乎相当。

三是频率高。贸易信用不像金融信用，贸易信用的特点是普通企业数量众多，授信相对简单，更多的是依赖熟人社会，在日常业务开展中被高频使用，尤其是在整个供应链体系中，更是被频繁地使用。

四是形态多。金融信用信息已基本实现电子化存储，而贸易信用信息因企业的信息化程度不同，部分已成为电子化信息，大部分仍以纸质方式存储，这也是贸易信用信息共享的主要障碍。

金融信用信息与贸易信用信息的对比情况如表 3-1 所示。

表 3-1 金融信用信息与贸易信用信息的对比

	金融信用信息	贸易信用信息
债权人类别是否固定	是	否
债权人数量是否固定	是	否
授信条件标准化程度	较高	低
授信原因是否固定	是	否
授信周期是否固定	是	否
授信合同标准化程度	较高	低
授信贷前、贷中、贷后流程标准化程度	较高	低
债务履约与否的判断标准是否确定	是	一般
债务人、债权人身份是否会互换	否	是

二、贸易信用信息的采集

从数据总量上看，贸易信用信息的数据规模甚至会超过金融信用信息规模，但是，在企业征信机构推动这类信息共享时，囿于这些信息分散、主体多，这类信息的共享程度要低于金融信用信息。在实践中，无论怎么看，贸易信用信息都是发达国家征信机构采集的另一类非常重要的信息。

（一）采集的核心内容

由于贸易信用信息的起止时间不确定、债权债务对象不确定等特点，征信机构无法像采集信贷信息那样采集贸易信用信息来反映债务人的整体负债水平，但是，企业付款行为是可以确定的，债权企业对付款行为是否逾期有着自己的判断，因此，这类信息可以进行共享，这是贸易信用信息采集的核心内容，通过资金流的方式来反映贸易信用状况。

例如，邓白氏公司收集的企业信息中，最重要的信息是记录企业交易状况的付款信息，包括付款记录、付款详细信息、行业付款信息和行业付款情况比较。这些交易记录反映了企业在供应商、其他公司或者银行等机构的信用状态。其中，付款记录展示了企业付款正常与否的情况，付款详细信息展示了逐笔付款行为信息。在这些信息基础上，邓白氏公司还编制了付款指数，即企业对其供应商的付款表现的量化指标（指数为 0 ～ 100），并在其信用报告中对比展示该企业与所在行业付款指数的逐月动态情况。世界第二大信用保险集团科法斯也建立了覆盖数千万家企业的支付行为信息数据库，成为一个重要的企业征信机构。

（二）采集方式

从共享动机角度观察，债务企业共享债务信息的动力较小，而债权企业有共享债权及履约信息的动力。债权企业作为企业信用报告的使用者，它们提供的客户信息越准确、越全面，信用报告对它们的价值也就越大，所以债权企业一般情况下愿意将客户的相关信息报送给征信机构，这是发达国家贸易信用信息共享的理论基础。征信机构最早就是从伦敦裁缝主（债权人、服务供货商）共享客户（债务人、服务采购方）欠款信息开始的。

在贸易信用信息领域内，征信机构按照自愿参与的原则，采集债权企业掌握的客户最新还款情况等信息，并在企业之间共享，其原理与金融机构共享信贷信息一样。在这方面，美国征信机构之间的贸易信用信息共享比较成功。数以百计小规模的地方性征信机构和处于领先地位的大型征信机构都在积极推动贸易信用信息的收集工作，并且在这些征信机构之间也有许多信息交换机制的存在。例如，征信机构间建立信息交换机制，前者可以将低成本获得的贸易信用记录提供给后者，后者可以为前者提供信息更全面的信用报告，这样能在一定程度上减少贸易信用信息采集的成本，也有利于扩大贸易信用信息采集的范围，提高信息的全面性，降低信息不对称。

三、我国贸易信用信息的采集

尽管贸易信用信息的共享在美国等发达国家发展较好，但是，在我国，由于受到贸易信用发展水平较低等因素的限制，尚处于起步阶段。

（一）我国贸易信用发展状况分析

首先，贸易信用规模增长迅速。尽管相对于发达国家，我国贸易信用总体水平较为落后，但与改革初期阶段相比，尤其是最近几年，贸易信用在规模和质量上都取得快速增长，贸易信用在企业融资渠道中越来越重要，正逐渐成为企业短期融资的重要渠道，特别是在经济下行周期或信贷紧缩周期，贸易信用的规模和期限都会相应增加和延长，其融资作用更加显著。

其次，贸易信用票据化水平较低，且贸易信用支付工具发展落后。贸易信用仍以应收账款和应付账款为主，票据使用比例较低，说明大部分企业的贸易信用以债务拖欠形式体现在企业的资产负债表上。我国票据市场工具以汇票为主。其中，银行承兑汇票与商业承兑汇票发展失衡，过分依赖银行信用，缺乏融资性商业票据。这使得信用发展不是循着由贸易信用向银行信用演进的自然过程，而是由银行信用反推贸易信用的发展。另外，随着近年来银行承兑汇票、票据贴现的较快发展，贸易信用中的部分应付票据转化为票据贴现（属于向银行借款的一部分），贸易信用风险部分转移给了银行系统，增加了银行风险，而商业银行未能全面了解借款企业对贸易信用的利用情况，因此很容易在信贷决策中作出错误判断。

最后，贸易信用发展存在地区差异。一般来说，在经济发展程度较好、信用环境良好的地区，贸易信用的使用规模更大。这是因为在首次交易中，一个地区的贸易信用环境会在一定程度上影响企业对交易对手的判断，而在后续交易中，良好的贸易信用环境意味着更长期的合作和更多的交易机会，进而形成良性循环，促进贸易信用规模的扩大。

（二）我国贸易信用信息采集的推进

我国征信机构对贸易信用信息的采集尚处于起步阶段。如何把我国的贸易信用信息收集、整理并进行共享，形成贸易信用通过征信机构进行共享的机制，对我国征信机构来说是一项巨大挑战，需要借鉴国外经验，立足国情，努力推动。

一是借鉴国外征信机构的主要采集模式，在债权企业间共享信息。主要是引导供货商自愿报送其客户的支付信息，建立起企业支付行为信息档案，推动债权人之间关于债权实现情况的信息共享。据了解，一些征信机构已经在我国开始尝试开展在供应商之间共享企业赊销信息。但是，由于贸易信用信息领域的主体很多，信息分散，商业行为不规范现象普遍存在，甚至会有偷漏税行为等，资产负债表等企业基本信息缺乏可靠性，特别是企业本身参与共享的意愿不强，短期来看，推动贸易信用信息在全国范围实现共享存在一定难度，需要大力推动。首先，建立一套有效的激励约束机制，提升企业的积极性和主动参与性，这样才能保证支付信息等关键信息的获取和及时更新。其次，分层次推动贸易信用信息共享。在初期，可在部分经济发展程度较好的地区开展，以及在一些核心企业开展，采集贸易信用信息。例如，作为核心企业的一些大中型企业通常具备完善的客户信用管理体系，能够在与客户发生交易的第一时间，将客户的相关信息采集进自身的信息管理系统，根据征信机构要求及时、准确、完整地报送客户信息，并且能够负担专门的信用管理、信息报送成本，能够依据协议、制度规定及时、合理地进行异议处理。而对于中小企业的贸易信用信息，可适当地借助行业协会、信用中介机构等第三方机构的力量进行采集。

二是借助贸易信用支付工具采集。国际经验显示，票据化信用是贸易信用发展的主要方向，是贸易信用中形成的债权债务关系的载体。现阶段我国贸易信用票据化集中在银行承兑汇票上，对于这部分信息，我国征信系统已经通过商业银行采集了。此外，没有一个详细记录商业票据出票、交易、结算、交割等环节的数据库。随着我国贸易信用票据化水平的提升，未来各方可以共同努力，建立全国票据登记管理中心，形成全国范围统一的票据流通交易市场，在此基础上实现对票据信用信息的登记采集。

第三节　公共信息

公共信息是行政机关和司法机关在行使职权过程中形成的、与社会主体有关的公共记录信息，包括行政机关掌握的登记注册信息、行政许可信息、行政处罚信息等，以及司法机关掌握的裁判信息、执行信息等。公共信息揭示了信息主体在金融领域之外的其他领域的信用状况，是全面展示信息主体信用状况的另一类重要信息。

一、公共信息应以公开为原则

与金融信用信息和贸易信用信息的共享不同，公共信息应以公开为原则。公共信息公开并不是仅仅为了征信，而是有其法理基础和经济、社会效益的实际需要。

（一）立法保障

公共信息公开的目的在于保障公民的知情权，不是为了公开而公开。公开只是手段和方式，而不是目的。公共信息公开可以确保公权力机关依法行使职权、促进政府效率提高和防止政府滥用权力。

1. 法定公开

由于政府部门属于强权部门，如果没有相应的法律支持，社会公众很难从政府部门获得这类信息。在这一理念的支持下，为了促进公共信息的公开，美国、英国、日本等国相继推出了一系列的法律法规，对公共信息公开做了详细的规定。目前，世界上已经有 70 多个国家建立了政府信息公开制度。其中，美国 1966 年颁布《信息自由法》，“政府信息公开”、“信息自由”、“阳光政府”

的理念对政府信息公开制度的发展影响较为深远，成为各国效仿的典范。美国《信息自由法》明确了公共信息公开的主要原则：一是政府信息以公开为原则，不公开是例外；二是政府信息具有公共产品的性质，所有人获得信息的权利是平等的；三是政府对拒绝提供的信息负有举证责任，必须提供拒绝的理由；四是政府机关拒绝提供信息时，申请人可以向法院请求司法救济。

我国有关法律法规也基本体现了公共信息公开的原则。一是立法公开。主要是对制定法律法规过程的公开做了规定。二是司法公开。宪法及三大诉讼法规定了法院的公开审判制度。三是行政行为公开。《政府信息公开条例》规定，行政机关对涉及公民、法人或者其他组织切身利益的信息应当主动公开。《行政许可法》、《行政处罚法》规定行政许可决定及行政处罚决定必须公开。

2. 分层级公开

公共信息的公开是分层级的，根据各国法律规定，基本上可分为两类：一类是主动公开，一类是依申请公开。公众作为信息消费者，对政府信息，尤其是攸关公共利益的信息有着积极的需求，这类由政府掌握的、涉及公共利益的信息应该是政府主动公开的。比如，各种规章、命令等规范性文件具有一定的普适性，需要公布于众，才能发挥作用，再就是一些重大建设项目和政府采购的实施情况等。除此之外，还有部分政府行为涉及某个人或某类人的利益，为了保证政府高效运作，政府对这些信息可以不主动公开，但应依据利益相关人的申请而公开，比如行政许可、行政处罚等相关政府信息。

（二）公共信息的利用

公共信息有着极高的潜在经济价值。据了解，美国很多公司都想利用政府数据并将其应用到商业发展之中，这些公共信息的价值据专家估计仅 GPS 数据开放就接近 1000 亿美元。因此，各国都非常重视对公共信息的利用，通过制定法律框架、利用最佳实践、制订相关计划、设立专属机构等措施促进公共信息的公开。如欧盟 2003 年生效的《公共部门信息再利用指令》促进了公众从多种途径获取公共信息，带动了各成员国对公共信息的公开和使用。

随着信息技术的发展，传统的公开方式无法满足公众的现实需求。20 世纪 90 年代以来，美国、英国等国家大力推行电子政务，各国对于公共信息逐步倾向于使用电子化形式予以公开。如美国坚持开放数据政策，于 2009 年启用政府数据网（www.data.gov），要求政府机构将其数据上传，供公众查阅和使用。英国为方便公众免费利用公共信息，于 2010 年建立 data.gov.uk 网站。该网站几乎包含了所有为公务目的而获得的公共信息，目前有 2500 多个来自英国各个政府部门的数据库通过该网站为公众提供免费的信息服务。

二、公共信息在征信领域的应用

征信机构对于公共信息的使用，是在公共信息公开的前提下公共信息应用的一个具体方面。公共信息对于征信业的应用价值源于其自身独特的属性：一是全面性。政府部门积累了大量的信息资源，涵盖了它们所服务的社会大部分领域。由于公共信息涉及信息主体在经济、社会管理和公共服务等领域的状况，能够较为全面地体现信息主体经济能力，进而间接反映信息主体的信用状况。实践中，公共信息一直作为重要的风险评估参考因素，在信贷决策中发挥着不可或缺的作用。二是时间跨度长。政府部门往往花费了几十年甚至更长的时间来收集、整理这些信息，基本形成了有效的时间序列，对于基于经济周期的信用风险评估等征信产品的开发很有价值。三是真实性。公共信息是按照法定要求形成的结果，真实性能够得到保障，基本上能够体现客观情况，很少存在篡改数据、弄虚作假等情况。

（一）采集原则

公共信息种类多样，价值大小各异，决定了不是所有的公共信息都适合被征信机构所采集。征信机构需要仔细分析哪类公共信息适合被采集、具有什么样的特点和应用价值。全球没有关于公共信息采集的统一标准，从业内实践看，应重点考虑以下原则。

1. 重要性原则

征信机构作为专业化机构，最主要的服务对象是各类授信机构，因此，采集的公共信息要有助于授信机构判断借款人的信用风险，即这些公共信息对于授信机构进行风险评估是比较重要的。从实践看，对信用状况和信贷风险评估有着重要影响的公共信息主要有以下几类：

一是企业的登记注册信息。它对于核实受信方身份、了解受信方的基本情况非常重要。二是执法信息。执法信息是行政机关及国家授权机构在依法履行职权过程中作出的针对行政相对人的决定，以及社会主体在接受自律管理过程中形成的信息，主要包括行政许可信息、行政处罚信息、行政救济信息、行政奖励信息、机构和人员资质信息等。其中，行政处罚信息反映了企业和个人遵纪守法的情况，可能会对企业和个人以后的信贷履约造成重大影响。例如，一个企业违反环保规定，受到环保部门的处罚，蕴含着巨大的风险，如果整治不力，可能会被迫倒闭。所以，行政处罚客观上会影响企业和个人在信用活动中履约能力的执行，对企业和个人的偿债能力有间接的影响。三是履行法定义务信息。履行法定义务信息是指社会主体在履行法定义务，包括纳税、参加社保、维护公共基础设施等时形成的行为记录，包括正面信息和负面信息，主要包括纳税信息、缴纳社会保险信息、缴纳住房公积金信息。一方面，这类信息有助于判断受信方的还款意愿；另一方面，由于履行法定义务优先于履行一般民事义务，如在企业破产后，税款要优先偿还，这类信息也有助于授信方判断受信方的履约能力。四是司法信息。司法信息指法院根据诉讼法确定的公开审判制度，应当向全社会公开的审判全过程的信息，主要包括立案信息、裁判文书信息、执行信息。法院依法审判产生的司法判决信息，不仅反映了被判决人的负债状况，某种程度上也反映了被判决人履行合同的意愿。《全球营商环境报告（2012）》的调查数据显示，46% 的个人征信机构采集法院判决信息。

2. 可持续原则

征信数据是一个不断变动的过程，需要长期地对其进行跟踪，才能准确反映出信息主体的信用状况。因此，征信机构应尽量从数据基础比较好的数据源单位采集公共信息，这样才能建立信息的可持续更新机制，及时采集到反映信息主体变化的公共信用状况，保证数据质量。

3. 责任分担机制原则

公共信息的真实性虽然有保障，但不排除人为或其他因素导致的数据错误、安全漏洞、身份盗窃等情况。因此，征信机构在采集公共信息时，应考虑到相关责任机制的建立，一旦上述情形发生，使得信息主体有投诉追溯的渠道。这也是保障信息主体合法权益的需要。

（二）采集方式

对于征信机构来说，公共信息采集主要取决于其公开程度，即可获得性。在美国等发达国家，公共信息公开比较充分，征信机构能够很方便地获得公共信息。总体上，征信机构采集公共信息，主要有以下采集方式：

1. 主动采集已公开的公共信息

传统途径为到对口政府机构的办公窗口、图书馆、档案馆查找后录入自身数据库。如日本政府信息披露的网络化程度不高，必须到有关办事处申请阅览，一些资料如纳税情况只能手抄，不许复印，增加了征信调查的时间和成本。现在更多采用的是从政府门户网站上采集公共信息，如英国、德国、意大利公司的注册登记信息以及法院诉讼信息都以在线方式对外公开。

2. 从第三方数据库购买公共信息

在美国，除三大征信机构外，还有一些小型的信息服务机构或个人专门从事收集公共信息的工作，征信机构直接购买可以节约采集成本。在英国，政府鼓励其授权的信息中介机构从事这些活动，并鼓励它们向包括征信机构的其他社会机构提供信息产品和服务。

3. 通过与有关政府部门签署协议的方式采集公共信息

在英国，征信机构与公司注册署、登记委托公司、破产管理署以及英国皇家邮政等部门合作，实现了公司登记注册信息、法院记录、破产信息、邮政地址及地址更新信息的批量获取和按月更新。在日本，政府与征信业形成了合作关系，政府对外免费公开信息，同时使用征信机构提供的服务，如破产分析、行业预测等。

三、我国公共信息采集

公共信息公开不充分是发展中国家征信业发展的重要制约因素，我国同样如此。我国在较长一段时间内，公共信息公开的力度和方式不利于征信机构的采集，但是，近年来，随着社会信用体系建设的推进，我国公共信息公开的力度不断加大，公共信息采集的良好环境正在逐步形成。

（一）采集现状

目前我国公共信息的公开程度还不够。一是从立法层面上看，法律规定存在过于原则、缺乏可操作性等问题。正因为如此，2015 年国务院办公厅印发了本年度政府信息公开工作要点，进一步督促公共信息公开。二是从执法层面上看，许多有信息公开义务的政府部门并没有切实履行信息公开义务。据调查，部分政府部门以“信息不存在”和“信息非本部门掌握”为理由拒绝公开信息。三是公众权利意识淡薄，没有有效发挥对公共信息公开的推动和监督作用。这些问题造成我国公共信息的可获得性不高，成为征信业公共信息采集的重要障碍。据统计，政府部门掌握着大量的公共信息，但向社会公开的公共信息只有 20%，并且已公开的政府信息往往是规划、政府法规和宏观层面的统计数据。

以征信系统公共信息采集为例，目前，征信系统已采集环保信息、法院信息等，并与公安部人口身份信息和国家质检总局的组织机构代码系统实现了联网核查。由于这些部门的信息公开意识比较强，因此，这些公共信息基本上是由人民银行与相关部门通过洽谈、协议的方式逐家采集（或联网核查）的，推动了征信系统对这些公共信息的利用。但是，还有一些重要的公共信息，如工商注册登记信息、税务信息等尚没有接入征信系统。目前，征信系统也从一些地方采集公共信息，但是，从实践中看，这些地方提供的公共信息存在更新周期长、信息较为零散、数据质量较差等问题，信息质量难以保证，整合难度较大。

（二）未来发展路径与选择

国际经验表明，征信机构对公共信息的采集，关键在于公共部门要引导社会对信息进行有效传播和充分利用，推动公共信息公开，方便公众查询，为社会各界包括征信机构等批量获取与更新数据提供支持等。这涉及一国政府关于公共信息资源利用的战略性安排、法律框架构建、具体制度的执行等多个方面，是一个循序渐进的发展过程，需要我们在推动征信系统建设过程中，借鉴国外成熟经验，结合我国具体情况，有针对性地开展工作。

一是在现阶段，征信机构可以按照先易后难、先重点后其他的原则，有次序地采集公共信息。可以通过主动采集的方式，也可以通过与政府部门协商合作的方式。就我国现状来看，由于政府部门本身难以对公共信息进行深度挖掘，征信机构可以将原始公共信息加工成政府部门需要的产品后，再反过来提供给政府部门使用，实现有效互动、互相帮助，对于促进公共信息公开有很好的帮助。

二是推动公共部门进一步提高公共信息的电子化程度，推动全国统一建库，进行信息集中，方便社会公众查询和获取，并促进各公共部门间安全、高效地共享公共信息资源，实现有效的公共信息整合，为征信机构采集公共信息提供便利。

三是进一步完善对公共部门履行信息公开义务的法律要求，推动公共信息公开，尤其是要按照《政府信息公开条例》的要求，从国家层面出发，制定公共信息公开目录，细化公共信息的公开内容，减少人为调控空间，提升信息管理水平，促进信息的公开。

第四节　可替代数据

为更好地对借款者信用状况进行判断，征信机构在采集金融信用信息、贸易信用信息、公共信息这些传统信用信息之外，还采集电话费、水费、电费、燃气费等缴纳情况信息，这些信息作为公用事业收费信息，也归入公共信息的范畴内，但是，鉴于其重要性，国外一般是将其拿出来单独成为一个种类，称之为可替代数据。这些数据可以部分地起到信贷信息的作用，对于评估和预测借款者的信用状况有一定的帮助。

一、可替代数据的“部分替代”作用

可替代数据最初在征信领域得到应用，是为了帮助没有或信用记录较少的人群进入正规金融体系获得授信，部分起到了替代信贷数据的作用，也具有一定的可预测性，对于帮助弱势群体进入正规金融体系有着重要意义。

（一）可替代数据与信贷信息具有相似性

一般来说，如果受信方没有或只有较少的信贷记录，很难从正规金融体系获得贷款，或者被迫以很高的成本获得信贷。但是，这部分人群有一些日常的定期支付行为，如能源支付（水、电、燃气缴费）、电信（固定电话、移动电话、网络、有线电视）缴费、汽车保险、房租、育儿费、保健支出、零售分期付款等。这些支付行为信息记录了受信方的交易行为，具有周期性支付的特点，类似于信贷信息的性质，有一定的授信成分在里面。特别是在后付费体制下，公用事业机构预计个人会再付费，所以会延长服务时间，这和传统的信贷机构预测受信方会还款而延长其对资产的占有时间类似，相当于公用事业机构对于受信方的授信。

美国政治经济研究理事会（PERC）研究证明，这些支付行为信息在一定程度上能部分反映受信方的支付能力和偿还意愿，进而帮助预测其在传统信用领域的信用状况，可以作为对传统信用信息的替代。例如，从首次获得银行信贷的消费者的类型来看，信用记录极少但有公用事业或电话缴费记录的人的信用额度比信用记录极少且没有可替代数据的人增长得快，信用额度增加得多。征信机构采集可替代数据，可以对受信方（尤其是那些明显没有信用经验的受信方）的信用状况进行判断，帮助他们从主流渠道获得自己能负担得起的贷款，而且授信机构提供给他们的借款条件与他们的风险和能力更相配，能有效预防过度授信的发生。

实证分析进一步表明，个人通过可替代数据获取贷款后不会变得不守信用。当个人知道自己的支付行为会影响自己的信用记录时，会更愿意按时付款。当知道公用事业付费信息和电信付费信息将被报送给征信机构时，50% 左右的消费者“付款意愿会大大提高”或者“付款意愿会有一定程度的提高”。所有消费者样本的信用评分分布情况见图 3–2。按目标申请接受率分类的严重逾期率见图 3–3。

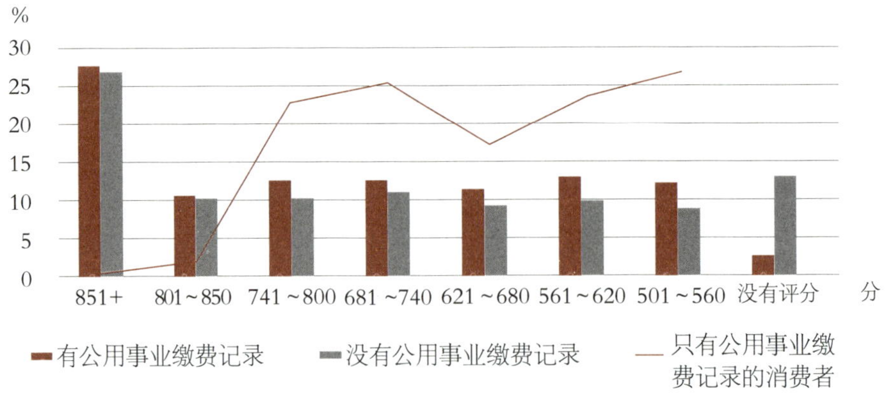

资料来源：特纳与阿米塔·艾格沃（Amita Agarwal）：《使用非传统数据给信用记录少的受信方发放贷款：根据、劝告与预防》，载《金融部门的经营风险》杂志，第 171 页。

图 3–2　所有消费者样本的信用评分分布情况

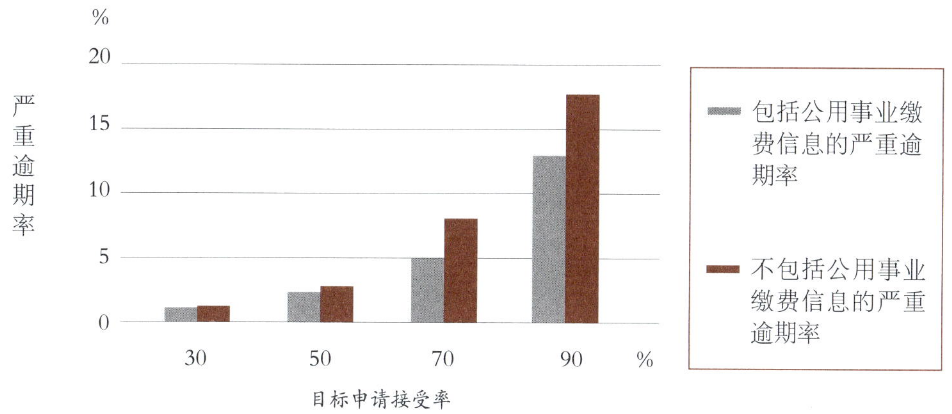

资料来源：特纳（2006）：《给应该获得信贷的人授信：利用非银行信息让更多人获得主流信贷机构的服务》，PERC和布鲁克林研究所。

图 3-3 按目标申请接受率分类的严重逾期率

（二）可替代数据的价值不能与信贷信息相比

如果受信方已经有了较为翔实的信贷信息，授信机构一般不考虑使用可替代数据，征信机构也没有必要一定采集其可替代数据。这是由于虽然可替代数据能够预测信用风险，但此类数据毕竟不涉及信用产品，关于其对个人信用违约的预测能力的研究也比较有限，这类信息只能作为传统信用信息缺失时的替代品，其价值尚无法与传统信用信息等同，不能完全替代信贷信息。例如，美国大多数信用卡发行机构目前尚不使用非银行信用报告。再如，美国联邦住房管理局（FHA，隶属住房和城市发展部，是提供房贷保险、帮助低收入者购房的自收自支机构）允许贷款机构开发自己的非传统住房抵押信用报告（Non-Traditional Mortgage Credit Report, NTMCR），或使用非传统信用局的服务，但不允许使用非传统房贷信用报告改善有负面传统信用记录的人的信用历史或传统评分，或者为没有可验证的信用历史的人“制造”信用报告。

尽管可替代数据的价值无法与传统信用信息相比，但也有较大价值。可替代数据主要用于为授信机构衡量弱势群体信用状况提供参考，帮助没有信贷记录的弱势群体从无到有、从薄到厚建立信用档案，提升信用评分预测水平，推动普惠金融。不同的可替代数据集合对于不同的授信业务具有不同的预测价值，因此，授信机构对可替代数据一般分级使用；并且，为避免造成严重后果，在使用可替代数据前需要审慎衡量其价值，验证各种不同的可替代数据对不同信贷决策的价值。

二、可替代数据的采集

征信机构采集可替代数据的历史并不长，在2008年国际金融危机之后，随着业内改善信贷市场状况，提高金融服务的普惠程度，以及主流授信机构寻找新的利润增长点，可替代数据的价值才开始越来越被重视。在实践中，一方面，可替代数据共享的机构和种类不断增加，广泛涉及受信方的水、电、煤气等公用事业缴费信息，电信缴费，支付房租及其他有周期性信用支付特征费用缴纳信息；另一方面，越来越多的电信和公用事业公司等信息源机构开始愿意参与信息共享。

（一）可替代数据的选择

不是任何交易数据都可以成为可替代数据。对于授信机构而言，使用可替代数据的关键在于确定哪些数据最具有预测能力。作为参考，美国政治经济研究理事会基于实践提出了衡量可替代数据使用价值的“3C”标准，包括信息的信用性质（Credit-like）、覆盖度(Coverage)和集中度(Concentration)，从信息的信用性（含周期性）、覆盖度、集中度和支付额度大小这四个方面来筛选出合适的可替代数据。

首先，信息的“信用”性质越明显越好。先提供服务后付费的交易比先付费后提供服务的交易更接近传统的信用交易，更适合进行信用评估。此外，交易应周期性进行（最好每月进行），最大程度地体现“信用”的周期性特质。其次，信息覆盖的人数越多越好。拥有某种可替代数据的人数量越多，该信息对信用风险评估的价值越大。最后，信息集中度越高越好。拥有某种信息的机构越少，采集和使用起来的成本越低；反之，信息越分散，采集、验证、数据质量控制以及其他交易成本越高。此外，定期支付的费用在个人支出中的比重越大，采集和使用此信息的价值越大。

根据这个标准，美国的房租支付信息、公共事业缴费信息是较优质的可替代数据信息源。其中，房租支付信息通常被用于次级住房贷款申请的非传统信用报告。公共事业费用支出在个人每月的支出中占比较小，价值相对房租支出信息要有局限性。

我国实际情况与美国有所不同，一些在美国属于优质信息的可替代数据在我国却并非如此。比如，房租支付信息是美国可替代数据中最为优质的数据源，但我国的房屋租赁市场上并没有美国那样专业的房屋管理公司，房租等支付记录的电子化程度还不高，因而很难采集到可以认证的房租支付信息，房租支付信息也不能准确地记录在租房客名下，会产生信息失真的情况。我国水费、电费、煤气费、固定电话费、有线电视费等公共事业缴费信息同样容易产生信息失真情形。另外，美国电、电话、有线电视等服务大多采用先提供服务后付费模式。在我国的很多地方，水费、电费、煤气费、固定电话费、有线电视费等公共事业费大多采用先购买后使用模式，不属于“信用支付”类型，公共事业公司（如自来水公司、煤气公司等）也不会因为用户逾期或停止缴费而停止服务。在这种情况下，我国很多公共事业信息并不具备“信用信息”这一特征。还有诸如租售公司、零售商店的赊销账户信息、学费、托幼费、赡养费、医疗费等信息在我国也基本不具备采集基础。

（二）采集趋势及现状

传统上，征信机构一般不采集可替代数据，金融机构也极少使用。一方面是受法律方面的限制，如美国一些州禁止采集某些公共事业缴费信息和电信信息；另一方面是考虑到采集成本问题，数据源单位往往缺乏参与征信数据库进行信息共享的商业动力，认为共享信息会带来很多成本和不必要的麻烦。

国际金融危机后，业内开始倡导全面征信理念，鼓励信贷机构使用可替代数据全面考察消费者信用状况，以增强金融普惠程度。各国还放松对征信数据采集的法律限制，推动征信机构进行更广泛的征信数据共享。在这一背景下，征信机构加大了对可替代数据的采集力度，个人的房屋租赁费、水电煤气等公共事业缴费，甚至资产、收入信息等都被纳入采集范围。

非传统征信机构对采集可替代数据和提供相关服务更为积极。这些机构大多成立时间不长，对可替代数据的推广和使用有很多有益的尝试。例如，支付信息征信公司（Payment Reporting Builds Credit）提供用于申请次级住房抵押贷款的非传统抵押信用报告，克莱德科公司（FirstAmerica Credco）提供包含传统信用信息和非传统信用信息的综合信用报告，电信追踪公司（Teletrack）提供非主流贷款信用信息等。

大型征信机构的主要做法是直接或从非传统征信机构间接地采集可替代数据。例如，艾克飞采集电信和公共事业缴费信息，并面向电信公司和公共事业公司提供服务。益博睿与电信追踪公司合作，为其提供消费者身份验证、地址验证、信用评分、公共记录信息、信贷申请信息；作为交换，益博睿可以获取电信追踪公司采集的可替代数据。随着授信机构需求的增加，征信机构也在加大采集力度，寻找更多可替代数据源。

（三）我国可替代数据采集情况及发展预测

我国可替代数据的采集处于初级阶段。在全国范围内，征信系统采集了部分省市的公用事业缴费信息、通信费缴费信息等。在区域范围内，随着社会信用体系建设的加速推进，由地方政府主导，推动本地区公共信息平台建设，采集了部分可替代数据，其中上海、浙江、江苏、辽宁、深圳等地走在前列。这些地方平台在省内与公共事业机构建立共享机制，采集公用事业缴（欠）费信息、电信缴（欠）费信息、地铁逃票记录等。

此外，市场化征信机构重视可替代数据的采集。据了解，我国市场上已经出现了类似非传统征信机构的雏形，这些机构要求受信方通过互联网或手机填报身份、职业、学历、收入等信息并上传证明材料，经受信方授权后，与相关外部数据库链接，实现信息验证，并与一些机构合作或用受信方在线账户登录等方式获取银行卡消费记录、信用卡账单、电商平台购买记录、手机缴费和定位信息、社交平台信息，同时搜索受信方在互联网上的其他公开信息，将以上信息进行交叉验证和汇总分析，建立了基于大数据的新的信用风险评估模型，对外提供受信方信用风险评估服务。

可以预见，随着我国经济的发展和金融的深化，越来越多的人将产生对信用的需求，但大部分人还没有自己的信用记录。目前，我国总人口为13亿多，其中15～64岁人口（15～64岁人口是建立个人资产阶段的黄金年龄，这些人拥有潜在信用行为）10亿多，目前全国统一的个人征信系统收录的个人数量有8.6亿多，覆盖度已经很高了，但是，有信贷记录人数只有3.6亿多，由此可见，我国的金融深化还有待进一步提升，也需要采集一些可替代数据，帮助我国当前和未来缺少信贷信息的人建立信用档案，进而帮助他们获得金融服务，促进金融普惠。

为更有效地采集可替代数据，征信机构需要着力解决几个主要问题：一是选择有价值的数据。对于不同形式、不同额度的信贷产品决策来说，可替代数据的价值不同，征信机构应该结合各种信贷产品的特点及其生命周期管理要素，按授信机构的需求来采集数据。二是保证能够投入足够的资源，包括制定相应的报数标准、进行数据测试和验证等，保证数据质量。三是对个人进行信用教育。由于可替代数据主要用于向没有或缺乏信用历史的人授信，他们往往缺乏管理自己信用的经验，因此需要对他们进行有针对性的信用教育，把非主观的违约风险最小化。

第五节　数据标准建设

数据共享和交换是征信业务的关键，数据标准化是实现这一目标的前提和基础。国内外经验均表明，建立良好的数据标准，对于促进征信机构的发展、提高征信市场的效率具有重要意义，可以有效推动数据的共享与交换，最大限度地发挥信息的作用。

一、数据标准化概述

征信数据标准化的目的是统一对数据的理解和使用，如果数据标准不统一，不同的数据提供者和使用者对同一概念的定义或表述也不同，会造成数据难以整合或整合错误。例如，对违约的定义不同，会导致不同机构对同一违约事件的认定结果不同。这种不统一一方面会影响信用信息的准确和完整，制约数据质量的提高；另一方面会阻碍信息共享，增加数据交换成本，产生“信息孤岛”。制定征信数据标准，可以统一各机构识别和定位信息主体标识的数据项，明确各类征信数据的概念和内涵，能够使不同机构对相同概念有一致理解，进而提高信息资源的共享和使用效率，确保征信数据的有效整合、安全和应用，以“获得最佳秩序和社会效益”（国家标准 GB3935.1）。

国外征信机构非常重视数据标准建设。大型征信机构基本上通过制定和应用数据标准，实现征信机构内部或机构之间信息传输格式的一致，保证信息共享和系统的互联互通，进而提高征信业运作的统一性及行业效率。以数据采集标准为例，征信机构会制定数据报送清单，对采集的数据项进行明确定义和详细解释，并明确数据报送的格式（具体的模板或布局等）。这既保证了数据的一致性，也提高了自动化处理水平，同时减少了报数机构的成本，从而实现了效率的大幅提升。

从实践情况看，专门为征信制定的国家标准或行业标准有一些，但由于征信与金融、网络通信技术和信息技术的发展有着密切的关系，因此，征信数据标准的制定绝大多数采用了国际上的主流信息技术标准、信息分类标准、企业标识标准、个人标识标准、代码标准、信息交换格式标准以及信用评估业务标准等，对信息进行管理。例如，在信息分类标准上，美国目前使用的行业分类编码是标准工业分类（SIC），1997 年在此基础上形成了美国、加拿大、墨西哥共同遵守的北美工业分类系统（NAICS）。在个人身份识别方面，美国采用的是社会安全号码（SSN）。同时，在国家或者工业标准基础上，这些征信机构还结合征信业务对于信息需求的特点，以及各国法律关于数据采集、处理、发布等的规定，制定一些数据标准，确保标准的可实施性和可操作性，满足征信业务对信息安全合规使用及隐私保护的要求。

二、美国征信数据标准建设实践

美国征信数据标准是随着其征信市场的发展变迁，从无到有、逐步建立并完善的。这些标准不仅在其国内广泛应用，也对全球征信业的数据标准建设产生了深刻影响，尤其对于征信业刚起步的国家，是很好的范本。

（一）美国个人征信数据报送标准

美国个人征信数据报送标准是一个通用性很强的行业标准，以《信用报告资源指南》名义出版，由美国征信协会（Consumer Data Industry Association，CDIA）组织艾克飞、益博睿、环联等征信机构制定。该标准规定了信用交易数据报送的基本原则和具体报送格式—Metro 系列，目前使用较广的是 Metro2，它在美国征信市场上三大征信机构采集的信用交易数据内容越来越同质化的背景下，有效保证了报送数据的准确、及时、完整，减少了数据提供机构的报送成本，目前广泛应用在美国征信机构中。

Metro2 统一了数据采集格式，包括标准字段和字长、排列等，主要内容有：一是数据报送内容必须满足《公平信用报告法》和《平等信用机会法》等法律的要求，且数据提供机构必须确保数据的准确、完整和及时。二是数据提供机构可按月也可按账户结算周期（当账户为循环账户时）向征信机构报送数据。当账户最终结清或关闭时，必须报送最后的状态代码。如果是周期性报送，所有账户都必须在周期结束时报送。三是报送数据时，数据提供机构要报送消费者的完整账户数据，不仅需要报送承担账户主要还款义务的消费者数据，而且需要报送与该账户有关、承担该账户还款义务的共同借款人和担保人的数据，使得信用信息具有较大连贯性地追加或影响到个人信用记录。四是报送逾期账户时，执行“报送账户逾期行业标准”，即“30 天逾期”状态自应还款日之后 30 天起算，而不是自账单日之后 30 天起算。这些规定使报数机构、征信机构、信息主体都获益，因而能够在业内得到广泛应用。

美国个人征信数据报送标准也处于动态发展之中。现行的数据报送格式—Metro2 于 1997 年发布使用，是早期 Metro 格式的升级版本，目的是确保信用交易数据的报送能适应信贷业务不断创新的需要。例如， Metro2 从信贷业务本质出发，按照还款方式将信用账户数据分为分期、循环、抵押、额度授信、开放五类，支持周期性报送，构建了信用交易数据的报送框架。Metro2 至今已使用了近 20 年。其间，征信机构除对部分数据项的数据字典略有调整外，数据采集框架始终保持不变，确保了数据报送的稳定性。

（二）邓氏编码

邓氏编码（DUNS Number）由美国邓白氏公司创建，用于规范所采集的企业身份标识信息。最初，邓氏编码只是邓白氏公司的一项内部业务标准，用于其公司内部识别、整合企业信息，目前已经成为标识全球企业身份信息的国际标准。

邓氏编码自身具有的特点是其取得成功的主要原因。一是容易获得。邓白氏公司每采集一家企业信息，都会主动为这家企业出具邓氏编码。二是唯一性。邓氏编码共有 9 位数据，每家企业的编码是唯一的。三是使用方便。企业通常将邓氏编码作为发票、通知单、付款凭证、运输提单、通关和其他商业单据的通用标识符，有利于更顺畅地交易；也可以利用邓氏编码整合企业内部系统。由于邓白氏公司的数据库范围覆盖全球，同一企业在各地的实体都有自己的邓氏编码，可以通过邓氏编码将全球 1 亿多家企业的母公司和子公司、总部和分公司链接组成企业族系树，帮助企业特别是跨国企业进行全球市场开拓、赊销和采购交易等。

随着在实践中的应用，邓氏编码的使用日益广泛，并逐步被越来越多的组织作为全球企业识别标准，包括美国国家标准协会（ANSI）、联合国、欧洲委员会、美国国家标准机构、联邦能源管理委员会、美国邮政等。目前，邓氏编码已被世界上 50 多个工业和贸易组织接受，成为国际标准的编码体系。

三、国际征信通用原则

《征信通用原则》于 2011 年 9 月发布，是全球征信体系发展与规划的首个参考指引，目前已作为重要的金融监管原则被纳入 G20 金融稳定委员会的标准汇编。

随着征信业在全球各国快速发展，征信机构面临着安全有效开展业务、为信贷发展提供征信服务、信息主体合法权益保护等多重挑战，但业界并没有一个原则系统性地指导各国机构如何去应对这些挑战、更好地运营。在这种情况下，世界银行成立了征信标准制定工作小组（后成为国际征信委员会），在征信业实践和此前征信和数据保护、信贷风险分析等相关领域研究成果的基础上，总结了影响征信体系发展的关键因素，提出了五项核心通用原则。

《征信通用原则》认为，数据、数据处理、治理安排和风险管理、法律和规制环境、数据跨境转移是影响征信体系发展的五项关键原则，并提出了实现这些原则的建议。此外，《征信通用原则》还梳理出了征信体系建设主要参与者（征信机构、报数机构、数据源机构、征信服务使用者、信息主体、监管部门等）各自应承担的职责。这些主要观点基于征信业最佳实践产生，能够满足当前全球征信业健康有序发展的实际需求，是目前业内的主流做法。当然，这些原则不是一成不变的，也会随着实践的发展而调整。

《征信通用原则》不具备强制约束力，仅是对业界的一般性指导原则。这些观点具有普遍适用性，可供政策制定者、监管机构、金融监管部门、征信数据提供者、征信服务提供者、征信服务使用者以及信息主体等参考。例如，各征信机构可以据此更好地运营发展；监管部门根据这些原则来评估本国（地区）征信发展水平及改进方向；国际性金融组织，如世界银行集团、国际货币基金组织、区域开发银行等也可以使用这些原则对各国征信体系进行评估和提供技术援助。这部分内容我们将在《征信合作与数据跨境流动》一章中进行详细说明。

四、我国征信行业标准

从各国实践看，征信标准制定遵循了市场自身的发展规律。当市场发展到了一定阶段，市场主体对征信标准产生需求时，标准制定工作就水到渠成了，并且这些数据标准的产生基本上总是从征信机构内部开始，逐步发展到征信行业，最后上升至国家层面。如果不遵循市场规律而过早地将标准强加于市场，为了制定标准而制定标准，只能是事与愿违，反而不利于行业的发展。如果罔顾市场需求不制定标准，可能会引发市场混乱，也会成为行业发展的阻力。

我国的征信标准化已经起步。随着我国经济及金融的进一步发展，社会各方对信用信息平台的需求愈加迫切，征信标准化建设步伐加快，以满足日益增长的市场需求，保证我国征信业健康、规范发展。党中央、国务院对征信标准化工作十分重视，2007 年 9 月 11 日，国务院社会信用体系建设部际联席会议第一次会议部署的十项专项工作之一就是制定信用行业标准，编制信用信息目录、数据结构、交换格式等信用信息标准并进行试点。人民银行自 2005 年底启动了征信标准化工作，并陆续发布《征信数据元　个人征信数据元》、《征信数据元　数据元设计与管理》、《信贷市场和银行间债券市场信用评级规范　信用评级主体规范》、《信贷市场和银行间债券市场信用评级规范　信用评级业务规范》、《信贷市场和银行间债券市场信用评级规范　信用评级业务管理规范》、《征信数据元　信用评级数据元》和《征信数据交换格式　信用评级违约率数据采集格式》等多项标准（见表 3-2），对信用术语、信用信息采集、信用评级符号等基础性征信标准作出了明确规定，对征信行业的发展起到了重要的规范作用，也为征信产品和服务的规范提供了可供参考的标准。

表 3-2　人民银行发布的主要征信标准

序号	名称	主要内容	适用范围
1	《征信数据元　数据元设计与管理》	规定了征信数据元的基本概念和结构、征信数据元的表示规范以及设计规则和方法等，并推出了征信数据元的动态维护管理机制	适用于与征信业务有关的机构进行数据元设计与管理，并为建立征信数据元的注册与维护管理机制提供指导
2	《征信数据元　个人征信数据元》	规定了与个人征信业务有关的机构使用的数据元	适用于从事个人征信业务的机构与相关机构间的个人征信信息交换与共享

续表

序号	名称	主要内容	适用范围
3	《征信数据元　信用评级数据元》	规定了与信用评级相关的数据元	适用于对信用评级机构及金融机构内部评估系统的评级结果进行质量评价，以及相关机构间的信用评级信息交换与共享
4	《征信数据交换格式　信用评级违约率数据采集格式》	规定了信用评级违约率数据采集业务对数据的要求、数据采集对象和来源、数据采集指标体系、数据采集报文的结构以及数据采集流程和方式	适用于从事信用评级违约率数据采集业务的机构与相关数据报送机构间的信用评级违约率数据的交换与共享
5	《信贷市场和银行间债券市场信用评级规范　信用评级主体规范》	规定了在信贷市场和银行间债券市场从事信用评级的机构进入和退出该市场的程序、从事信用评级业务的基本原则及要求	适用于信贷市场和银行间债券市场中从事信用评级业务的主体
6	《信贷市场和银行间债券市场信用评级规范　信用评级业务规范》	规定了信用评级业务中的信用评级程序、信用等级符号及含义、信用评级报告内容等	适用于信用评级机构进行信用评级时的业务操作
7	《信贷市场和银行间债券市场信用评级规范　信用评级业务管理规范》	规定了开展信用评级业务准则、信用评级的跟踪与检验、信用评级业务的质量检查和信用评级业务数据的管理与统计等内容	适用于信用评级市场中信用评级业务的管理和控制
8	《金融信用信息基础数据库用户管理规范》	规范金融信用信息基础数据库的各类用户	适用范围为中国人民银行征信中心、包括商业银行在内的从事信贷业务的机构、人民银行各级查询网点以及金融监管部门等机构
9	《征信机构信息安全规范》	规范征信机构的信息安全	适用范围为从事个人或企业征信业务的征信机构

资料来源：中国人民银行网站（www.pbc.gov.cn）。

下一步，征信标准建设还需要继续紧跟新形势发展步伐，加快推进。一方面，我国征信市场蓬勃发展，多家征信机构获得牌照，信用信息共享需求进一步加深，尤其是互联网大数据征信的开展，更需要标准的跟进。另一方面，虽然金融机构、政府部门等都掌握有企业和个人的信用信息，但各行业信息平台之间还未实现有效联结，征信数据交流较少，对于信用信息的理解、公开程度、处理方式及报告形式也存在很大差异，这使得征信机构对信用信息的整合效率低下或者根本无法整合，降低了数据质量。地方政府公共信息平台也存在不同程度的重复建设、资源浪费等问题，其信息数据分散，使用范围也基本局限在本地，应用效果有限，信息标准不一，自动化的信息交换存在很大的困难，也对标准建设提出了迫切要求。

另外，为了便于业界进行信息交换，征信机构本身有必要也有义务推动数据标准的建立与统一，主动使用已有的国内征信标准。首先，征信机构在采集信息时，可尽量使用已有的数据标准，甚至是能够与国际接轨的标准，这对提高征信信息整合利用与共享的效率以及降低相应的成本是非常有利的。其次，对于征信机构内部比较成熟的数据标准，可扩大影响力，推广至其他机构、信息平台使用，使其在更大范围内发挥作用。最后，应积极推动从国家层面对信用信息的分类、代码、信息范围、报告形式及相关技术标准作出统一规范。

第六节　数据质量

数据质量是征信机构生存和发展的基础，是信贷市场稳定运行的基础，是对信息主体权益进行保护的关键，因此，数据质量工作始终是征信机构的一项重要工作，被誉为“征信机构的生命线”，一旦数据质量出现问题，征信机构的公信力就会受到严峻挑战。

一、数据质量概述

高水平的数据质量意味着这些数据是准确的、完整的和及时的，这也是国际通行的数据质量度量原则。不准确、不完整、更新不及时的数据可能会产生许多问题，包括不当拒绝贷款申请或更高的借贷成本，这会导致社会经济资本的次优配置，对整个经济产生潜在不良影响，也可能直接危害信息主体的合法权益，对信息主体的经济活动造成障碍。因此，数据质量的好坏直接影响到征信机构的公信力。事实上，各国征信机构面临的投诉和诉讼大多数是由于数据质量问题引发的，这对征信机构的发展产生了一定的负面影响。如果征信机构经常提供质量不高的信用报告，导致信用报告使用者作出了错误的决策，这家征信机构最终将在市场竞争中被淘汰。

数据质量问题是全球征信机构普遍面临的问题，高水平的数据质量往往是一种理想的状态。数据质量问题产生的原因很多，既有人为失误，也有其他客观原因。例如，信息主体提供的原始数据错误；报数机构人为失误造成数据录入错误；数据匹配不准确或征信机构数据加工错误，导致与某一信息主体有关的数据错误地与另外一个信息主体相关联，进而导致对该信息主体的错误推断，如低估或高估了信息主体的债务余额；报数机构无法及时更新数据，征信机构难以保证数据更新没有时滞等。

美国消费者金融保护局（CFPB）对美国信用报告准确性的统计数据显示，2011 年美国接近 4400 万消费者免费获得个人信用报告，但同时征信机构累计收到近 800 万条数据准确性异议申请，异议申请总量很大。2011 年美国政策和经济研究委员会（PERC）研究发现，被调查样本中消费者信用报告潜在错误率达 19%。可见，尽管征信机构会采取多项措施来维护数据质量，但最好的结果也只是将其维持在一个较高的水平，而不是百分之百地正确。

由于在数据处理过程中上述影响数据质量水平因素发生的不确定性，各征信机构的数据质量水平存在差异。一般来说，机构规模越大，管理越完善，数据质量水平越高。美国消费者金融保护局统计数据显示，2011 年美国规模排名前十的数据提供商异议率为 0.20%，排名第 11 ~ 25 的机构异议率为 0.26%，排名第 26 ~ 50 的机构异议率为 0.35%。即使征信机构的数据基础是相同的，最终呈现的数据质量水平也是存在差异的。

但是，这里有必要说明的是，数据质量问题有时并不完全是征信机构造成的。例如，美国消费者联合会（CFA）和美国征信协会在 2002 年开展的一项比较研究显示，美国三大征信机构的个人信用报告不一致，不一定是因为数据错误，有可能是因为信用报告的交易记录信息更新时间不同或这些报告的出具时间不同；如果这三大征信机构的信用报告是一致的，也不能认为这些数据就一定是准确的，有可能是某个报数机构向三大征信机构提供了相同的错误数据。

二、数据质量维护的主要手段

数据质量完善是永无止境的过程。数据质量的改善需要征信机构付出长期、坚持不懈的努力。征信机构对数据质量的维护贯穿于数据生命周期，建立数据标准和规范、逻辑校验、现场核查、事后监测等都是常用且比较有效的数据质量维护手段。

第一，征信机构会严格执行并遵守提高数据质量要求的相关法律法规。例如，美国“公平信用报告法”（FCRA）及其实施条例明确征信机构和数据提供商具有提供准确信息信用数据的法律义务；2009 年美国联邦贸易委员会（FTC）等机构发布的“提供商规则”要求数据提供商建立和实施一系列书面政策和程序，提高数据准确性。日本《个人数据保护法》规定，个人信息处理者必须努力确保个人数据的准确性并不断更新，以达到实现使用目的所必需的要求。英国《个人数据保护法》规定，个人数据必须准确，应当及时更新。征信机构在开展业务时必须遵守这些规定。

第二，征信机构在采集数据前，就需要考虑数据的及时、准确和完整性，选择合适的信息来源，对报数机构进行筛选和审查，从源头上把控数据质量，包括审查报数机构各项业务开展情况、调查报数机构是否存在违法违规的经营历史、审查报数机构与征信机构数据库之间的兼容性、审查报数机构是否面临重大风险事件等。征信机构会根据审查情况，帮助报数机构建立相关管理制度和操作规程，提高其工作人员对于数据质量的重视度。此外，有些国家对报数机构报数还有一些定量要求，如美国的数据提供商必须每月至少报告 100 ~ 200 个活跃账户的交易记录。

第三，在数据报送环节，征信机构会严格检查报数机构报送的原始数据，并将数据处理过程中可能引起的数据质量问题降至最低。通过建立数据标准和规范，统一对数据的理解和使用。通过建立数据报送制度，约定数据报送和更新规则，实现及时性原则。对报数机构报送过来的数据开展格式校验、逻辑校验、内部矛盾或其他异常等质量检查，将未通过校验的数据（这意味数据质量存在问题）退回报数机构，待报数机构核对纠正后重新报送。对于通过逻辑校验的数据,则通过不断优化数据信息匹配程序,将其正确加载入库,包括正确定位到信息主体，并与现有记录进行准确匹配。这种信息匹配技术通常是一家征信机构的核心竞争力。例如，美国邓白氏公司的数据整合流程（DUNS Right）包含了 2000 多次的自动核对及人工审核程序，有效保证了数据的高质量。同时，征信机构还通过不断优化技术手段，保证数据能够得到及时更新,缩短数据从报送机构到征信机构再到数据使用机构之间的时差。例如，我国征信系统对商业银行报送的数据具备了次日更新的能力，即商业银行可在信贷业务信息发生变化的次日就将该信息报入征信系统，征信系统也将在接收到商业银行数据的当天完成处理，将最新的业务变化情况反映在信用报告中。

第四，对已入库数据进行检查和分析。主要包括三方面的工作：一是进行统计数据分析。二是进行随机抽样检查，主要检查是否存在异常值或统计上的异常集中，例如，在必填数据项不填就无法上传的情况下，有些操作人员会乱填这些选项。三是现场检查。对报数机构进行现场检查和比对主要是检查数据是否符合征信的规则和要求。在美国，现场检查一般分为两类，即一般现场检查（每月一次，针对是否有异常值）和全面现场检查（一年一次）。

第五，设立专门的部门（或指派特定的人员）和监测系统，对数据进行监测。在一些大型的征信机构中，一般有 10% ~ 15% 的工作人员（一般叫作业务分析员）从事数据监测工作。在新兴市场的征信机构里，由于新的数据不断被报送，从事数据监测的人员相对要更多一些。通常征信机构都会给每个业务分析员分配不同的报数机构，由他们来分别监测这些指定报数机构的异常值，并为他们提供很多培训，增强他们的专业技能。

第六，建立适当的异议信息处理渠道，通过信息主体发现可能存在问题的信用记录。征信机构在接到异议申请后，会进行核查并联系报数机构更正错误数据。如果错误数据源于系统性问题，征信机构会完善业务处理系统的程序，减少因程序设计造成的错误，并对此进行跟踪，确保不会有反复。

第七，建立对停报、迟报数据的处理机制。由于征信机构采集的数据是由报数机构报送的，因此，在确保数据的全面性、准确性和及时性方面，报数机构与征信机构应各负其责。报数机构在保证数据报送的准确性、及时性方面负有责任，征信机构则在数据采集、处理等过程中，在确保数据的准确性方面负有责任。如果数据质量问题是由于报数机构原因造成的，报数机构应积极解决，征信机构应根据实际情况建立对报数机构停报、迟报数据的严肃处理机制。台湾地区联征中心的做法是，对于“隐匿应报送的资料、延误资料报送期限或违反其各项资料报送操作要点相关规定，经其书面劝导后未改善者”，采取“停止查询”的措施。韩国的公共信贷登记机构则直接对非不可抗力造成的数据错误行为进行经济处罚等，确保了信息的准确性。

三、我国征信系统数据质量治理工作

全国统一的企业和个人征信系统（以下简称征信系统）在建设过程中一直高度重视数据质量。在征信系统建设的不同历史时期，数据质量治理工作采取不同的工作思路和工作方法，有针对性地解决某一特定时期影响数据质量的突出问题，取得了一定成效。

（一）征信系统的数据基础

在征信系统中，一般将信息分为信贷信息和非银行信息。征信系统建设从银行信贷起步，迅速实现了信息的全国大集中：一是对信贷业务类型的广覆盖，采集的银行信贷信息基本覆盖数据主体的所有信贷业务，涉及贷款、保理、票据贴现、贸易融资、信用证、保函、银行承兑汇票、担保合同、贷记卡、准贷记卡等信贷业务；二是对授信机构的广覆盖，既包括银监会批准的所有金融机构，如商业银行、信用社、信托公司、财务公司、资产管理公司、汽车金融公司、村镇银行、贷款公司、农村资金互助社等，也包括住房公积金管理中心、小贷公司、融资性担保公司、保险公司等；三是对信息主体的广覆盖，即基本上采集了每一个有授信活动的企业和个人的信息。

征信系统采集的非银行信息可以分为两类：一类是行政执法和司法过程中产生的、反映信息主体遵纪守法或履行法定义务的公共信息，如登记信息、行政处罚信息、行政许可信息、欠税信息、法院判决和执行信息、公积金缴存信息等；另一类是可替代数据，如先使用后付费的公用事业缴费信息，包括通信费缴费信息、水费和煤气费缴费信息等。

（二）数据质量治理

在数据质量的管理过程中，无论采取什么手段，数据质量管理的主要内容都是一致的，即围绕及时性、完整性和准确性三个方面来展开。银行信贷信息是征信系统的核心数据，是在征信服务中客户最为关注的，因此，征信系统数据质量治理工作主要集中在信贷数据上，即围绕信贷信息的及时性、完整性和准确性三个方面来展开。

1. 治理情况

征信系统的数据治理大致可以分为专项治理和常态化管理两个阶段。

一是专项治理阶段。建成初期，由于征信系统实现信贷信息的全国大集中，数据量大、整合难度高、金融机构系统差异较大等导致征信系统的数据质量存在一定的问题。从 2007 年开始，人民银行征信中心和商业银行一起共同努力，历时三年多，通过实现数据报送流程标准化、采取非现场两端核对与进驻现场核查相结合的方法，集中发现并解决了影响数据质量的一些关键问题，使数据质量得到大幅改善，将信贷数据质量提升到一个很高的水平。

二是常态化管理阶段。在经过大规模的非现场核对与现场核查，解决了数据质量面临的主要问题后，从 2010 年起，征信系统数据质量治理工作进入了常态化管理阶段，主要开展了采集程序改造、采集机制优化、定点监测和量化考评等多项工作，基本建立了数据质量长效管理机制，努力将数据质量维持在高水平上，并探索进一步提升的空间。

2. 存在的困难与解决机制

从实践看，虽然目前我国征信系统的数据质量水平已经位居全球征信机构前列，但仍然存在以下问题和困难，需要解决。

一是银行信贷信息的数据迟报、漏报等现象仍然存在。从法律规定看，《征信业管理条例》对于“征信机构应当采取合理措施，保障其提供信息的准确性”有着原则性规定，对于报数机构的报数行为没有直接的约束条款。因此，征信系统对于报数机构所报数据质量的约束主要依靠现行的激励约束手段。未来，征信系统可以借鉴国际经验，进一步完善对于报数机构迟报、漏报等行为的数据质量管控措施：一方面进行严肃查处，必要时可以考虑采用暂停查询等手段，督促报数机构提高数据报送质量；另一方面要慎重论证数据接口程序和其他报送方式，剔除没有市场需求的数据项，确保信息能够精准入库，同时加强与金融机构的沟通协调，关注信息分类制度变化，调整接口程序等，确保新业务能够及时反映到库里来。

二是非银行信息的数据质量问题还面临很大挑战。从征信系统历年来各类非银行信息采集情况看，目前非银行信息采集存在的主要问题有：首先，覆盖面不全，一些重要的非银行信息，如工商登记信息、权属登记信息还没有实现与征信系统的联网核查，法院判决信息还没有采集入库，贸易信用信息和信用行为信息的采集仍是空白，已采集的非银行信息也没有覆盖全国，比较零散。其次，数据报送不连贯，更新不及时，大部分非银行信息报送缺乏可持续性，没有可持续更新的机制，数据更新滞后，影响数据作用的发挥。最后，数据质量不高，异议处理较困难，异议信息更正周期较长，有些数据源机构甚至没有建立数据的异议处理机制。

上述问题的解决主要还是从非银行信息采集的源头抓起，即选择有价值、有市场需求的信息来源，数据源质量较高，数据源机构有动力配合进行数据质量治理，形成更为严格的制度约束，严把数据质量关。

参考文献

[1] 玛格里特·米勒编：《征信体系和国际经济》，北京，中国金融出版社，2004。

[2] 中华人民共和国国务院：《征信业管理条例》，2013 年发布。

[3] 盛松成：《社会融资总量的内涵及实践意义》，中国人民银行网站，2011。

[4] Michael A.Turner，Alyssa Stewart Lee, AnnSchnare，Robin Varghese,Patrick D. Walker，Increasing Access To Affordable Mainstream Credit Using Alternative Data，2006，www.PERC.net.

[5] IFC (2011)，General Prinaples for Credit Reporting，www.IFC.org.

[6] Michael A.Turner，U.S Consumer Credit Reporting: Measuring Accuracy And Dispute Impacts，2011，www.PERC.net.

[7] IFC（2012），“Credit Reporting Knowledge Guide”，www.ifc.org.

第四章

征信基础产品

征信基础服务的核心产品是信用报告。对于一家征信机构而言，信用报告全面反映了某个企业或个人的信用历史，是该征信机构数据库内收录的关于企业和个人最全信息的汇总，目的是帮助交易对手方了解信息主体的信用状况，为授信方评估受信方的信用风险提供帮助，以便更加快速有效地达成经济和金融交易。正如美国联邦贸易委员会的一位官员所说，“因为有了信用报告体系，才能够有这样快速信用服务的奇迹”。征信基础服务的另一个产品是通用信用评分。征信机构在对外服务时，利用自己掌握的信息所开发出来的通用信用评分，可以将信息主体的信用报告进行数字解读，生成一个具有高度预测性的风险衡量指标。目前，通用信用评分在国外已经成为征信市场的另一个基础产品。全面分析信用报告与通用信用评分设计、开发和应用的国际经验及我国的征信基础产品开发情况，对于促进征信机构之间的交流和提升我国征信服务水平很有帮助。

第一节　信用报告及其国际比较

信用报告的核心作用是对信息主体的信用状况进行全面反映，因此，在信用报告的设计方面，对于最详细的信用报告而言，从国际视角看，在理念上具有很大的共性。但是，由于信用报告需求具有多样性，面对的服务对象不同，信用报告的繁简程度又有很大的差异，因此，不同种类的信用报告被生产出来，以精准满足相应的需求。

一、信用报告的设计理念

信用报告的核心服务对象是授信方，因此，在本质上，信用报告的设计应该紧紧围绕服务授信方，以期全面、及时、准确地反映信息主体的信用状况，在此基础上，才能通过信息的精简、汇总、整理等，形成其他形式的信用报告。当然，全面、及时、准确反映信息主体的信用状况，并不意味着凡是涉及信息主体的所有信息都采集，而应将信息采集集中在反映其信用状况方面，凡是不能帮助判断信息主体信用状况的信息，一概不应采集；否则，将会对授信方判断信息主体的信用状况造成不必要的干扰。当然，在信用报告的设计上，也涉及其他很多方面，包括展示期限、展示方式等，不同的国家会根据自己的国情、文化背景进行选择。

（一）信用报告的功能定位

信用报告的功能定位非常清晰，即全面、准确、及时揭示信息主体的信用状况，帮助授信方准确地进行信用风险评估，合理确定价格（利率），确保经风险调整后的收益在合理水平，在此基础上，帮助授信方根据自己的风险偏好，实行差别化的风险管理政策，助力授信方的服务覆盖不同类型人群。

从全球范围来看，任何一家征信机构在信用报告产品设计时，均会充分考虑信用报告对数据库内已经收录的信息的全面覆盖性，以便帮助授信方全面了解受信方的信用状况。目前，信用报告已经在授信活动中得到广泛应用，包括贷前审批、贷后管理、模型开发、产品创新、风控政策制定等领域，成为一个可以跨越商业银行整个业务生命周期的征信产品，可见其对受信方信用状况的覆盖性足以支持全流程的授信业务管理。

基于信用报告的功能定位，信用报告在内容、格式等方面应充分满足授信方的需求，包括在内容上直观地、定性地来判断信息主体的信用状况，在形式上采用格式化、标准化的方式，便利机读，方便授信方使用。

为了更好地使用信用报告，授信方对信用报告的应用已不再停留于运用基础数据来直接授信，而是越来越多地将信用报告中的基础数据广泛运用到风险评估模型开发、产品创新、风控政策制定等方面，授信方往往会通过更为客观、准确的定量分析，实现决策从简单的定性分析向定量分析的转化。

（二）信用报告的信息选择

基于信用报告的功能定位，信用报告在信息选择方面需要坚持以下原则：

首先，需要满足授信方的风险评估需求，这是最为核心的，因此，对于信用报告而言，核心的信息选择是金融信用信息和贸易信用信息，这两类信息最为直接、准确，能够反映受信方的信用状况。

其次，在条件许可的情况下，信用报告也应广泛包括一些与受信方的信用状况有直接或间接关系的信息，包括公共信息、可替代数据，甚至是一些网上行为信息等。目前，从国外信用报告看，司法判决信息、水电煤气等公用事业缴费信息等往往是信用报告里一类比较重要的信息。

最后，信用报告的信息应坚持重要性原则、可持续原则、数据质量原则。这些原则实际上在前文已经分析过了。对于那些对反映信息主体信用状况具有重要意义的信息，应尽量在信用报告中体现，这一原则称为重要性原则。对于那些有条件保证信息可持续报送或者联网核查的数据源，应重点使用，这是保证信用报告质量的基础，这一原则称为可持续原则。对于那些数据质量较高，能够保证某一类数据准确、完整的信息，应优先采集，这一原则称为数据质量原则。因此，信用报告的信息内容一般应满足上述三个原则，才是比较理想的信息，才适合进入到信用报告中被提供给授信方。

（三）数据生命周期管理

确定了信息的横向选择后，还要考虑信息的时间价值。数据是一种具有生命周期的资源，信用报告中的信息也不例外，需要对系统中的信息进行基于整个生命周期的管理。随着时间的推移，新数据不断产生，历史数据使用频率不断下降，使用价值也相应衰减到一个较低的水平。因此，对于信用报告中的信息，应在其生命周期的不同阶段，根据其价值的不同，采取不同的管理策略，对展示期限和保存期限进行控制。

一些比较领先的征信机构均实行数据的生命周期管理，这一管理并不是来自法律的要求，而是来自市场需求的要求。根据市场对信息的需求不同，可以将信用报告里的信息进行优化，有些信息已经对预测未来没有了多大帮助，应该从信用报告中移除，从而精简信用报告的内容，提升阅读和使用效率。例如，有些信息的时间已经很长，对于预测未来已经没有多少价值，可以考虑建立一种机制，将其从信用报告中移除。

（四）信用报告的展示方式

在信用报告的内容、信息更新等原则确立后，信用报告还有一个重要内容：信用报告的展示方式。在实践中，各家征信机构信用报告的展示方式是不相同的，可能很难发现一个征信机构的信用报告与另一个征信机构的信用报告一模一样，这主要是因为大家在信用报告的版本设计上存在着不同的理解，也是自我个性化的一种彰显。从某种意义上来说，对征信机构而言，这就是一件它们最为得意的作品，怎么可能一样呢？

但是，信用报告的展示方式还是存在一定共性的。例如，所有的征信机构都会考虑征信服务对象的需求，针对不同的对象，采取不同的展示方式：对于非专业化的老百姓，就设计得简明易懂一些；对于专业机构，如商业银行等，应设计得更易机读、便于批量化处理等。对于重要的信息，一般都是在信用报告的前面就进行了提醒。为了方便使用者对信用报告有一个总体的概念，一般都有一个信用报告概览等。

二、个人信用报告及其国际比较

个人信用报告反映的是个人的信用状况，主要服务于商业银行及其他金融机构、保险机构、房屋租赁机构、人事雇用等方面。从全球范围内观察，个人信用报告提供的信息以信贷信息为主，展示不同类型账户的交易信息，结构和内容都相对规范。

个人信用报告根据不同的使用目的，可以分为不同种类，从国际经验看，主要有两种：本人版信用报告和机构版信用报告。本人版信用报告的主要作用是供信息主体了解、管理自己的信用状况，因此这一版本的信用报告内容非常翔实、通俗易懂，以全面保护信息主体的知情权，同时更强调与信息主体的互动，设有“异议处理”、“个人声明”等栏目。机构版信用报告的主要作用是帮助授信方了解受信方的信用状况，防范信用风险；设计内容多以数字、符号、编码等代替，便利批量查询、批量使用。

（一）个人信用报告的主要内容

尽管征信机构开发了多个版本的信用报告，信用报告的内容也不尽相同，但是，无论哪种版本的信用报告，在个人信用报告的主要内容方面，从反映受信方的信用状况出发，还是比较一致的，共性主要体现在以下几个方面。

一是基本信息。基本信息主要包括个人姓名、身份证件号码、出生日期、地址、邮编、电话等。基本信息具有重要的作用，例如，通过基本信息的展示，金融机构能够有效地将信用报告中的信用信息匹配到对应的个人，进行高效率的信息整合；通过信息间的关联整合和交叉验证，重点对不一致的信息进行调查核实，能够有效进行身份验证和信息核实，并侦测欺诈申请；地址、电话号码等还可以帮助贷款方找到失去联系的欠款客户，提高坏账催收的效率。

在基本信息中，身份证件号码尤其重要。如果一国有统一的、针对个人唯一的身份证件号码，那么，该国的信息处理就相对简单得多，数据的质量就比较高，反之则相反。这里我们举两个例子，一个是中国，另一个是印度。在中国，每个公民都有身份证件号码，所以信息整合就简单得多。在印度，没有统一的公民身份号码，印度的征信机构在信息整合中面临着很大的困难，数据质量提升比较困难。

二是信贷信息。信贷信息在个人信用报告中占据着最主要的地位，是个人信用报告的核心内容。对于已经有信贷信息的个人而言，在一国信息已经实现共享的情况下，在其信用报告中一定会出现个人的信贷信息。另外，信贷信息的重要性，从其在信用报告中的展示顺序中即可反映出来，如美国、英国、爱尔兰、新加坡等国的个人信用报告均将信贷信息排在身份信息之后，居于核心位置。在几乎所有国家的个人信用报告中，信贷信息均构成了个人信用报告的核心内容和基础，如美国的一些征信机构提供的个人信用报告中包括账户类别、信用额度、开户日期、授信方向、征信机构报告该信息的日期、最后一次支付的日期和数额等，还包括逾期账户信息、目前逾期未付的款项数目等，大多数信用报告的内容是信贷信息，可见信贷信息对个人信用报告的重要性。

三是公共信息。除了信贷信息外，信用报告中一般也会展示来自法院和政府部门的公共信息，如法院的判决信息、破产信息、欠税信息等。将公共信息纳入信用报告的主要作用有以下几点：一是形成对信贷信息的有益补充，帮助信贷机构更全面地评估信息主体的信用程度；二是帮助没有信贷信息的信息主体建立信用档案。研究显示，将公共信息等纳入信用报告对于帮助消费者提升信用水平、获取信贷具有积极作用。

四是历史查询记录。历史查询记录是各国信用报告中都有的派生信息，通常由查询机构、查询原因、查询时间等数据项构成。历史查询记录具有两个重要作用：一是使信息主体了解有哪些人使用过自己的信用报告，防止信息被滥用。二是作为评价信息主体信用状况的参考信息。授信方通过了解一个人的历史查询记录，也能部分地掌握其信用状况。例如，查询原因可以反映查询者对信用报告的需求，而查询频率可以暴露一些问题：如果查询的频率比较高，可能反映了该信息主体曾经向多家金融机构寻求过信贷支持但均被拒绝等。一般而言，消费者提出申请的次数越多，需求越迫切，其违约风险可能越高，获得信贷的机会可能会越小。

五是通用信用评分。通用信用评分是一把衡量个人信用状况的标尺，通过给予个人一定的等级或分数，可以对信息主体的信用状况进行定量、直观的综合评定。在实践中，很多国家或地区的征信机构在其个人信用报告中都提供通用信用评分，如美国、德国、新西兰、中国香港等。关于通用信用评分，后文将重点进行分析。境外个人信用报告样本如图 4-1 所示。

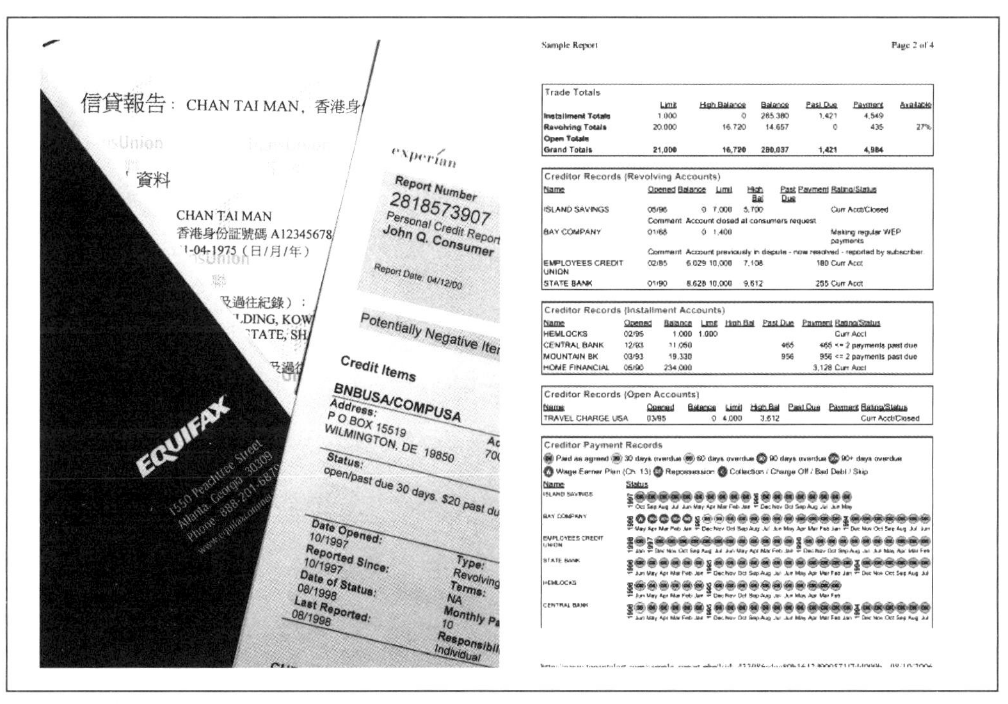

图 4-1　境外个人信用报告样本

（二）个人信用报告的信息保存期限设置

根据数据生命周期理论，信息存储应与业务需求一致，信用报告中的信息也应遵循这一理论，设置保存期限。实践中，对于信用报告中的正面信息设置保存期限的情况比较少，更多地是注重对负面信息的保存期限，主要目的是促使个人改正并保持良好的信用记录。

对逾期信息的认识和处理是个人信用报告的重要内容。理论上，还款逾期1天即是违约，但是，征信活动更加关注现实中违约带来的风险，而非违约行为本身，因此在个人信用报告的处理中，通常会赋予轻微逾期者缓冲期。

由于面临的文化环境、法律环境等的不同，各国或地区在缓冲期的规定上存在较大差异。美国以30天为界限，在记录时将信息分为两类：没有逾期或小于30天的逾期记录为正常，30天以上的逾期分为若干档来记录。而澳大利亚和中国香港则规定逾期60天或以上的信贷信息才分档记录等。

（三）对个人信用报告的使用限制

不同国家对于个人信用报告的使用有不同的规定，有些国家规定信用报告在面向第三方提供时，需要取得本人的授权；有些国家规定信用报告在面向第三方提供时，既需要符合特定目的，又需要取得信息主体的授权；有些国家规定信用报告只要符合特定目的，就可以被第三方使用，不需要取得授权。

例如，美国《公平信用报告法》对于个人信用报告的使用范围进行了规定，即只能用于特定目的查询，但是可以不经授权。在我国，《征信业管理条例》对信用报告的使用也进行了规范，规定信用报告必须经信息主体授权才能查询，但是并不指定使用范围。法国、德国等欧盟国家公共征信机构对信用报告的使用也有非常严格的限定，根据个人数据保护的相关法律，需要获得信息主体的授权，才能使用信息主体的信用报告。

三、企业信用报告及其国际比较

企业信用报告主要反映的是企业自身的金融信用信息和贸易信用信息，主要服务于金融机构以及贸易伙伴等，为它们提供企业的信用状况参考，帮助它们决定是否应接受企业的信用申请、应该给予的信用额度和利率水平、是否需要为其提供担保等。企业信用报告的种类较多，依据使用对象和适用目的的不同，不同的信用报告内容各有侧重，相对个人信用报告而言个性化比较强。在一些国家，企业信用报告中是没有金融信用信息的，甚至贸易信用信息也很少，仅仅只有一部分企业的公共信息。

尽管企业信用报告的个性化较强，但是，观察一些企业征信机构出具的信用报告，我们发现企业信用报告也存在一些共同特征：在交易信息方面，将债务状况和还款行为作为主要分析目标，集中展示信用账户（债务）状态和履约还款行为两个层面的信息；在公共信息方面，企业报告中只包括可能影响企业偿债能力的内容，即司法活动中涉及钱的内容，如破产、司法判决、税务留置等。此外，有些企业信用报告还提供附加的解读工具，如评分、指数、比率工具等，进一步帮助用户执行信息主体还款行为分析工作。

（一）企业信用报告的主要内容

一般而言，企业的基本信息、财务状况、经营状况、金融信用信息和贸易信用信息构成了评估企业信用的主要依据。但是，由于每家征信机构的能力不同，采集到的信息种类也不同，就具体内容而言，不同机构的企业信用报告存在一定的差异。

例如，在美国，邓白氏、益博睿和艾克飞均从事小企业征信活动。邓白氏的企业信用报告集中于企业的历史数据和背景数据、贸易支付信息、财务报表信息等；益博睿的企业信用报告核心是小微企业，重点报告贸易支付信息、企业主的信用信息、司法与催收信息、坏账信息等；艾克飞则侧重来自金融机构的信贷信息以及小企业财务信息等。美国三家公司的企业信用报告内容比较如表 4-1 所示。

表 4-1　美国三家公司的企业信用报告内容比较

内容＼公司	邓白氏	益博睿	艾克飞
注册信息	有	有	有
财务报表	有（还包括重要财务比率）	有	无
商业信用信息	有（付款历史及趋势）	有（交易付款记录）	有（非金融支付信息）
信贷信息	有	有	有
破产记录	有	有	有
司法判决信息	有（还包括法律诉讼信息）	有	有
税务留置信息	有	有	有
评分	信用评分、财务压力评分	IPLUS 评分	付款评分、破产评分
付款指数	有	无	有
其他	公司历史和运营信息、与政府交往信息	催收记录	最近活动

从整体的视角考察，企业信用报告包含的主要内容如下。

1. 企业基本情况。企业基本情况主要包括企业注册信息、股东信息、经营发展历史、高级管理人员情况等，主要用于识别企业的身份，了解其基本状况。

2. 企业经营状况。企业经营状况是衡量企业发展前景及信用能力的重要指标，主要包括企业的生产、销售状况，在市场中的排名等多方面的信息。

3. 企业财务状况。企业财务状况是衡量企业负债及偿付能力的核心指标。一般而言，企业信用报告中会有基础的企业资产负债数据、现金流量数据，这些数据来自于企业对外公布的财务报表。不少征信机构还会根据企业财务报表加工出一些能够反映企业财务状况的财务指标（重要财务比率），放在企业信用报告中，以帮助使用者更直观地了解企业的财务状况。

4. 贸易信用信息。贸易信用信息主要是企业在参与信用交易中的支付记录，反映企业在商业交易中的信用状况。就贸易信用而言，企业能够获得贸易信用的多少可以反映出市场对企业信用的评价，所获贸易信用越多，则企业实力越强、信誉越好，信用风险越低，因此，贸易信用信息是反映企业信誉的信号。艾利豪森和沃肯（Elliehausen and Wolken，1993）采用美国小企业融资调查报告作为实证研究数据，发现贸易信用与金融信用之间具有显著的正相关关系。库克（Cook，1999）选取俄罗斯小企业作为研究样本，发现使用贸易信用的公司会有更高的概率获得银行信用。阿尔方斯（Alphonse，2006）对美国企业数据库（NSSBF，1998）进行实证研究，发现贸易信用是一个反映企业质量的信号，有利于企业从银行获得信用，两者之间互相促进。因此，在许多国家，由于征信机构难以获取企业在金融机构的信贷记录，或是企业根本没有信贷记录等原因，征信机构提供的企业信用报告更多地展示企业的贸易信用信息。

5. 信贷信息。信贷信息主要是企业在信贷交易中的还款记录。信贷信息是企业信用报告中最有价值的部分，但也是较难获取的信息。在不少国家，金融机构共享企业信贷信息的积极性并不高，不愿意将企业的信贷信息共享出来。例如，在美国，邓白氏组织的信贷信息共享联盟只有部分小银行参加，分享金融机构针对企业的授信信息。另外，也有很多商业银行会组成会员组织，共享小微企业的信贷信息。但是，在建有公共征信系统的国家，通常是强制要求金融机构共享企业信贷信息，形成金融信用报告，主要目的是用于防范金融体系的系统性风险、维护金融体系稳定，其次才是为金融机构提供征信服务。

6. 公共信息。在企业信用报告中，其中一项重要的内容是公共信息，具体的内容则依据各国的信息披露制度而异。美国的企业信用报告中包含的公共信息主要有破产信息、司法判决 / 诉讼信息、税务留置信息等；我国香港提供的企业信用报告中的公共信息主要有工商注册和年检信息、法院提供的一些诉讼 / 判决信息等。从中也可以看出，企业信用报告的信息范围主要集中在有限的、能反映企业信用状况的公共信息方面，并不是所有的公共信息都会包含在内。

7. 评分 / 风险评估结果。在美国，邓白氏、益博睿和艾克飞出具的小微企业信用报告中还包括反映企业信用状况、财务压力的评分。邓白氏提供信用评分、财务压力评分，益博睿提供 IPLUS 评分，艾克飞的报告提供付款评分、破产评分。

8. 所处行业分析。部分征信机构提供的资信调查报告中还会包含企业所处行业的总体状况，如平均利润率、平均付款周期、市场竞争程度、发展前景等，其目的是要将企业放在行业背景之下，了解其经营管理水平及发展前景，以作为信用评价的参考。

企业信用报告样本如图 4-2 所示。

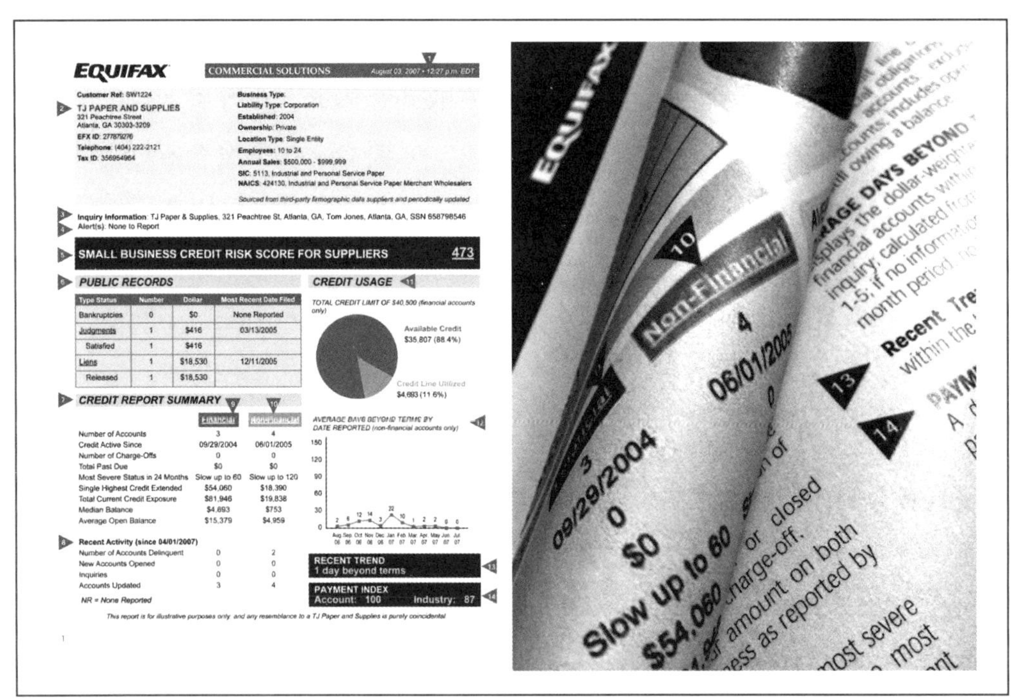

EQUIFAX　COMMERCIAL SOLUTIONS　August 03, 2007 • 12:27 p.m. EDT

Customer Ref: SW1224
TJ PAPER AND SUPPLIES
321 Peachtree Street
Atlanta, GA 30303-3209
EFX ID: 277879276
Telephone: (404) 222-2121
Tax ID: 356954964

Business Type:
Liability Type: Corporation
Established: 2004
Ownership: Private
Location Type: Single Entity
Employees: 10 to 24
Annual Sales: $500,000 - $999,999
SIC: 5113, Industrial and Personal Service Paper
NAICS: 424130, Industrial and Personal Service Paper Merchant Wholesalers
Sourced from third-party firmographic data suppliers and periodically updated

Inquiry Information: TJ Paper & Supplies, 321 Peachtree St, Atlanta, GA, Tom Jones, Atlanta, GA, SSN 658798546
Alert(s): None to Report

SMALL BUSINESS CREDIT RISK SCORE FOR SUPPLIERS　473

PUBLIC RECORDS

Type Status	Number	Dollar	Most Recent Date Filed
Bankruptcies	0	$0	None Reported
Judgments	1	$416	03/13/2005
Satisfied	1	$416	
Liens	1	$18,530	12/11/2005
Released	1	$18,530	

CREDIT USAGE

TOTAL CREDIT LIMIT OF $40,500 (financial accounts only)
Available Credit $35,807 (88.4%)
Credit Line Utilized $4,693 (11.6%)

CREDIT REPORT SUMMARY

	Financial	Non-Financial
Number of Accounts	3	4
Credit Active Since	09/29/2004	06/01/2005
Number of Charge-Offs	0	0
Total Past Due	$0	$0
Most Severe Status in 24 Months	Slow up to 60	Slow up to 120
Single Highest Credit Extended	$54,060	$18,390
Total Current Credit Exposure	$81,946	$19,838
Median Balance	$4,693	$753
Average Open Balance	$15,379	$4,959
Recent Activity (since 04/01/2007)		
Number of Accounts Delinquent	0	2
New Accounts Opened	0	0
Inquiries	0	0
Accounts Updated	3	4

NR = None Reported

AVERAGE DAYS BEYOND TERMS BY DATE REPORTED (non-financial accounts only)

RECENT TREND
1 day beyond terms

PAYMENT INDEX
Account: 100　Industry: 87

This report is for illustrative purposes only and any resemblance to a TJ Paper and Supplies is purely coincidental

1

图 4-2　企业信用报告样本

（二）企业信用报告的信息展示期限设置

从国际经验来看，企业信用报告以描述近期债务为主，一般会在行业和政府相关规定的基础上，对信息设置合理的展示和保存期限，这样既能够相对准确地传达出企业的信用情况，又能达到一定的失信惩戒效果。

在美国，企业信用报告的交易数据和财务数据通常使用 36 个月（3 年）的时间框架，从实践来看，这个期限已经能够满足现实需要。例如，美国益博睿的企业信用报告中展示近 36 个月的交易数据，艾克飞的企业信用报告中展示近 36 个月的交易信息、金融账户、租赁信息等。对于破产、司法判决等信息的处理则有不同，美国的企业信用报告中对这些信息的保存期限在 7 ~ 10 年不等。

有些地区没有专门的法律来约束企业信贷信息的展示期限，如中国香港地区。一些企业征信机构如邓白氏的实际操作是，对于企业信用报告中的正面信贷信息的展示期限设为 2 年，已结清负面信贷信息的展示期限是 5 年，与个人信贷信息保存期限的规定类似。

（三）企业信用报告的主要类型

根据服务功能的不同，企业信用报告可以分为为特定客户定制的主动调查报告、为国际贸易等商业活动（如企业的赊销决策等）服务的贸易信用报告、为金融机构的信贷决策提供支持的金融信用报告等。

1. 主动调查报告

主动调查报告是由征信机构派出调查人员，依法就某个企业或其他组织的信用状况进行调查而形成的报告。调查内容包括注册年检情况、财务情况（可以来自注册年检情况调查，也可以来自企业自报等渠道）、机构重大信息、往来银行就其结算信贷等情况的反馈、支付信息（与之有贸易和授信往来的企业所提供）、法院判决情况等，并以此为基础进行行业内比较和风险评估。根据调查的深入情况，此类报告又可分为多种不同版本。

2. 贸易信用报告

在美国、日本等发达经济体中，贸易信用是授信市场的重要部分，因此贸易信用报告在企业信用报告中占有非常重要的地位。贸易信用报告的形成建立在非金融企业定期向征信机构主动报送的支付信息方面，这些信息往往通过封闭式的共享计划来实现，贸易信用报告的主要内容包括企业基本信息、财务信息、应收账款信息、其他公共信息等。

非金融企业间共享贸易信用信息主要是出于以下三个原因：一是通过贸易

信用信息，对企业的信用状况进行评估；二是充分发挥失信惩戒机制，约束信用交易对手的履约行为；三是从报送数据中享受服务折扣优惠，报送的信息量大，机构就能够以更低的价格享受征信机构提供的服务。这类信息报送与金融机构向征信机构报送信息十分相似，如邓白氏建立的信息共享计划等。这类信息是企业征信机构最大的信息来源，是国外征信市场上的一种重要的商业模式。

3. 金融信用报告

金融机构将信息定期报送给企业征信机构，主要由金融机构组成一个信息共享集团，在这个集团内分享金融机构针对企业或组织的授信信息，同时结合企业的贸易信用信息，可以形成金融信用报告。需要注意的是，在一些发达国家，采用自愿原则进行的企业银行信贷信息共享中，信息分享往往是集中在封闭共享集团范围之内，不能提供给封闭共享集团之外的任何其他机构，原因在于企业授信不像面向个人的授信，其授信金额一般较大，个性化很强，承担成本的能力较强，加之金融信息已经在财务信息中得到了反映，金融机构并不具有强烈的共享动机。在建有公共征信系统的国家，受法律约束的授信机构，应定期强制将信息报给公共征信系统，经加工、整合后形成金融信用报告，供授信机构使用。

第二节　通用信用评分：应用与发展

通用信用评分是基于整个信贷行业的数据，使用统计方法对借款人群的信用行为特征进行分析，用一个单一数值来反映借款人履约还款可能性高低，帮助信贷机构评估其整体或某一特定方面的信用风险，可以说是对借款人信用报告的数字化解读。通用信用评分的发明与推广应用是个人信贷和消费金融产业的一个里程碑事件，在宏观上促进了消费经济的发展，在中观上促进了银行的风险管理和资产组合管理，在微观上促进了信贷交易的有效达成。在欧美发达国家以及许多发展中国家，通用信用评分已经作为征信基础产品得到广泛应用并成为行业标准，被广泛应用于信用卡生命周期管理、住房抵押贷款管理及其他消费信贷管理等领域，在信贷审批、账户管理、风险管理等方面发挥了重要作用。

一、通用信用评分简介

人们普遍认为，通用信用评分于 1981 年诞生在美国。得益于在住房抵押贷款证券化过程中的强制性应用，通用信用评分于 20 世纪 90 年代中后期在美国得到迅速普及。经过几十年的发展，通用信用评分已成为美国信用制度不可或缺的一部分，进入绝大多数美国人的日常生活当中，如开立银行账户、申请贷款或信用卡、购买房产或汽车等都可能会使用到通用信用评分。

目前，通用信用评分已普遍应用于包括美国、英国、加拿大、俄罗斯、爱尔兰、瑞典、挪威、奥地利、日本、韩国、新加坡、中国香港、中国台湾、印度、泰国、澳大利亚、巴西、南非、墨西哥等在内的世界许多国家和地区，其应用领域涵盖了信用卡生命周期管理、汽车贷款管理、住房抵押贷款管理以及消费信贷管理等业务领域，在信贷风险控制的各个环节发挥了重要作用，并已经成为这些国家和地区度量与信用风险相关的金融资产质量的重要行业性指标之一。常见的几种通用信用评分见表 4-2。

表 4-2　常见的几种通用信用评分

评分系统	评分机构	国别	评分用途
费埃哲评分（FICO Score）	艾克飞、费埃哲	美英等多国	对信用卡、住房抵押贷款、汽车贷款、助学贷款的贷款申请者进行信用风险评估，提供信用评分查询
	益博睿、费埃哲	美英等多国	
	环联、费埃哲	美英等多国	
费埃哲拓展评分（FICO Expansion Score）	费埃哲	美国	为无法依据征信机构数据获取信用评分的客户服务，包括没有信用记录和信用数据不足的客户

续表

评分系统	评分机构	国别	评分用途
优势评分（Vantage Score）	艾克飞、益博睿、环联	美国	功能与费埃哲评分一致，区别是不提供确切的信用评分查询，只能查询信用等级
夏华评分（SCHUFA Score）	华夏控股公司	德国	功能与费埃哲评分一致

一个典型的通用信用评分会使用以下一些信息来考察借款人的信用情况：还款历史，包括逾期、催收、展期的情况等；信贷使用情况，包括信贷额度和余额等；信贷经验，包括信用历史长度、信贷产品种类的组合情况等；申请新信贷产品的情况，如新的开户信息、信用报告查询记录等；负面的公共记录，如破产、法院判决等。

成熟科学的通用信用评分模型可以更准确地预测消费者未来的还款行为，为信贷机构带来竞争上的优势。一般来说，一个成熟科学的通用信用评分应具备以下几个特点。

一是通用性。通用信用评分是基于征信机构收集的借款人在所有信贷机构的信用记录进行开发的，能够较为全面地反映借款人的信贷情况，要适用于所有预测群体，适用于所有信贷机构，适用于贷前、贷中和贷后管理的各个业务环节。正是因其通用性，通用信用评分常常作为公共的风险标尺。

二是相对稳定性。随着时间的推移，通用信用评分要保持稳定性，不受经济波动的影响，不受金融产品种类、信贷生命周期不同阶段的影响，为此，在模型开发过程中要有稳健的模型验证和有效监控，一些国家也开始考虑经济周期的影响。

三是可调整性。调整是通用信用评分生命周期的有机组成部分，在必要时候，如发生重大经济波动或信贷数据发生变化时，需要在原有信用评分基础上，根据最新数据和经济形势进行调整以保证评分的有效性。

四是易于市场理解。通用信用评分的分数范围和原因代码一般简单易懂，一方面有利于消费者的认知和理解，从而保证良好的信贷行为，另一方面有利于监管机构把握市场动态，进行实时治理和监控。

虽然很多金融机构也在内部使用和检验自己的客户化信用评分产品，但为了保证评分结果的客观性，其中相当一部分客户化信用评分产品会将通用信用评分作为重要的基准变量。

二、通用信用评分的应用

通过对客户信用风险客观和量化的度量，通用信用评分可以帮助信贷机构拓展业务、控制风险、降低损失并提升收益。从国际经验来看，通用信用评分的应用方式主要有三种：一是将评分直接用于评估客户的信用风险；二是和信贷机构内部评分结合使用，形成评分矩阵，从更多的角度对客户的信用风险进行评估；三是作为信贷机构内部评分模型的一个变量参与分数计算，丰富内部评分模型可使用的信息，提升其性能表现。

下面简单介绍通用信用评分在信贷业务中的常见使用方式。需要说明的是，实践中，通用信用评分的具体使用方式应该是由信贷机构在全面考量自身情况之后自行确定的，因而并不具有统一的标准。

（一）信贷审批中的应用

在授信机构的信贷审批环节，通用信用评分既可单独使用，也可与其他信贷审批手段结合使用，对信贷产品申请进行审批决策。

在单独使用通用信用评分时，一般是直接根据得到各个分数的人数占比和相关联的好坏概率划定分数线（Cutoff Point），并基于该分数线进行信贷审批决策。信贷机构可以根据与分数关联的好坏概率对批准人数和坏账率进行把握，在保证批准人数一定的基础上将坏账率降到最低，在控制坏账率的前提下增加批准人数，或达到授信机构信贷政策针对的其他业务目标。

在将通用信用评分和信贷机构内部申请评分结合使用时，一般是将通用信用评分作为一个变量嵌入信贷机构内部申请评分模型，或将通用信用评分与信贷机构内部申请评分组合形成二维评分矩阵，从更多的角度评估客户的信用风险，提升信贷审批决策的准确性。

此外，通用信用评分还可用于信贷审批决策的其他方面。例如，可按照申请人评分高低将申请材料分配给经验或能力不同的信贷审批人员处理，优化审批资源的配置。信贷审批工作分配见表 4-3。

表 4-3　信贷审批工作分配

分数	申请数量	百分比	处理方式
低分	66	17%	需进一步审查
中等	154	40%	传统审批流程
高分	164	43%	简化审批流程
总计	384	100%	

（二）风险定价中的应用

目前，各国信贷机构都面临着存贷竞争加剧、利润空间下降的巨大挑战，这在客观上要求信贷机构提高自身根据风险进行定价的能力。通用信用评分可以帮助信贷机构对客户的信用风险进行量化评估，并根据评估结果实施差异化的利率策略，从国际经验来看，很多发达国家的授信机构都是这么做的。风险定价策略见表 4-4。

表 4-4　风险定价策略

分数	策略	利率
低分	A	9.00%
中等	B	8.55%
高分	C	8.00%

（三）贷后管理中的应用

通用信用评分同样可以用于对传统的贷后管理手段进行补充。由于通用信用评分使用的是征信机构的数据，范围涵盖广泛，可以帮助信贷机构基于更为全面的信息对客户表现作出更准确的判断。例如，在额度管理、质量监测、催收管理等方面都可以使用通用信用评分。

1. 额度管理

将通用信用评分与其他信用额度管理工具（如行为评分）结合使用，可以使额度调整工作更加精细化（见表 4–5）。例如，如果通用信用评分和行为评分都很高，相关账户可以获得较大的额度增幅；如果客户（账户）在一个或两个评分上高于分数线，那么其额度增幅可以稍低；如果两个评分都较低，那么可以降低其额度。此外，使用通用信用评分还可以提前对那些在授信机构信息累积不足的新客户的账户额度进行调整。额度管理见表 4–5。

表 4–5　额度管理

行为评分	通用信用评分		
	低分	中等	高等
低分	降低	不变或降低	不变
中等	不变或降低	不变	小幅增加
高分	不变	小幅增加	大幅增加

2. 风险监测

通用信用评分可用于对每笔贷款或是信贷资产组合进行风险监测。通过对贷款申请人或贷款账户持有人群体的通用信用评分分布进行持续跟踪，可以及时了解信贷资产的质量情况，并在信贷资产质量恶化程度达到触发条件时发出预警。

3. 催收管理

通用信用评分可以用于确定欠款催收的优先级。在传统手段下，信贷机构可能会给处于轻微逾期状态的借款人打很多催款电话。然而，即使不打电话，这批人当中的大部分也会很快还款。如果在该过程中使用通用信用评分，信贷机构可以按照归还欠款可能性的高低对借款人进行排序，针对不同的风险情况采用差异化的催收手段，从而将更多的资源集中于那些最具风险的借款人身上，达到最好的催收效果。催收管理如表 4–6 所示。

表 4–6　催收管理

分数	拖欠几日后开始催收	负责组别	催收特点
低分	11	A	最激烈
中等	16	B	中等
高分	26	C	最友善

三、通用信用评分模型的主要方法

构建一个通用信用评分模型，主要目的是通过样本模型预测评分对象未来信用表现，其实质是应用样本模型对信用信息进行量化分析。构建通用信用评分模型通常包含了以下过程：首先是选择数据样本；紧接着，在样本数据基础上构造出通用信用评分模型，不同类别的信用水平将被评分系统估算出来并归属到相应的信用等级。

概括来看，通用信用评分模型主要分为统计和非统计两大类。从发展过程来看，统计方法应用最早并且现在仍然是非常重要的方法（Thomas，2002）。时至今日，数据挖掘技术不断增长地应用于构建通用信用评分模型，如易于解释和形象化的决策树方法和神经网络方法等。

（一）统计方法

线性判别分析法是第一种被引入信用评分领域的统计学方法，因其工作原理是按照条件概率对样本数据进行准确分类，从而引领信用评分技术正式进入概率分析时代。线性判别分析以其模型清晰、易于理解等特点，受到广泛欢迎，但应用线性判别分析对于条件分布密度函数要求严格，现实情况很难满足，使得该方法的应用也受到较大限制。

逻辑回归方法（Logistic 回归方法）是一种非线性分类的统计方法，也是目前信用评分开发所使用的成熟方法。1980 年，威金顿（Wiginton）首次在信用评分中应用逻辑回归方法。逻辑回归方法可对特征变量中的各个解释变量给出更加细致的变量子评分，使得到的总评分结果中各成分一目了然，因而受到越来越多的支持。

分类树方法是与逻辑回归方法和线性判别分析法截然不同的一种统计方法，也称为递归分割算法，其基本思想是把待评估信用信息集合按一定的分割规则不断进行细分，最后按照集合多数的原则确定信用好还是不好。

最近邻法是统计学中的一种非参数方法，在信用评分领域有着广泛的应用。最近邻法的思路很简单，把被评信用者分为两类，当一个新的待评估者加入时与他的最近邻者同类，从而根据相邻者群体的信用状况可以很方便地估计出待评估者的信用状况。

（二）非统计方法

在 20 世纪 80 年代以前，信用评分中的方法几乎全部为统计方法，直到福瑞德和格拉法（Freed and Glover，1981）意识到用线性规划的方法能够解决组别间的区分问题。而后，人工智能、机器学习等相关方法被应用于信用评分中。

专家系统是一种使用知识和推理的智能计算机程序，其目的是将专家解决问题的推理过程再现而成为专家的决策工具或为非专业决策者提供专业性建议，是人工智能的一个重要分支。专家系统功能的强弱主要取决于在创立系统时，对专家所掌握知识的深度挖掘以及这些知识与计算机程序结合的有效性。

神经网络方法是一种模仿人脑信息加工的智能化信息处理技术，从奥登（Odom，1990）首次将神经网络方法引入信用风险评测中，到穆迪公司在2000年公布了以神经网络方法为主要方法的上市公司信用风险模型，神经网络方法得到研究者和实践者的广泛关注。

遗传算法是模拟生物进化的自然选择和遗传机制的一种寻优算法。遗传算法对于复杂优化问题无须建模和进行复杂的运算，只需利用遗传算法的算子就能寻找到问题的最优解或者满意解。在信用评分领域，佛伽提和依芮森（Fogarty and Ireson，1993）最先应用了该方法。

经过60多年的发展，信用评分技术在数据处理能力、模型预测精度等各个方面均有了很大的提升，并已逐渐成为金融行业防范信用风险的主要工具之一，评分技术已经比较成熟，挑战主要来自对数据的处理。

1. 遗漏变量问题

就现有通用信用评分模型而言，未来发展面临的首要挑战是一些学者提出的通用信用评分模型中重要变量或属性的缺失问题。以美国三大征信机构所使用的通用信用评分模型为例，其所使用的数据主要源自信息主体信用报告中的数据信息，信息维度较为单一，而事实上贷款者违约行为的产生，也可能是由那些诸如雇用状况和现在的经济状况等未观察到或未测量到的特征所驱使的。为应对上述问题，许多金融机构开始拓展信用评分数据来源，引入宏观经济变量等新变量。但通用信用评分模型从简单到复杂被视为一把“双刃剑”：简单模型数据信息干扰少，若市场运行相对平稳，则简单模型预测精度会更高；而复杂模型由于引进了更多新变量，能更好地刻画信用风险与新变量之间的关系，正常情况下预测精度偏低。

2. 信用数据的非传统和非结构化

社交媒体与大数据时代中，如何有效评估和利用客户在互联网上产生的大量非传统、非结构化的信用数据是征信系统面临的一个巨大挑战。以泽斯塔金融服务公司（Zestfinance）为例，作为一家新兴的互联网金融公司，其使用超过3500个数据项目，从中衍生超过70000个变量，利用10个预测分析模型进行多角度机器学习，进而得到最终的客户信用评分。

目前，各主流信用评分服务提供商对于将基于大数据的信用评分技术投入实际应用的看法偏谨慎，仅有的尝试主要体现在利用来自互联网的非传统信用数据辅助进行虚假客户识别以及客户精准营销等少数领域。

3. 技术极限

通用信用评分建模方法各异，各自都存在明显的短板与理论上的预测能力极限。从横向对比分析结果看，虽然一些统计方法构建的通用信用评分模型稳定性较好，但预测精度往往不及神经网络方法构建的通用信用评分模型等。这一研究结论使得信用评分技术的下一步路径发展面临重大分歧。

为进一步提高通用信用评分模型预测能力，近年来，在行业从业人员积极探索信用评分新技术的同时，针对现有信用评分模型的组合优化已开始出现并成为热点研究领域。信用评分组合模型充分挖掘单一评分技术如逻辑回归方法、神经网络方法、决策树方法等信用评分方法各自的优势，分层进行组合优化，同时提高通用信用评分模型预测精度和稳定性。

四、通用信用评分——美国市场的案例

20 世纪 80 年代以后，以电子数字计算机和网络技术为主要特征的信息技术飞速发展，在金融领域出现了自动柜员机、电子支付体系等一系列创新。80 年代末，美国的几家大型征信机构相继开始提供反映美国全国消费者全面信贷交易行为和完整信用历史的综合性个人信用报告，在此类个人信用报告的基础上个人通用信用评分于 1989 年问世，伴随信用报告向信贷机构用户交付。作为行业工具，通用信用评分除了像其他信用评分产品一样具有良好的预测能力，同时具有更广泛的适用性和分数的跨机构可比性之外，还需要符合行业的普遍及通行的业务实践，尤其必须重视法律的遵从性和监管合规情况。此外，通用信用评分也因为其对于消费者的广泛影响而具有了一定的社会性。

从 20 世纪 90 年代中期开始，作为住房抵押贷款二级市场支柱的美国两大“政府支持企业”房利美公司和房地美公司强烈推荐在审贷过程中使用通用信

用评分。房地美的年报指出："管理层相信，我们整体贷款业务的平均通用信用评分分数[①]是反映违约风险的强有力的指标。"在房地美公司和房利美公司的积极推动下，通用信用评分用了10年左右的时间在大约90%的住房抵押贷款发放机构中得到使用。此外，在先前广泛使用客户化信用评分工具的信用卡和汽车贷款领域，通用信用评分的发展势头也相当不错。同样，在这段时间内，通用信用评分开始受到小微企业贷款机构的欢迎。

2007年美国爆发的次贷危机对于通用信用评分是一场严峻的考验。在探究危机爆发的原因时，有些看法认为通用信用评分的预测能力不足是导致危机发生的主要原因之一。然而，后来的更多研究结果表明，由于宏观经济等因素的影响，危机期间美国住房抵押贷款申请人群整体违约率上升，但此期间信贷市场上广泛使用的通用信用评分产品的信用风险排序能力并没有出现问题。事实上，危机导致的风险意识高涨也许使信贷市场上通用信用评分的使用有了进一步的增加。今天，在美国，据称有九成以上的金融机构在使用通用信用评分。虽然很难估算20多年来通用信用评分为美国信贷行业所带来的经济效益的具体数额，但是只要看看通用信用评分今天在美国信贷市场上所占据的牢固地位，就不难想象通用信用评分对行业的贡献之大。

从20世纪90年代中期到21世纪初，通用信用评分由于在信贷行业得到越来越广泛的接受，完成了从"服务于机构需求"到"服务于行业需求"的升华，成为美国金融基础设施的一个重要成分。下面是通用信用评分的几个主要应用领域。

1. 作为风险分类指标用于金融监管

从20世纪末开始，美国的金融监管机构直接使用通用信用评分的分数线作为区分住房抵押贷款质量（优质贷款、近优质贷款和次级贷款）的分类标准，使用评分分数线进行风险分类，既简单明了又不增加监管合规的成本，受到行业普遍欢迎。

---

① 平均通用信用评分分数是指公司全部住房抵押贷款借款人通用信用评分分数的平均值。这里是在用一个单一数值来显示公司的房贷产品组合的整体风险。

2. 用于信贷市场数据集定期报告

美国金融监管机构经常向行业或公众发布一些市场数据，供各类研究使用。自通用信用评分问世以来，在信贷市场数据集中包含通用信用评分数据几乎成了一种常态，例如，纽约联邦储备银行自 2003 年起每季度发布一次在全国范围内随机抽取的约 4000 万个人及其家庭的债项级信贷数据集、美国联邦住房和城市发展部自 1996 年起发布的单一家庭住房数据仓库、美国联邦住房金融局和消费者金融保护局自 2012 年起发布的全国 5% 的样本住房抵押贷款数据库等。

3. 专业机构提供的信贷行业数据集

房地美公司自 2013 年起每年定期发布包含该公司自 1999 年起发放的全部住房抵押贷款数据的"贷款表现"数据集、按揭支持证券数据分析有限责任公司发布的包含过去 10 年中的 2300 万笔证券化的自有住房抵押贷款数据的按揭支持证券数据集、美国征信机构艾克飞和益博睿的"信贷文件信息"等。

4. 监管机构进行风险资产合规检查所要求的报送信息

美国联邦金融机构检查理事会在发布的"高级法资本充足率框架报表"报送要求中规定，金融机构在报送各类业务的风险敞口时，必须报告每个违约概率区间的加权平均通用信用评分分数值。美国联邦储备局要求金融机构报送的《资本评估和压力测试报告》中，要求报送的住房抵押贷款、房屋净值贷款和信用卡业务的"债务特征属性"中也包括通用信用评分分数。

5. 社区经济实力评估

与消费者通用信用评分分数相关联的消费者获取贷款的难易程度有时被用作衡量一个地区或社区经济发展实力的中介变量。例如，在美国政府的贫困地区或社区发展计划中，地区或社区的平均通用信用评分常常和平均收入、平均教育程度等指标一起，用来衡量一个地区或社区的经济发达程度。

综上所述，通用信用评分在美国已经成为度量与信用风险相关的金融资产质量的重要的行业指标之一，并间接地用于度量消费者参与经济活动的能力。

通用信用评分已经成为美国国家金融基础设施不可或缺的一个重要组成部分。无论在美国还是在其他国家，在更先进的技术出现之前，通用信用评分或将继续发挥其作为信用风险评估工具和国家金融基础设施重要组成部分的作用，为信贷行业的发展作出贡献。

第三节　基于征信系统的征信基础产品

经过多年建设，全国统一的企业和个人征信系统立足于社会融资规模口径不断扩大信贷信息采集，同时积极落实社会信用体系建设要求，稳步推进社保、公积金、环保、法院等非银行信息的采集。信息覆盖面的不断扩大为优化信用报告产品、提升征信服务能力夯实了基础。一份涵盖信息广泛、更新及时、能够比较全面地反映信息主体信用状况的信用报告，从微观方面看，有利于一家机构的信用风险防范或者信息主体知情权的维护；从宏观方面看，有利于整个社会的金融稳定、社会信用意识提高和社会信用环境改善，是征信服务的基础和核心。全国统一的企业和个人征信系统在信用报告服务方面正在发挥重要作用，信用报告已经成为信息主体重要的“经济身份证”。另外，人民银行征信中心正在积极推动信用报告数据解读产品的验证试用工作，努力构建我国征信市场的另一个重要基础产品。

一、征信系统出具的个人信用报告

基于征信系统的个人信用报告是一份全面、准确、及时反映个人借债还钱、合同履约和遵纪守法状况的信用档案，可以说是个人的“经济身份证”。个人信用报告在设计中借鉴了国际经验，也有中国自己的特色，将专业化的展示方式转换成通俗易懂的语言，对账户的状态进行全面的描述，在更大程度上满足个人信用报告使用者的需求。

（一）个人信用报告的主要特点

1. 针对不同使用对象的需求设计不同的版本

目前投入使用的个人信用报告主要包括银行版、个人版、政府版和社会版四类。银行版个人信用报告主要供商业银行、住房公积金管理中心等专业化授信机构在办理信贷业务如信贷审批、贷后管理等时使用。出于保护商业秘密、维护公平竞争的考虑，在展示信贷交易明细时，不显示除查询机构外的其他授信机构的名称。为个人信息主体提供其本人的信用报告，帮助其了解自身信用情况，既是《征信业管理条例》的要求，也是信息主体开展社会经济活动的需要。政府版信用报告主要用于政府部门、司法机关行使行政管理职责、开展民事活动及司法办案等方面，帮助其提高执法效率，因此，政府版个人信用报告突出、详细展示个人的执业资格记录、行政奖励和处罚记录、法院诉讼和强制执行记录、欠税记录、社会保险记录、住房公积金参缴记录、参保缴费情况、履行法定义务、受到的行政处罚和奖励等信息。社会版个人信用报告主要用于消费者开立股指期货账户等，在内容上比政府版信用报告多了与金融机构和非金融机构的信用交易记录，其他与政府版一致。

2. 征信系统的个人信用报告中引入信息的生命周期概念

对于信贷信息，不展示超过 5 年的逾期信息，并在“最近 5 年内逾期记录”信息段中，详细记录贷款和信用卡账户在最近 5 年内的逾期情况，包括逾期次数和逾期金额等，帮助金融机构清晰了解信贷账户的状态，便于其制定信贷政策。

对于负面公共信息，个人信用报告只展示最近 5 年之内的记录，主要包括欠税记录、法院民事判决和强制执行记录、行政处罚记录和电信欠费记录。

个人信用报告对没有发生过逾期行为的信贷业务的展示期限也进行了设定。对没有发生过逾期行为的已结清（已销户）、已转出和未激活的信贷业务，展示年限设置为可灵活配置的参数。该参数目前暂不设值，将来根据信用报告的使用情况以及国家出台的相关法规政策，再进行相应的调整。

3. 根据金融机构对信用信息的关注次序递进编排展示相关信息

先展示概要信息，再展示明细信息；明细信息中，按逾期严重程度排序，首先展示最严重的逾期业务；每一类业务中，首先按最关注的账户状态分类展示，然后按照逾期的严重程度从高到低依次展示。这种递进式的展示结构更为合理，层次更加分明，能帮助金融机构整体把握信息主体最关键的信用信息，提高解读效率。

4. 突出信息概要，丰富金融机构关注的重点内容

信息概要包括信用提示、逾期及违约信息概要、授信及负债信息概要三部分，这些是金融机构最关注的信息，能直观展示信息主体名下有多少贷款和信用卡、整体逾期情况、授信及负债情况，对其信用状况形成初步判断，提高阅读后续信息的针对性，提升解读信用报告的效率。

5. 版面展示主次分明，文字精准

在版面展示方面，信息分类展示、重点突出，数据项名称规范准确、避免歧义，文字精练、易读易懂。

（二）个人信用报告的主要内容

个人信用报告的主要内容包括报告头、个人基本信息、信息概要、信贷信息明细、公共信息、声明信息、查询记录和报告说明。根据服务对象及使用目的不同，可对以上内容进行相应增减，形成不同版本的个人信用报告。以信用信息最全的个人版（明细）为例，个人信用报告主要包括以下八个部分的内容。

1. 报告头

报告头描述此份报告的报告编号、查询请求时间、报告时间、被查询者的人员标识、查询操作员和查询原因，是对本次查询行为的记录。

2. 个人基本信息

个人基本信息描述信息主体的属性，包括身份信息、配偶信息、居住信息和职业信息。

3. 信息概要

信息概要是对信息主体信用状况的概要描述，分为信用提示、逾期及违约信息概要、授信及负债信息概要三个部分。

信用提示主要描述信息主体的信用信息构成情况，包括名下有多少笔贷款、首笔贷款发放日期、有多少个信用卡账户、首张（准）贷记卡发卡月份、本人声明和异议标注的数量；再给出信息主体的评分。

逾期及违约信息概要对信息主体有过的逾期及违约记录进行汇总描述，包括呆账信息汇总、资产处置信息汇总、保证人代偿信息汇总、逾期（透支）信息汇总四个部分。

授信及负债信息概要描述信息主体当前获得的授信情况和负债情况，包括未结清贷款信息汇总、未销户贷记卡信息汇总、未销户准贷记卡信息汇总、对外担保信息汇总四部分。

4. 信贷信息明细

信贷信息明细逐笔详细描述信息主体的信贷交易，反映信息主体借钱和还钱的历史。按照交易类型分为五个信息段：资产处置信息段、保证人代偿信息段、贷款信息段、贷记卡和准贷记卡信息段、对外担保信息段。

资产处置信息段和保证人代偿信息段展示因信息主体违约给债权人造成了损失的债务，反映了信息主体历史上的严重违约行为。

贷款信息段逐笔展示信息主体名下所有贷款业务，帮助商业银行了解每笔贷款的合同信息、当前负债、当前逾期情况、最近 24 个月的还款记录、最近 5 年内的逾期记录、特殊交易信息、与该笔业务相关的贷款机构说明、异议标注和本人声明。

贷记卡和准贷记卡信息段逐笔展示信息主体名下所有贷记卡和准贷记卡业务，帮助商业银行了解卡的授信情况、使用及还款情况、最近 24 期的还款记录、最近 5 年内的逾期记录、特殊交易信息、与该笔业务相关的发卡机构说明、异议标注和本人声明。

对外担保信息段逐笔展示信息主体对外担保的明细情况，目前主要是信息主体为他人贷款和信用卡进行担保的明细情况，主要包括被担保贷款 / 信用卡的发放机构、授信额度、发放日期、贷款到期日期、担保金额、本金余额、五级分类、结算日期，帮助商业银行判断其或有负债。

5. 公共信息

公共信息详细列示出信息主体的欠税信息、法院信息、行政执法信息、社保和住房公积金缴存信息等。

6. 声明信息

声明信息包括与信贷业务没有关联的本人声明和异议标注，主要用于描述信息主体自身的某些行为。

7. 查询记录

查询记录描述过去两年内，何人何时因为什么原因查询过信息主体的信用报告。

8. 报告说明

报告说明主要进行免责声明并对信用报告中的重要之处进行解释。

征信系统个人信用报告样本如图 4-3 所示。

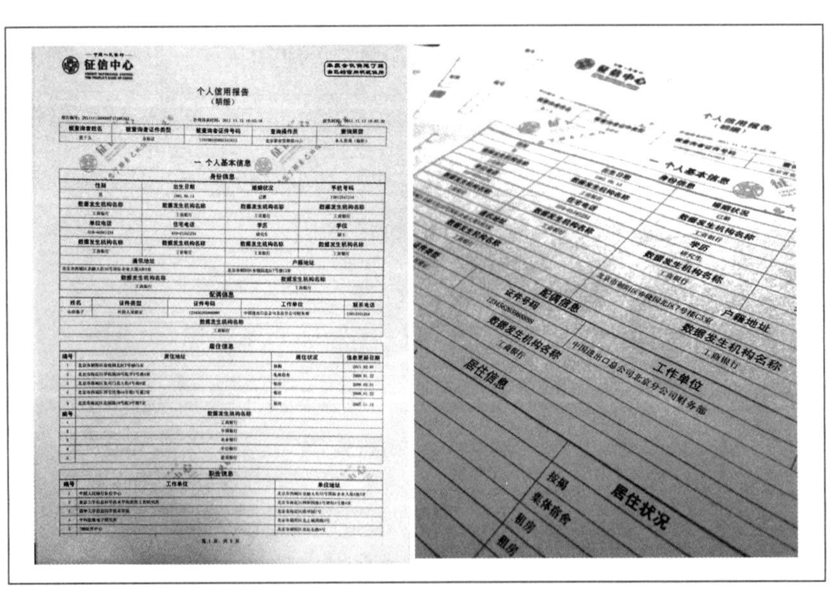

图 4-3　征信系统个人信用报告样本

在了解个人版（明细）内容的基础上，通过表4-7我们可以比较清楚地看出各版本个人信用报告的内容差异。

表4-7　各版本个人信用报告的内容差异

报告内容	银行版	银行异议处理版	个人版（含彩色样式）	个人版（明细）	征信中心版	社会版
报告头	√	√	√	√	√	√
个人基本信息	√	√	√	√	√	无
信息概要	√	无	√	√	√	√
信贷信息明细	√	√	√	√	√	无
公共信息	√	无	√	√	√	√
声明信息	√	√	√	√	√	√
查询记录	√	√	√	√	√	√
报告说明	√	√	√	√	√	√
备注	屏蔽他行的机构名称和业务号	仅包含本机构报送的信贷信息	基本信息仅包含婚姻状况			

（三）与国内其他征信机构个人信用报告的主要区别

2015年1月人民银行印发《关于做好个人征信业务准备工作的通知》，要求8家机构做好为期6个月的个人征信业务准备工作。作为传统征信的有益补充，这些机构的存在能够在一定程度上促进行业发展，提升市场效率。从目前情况来看，除1家机构外，其余均尚未推出实质性的个人信用报告产品，但从其机构特点和相关产品规划宣传来看，对于个人信用报告，这些征信机构与全国统一的个人征信系统出具的报告可能存在以下区别。

1. 在信息类型方面

征信系统的个人信用报告注重反映个人在金融领域的信贷交易信息，同时也包括丰富的公共信息，如法院和政府部门信息、社保和公积金缴存信息等；有些征信机构的个人信用报告侧重研究分析与自身行业背景相关的用户商业交易行为数据。

2. 在信贷信息展示方面

征信系统的个人信用报告中描述信贷业务的指标较为丰富，例如，贷款和信用卡业务，既展示最近 24 个月的还款状态，也展示最近 5 年的逾期记录，有助于报告使用者全面了解信息主体的信用状况；有些征信机构的个人信用报告展示可能在这方面与征信系统的个人信用报告存在不同。

3. 在信息范围方面

征信系统的个人信用报告中包括全国范围的信贷信息，有些征信机构的个人信用报告可能仅收集特定地区的信息，地域局限性限制了其在更大范围的应用。当然，将来也不排除这些征信机构的业务扩展到全国范围的可能。

二、征信系统出具的企业信用报告

企业征信系统的前身是银行信贷登记咨询系统（以下简称银登系统）。银登系统主要采集企业在银行办理的信贷业务信息，企业征信系统建立以后，信贷信息的采集范围从银行业金融机构扩展到其他金融机构以及从事信贷业务的小贷公司、担保公司等非金融机构，采集的信息种类从信贷信息扩展到公积金、法院、税务、环保等非信贷信息。随着信息采集范围的不断扩大，企业征信系统提供的企业信用报告的内容也在不断丰富。目前，人民银行征信系统提供的企业信用报告已经广泛应用于信贷业务审批和贷后管理等领域，也在政府部门依法履职和从事民事活动、企业开展信用交易活动中得到应用。

（一）企业信用报告的主要特点

根据我国企业信用交易实际情况，立足查询主体的主要信息需求，人民银行征信中心开发出符合本国国情的企业信用报告，其主要特点有以下几方面：

1. 针对不同使用主体设计版本

与个人信用报告类似，我国征信系统的企业信用报告也针对不同使用主体的需求设计了相应版本。目前，企业信用报告有银行版、自主查询版、政府版和社会版四个版本。银行版主要是为了满足金融机构在贷款审查及贷后管理等信贷管理流程中的信息需求，因而信息量比较丰富，不仅展示信息主体发生信贷业务等客观信息，还提供财务报表和信息主体关联企业的信息供金融机构参考使用。自主查询版主要是为了满足信息主体对自身信用信息的知情权，其主体部分的结构和内容与银行版基本保持一致，但删减了财务报表信息、有直接关联关系的企业信息、负债变化历史信息。政府版包括企业的基本信息和非银行信息。社会版则是在政府版的基础上，增加展示了企业金融负债及不良负债汇总信息，主要满足政府部门在民事活动中的信息需求。

2. 展示方式更加灵活

针对用户的不同需求，企业信用报告设计了两种样式：在线浏览样式和打印下载样式。用户在线浏览时，信用报告是分两级页面展示的：一级页面展示信息主体的基本信息、信息概要等，以满足查询者快速、直观地了解信息主体信用状况的需求；二级页面展示信用报告的详细内容。此外，报告中还添加了查询链接，便于查询者更全面地了解企业的信用信息。如需纸质版信用报告，用户可选择打印下载样式。

3. 信息展示顺序更加符合阅读习惯，层次分明

在结构上，企业信用报告将所有展示的信息内容进行了重新梳理和归并，并按照信贷信息的类型和受金融机构关注程度的不同，重新调整了展示结构。

4. 企业信用报告可解读性强

企业信用报告突出信息概要，信用报告的使用者在看完信息概要后，能够迅速了解该信用报告主要包含哪些内容、信息主体的总体负债情况和主要违约情况，对信息主体的信用状况可以有一个基本判断，提高了使用者阅读后面明细记录的针对性，提升了信用报告的解读效率。

（二）企业信用报告的主要内容

企业信用报告的主要内容包括基本信息、有直接关联关系的其他企业、财务报表、信息概要、信贷记录明细、公共记录明细、声明信息明细。根据服务对象的不同，可对以上内容进行增减，形成不同版本的企业信用报告。目前投入使用的企业信用报告主要有银行版、政府版、社会版、自主查询版四类。

银行版企业信用报告主要是用于满足金融机构在整个信贷管理流程中的信息需求，报告覆盖的内容最广泛。具体如下：

（1）基本信息，展示信息主体的基本属性，包括三个部分，即信息主体的身份标识信息、主要出资人信息、高管人员信息，用于描述该份信用报告的信息主体和关系人。

（2）有直接关联关系的其他企业，展示与信息主体存在一级关联关系的企业列表，即与该企业存在家族关系、投资关系、担保关系、高管人员兼职等关系的企业。银行一般认为企业的信用状况会受其关联企业信用状况的影响。

（3）财务报表，展示信息主体过去 3 年的年报信息和当年的季报或月报信息，体现企业的财务能力，从一定程度上反映企业的还款能力。

（4）信息概要，依次展示信用概览、未结清信贷信息概要、已结清信贷信息概要、负债变化历史、对外担保信息概要等信息。主要是让使用者能够迅速了解该信用报告主要包含哪些内容、信息主体的主要违约情况和负债变化情况，对信息主体的信用状况有一个基本的判断，提高阅读明细记录的针对性。

（5）信贷记录明细，逐笔详细描述信息主体在金融机构的已结清和未结清信贷信息，包括每一笔信贷业务的开立日期、到期日期、授信金额、当前余额、五级分类、还款历史等，反映信息主体借钱和还钱的历史。

（6）公共记录明细，通过展示信息主体在社会公共部门所形成的正面和负面信息，记录信息主体的社会表现，从另一侧面反映其还款能力和经营能力。

（7）声明信息明细，包括报数机构说明、征信中心标注和信息主体声明等信息，主要是企业、报数机构或征信中心对报告中数据提交的解释说明，帮助查询者准确理解报告内容。

商业银行、财务公司、汽车金融公司、小额贷款机构等专业化授信机构在审批信贷业务或贷后管理过程中，信托投资公司在办理自有资金贷款、集合资金信托贷款等高风险业务时，金融租赁公司在审批和管理租赁业务时，证券公司在开展约定购回式证券交易、股票质押式回购交易时，信用保险公司在审查被保险人信用状况时，担保公司在对被担保客户的信用风险识别与管理过程中经企业授权，可以查询企业的银行版信用报告。

征信系统的企业信用报告样本如图 4-4 所示。

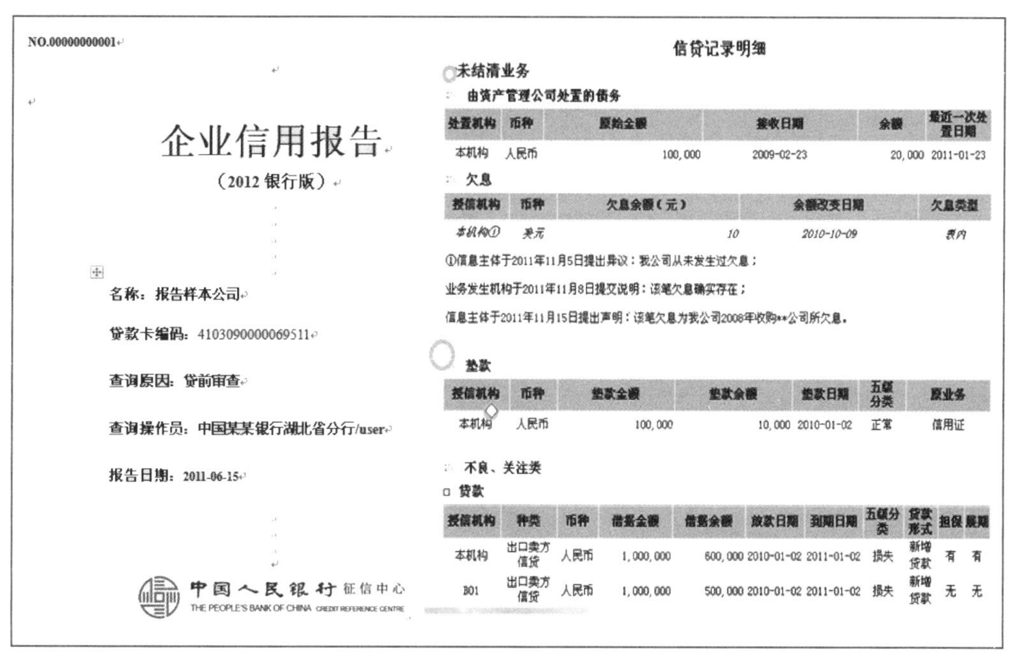

NO.00000000001

企业信用报告

（2012 银行版）

名称：报告样本公司

贷款卡编码：4103090000069511

查询原因：贷前审查

查询操作员：中国某某银行湖北省分行/user

报告日期：2011-06-15

中国人民银行 征信中心
THE PEOPLE'S BANK OF CHINA CREDIT REFERENCE CENTRE

信贷记录明细

未结清业务

由资产管理公司处置的债务

处置机构	币种	原始金额	接收日期	余额	最近一次处置日期
本机构	人民币	100,000	2009-02-23	20,000	2011-01-23

欠息

授信机构	币种	欠息余额（元）	余额改变日期	欠息类型
本机构①	美元	10	2010-10-09	表内

①信息主体于2011年11月5日提出异议：我公司从未发生过欠息；

业务发生机构于2011年11月8日提交说明：该笔欠息确实存在；

信息主体于2011年11月15日提出声明：该笔欠息为我公司2008年收购**公司所欠息。

垫款

授信机构	币种	垫款金额	垫款余额	垫款日期	五级分类	原业务
本机构	人民币	100,000	10,000	2010-01-02	正常	信用证

不良、关注类

贷款

授信机构	种类	币种	借据金额	借据余额	放款日期	到期日期	五级分类	贷款形式	担保	展期
本机构	出口卖方信贷	人民币	1,000,000	600,000	2010-01-02	2011-01-02	损失	新增贷款	有	有
B01	出口卖方信贷	人民币	1,000,000	500,000	2010-01-02	2011-01-02	损失	新增贷款	无	无

图 4-4　征信系统出具的企业信用报告样本

在了解了银行版企业信用报告信息结构的基础上，通过表 4-8 可清晰地看出各版本企业信用报告的主要区别。

表 4-8 各版本企业信用报告的内容差异

内容＼版本	银行版	政府版	社会版	自主查询版
报告头	√	√	√	√
报告说明	√	√	√	√
基本信息	√	√	√	√
有直接关联关系的其他企业	√	—	—	—
财务报表	√	—	—	—
信息概要	√	—	√	√
信贷记录明细	√	—	—	√
公共记录明细	√	√	√	√
声明信息明细	√	√	√	√

（三）与国内其他征信机构企业信用报告的比较

除了人民银行征信中心采集、加工、生成和提供企业信用报告外，国内也有其他一些从事企业征信业务的机构向社会提供企业信用报告，共同推进多元化征信市场的发展。不过，征信系统的企业信用报告和其他企业信用报告在报告内容、生成方式、应用领域等方面有一些显著区别。

一是征信系统的企业信用报告以信贷信息为主，而其他企业信用报告多以贸易信用信息为主，主要用于贸易活动中交易双方的信用审核，以保障企业交易安全，确保应收账款及时回收。

二是征信系统的企业信用报告中记录的企业借债还钱的客观信用信息，不包含任何评价。其他企业信用报告中多会包含一些主观分析、判断和评估性内容，包括一些机构自己开发的风险评价指数，一些信用分析师根据相关信息撰写的各类行业分析、风险评级或评估性内容。

三是个别企业信用报告出具机构不设落地的数据库，仅是根据查询请求实时从数据源抓取数据生成报告，这与目前国际上一些特殊的征信机构的做法比较一致，也符合资信调查机构的特点。

四是征信系统的企业信用报告应用领域更为广泛。随着企业征信系统对外服务的不断深入，信息采集范围和服务对象也不断扩大。目前，征信系统的企业信用报告已经广泛应用于信贷业务审批和贷后管理等领域，并在政府部门依法履职和从事民事活动、企业开展信用交易活动中得到应用。

国内其他征信机构企业信用报告样本如图 4-5 所示。

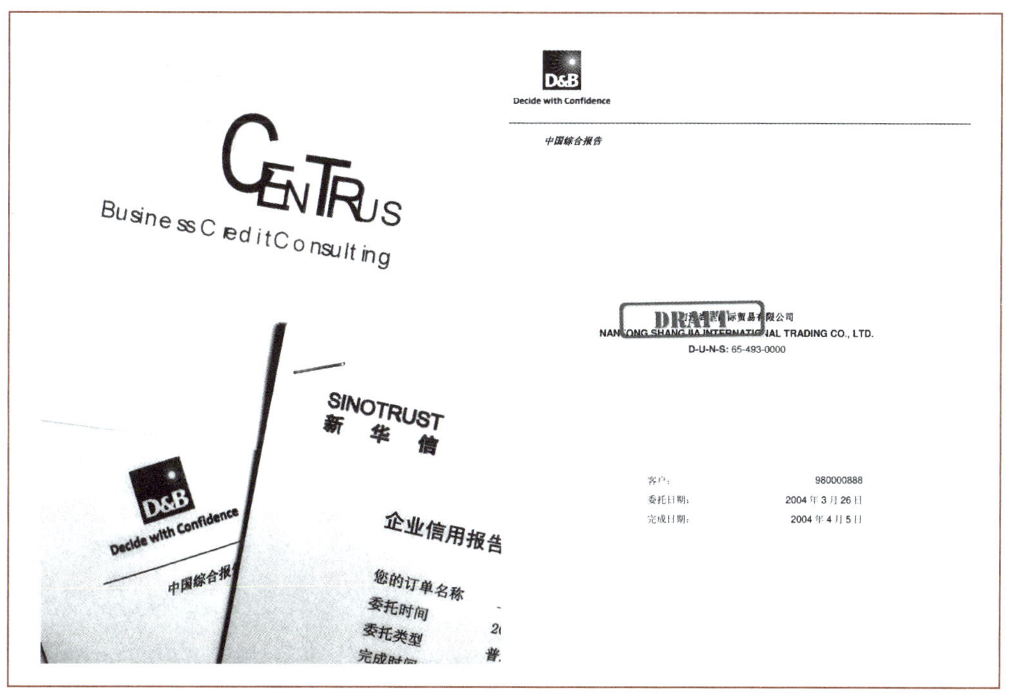

图 4-5　国内其他征信机构企业信用报告样本

三、“数字解读”产品

中国人民银行征信中心经过多年的研究探索，已经开发出“个人信用报告数字解读”（以下简称“数字解读”）产品。这一产品是对个人信用报告反映的借款人信用风险状况的数字化解读，是利用个人征信系统的信贷数据，使用统计建模技术开发出来的个人信用风险量化服务工具，用于预测授信机构个人客户在未来一段时间内发生信贷违约的可能性，并以“数字解读”值的形式展示。“数字解读”是完全基于客观信息和统计技术开发的，不含有任何个人的主观判断在里面，是对信息主体未来违约情况的客观预测。

“数字解读”值的范围为 0 ~ 1000 ，每个值对应一定的违约率，其采用的“坏”定义是“在任何一家授信机构、任何一种信贷产品上出现 90 天以上的逾期”。可以对个人信用报告进行“数字解读”的条件是借款人在个人征信系统中有信贷记录、信用历史长度不短于 3 个月且最近 24 个月内信贷记录有更新。

“数字解读”使用的样本数据来自目前个人征信系统的所有接入机构，覆盖了目前信贷市场上所有的信贷业务。“数字解读”的预测变量覆盖还款历史、当前负债、信贷申请、信贷组合以及信用历史长度五个主要范畴，没有考虑年龄、性别、收入等借款人基本信息，变量设计和计算仅使用借款人信贷行为数据。

“数字解读”具有通用性、科学性和稳定性的特点。通用性是指“数字解读”基于借款人在所有授信机构的信贷交易数据进行计算，是对借款人个人信用风险的全面评估，可供所有授信机构在贷前、贷中和贷后管理的各个业务环节使用。科学性是指“数字解读”采用统计方法，对个人信用风险进行了量化。经多方验证，结果表明，“数字解读”在各种应用场景中均可以较为准确地根据信用风险水平的高低对借款人进行排序。稳定性是指随着时间的推移，“数字解读”可以稳定地发挥作用。

“数字解读”与授信机构内部评分的不同之处主要包括以下几个方面：一是数据源不同。“数字解读”使用的数据包含借款人在所有授信机构的信贷交易数据和硬查询数据；授信机构内部评分使用的数据一般是借款人在本机构的数据，不包含借款人在其他授信机构的数据。二是评估对象不同。“数字解读”预测的是借款人在未来一段时间内在任何一家授信机构、任何一种信贷产品上发生某种程度信贷违约的可能性，而授信机构内部评分往往预测借款人在本机构某种具体业务上出现某种信用表现的可能性。三是应用范围不同。“数字解读”应用面广，可以应用于各类信贷产品贷前、贷中和贷后管理的各个环节；

授信机构内部评分一般是针对本机构某项具体业务的某个特定环节进行设计和开发，具有较强的针对性，在应用上存在一定局限性。

在实际应用中，“数字解读”与授信机构内部评分互为补充、互为参考。“数字解读”为授信机构提供了分析借款人信用风险状况的另一面镜子，可单独使用，也可与授信机构内部评分结合使用。

具体到业务应用上，“数字解读”可以用于授信机构贷前、贷中和贷后管理的各个业务环节，如信贷审批、风险定价、额度管理、风险预警和催收等。“数字解读”的使用方式可以有以下三种：一是作为风险计量工具，单独用于评估借款人的信用风险水平；二是和授信机构内部评分结合使用，形成评分矩阵，从更多的角度对借款人的信用风险状况进行评估；三是作为授信机构内部评分模型的一个变量参与评分计算，提高内部评分模型的性能。

另外，一些市场化征信机构也开发出一些信用评分，如蚂蚁金融开发的芝麻信用分，通过接入阿里巴巴集团的电商数据和蚂蚁金融服务集团的互联网金融数据等，对个人用户的信用历史、行为偏好、履约能力、身份特质、人脉关系五个维度综合考量，得出个人用户的信用评分，但这些评分与传统通用信用评分有较大差异，表现在两个方面。

一是数据来源不同。传统征信业使用的主要信息直接采集自金融机构；而市场化征信机构信用评分的数据采集渠道非常广泛，目前是消费者在互联网上留下的行为数据，如来源于其所属集团下互联网购物、支付平台，也包括一些合作银行的部分数据。

二是数据性质不同。传统征信数据主要为信贷信息，社保、税收、法院等信息为补充。而市场化征信机构的信用评分中，除使用一部分信贷信息外，还使用购物、支付、社交等多维度的互联网行为数据，这些更多维度的数据不仅能用于征信，也能用于判断消费者财力、刻画行为偏好，从而为企业带来提高用户体验、增强营销精准度等其他商业上的价值。

三是服务对象不同。传统征信业以信贷机构为服务核心。市场化征信机构的信用评分服务对象超出信贷领域，应用场景比较广泛，包括贸易、旅游、出租、订餐等领域。

参考文献

[1] 玛格丽特·米勒编，王晓蕾等译：《征信体系和国际经济》，北京，中国金融出版社，2004。

[2] 吴晶妹：《现代信用论》，北京，中国金融出版社，2002。

[3] 王晓明：《不断提高征信系统服务功能》，载《中国金融》，2011（21）。

[4] 王晓明：《信用文化建设的实现路径》，载《中国金融》，2012（5）。

[5] 王晓明：《金融信用信息基础数据库的建设和运行》，载《中国金融》，2013（6）。

[6] 龙西安：《个人信用征信与法》，北京，中国金融出版社，2004。

[7] 美国政治经济研究委员会：《给应该获得信贷的人授信》，2006。

[8] 美国政治经济研究委员会：《通向金融普惠的新途径》，2012。

[9] 陈建：《信用评分模型技术与应用》，北京，中国财政经济出版社，2005。

[10] 石庆焱、秦宛顺：《个人信用评分模型及其应用》，北京，中国方正出版社，2006。

[11] 李铭：《通用信用评分在美国市场的应用》，载《金融时报》，2014。

[12] 李铭：《美国的企业信用报告产品简介》，载《中国征信》，2012（1）。

[13] 秦丽丽等：《我国个人信用评估体系研究综述》，载《区域金融研究》，2010（6）。

[14] 清华大学中国与世界经济研究中心课题组：《征信系统对中国经济和社会影响研究》，2014。

[15 Cook（1997），“Trade Credit and Bank Finance: Financing Small Firms In Russia”，Journal of Business Venturing.

[16] Elliehausen，Wolken（1993），“The Demand for Trade Credit：An Investigation of Motives For Trade Credit Use by Small Business”，Board of Governors of the Federal Reserve System.

[17] Alphonse（2006），“When Trade Credit Facilitates Access to Bank Finance：Evidence from Us Small Business Data”，Working Paper from University of Valenciennes.

[18] Wiginton J.C.（1980），“A Note on the Comparison of Logic and Discriminant Models of Consumer Credit Behavior”，Journal of Financial and Quantitative Analysis.

[19] Lee T.H.，Jung S.C.(2000)，“Forecasting Credit Worthiness: Logistic Vs. Artificial Neural Net”，The Journal of Business Forecasting Methods & Systems.

[20] Freed N.，Glover F.(1981)，“Simple but Powerful Goal Programming Modes for Discriminant Problems”，European Journal of Operational Research.

第五章
征信增值服务

征信增值服务是指在原始信息的基础上，通过数据处理、分析技术和经验，从便利客户使用、帮助客户更为客观地了解信息主体信用状况、为客户提供及时服务、降低客户使用成本的角度出发，提供的一系列经过加工的信息服务。

在征信领域，信用报告和通用信用评分已经成为征信机构的基础产品。而随着市场对征信产品需求的多样化、数理技术和信息化技术的不断发展，征信机构在信用信息的基础上加工出越来越多的征信增值产品服务，包括信贷特征变量、风险预警服务、信贷市场结构数据等数据类产品服务，各类非通用评分、资产组合管理等工具类产品服务，高端的、专为用户定制的全面解决方案类服务等，较好地满足了市场不同层级的需求。

第一节 征信增值产品概况

通过对国外征信机构的产品情况进行梳理和研究，我们系统总结了征信产品开发的原则。国外征信机构提供的征信增值服务均是紧紧围绕客户需求，结合客户信贷产品生命周期，按照征信产品知识含量从低端到高端进行产品开发，服务于贷前审批、贷后管理、商账催收、营销服务等内容。

一、征信产品开发的原则

从国际经验看，国外征信机构在征信产品开发时实际上与其他行业的产品开发无异，均是非常注重需求，注重产品之间的替代和互补关系，但是，由于征信行业的特殊性，征信产品在开发时还有自己独特的特点，主要是公平对待所有授信机构、征信服务是共享模式而非面向社会全面开放模式等。因此，征信产品的开发原则是一般性与特殊性的综合。具体来看，有如下原则。

一是需求导向原则。在市场化征信机构中，因为其追求利润的最大化，决定了征信服务的导向必须是需求导向，紧紧结合市场各方的需求，来灵活配置资源，推动业务发展，整个产品体系、定价体系都是建立在这一基础之上的。公共征信机构虽然产品体系不如市场化征信机构丰富，但是，总体上看，也是以市场需求为导向，推动征信服务转型与升级的。许多国家的公共征信机构在服务模式上开始面向授信机构，有些已经开始提供互联网服务等多种服务形式。

二是公平对待原则。征信机构产品的原材料与一般加工企业不一样，主要的原材料来自征信服务使用方，也就是说，授信机构既是信息提供方，又是服务使用者，集双重身份于一身，提供的信息就是其客户信息。在这种情况下，如果征信机构不能秉持公平原则对待所有的授信机构，那么，其中一些授信机构很容易就能够获得竞争优势，这正是我们在前文所讲的征信机构必须是独立第三方的原因。因此，在征信产品开发中，必须秉持公平对待所有机构的原则，否则，这一体系将很快就会垮塌。

三是最优产品体系原则。征信机构在产品开发中结合各类需求，尤其是商业银行的风控流程，在综合考量各种产品的成本、面对的竞争市场、产品之间的替代与互补关系后确定产品体系，因此，最优的产品体系不是一个孤立的、什么需求都加以满足的体系，而是多种因素考量、兼顾多方利益约束条件下的自身利益最大化的产品体系安排。因此，每家征信机构的产品体系尽管存在很大的共性，但还是具有自己的特色，每家征信机构都有自己最优的产品体系。

四是供给创造需求原则。在一些国家，尤其是发展中国家，授信机构等征信机构的客户发展程度还没有达到发达国家的水平，许多征信需求还提不出来，甚至在风控流程上没有对接的水平，在这种情况下，征信机构可以发挥主观能动性，创造性地主动开发产品。征信机构完全可以借鉴国际经验，主动地按照供给创造需求的方式推动征信产品开发，反过来也可以推动授信机构等业务转型、流程再造和系统提升。以我国为例，全国统一的企业和个人征信系统的建成，倒逼商业银行信息系统的改造，一些商业银行的系统在征信系统建设的推动下，实现了全国大集中。

二、基于客户生命周期征信需求的产品分类

从国际经验看，征信机构主要是通过对自身采集的以信贷信息为核心的各类信用信息的挖掘利用，开发出适应客户不同需求的、丰富多样的征信产品，帮助推动信用交易活动开展。以益博睿为代表的市场化征信机构的征信产品开发，均是紧紧围绕客户需求，兼顾客户信贷产品的生命周期来推动的，按照客户信贷产品的生命周期对征信增值服务进行分类、组合。

客户信贷产品的生命周期反映了大多数授信机构在管理客户时涉及的信贷产品所处的各种状态，客户信贷产品的生命周期主要分为客户营销、贷前审批、

贷后管理、商账催收等方面。

这里需要指出的是，将征信机构的数据，特别是来自授信机构的信贷信息用于客户营销，是一个具有高度争议性的问题。在许多国家，如中国、澳大利亚等，要么法律明文规定不能将这类数据用于客户营销目的，要么是在实践中通过协议或其他形式约定信贷信息不能用于客户营销目的。规定信贷信息不能用于客户营销目的，实际是商业银行的一种自我保护，因为商业银行的核心竞争力之一是客户开拓，如果客户信贷信息可以被大范围用于营销目的，会侵蚀到商业银行的客户开拓动力，助长“搭便车”行为。不过，也存在反例情况。在一些国家，信贷信息也可以用于营销目的，只是会从国家层面赋予社会公众一个选择权，对于选择不允许将其数据用于营销目的的客户，征信机构则不能利用其数据进行营销。因此，是否可以利用客户的信贷信息进行数据营销，需要根据一国的文化、法律等方面综合决定。另外，征信机构也可以开拓其他营销服务领域，征信机构往往会与一些需要营销服务的机构合作，如百货公司等，利用它们的营销数据，建立一些营销数据库，致力于服务这些机构。基于客户信贷生命周期的征信需求见图 5-1。

从业务形态上看，在不同的客户信贷生命周期里，存在众多不同的需求。例如，在客户营销阶段，会涉及预筛选、交叉销售、经济地理确定、营销策略制定等方面，均会使用到征信服务；在贷前审批阶段，身份确认、欺诈防范、信用评估、授信决策等方面均会使用到征信服务;在贷后管理阶段,在组合管理、额度调整、客户挽留 / 交叉销售、风险预警等场景，更是需要征信服务提供帮助；在商账催收阶段，在债务人追踪、提前收款、逾期催收 / 催收评分、催收策略等方面也会使用征信服务（见图 5-1）。从产品属性看，每一种征信产品可以在不同的服务场景中出现，以信用报告为例，可以用于所有的服务场景中。因此，真正对征信产品进行分类时，并不是以应用场景驱动，而是以产品本身的性质来进行分类，每种产品可以根据需要应用在不同的场景中。

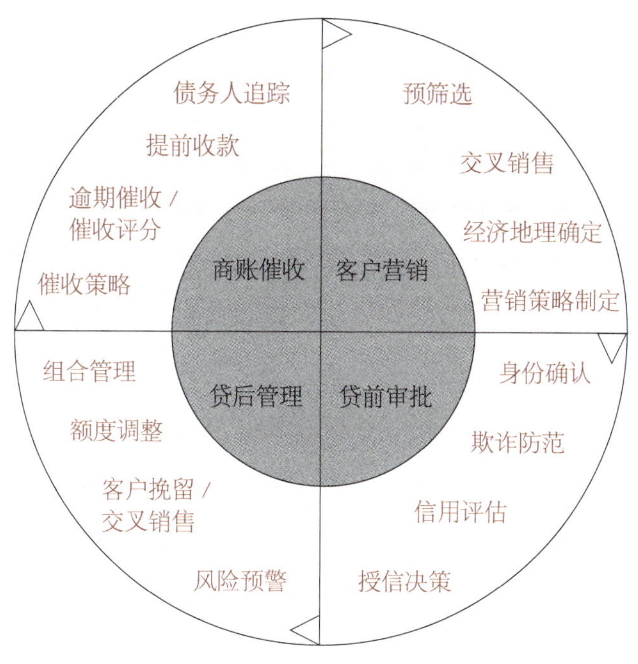

图 5-1　基于客户信贷生命周期的征信需求

三、征信产品分类

以征信机构对外提供产品的能力为基础，按照征信产品的技术层次，我们可以将征信机构开发的征信产品具体分为数据类、工具类、解决方案类和外包服务类。

数据类征信产品是指征信机构根据金融机构的需求，对征信数据库的数据进行简单搜索和处理，并将结果提供给金融机构。此类增值产品包括客户归类、风险监测服务等。

工具类征信产品是指征信机构根据金融机构的需求开发出评分模型、数据分析工具等应用程序，对征信数据库的数据进行较高层次的处理和分析，并将结果提供给金融机构，运用于信用风险管理工作中。工具类征信产品是征信机构开发的最主要的增值产品，在益博睿等几家机构的产品系列中占据了相当大部分。

解决方案类征信产品是更高层次的综合性服务，是征信机构开发征信产品的经验综合，是那种可以脱离征信数据库，直接调整嫁接到客户内部管理流程的多个工具类征信产品和数据类征信产品的有机组合，能够帮助金融机构解决某类问题，提高其风险管理水平。

外包服务类征信产品是指征信机构利用自己的技术、经验和程序，为客户提供内部信息化技术和整个业务流程管理的托管服务。

其中，数据类和工具类征信产品主要是征信机构依托征信数据库开发的，从技术层次上讲，工具类征信产品技术复杂度比数据类征信产品要高。而解决方案类征信产品的开发，应该说必须建立在开发数据类和工具类征信产品所获得的经验和技术基础上，是征信机构所拥有的技术和经验的外部使用，其综合运用能力的要求较前两者高。外包服务类征信产品从适用范围看，对征信机构的技术要求也很高，也需要综合运用征信机构各方面的能力，把本来应该由客户自己操作的业务承接下来，由征信机构全面负责。因此，上述分类紧扣征信机构由低到高的发展脉络，从供给的角度对产品进行技术复杂度归类，有利于明确不同发展阶段的征信机构的增值产品开发重点。

四、国外征信增值产品概况

国外征信增值产品可以根据具体的应用市场，从业务流程的角度进行分类，也可以基于产品性质，按照产品开发的难易程度、技术含量等进行分类。下面我们将主要从这两个方面分别进行简要的分析。

（一）基于应用的产品种类

国外征信机构在对其产品进行划分时，一般是根据具体的市场，从业务流程角度对其进行划分。这种分类方式的好处是便利需求方寻找适合自己的产品。例如，当一家客户在进行风险管理时，就会到风险管理的产品分类中找寻自己需要的产品；另一家客户在进行客户获取时，就会在客户获取的产品分类中寻找自己需要的产品。下面我们简要介绍一下国外一些征信机构在这方面的分类。

益博睿在进行征信产品分类时，将产品分为四大类，分别是为信用市场提供的服务、为营销市场提供的服务、为决策分析提供的技术服务、为信息主体提供的服务四大类。在产品展示时，则是按照客户获取、市场营销、客户管理、风险管理、欺诈管理等业务流程来进行展示。

环联在进行征信产品分类时，在面向机构的服务中，将产品分为市场营销服务、欺诈和风险识别服务、风险管理服务、催收管理服务，也是按照业务流程来进行划分的。此外，环联还按照服务对象种类列示产品种类，便于各机构进行选择。

艾克飞在进行征信产品分类时，在面向机构的服务中，也是将产品按营销、风险、欺诈等流程进行分类的，而且也按照服务对象种类列示产品种类，如医疗保健、就业等。

邓白氏在进行征信产品分类时，主要将产品大类分为风险管理、销售和营销、供应管理等，这也是按照业务流程来划分的一种方式。

（二）基于产品性质的产品种类

实际上，上述分类方法中每种服务的分类都不是对应单一的征信服务，而是多种服务的组合，因此，如果分析完整的产品体系，需要基于产品的性质来进行分类。下面，笔者将按照征信服务加工程度的不断深化、征信专业能力服务等，来对征信机构提供的征信增值产品进行分类分析。笔者认为，下文的这些产品也会代表中国未来的产品开发方向。

通过对国外私营征信机构和公共征信机构在信用风险防范方面提供的服务进行分析，归纳来看，国外征信机构提供的服务主要包括如下种类。

1. 征信数据服务

征信数据服务是指征信机构利用依法采集、加工、整理和保存的信息，为客户提供原始的信息分享服务，以及基于对信息的分析而提供的关于客户信用的增值信息服务。

（1）原始的信息分享服务。识别信息主体的信用风险需要从多角度、全方位来判断，凡是有助于判断信息主体信用风险的信息，都应该进行信息分享，判断其履约习惯及未来违约的可能性。此类服务是将采集的所有原始信息整合后汇集在一起，提供给客户使用。根据国外经验，识别信息主体信用风险的信息主要包括如下种类。

一是身份识别信息，解决“他（她）是谁”的问题。此类信息又可分为两类：基础信息（反映其自然属性）和定位信息（反映其社会属性）。基础信息具有普遍性、唯一性和永久性，用于识别信息主体，常见的有名称和识别码。定位信息指表明借款人当前位置的信息，包括个人的常住地址、公司的主要营业地址等。

二是信用历史信息，解决“他（她）采取什么信用行为”的问题。信用历史信息是判断企业和个人的偿债能力的重要指标，可以分为两类：一类是传统的信用历史信息，包括构成未来还款义务的所有负债形式以及偿还情况，对企业而言，包括向银行等金融机构的各类借款、保理、贸易融资、信用证、保函、承兑汇票、担保、垫款等以及还款情况记录，普通企业间的贸易融资记录等。对个人而言，包括各类借款余额、担保、信用卡透支额、赊账等信息。如果是个人独资公司（无限责任），必须将其个人负债及其所有企业的负债情况综合考虑。另一类是非传统的信用历史信息，包括水、电、煤气、电信、有线电视等后付费信息及其他公用事业费用缴纳信息，是专业授信机构向企业和个人首次授信的重要参考。

三是公共信息。此类信息对于识别信息主体的信用状况也非常重要。企业的这类信息主要包括企业财务状况、企业组织形式和高级管理人员的变化、企业的行政许可、奖励和处罚信息、税收信息、司法信息等。个人的这类信息主要包括行政许可、奖励和处罚、欠税、司法判决等信息。

四是其他信息。此类信息是判断企业和个人偿债能力的信息，包括企业所在行业发展情况、企业主营业务和产品情况等信息，个人的货币财产类信息、学历、职业等。此类信息一般由授信机构掌握。

另外，在原始的信息分享中，国外有些私营征信机构还采集一些为营销活动服务的信息，即营销信息，用于反映消费者的消费偏好、兴趣习惯、购买行为和消费能力等。营销信息主要包括年龄、收入、教育、家庭特征、参加的运动、业余爱好、参加的俱乐部和协会、旅游、健康、电视收视行为、互联网使用、订餐服务、汽车服务、专家关于消费市场的观点等。这类原始信息服务也正在成为国外私营征信机构一个重要的利润来源。

（2）增值信息服务。增值信息服务是指在原始信息的基础上，通过数据处理和分析的技术和经验，从便利客户使用、帮助客户更为客观地了解信息主体信用状况、为客户提供及时服务、降低客户使用成本的角度出发提供的一系列经过加工的信息服务。根据国外经验，增值信息主要包括如下种类。

一是特征变量服务。特征变量是指将每一个账户的具体细节进行加工，去除与信息主体隐私相关但和风险特征关系不大的信息，保留其分析特征，从而使得客户可以根据这些变量来开发各自的预测模型。这些特征变量是向各类客户提供构造各自特征模型、客户信用评分的原始素材。征信机构提供特征变量服务主要是便利客户使用，充分发挥数据的利用效率，降低客户的使用成本，帮助其提高风险管理水平。特征变量服务有两种形式：全集订购和选择一些特征变量订购。

二是重大信息变化提示和身份验证服务。重大信息变化提示服务是指当信息主体的信息出现重大变化，且征信机构认为这一变化将会引起信息主体风险状态改变时，及时向客户发出提示，告知信息变化情况。这项服务的出现是由于客户每查询一次信息主体的信用报告，都要支付高昂的费用，因此，在贷后管理中不能经常实时查询，否则成本太高。这项服务的出现，可以让客户花费较少的成本，及时了解信息主体的信用状况变化。身份验证服务是指利用征信机构采集的信息主体的身份信息，验证信息主体提供的身份信息是否真实，防止身份欺诈。提供这类服务是因为国外大多数国家没有身份证制度，身份欺诈很严重，为了帮助客户防范信息主体利用虚假身份从事信用活动，开发了此类服务。

三是信贷市场分析服务。信贷市场分析服务是指基于统计分析技术，对整体信贷市场状况和结构进行分析，为客户确定业务发展方向提供信息支持。信贷市场分析服务包括信贷市场发展整体状况和趋势、信贷市场结构分析、信贷资产质量变化、重点行业信贷业务、资产质量的发展状况和趋势、本机构在信贷市场上的竞争地位等。

2. 信用风险管理工具服务

信用风险管理工具服务是指征信机构利用自身数据处理和分析技术，以及基于自身经验开发的应用程序等，为客户提供技术和应用程序服务，帮助客户评估和管理信用风险，提高盈利能力。当然，在这类服务中，也可以将客户的数据与征信机构的数据综合起来，提高分析能力。信用风险管理工具服务主要包括如下种类：

（1）评分开发服务。评分开发服务是指征信机构利用自身在信用评分方面积累的技术和经验，帮助客户开发各种评分工具，用于客户管理自己信贷数据库和其他数据库（主要信息为信息主体的申请信息、资产类信息等）里的信息，帮助预测客户的违约概率，或者预测客户的盈利能力等。可以帮助客户开发的评分种类主要有风险评分、收益评分、流失倾向评分、市场反应评分、欺诈评分、催收评分等。

（2）组合管理服务。组合管理服务是指征信机构运用数据处理的技术和经验，帮助客户管理其资产组合，降低违约率，提高盈利能力。该项服务主要包括：帮助机构管理组合中的客户生命周期的所有阶段；处理客户每日的资料，对每个账户的决策策略提出建议；自动化催收优先顺序的决策；整合特定行业和客户行为评分模型；分析组合风险和风险趋势，帮助机构更新信用政策；将征信机构的信息和自身的信息结合起来，寻找那些活跃的借款人；为客户提供一套授信标准，应用于客户的业务流程之中等。

（3）应用程序服务。应用程序服务是指征信机构根据客户需求，利用自身技术和经验开发出来的可供客户运行模型、进行业务管理、辅助决策的程序，并提供给客户使用。这方面的服务包括评分应用程序、建模工具、策略管理工具、商业决策分析工具、绩效客户建模工具等。例如，征信机构帮助客户开发出评分模型可以收费，同时为了运行评分模型，还要提供评分模型运行的应用程序，也要收费；并且，该程序定期更新，程序的运行维护也要收费。再如建模工具，征信机构提供这个工具，客户需要建模时，可以利用这个工具进行。

3. 信用风险解决方案服务

信用风险解决方案服务是指征信机构为客户提供一整套关于信用风险管理的组合服务，帮助客户进行信贷业务全流程或局部几个流程的信用风险管理设计，最终帮助客户理清风险点，管理存在的信用风险点，降低业务的信用风险。这是征信机构提供的最综合、最具有智力的综合性高端服务，充分体现征信机构作为一个风险管理专家的特征。

在这方面，征信机构可以利用自身的技术和经验，对一些本身不具备内部风险管理和产品开发经验的客户（如一些新兴授信机构或小型授信机构）提供专家服务，为其产品开发和信用风险管理提供涉及业务开展的方案策划、流程设计、硬件配置、软件开发、产品服务等全套解决方案。例如，征信机构为一个客户提供客户获取、市场营销、客户管理、风险管理、欺诈管理这一业务流程全方位的信用风险管理设计和信息产品配置，形成一个成本最节约、效率最高的客户营销和信用风险控制体系。

4. 信息主体服务

信息主体服务是指征信机构针对信息主体了解自身信用记录、评估自身信用风险和及时监控自身信用变化（防止别人盗用自身信息进行信用活动）的需求而提供的信息服务。

信息主体服务主要包括如下种类：

（1）了解自身信用记录服务。信息主体为了防止自身信息出现错误，会定期对自己的信用状况进行全面的检查。要想全面检查自己的信用状况，最好的方式是查询本人版信用报告，能够最为详细、全面地检查自身信息是否准确，若发现不准确的信息，及时提出异议处理。

（2）评估自身信用风险。对信用报告解读，即使是专业人员，也会得出不同的结论，更何况是普通的信息主体，更没有这方面的经验，因此，必须借助征信机构的评估技术，了解自身的信用风险相比于全社会平均水平，处于一种什么状态。查询征信机构提供的信息主体信用评分是一个最好的评估自身信用风险的方式。

（3）及时监控信息主体信用变化。因为信息主体在国外查询信用报告是最昂贵的（没有折扣），不可能实时监控自身信用变化（即使免费查询，也不可能每分钟都去查询，不能实时监控信用状况变化），在这种情况下，提供及时监控信息主体信息变化并向信息主体发出提示的服务就变得非常重要。国外四大私营征信机构（益博睿、环联、艾克飞和科瑞富）均提供此类服务。

（4）金融教育和相互交流。征信机构一般会根据本国的法律规定，对信息主体提供金融教育，尤其是信用知识方面的教育，这方面的服务是免费的，当然，如果想获得更深入的财务顾问服务，则需要付费。还有另一种服务是提供一个相互交流的平台，信息主体可以将自己关注的问题提交给征信机构，征信机构利用这个平台，收集来自各个渠道的反馈信息，改进自己的服务，同时为信息主体答疑解惑。

5. 外包服务

外包服务是指征信机构利用自己的技术、经验和程序，为客户提供其内部信息化技术和业务流程的管理服务。主要包括如下种类：

（1）软件研发外包服务。指征信机构为客户的数据库管理、客户关系管理、计算机辅助设计 / 工程等业务进行软件开发，以及嵌入式软件、套装软件开发，系统软件开发软件测试等。

（2）信息技术研发外包。指征信机构为客户提供系统集成、电子平台建设、测试平台搭建等服务。

（3）信息系统运营维护外包。指征信机构为客户提供内部信息系统集成、网络管理、桌面管理与维护服务，信息工程、远程维护等信息系统应用服务，基础信息技术管理平台整合等基础信息技术服务。

（4）业务外包服务。指征信机构为客户企业提供内部管理、业务运作等流程设计服务；为客户企业提供后台管理、金融支付服务、医疗数据及其他内部管理业务的数据分析、数据挖掘、数据管理、数据使用的服务；为客户提供专业数据处理、分析和整合服务；为企业经营、销售、产品售后服务提供的应用分析、数据库管理等服务；为客户提供采购、物流的整体方案设计及数据库服务等。

6. 金融监管服务

金融监管服务是指征信机构利用自身拥有的数据、技术和平台，为监管机构评估银行业和单个银行风险、监控风险变化、动态调整银行准备金、监控商业银行内部评级模型的准确性、制定监管政策、执行监管任务等提供信息服务。

无论是私营征信机构，还是公共征信机构，均为金融监管部门提供这方面的服务。例如，美联储会定期从美国的征信机构购买数据，用于分析；西班牙中央银行根据公共征信系统提供的数据，在全球成为第一个为商业银行建立动态准备金管理制度的国家。

征信机构为金融监管提供的服务主要包括对信贷业整体的信用风险敞口、信贷集中度风险、期限结构风险进行整体性、结构性分析，确定行业风险基准数据，使得金融监管部门能够及时、准确和完整地掌握信贷市场的整体风险状况和单个授信机构风险状况相对于整体而言的位置；为金融监管部门对银行建立的基于内部评级的全面风险管理模型的有效性进行评价提供模型准确性验证服务。

五、开发适合我国国情的征信增值产品

从国际经验看，征信机构要按照客户生命周期，开发精密复杂的征信增值服务产品，其开发和维护成本是比较高的，因此，只有在数据库已成熟和客户基础达到一定程度的成熟度，使产品可以既成熟又具有合理的保存期限时，再进行开发比较好。综观国内外征信机构的增值产品体系，对产品的划分主要有以下几种方法：按产品生产加工的复杂程度划分、按增值产品的用途不同划分、按增值产品加工的数据源不同划分、按增值产品的服务对象不同划分、按增值产品加工的信息类型不同划分、按商业银行信贷业务流程划分。每种划分方法各有优缺点，但无论采取哪种方法，增值产品内容是不变的。

我国征信体系历经 20 多年的建设历程，数据库信息采集的宽度、数据时序积累的深度和数据质量都逐步趋于成熟，数据库信息预测信息主体信用状况的能力不断增强，开发满足银行等授信机构信贷管理信息需求的征信增值服务

产品，可谓正当其时。

下文基于全国统一的企业和个人征信系统建设情况，结合国外经验，根据产品生产加工复杂程度的递进关系，介绍适合我国国情的一些征信增值产品的开发情况，具体分为数据类产品、工具类产品和解决方案类产品。其中，解决方案类产品属于征信机构的高端产品，目前我国征信机构使用得还比较少。另外，征信机构在营销服务中，也可以基于原始的营销数据，进行增值信息服务开发、营销软件开发、营销解决方案设计、营销外包等，因为这部分业务不在征信的范畴内，所以我们不进行重点分析。

第二节　数据类产品服务

数据类产品是指征信机构根据客户的需求，对征信数据进行简单搜索、归类、比较和处理，并将结果提供给授信机构，以满足其掌握借款人信用信息的基本需求。在数据类产品的开发过程中，征信机构主要根据客户的需求，通过数据匹配、数据整合、数据分类、数据比较等较为简单的数据挖掘技术，将满足客户需求的信息如实或经分析加工后提供给客户，以便于其利用上述信息对借款人进行进一步的信用分析。

数据类产品属于开发难度小、用户需求大的产品，是我国征信机构对外提供的一项基本增值产品。数据类产品一方面便于用户使用，充分发挥征信数据的利用效率，另一方面能够降低客户的使用成本，帮助其提高风险管理水平。这类产品通常是以批量数据的形式提供给用户的，提供频率可以与用户商定。

根据加工复杂程度由浅入深的顺序，数据类产品具体包括征信原始数据项产品、简单信息整合的小微企业信用报告、经过简单计算的信贷特征变量产品、通过比对实现的身份验证服务、加入判断的设定阈值触发条件的预警提示类产品，以及统计类的信贷统计服务等。

一、征信原始数据项产品

征信原始数据项产品是根据授信机构用户特定需求，提供本行企业客户、本辖区借款人的历史类征信数据，包括历史信贷信息、借款人基本信息、企业财务报表信息、信用卡基本信息等。此类产品的作用主要是为商业银行进行信贷风险模型开发、模型验证、压力测试、数据自查、数据核对等提供数据支持。此类服务是将采集的所有原始信息整合后汇集在一起，根据客户的不同需求开放查询的信用信息组合，提供给客户使用。

（一）基本身份信息项服务

基本身份信息项服务主要是指基础信息，反映企业和个人的基本属性，解决“他（它）是谁”的问题。企业账户的相关资讯通常是由工商注册登记部门、财税部门定期更新其所记录的企业及企业主的基本信息，并提供给征信机构，征信机构在核实后，将这些信息关联至相关资讯产品以提供给会员查询。这类信息主要包括公司董事、监事及经理人名单、金融机构名称地址索引库、公司登记信息，也包括自然人基本信息，用于核实当事人身份。个人基础信息主要来自银行、公安部门、教育部门、民政部门等，包括个人身份信息、教育信息、婚姻信息等。

（二）信用信息项服务

信用信息项服务主要包括授信余额变动、授信逾期催收或呆账、授信主债务的授信余额、授信主债务和从债务的授信余额等，解决的是“他（它）采取什么信用行为”的问题，一般可以分为两类：一是传统的信贷历史信息，包括构成未来还款义务的所有负债形式以及偿还情况。对企业而言，包括向银行等金融机构的各类借款、保理、贸易融资、信用证、保函、承兑汇票、担保、垫款等以及还款情况记录，普通企业间的贸易融资记录等。对个人而言，包括各类借款余额、担保、信用卡透支额、赊账等信息。如果是个人独资公司（无限责任），必须将其个人负债及其所有企业的负债情况综合考虑。二是可替代数据，包括水、电、煤气、电信、有线电视等后付费信息及其他公用事业费用缴纳信息，是授信机构向企业和个人首次授信的重要参考。

（三）财务信息项服务

财务信息项服务包括企业资产负债表、损益表、现金流量表及重要财务比率信息。这类信息可用于评估企业的经营状况，从而为授信业务提供参考。同时，提供同业的主要财务比率，从而便于分析企业在同行业中的产业地位及财务风险，观察企业财务的变化是否与所属行业的发展趋势一致。

根据业务需求的不同，授信机构可自行订制需要的信息，组成符合授信机构需要的信息产品组合，从而可以从多个维度对个人或企业的信用风险状况进行评估。

二、小微企业信用报告

信用报告是各征信机构的基础征信产品，详细记录借款人当前和历史的信用信息，能满足授信机构管理借款人整个生命周期的信息需求。但是，小微企业信用报告有所不同，它结合企业主的信息，实现企业主与企业两者信用结合展示，形成一类独特的信息服务模式，实现了对小微企业信用状况的全方位展示。

这样安排小微企业信用报告结构，是因为小微企业规模小，资金往往通过个人经营性贷款来获取，使用企业信贷工具相对较少，所以企业主的信用状况对企业经营影响较大，商业授信机构很难从其企业身份的信用报告中形成对企业信用状况的全面评判。为了解决金融机构在对小微企业授信时信息不对称问题，小微企业信用报告将小微企业及其关键人（核心是高管）信息进行整合，以全面反映小微企业的信用状况，提高查询小微企业信用状况的便捷性。其中，关键人是指小微企业主等对企业的经营活动有重要影响的自然人，包括法定代表人、实际控制人和股东等。

小微企业信用报告既保持了目前一般企业信用报告的主体内容，又突出了小微企业信用报告自身特点，如增加了关键人的信用信息和查询历史信息等，其中关键人信息往往来自个人征信数据库。当然，生成这样的信用报告要高度重视信息主体权益保护，在一些国家，必须取得信息主体授权，方可进行这样的信用报告加工。另外，由于小微企业的关键人有时是隐藏在幕后的，因此，如果推动此项服务，要高度重视异议处理和实际控制人关联。整体来看，小微企业信用报告的内容主要包括以下方面。

一是信息概要。它是对小微企业和业主获得的授信及负债情况、逾期及违约情况的概要展示，能够提高阅读信用报告后面明细记录的针对性，帮助使用者了解哪些信息还需要深入查看业务明细，从而提高解读小微企业信用报告的效率。

二是基本信息。主要包括小微企业的名称、登记注册代码、地址等身份信息，主要出资人的名称、证件标识、出资金额占比等信息，高管人员基本信息，有直接关联关系的其他企业。

三是信贷记录明细。信贷记录明细通过逐笔详细描述信息主体的信贷业务信息，反映信息主体借钱和还钱的历史，为金融机构防范信贷风险和合理制定授信原则提供重要参考。

四是可替代数据和贸易信用信息，即公共事业缴费记录和小微企业与上下游供应商的贸易支付明细等信息。从国外视角看，国外的小微企业对信贷信息的关注度不是很高，这是因为很难拿到这类数据，或者有些小微企业压根就没有信贷信息；相反，贸易信用信息却是国外征信机构经常对外提供的信息。这一点与我国的情况正好相反。

五是公共信息。公共信息主要来自政府部门和司法部门，具体包括欠税记录、民事判决记录、法院强制执行的案件记录、行政处罚记录、社会保险参保缴费记录、住房公积金缴费记录等，记录小微企业的社会表现，通过展示小微企业在社会公共部门所形成的正面和负面信息，反映其还款能力和经营能力。

三、信贷特征变量产品

信用报告以信息罗列的形式展示了信息主体的基本信息和信贷信息，很少或基本不包括征信机构对数据项的任何深加工。信贷特征变量是征信机构为了提高信用报告的使用价值，对信息主体信用报告中的原始数据进行整合、加工和计算，得到能够反映其信用行为特征的一系列标识型变量。它能够更深入地反映信息主体的行为特征，更便利使用。授信机构可以根据这些特征变量，结合自身信贷数据和业务特点来开发各自的预测模型，或者直接将特征变量用于其信贷业务流程。这项服务有利于授信机构减少数据整理压力，提高风险管理效率。

（一）信贷特征变量的类型

从国际经验看，各家征信机构开发的信贷特征变量的总个数不同，但主要的内容是一致的，主要涵盖还款历史、债务情况、信贷历史、信贷需求、信贷组合等几个维度，反映了信息主体当前的信用状况和未来的信用风险。

还款历史类特征变量反映了信息主体拖欠还款的情况，通常从以下三个方面进行考量：一是还款行为至今的历史时间长度，如最高拖欠的状态距离观察点的月份数、最近一段时间内发生逾期几期以上的月份数；二是还款行为的严重程度，包括信息主体在借贷发生期间最高逾期的期数、最大逾期的金额、所有拖欠信贷产品的账户总余额等；三是不同类型的还款行为（如逾期一定时间以上）的账户的数目及比例，如出现 30 天以上逾期的账户的数目及比例、从未发生逾期的账户的数目及比例等。

债务情况类特征变量是信息主体所有账户的债务以及相关信贷产品使用情况的信息，通常从以下两个方面进行考量：一是信息主体的债务情况，主要是指债务的余额，如信贷产品的平均余额、某类信贷产品未偿余额占此类产品总信贷额度的比例等；二是信贷产品使用情况，主要是指信贷额度的使用率，信贷产品账户的平均额度使用率等。

信贷历史类特征变量是信息主体使用各种信贷产品的时间长度和信用历史

长度等方面的信息，如信贷产品平均的开户时间长度、最长的账户历史等。

信贷需求类特征变量是信息主体在申请信贷时所反映的对于信贷需求的情况，通常包括：信息主体的信用报告查询情况，如信息主体在最近 3 个月内信用报告的查询次数；信息主体新开信贷产品的情况，如信息主体最近 3 个月的新开账户数目、查询与开立账户的比例等。

信贷组合类特征变量是信息主体所有的、各种类型的信贷产品组合方面的信息，包括信贷账户的数目、各种类型的信贷账户比例等。

信贷特征变量通常是“账户级别”或“客户级别”的数据，也就是说，一个信贷特征变量对应每个账户或客户都有一个取值。例如，“现有多少张信用卡”就是一个“客户级别”的特征变量，每个客户都会有一特征值；“过去一年中最严重的拖欠行为”可以是“客户级别”，也可以是“账户级别”。

一般地，信贷特征变量将每一个账户的具体细节进行加工，去除与客户隐私相关但与风险特征关系不大的细枝末节，保留分析特征，并将有关的特征加以放大，从而更细致地刻画信息主体的行为特征。用原始数据加工信贷特征变量，需要对数据进行各种数学转化或标准化，加工过程一般不对外披露。

（二）信贷特征变量的产品类型和时间跨度

信贷特征变量的产品类型涵盖了全部产品、信用卡、贷款（包括分期贷款类贷款、商业贷款、车贷、学生贷款）、住房抵押贷款以及个人经营性贷款产品等多种类型，信贷特征变量已经成为国内外征信机构的重要增值产品之一。

信贷特征变量的时间跨度包括了在观察点前的 3 个月、6 个月、12 个月、24 个月、曾经过往的所有历史等多个时间跨度。征信机构根据授信机构的需求，可以灵活地产生不同时间维度的特征变量。

征信机构在设计信贷特征变量时充分考虑各特征变量的实际业务含义，本着完整性、准确性、灵活性、可扩展性的原则， 从变量命名、产品类别、计算逻辑、计算方式等方面进行标准化，便于金融机构使用。

（三）信贷特征变量的应用

授信机构对信贷特征变量的应用随着信贷产品的不同而变化，主要有两种应用场景：一是在市场营销方面的应用，二是在信用风险控制方面的应用。

1. 信贷特征变量在市场营销方面的应用

在市场营销方面，针对两类客户的获取，可以有两方面应用：一是发现“潜在客户”，或者叫“新客户获取”；二是对现有客户在营销管理方面的应用。

在获取新客户时，金融机构在本机构制定的信用政策指导下，向征信机构提出一定的筛选标准。征信机构按照客户要求，对征信数据库中的所有数据进行相应的搜索和处理，如“在过去 60 天中没有拖欠”、“在过去 6 个月中没有 60 天以上拖欠”、“信用评分必须在某个范围内”等。征信机构按照这些标准筛选出符合要求的消费者后，这些消费者个体在当前可能还不是授信机构的客户，征信机构把有关的客户姓名、地址及所有个人标识信息都屏蔽掉，授信机构得到的仅是有关这些潜在客户的各种信贷特征变量。得到这些信贷特征变量后，授信机构结合自已的客户数据和经验开发各种模型，然后就可以对新客户进行分析，选择出将来能带来利润的客户。

对现有客户进行营销时，授信机构将本行客户数据和标识数据提供给征信机构，征信机构对数据库中的所有数据进行相应的搜索和处理，把账户标识信息屏蔽掉，以信贷特征变量的形式反馈给授信机构。根据这些信贷特征变量，授信机构可以开发出各种模型。

2. 信贷特征变量在信用风险控制方面的应用

在信用风险控制方面，信贷特征变量也可以从开发新客户和对贷后客户进行管理两个方面应用到建模中。

开发新客户时，授信机构利用信贷特征变量分析消费者的偿还能力、经济收益能力和其他贷款使用情况等，建立预测消费者未来拖欠、欺诈可能性的模型，确定销售决策。

在贷后客户管理中，授信机构利用信贷特征变量可以开发各种不同预测目标的模型，这些模型针对授信机构内部特定的信贷组合、特定信贷产品、特定客户类型开发，同时具有个人征信数据的广度和这些客户本身在特定信贷产品上所有行为刻画的深度，因此，它更准确、更有效。信贷特征变量可以使授信机构在了解消费者信用行为全貌的情况下，作出正确的商业决策，确定正确的授信、销售、产品定价、额度调整、风险控制、追账等策略。

总之，授信机构结合自身的管理要求和策略，可以全集订购信贷特征变量，也可以选择一些信贷特征变量进行订购。征信机构可以为授信机构提供现有客户的各类信贷特征变量，也可以按照筛选条件提供符合条件客户的信贷特征变量。

四、身份验证服务

严格地说，身份验证服务属于反欺诈范畴，但是，利用征信数据也可以帮助有效地实现反欺诈服务。首先，征信数据可以用于贷前审批的欺诈防范。征信数据中的身份信息、电话信息甚至是授信信息，都可以在贷前审批阶段发挥反欺诈作用，即通过信息的比对来核实第一方欺诈和第三方欺诈。这类认证服务主要是通过将借款人申请资料中的身份信息输入征信系统，与征信系统通过权威渠道采集的公众身份信息或禁入性“黑名单”进行比对，以识别借款人向授信机构提交的身份信息是否属实、该借款人是否属于禁入性客户；或通过交叉参照各种不同的数据文档来发现异常情况。

其次，很多机构在贷后管理中，也大量运用征信数据，找寻“跑路”的借款人，进行追偿。例如，征信数据中包括个人最新信息变动情况，征信机构可以通过最新的信息变动，尤其是通过申请信息的共享来进行追踪。该类数据服务旨在根据征信机构的数据向授信机构提供他们失去联系了（“跑路”）的客户目前的最新信息，包括联系电话、联系地址等。这类服务所采用的方法有两种：一是通过搜索征信机构数据库的数据来找出那些授信机构所不知道的客户信息（如电话号码或新地址等）；二是在客户信用档案上进行标记，一旦该客户在今后有贷款申请行为，征信机构就会立即通知他的前一家授信机构。

五、预警提示类产品

预警提示类产品是根据授信机构用户预设的监控对象和监控条件，对相关信息进行运算、筛选和比对，并定期向授信机构预警有预设行为发生（特别是在他行有预设行为发生）的本行客户名称等提示信息，以帮助授信机构提高贷后管理的效率。

（一）集团客户监控服务

1. 集团客户合并财务报表预警

根据授信机构的定制要求，征信机构定期对关注企业的集团客户合并财务报表进行运算分析，对财务状况符合定制条件的集团客户生成客户名单，向授信机构用户预警集团企业财务风险信息。

通过集团客户财务报表中各报表项目之间的比率关系，来预警其财务风险。如反映集团客户短期债务偿还压力的流动比率，它是集团客户流动资产与流动负债的比率，即流动比率 = 流动资产 / 流动负债。一般公认的标准是 200%，我国集团客户较好的流动比率是 150% 左右。但如果行业的生产周期较长，则其流动比率也会相应提高。当集团客户的流动比率过低或出现大幅减少时，集团客户偿还短期债务的能力显著降低，可能表明集团客户存在短贷长用的问题，应给予必要的关注。

通过分析集团客户的资产负债表、利润表及利润分配表、现金流量表等单个报表项目的变动来发现集团客户的高风险。如可通过分析财务报表的净利润、经营现金净流量等项目的金额及其异常变动来预警集团客户的财务风险。

通过综合分析集团客户的合并财务报表、各个成员企业的财务报表、集团客户的当期财务报表和历史财务报表，从整体上对集团客户的财务风险进行判断。该项产品服务需要征信机构采集充分的企业财务报表信息，若财务报表采集不完善，信息量相对有限，则不足以支撑该产品的开发应用。

2. 集团客户违约预警

根据授信机构的定制要求，征信机构定期对关注企业集团客户的信贷业务违约状况进行运算分析，从而向授信机构就集团客户的违约风险进行预警。

从我国金融体系的视角看，预警条件包括五级分类（后三类及其余额）、逾期（本金逾期 90 天以上及逾期金额）、欠息（表内欠息 90 天以上及欠息金额、表外欠息及欠息金额）、展期（发生展期的余额）、借新还旧（新债项的余额）等。

（二）单个客户的监控服务

1. 个人严重逾期提示

根据授信机构的定制要求，征信机构监控关注借款人的逾期情况，并定期向授信机构反馈有严重逾期发生（特别是在他行有严重逾期发生）的该行自然人客户名单，以帮助授信机构提高贷后管理的效率。指标项通常包括信息主体所有信贷业务中当前最严重的逾期期数、当前逾期总额、过去 24 个月曾经出现的逾期情况。它们的具体含义如下。

当前最严重的逾期期数：一个客户存在多个账户的，取所有账户当前逾期期数的最大值。

当前逾期总额：一个客户存在多个账户的，取所有账户的当前逾期金额之和。

过去 24 个月曾经出现的逾期情况（M×N 期）： M 为 N 出现的次数，N 为连续未还款的月数。例如，“大于 3×1 期”，即搜索出现 3 次以上逾期期数为 1 的客户；“大于 2×2 期”，即搜索出现 2 次以上逾期期数为 2 的客户。

2. 个人信贷资产质量向下迁徙提示

根据授信机构的定制要求，征信机构监控关注借款人的信贷资产质量情况，并定期向授信机构反馈资产质量向下迁徙（特别是在他行信贷质量向下迁徙）的该行自然人客户名单，以帮助授信机构提高贷后管理的效率。

征信机构可以按贷款和信用卡业务五级分类之间的迁徙变动记录进行统计，指标项通常包括五级分类迁徙跨度、迁徙金额，向授信机构提供借款人信贷资产质量向下迁徙的名单。

3. 个人负债规模风险提示

根据授信机构的定制要求，征信机构监控关注借款人的负债情况，包括贷款余额、对外担保金额、互保金额，并定期向授信机构反馈符合预警条件的该行自然人客户名单，以帮助授信机构提高贷后管理的效率。它们的具体含义如下。

贷款余额：当关注借款人的贷款余额大于预设值时，生成该借款人的贷款余额提示信息。

对外担保金额：当关注借款人的对外担保金额大于预设值时，生成该借款人的对外担保提示信息。

互保金额：当关注借款人与另外一个借款人存在互保情况，且互保金额大于预设值时，生成该借款人的互保提示信息。

4. 企业客户监控服务

根据授信机构的定制要求，征信机构定期向授信机构反馈有定制行为发生（特别是在他行有定制行为发生）的该行企业客户名单，以帮助商业银行提高贷后管理的效率。监控类型包括逾期信贷资产、展期贷款、贷款借新还旧、欠息、垫款、不良贷款、担保、贷款规模和财务风险指标等。具体含义如下。

逾期信贷资产提示：对超过信贷合同规定期限，没能按时偿还的贷款、贸易融资、票据贴现等业务进行关注，预设条件为逾期天数和逾期金额。展期贷款提示：对展期标志为“是”的贷款、贸易融资等业务分别进行关注。欠息提示：对单个贷款卡项下发生欠息（包括表内、表外）业务进行关注，预设条件为欠息余额。垫款提示：对单个贷款卡项下发生各项垫款金额进行关注。不良信贷提示：将表内信贷资产（贷款、贸易融资、票据贴现、保理）账面本金金额按五级分类，对后三类进行关注，预设条件为不良程度、不良余额。担保提示：

对发生的对外担保业务的担保金额、互保金额进行关注。财务风险提示：按贷款实际投向划分的行业和按借款人注册登记类型划分的行业，分别计算出行业的信贷、财务指标平均值，以此为标准，衡量单个借款人在所属行业中的水平，并对于借款人超过所在行业平均值和超过监管标准的指标给予提示等。

5. 企业高管人员违约提示

根据授信机构的定制要求，征信机构监控关注企业法定代表人及高管人员不良贷款、违约次数情况，这部分信息来源于个人征信系统，与企业征信系统的法定代表人及高管信息进行关联，系统定期向授信机构反馈符合预警条件的该行企业客户名单，以帮助授信机构提高贷后管理的效率。

（三）反欺诈信息服务

1. 基本信息欺诈风险提示

根据授信机构用户预设的关注借款人 / 企业名单，对不同授信机构报送的基本信息进行比较，差异较大的，生成客户群名单，向授信机构进行预警。预设条件为个人身份信息中比较重要的数据项以及阈值，如婚姻状况、居住地址、联系电话等；企业基本信息中比较重要的数据项以及阈值，如借款人特征、借款人注册地址、行业分类、进出口权标志等。

2. 信用卡欺诈信息提示

征信机构从授信机构收集发生欺诈的人群的特征，包括在申请信用卡时使用虚构申请资料（虚假身份证件，单位地址、单位电话、单位名称任一项不实，伪造资质财力证明）的关注人群、身份资料被他人冒用办卡、信用卡套现、信用卡营销人员因违反规定被发卡机构开除、私自代理发卡伪造客户信息的黑中介名单、被本行禁止交易的商户信息（虚构信用卡交易为持卡人提供套现服务的商户信息、用信用卡测录器复制信用卡信息、伪卡消费点）。当触发欺诈条件时，征信机构将信息汇总后打包返给授信机构，为授信机构防范信用卡业务欺诈风险提供参考。

3. 企业财务信息欺诈风险提示

根据授信机构用户预设的关注客户群名单和关注指标，对不同授信机构报送的财务信息进行比较，针对同期同属性指标差异较大的情况，生成客户群名单，向授信机构进行提示，预设条件为财务报表中比较关键的数据项以及阈值，如净利润、营业收入、或有负债等。

六、信贷统计服务

信贷统计服务是指利用征信统计信息，从宏观经济总体、行业 / 地区和企业 / 个人三个层次展示的信贷资金分布和流动情况进行分析，对信贷业整体的信用风险敞口、信贷集中度风险、期限结构风险进行系统性的、结构性的风险分析，确定行业风险基准数据，使得金融监管机构能够及时、准确和完整地掌握信贷市场的整体风险状况和单个金融机构风险状况相对于整体的比较位置，并为货币政策的制定和实施监测提供信息依据，有利于政府监管部门对于辖内金融机构分行业、分区域信贷发放业务的监控，以及对信用借款行为特征的监测。

（一）信贷统计服务概念

1. 信贷统计服务的定义

信贷统计服务是基于征信机构的数据库，按照国民经济核算原理，以金融统计核算原则为准则，通过对信贷数据的加工、整理，根据金融机构和公共部门的需要，提供信贷市场整体、主要行业在全国及各地的信贷市场结构，以及商业银行及其分支机构的相对位置，包括信贷余额、发放额、不良贷款等信贷资产质量等方面的数据，建立授信机构业信贷业务规模和质量的指标体系，以综合反映授信机构业信贷业务运行特征和状况，反映借款人行为特征，以全面、及时、准确地为货币政策、金融监管、商业授信机构经营管理提供信息支持。

2. 信贷数据统计的类型

（1）信贷资产结构分析的主要指标。信贷资产结构分析包括对信贷市场的结构、信贷市场的运行情况、信贷资产质量的分析。信贷市场结构分析包括：一是反映各授信机构、分地区、分行业等不同维度在统计时点的信贷业务余额或发放额，结合比上期、比上年同期增幅等指标可以分析信贷业务余额的增减变化情况、单家授信机构占银行业信贷市场的份额，或同类型机构的市场份额及变动情况。二是反映单家授信机构信贷业务余额或发放额规模及增速与其同类型银行相比所处的位置。

信贷市场运行分析包括：一是反映同类型各金融机构贷款余额、发放额在不同地区和行业的市场集中度，二是反映同类型各金融机构在单个行业贷款市场集中度的变动情况。

信贷资产质量分析包括：一是反映单家授信机构在不同地区、不同行业的贷款不良额及不良率。从逾期分析的角度，反映统计时点超过合同规定期限、没能按时偿还的各项贷款的余额，并对逾期天数进行分组，可分析地区、行业、企业规模、注册类型、金融机构等维度的逾期期限结构情况。二是表内信贷不良率与同类型机构相比所处的位置。

（2）统计维度。信贷资产分析的指标体系通常以行业为主线，以业务为辅线，提供分地区、分行业、分信贷品种的信贷市场结构分析、信贷市场运行分析、信贷资产质量分析。通过对维度的组合嵌套，并结合总量指标和相对量指标，既可以获得各项信贷业务的汇总数据，又可以获得按地区、行业、金融机构、借款人规模、借款人登记注册类型不同维度的分类数据；既可以观测统计时点或时段的值，又可以观测比上年同期、比上期的变化趋势。信贷数据统计分析见图 5-2。

（3）客户定制化统计。客户定制化统计是指以借款人各种特征（按一些指定的标准分类）为主线、以信贷业务和授信机构为辅线的多元素组合，反映借款人在不同特征状态下信贷业务的分布特征。监管部门按照自身的需求，选择所提供的组合分析条件，得出相应的汇总结果，实现对其辖内相关信贷数据的分析，主要包括借款人行业分析、借款人规模的大户分析、大额分析、本异地信贷业务分析、行业分析、规模分析、性质分析、类型分析、借款人基本信息分析、信贷资产质量分析、信贷资产逾期分析等。

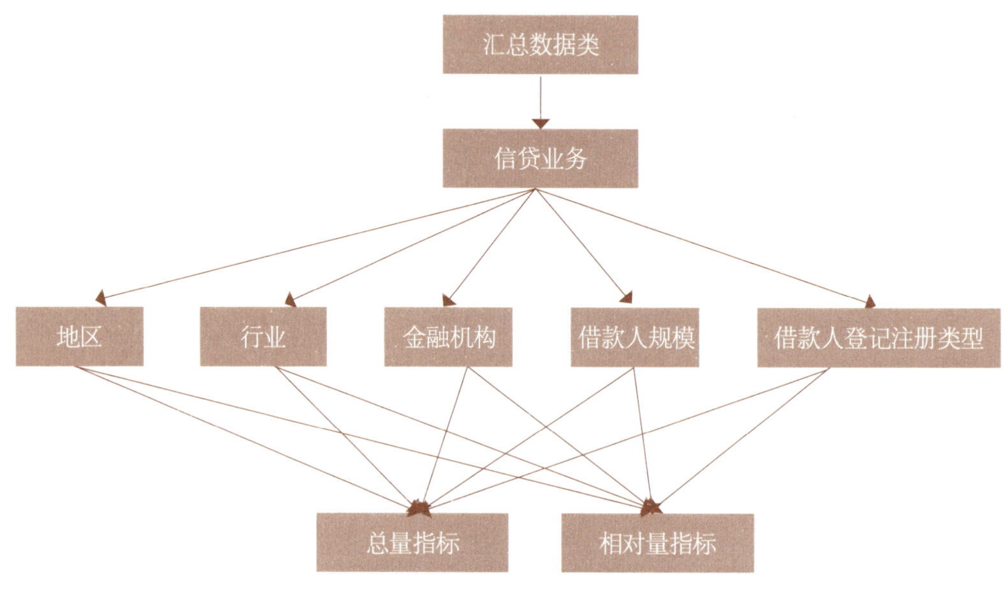

图 5-2 信贷数据统计分析

（4）特定客户群分析。特定客户群分析是指用户选择一组企业，分析系统通过对信贷数据的汇总加工，反映特定客户群整体的信贷资金运行状况及其特征，主要包括各类信贷业务运行分析、贷款业务特征分析、垫款业务分析、信贷风险分析和担保业务分析等，这也是客户定制化统计的一种形式。

3. 征信机构信贷统计与金融统计的区别

征信机构的信贷统计与国家统计部门的金融统计存在一定的差异，这是非常正常的，也是必然的，原因有多个方面，主要原因有以下几个方面。

（1）统计范围不同。征信机构的信贷统计是基于已接入征信系统的所属机构，而金融统计系统统计全国范围内所有的金融机构数据。在有些国家，因为实行自愿共享模式，这种统计差异更为明显，但是在存在公共征信机构的国家，这类差异就会相对较小。另外，也有一些差别。例如，在我国，一些资产管理公司承接的不良贷款及回收情况已经上报征信系统，必然会体现在征信机构的统计之中，但是这些情况在金融统计中就不存在。

（2）时效性不同。金融统计通常是以月末时点状态数据进行全科目汇总，这种数据主要来自商业银行的会计系统，是商业银行经过调整、汇总后得出的，而征信机构则是按照授信机构上报数据库的截点数据进行提取，对应的并不一定是本月末的信息，也有可能是以前没有上报的数据又上报了上来等因素，必然会造成数据上的差异，因此，上报的时效性差异直接导致征信机构信贷汇总数据与金融统计数据之间存在差异。

（3）统计口径不同。金融统计数据以会计科目、统计指标为依据进行分类归属统计，并结合地区归属进行划分，其统计方法和原则主要是根据贷款投向、性质进行分类，而征信机构是以贷款主体身份号码为标识，对其贷款进行归集，对一个个原始的信息项进行加总。两者统计来源口径不同，也会导致信息差异。这也正是我们在日常经济活动中经常看到的，简单的微观加总并不等于宏观总体的数据。

（4）灵活性不同。征信机构的信贷统计可以按贷款注册类型、贷款投向行业分类、借款人注册类型、借款人规模、贷款期限进行分类、交叉、多维统计，因为征信机构采用的数据项颗粒度非常细，在此基础上，可以产生大量的、不同种类的统计分析，因此，在灵活性上更胜一筹。但是，金融统计往往是标准化的数据项，没有更细化的数据项颗粒，因此，在更为灵活的统计方面，不如依托于原始数据项的征信机构灵活。

（5）区域信贷统计更合理。在我国，从区域信贷统计的视角看，两者也存在很大的差别。例如，征信机构信贷统计具有信贷流向统计功能，其统计区域信贷更合理，如辖区信贷流入、流出是多少，而金融统计监测系统只能统计本辖区金融机构发放的贷款总量，其不分贷款的流向，因而征信机构的信贷统计对于区域经济的分析更具有合理性和先进性。

4. 征信系统在我国信贷统计中的作用

根据我国《统计法》，统计信息的发布有严格的规范，哪些信息可以面向社会发布、哪些信息不能发布，涉及一个国家的战略决策，只有经过论证并经批准后，才能对外发布；并且，按照《统计法》，统计分为国家统计调查项目、部门统计调查项目、地方统计调查项目，这些应相互衔接，不得重复。另外，《中国人民银行法》、《银行业监督管理法》、《商业银行法》等相关法律也对数据保密问题提出了要求。

显然，征信系统对于宏观数据的公开发布在没有授权的情况下是不能随便做的，尤其是征信系统作为我国的金融信用信息基础数据库，更应受到严格限制，以免对宏观数据发布造成干扰。实际上，我国的金融统计已经做得比较完善了，只是对外披露的信息范围有所缩小，今后可以推动信贷统计信息的进一步公开，尤其是推动一些细化指标的公开。

征信系统不能发布宏观数据的另一个考虑就是我们上面提到的征信机构的信贷统计与金融统计之间的差异，征信系统最多只能为统计部门提供数据的比对验证。但是，这也并不意味着征信系统不可以发布数据，征信系统发布数据应坚持两个原则：一是凡是统计部门已经统计的数据，征信系统就不能对外公开发布；二是数据的发布应尽量是相对趋势，而不是绝对数据（因为基于大数定律，在样本足够大的情况下，趋势是稳定的）。

从国外经验看，基于征信系统可以推出一些反映信贷质和量变化的指数类信息、基于贷款类型的授信发放及质量情况的分析、基于风险分级的客户分布情况分析、不同种类借款人平均负债情况分析、对重点群体（如小微企业）的授信情况分析等。

（二）行业基准服务

征信机构另外一个重要职能是为监管机构和商业银行提供基准服务，主要包括行业违约率、风险暴露程度、违约损失率等行业基准。征信机构根据信贷业整体的信用风险敞口进行整体性、结构性的分析，从而提供基准类型的服务，使得金融监管部门等能够及时、准确和完整地掌握信贷市场的整体风险状况，以及单个授信机构风险状况相对于整体而言的位置。

行业历史违约率是在将借款人（企业）按行业、按地区进行分组的基础上，对借款人一年中的实际违约情况进行统计的征信增值产品，也称为行业实际违约率或行业客观违约率。行业历史违约率反映了发生于授信机构中的借款人平均违约水平，可作为行业中衡量这一群体实际违约水平的标准，可以直接用于校准商业授信机构使用本行数据计算的历史违约比率，提高测算违约概率的精准度，为商业授信机构配置信贷资产组合和定价、制定信贷政策提供数据支持。

历史违约率计算涉及的客户分为两类：本机构客户和全金融机构客户。无论哪一类，在判断客户是正常客户还是违约客户时，均需对该客户在全金融机构的业务进行判断。因此，本机构正常客户要求客户属于本机构，但在全金融机构的业务均为正常，没有出现违约事件。

本机构客户历史违约率是对本机构借款人在一定时期内（通常为 1 年）在整个信贷市场实际发生违约行为的统计，即在表现期初本机构的正常客户中，在表现期内在全金融机构出现违约的比率，也就是违约客户数占正常客户数的比例。

全金融机构客户历史违约率是对全金融机构借款人在一定时期内（通常为 1 年）在整个信贷市场发生违约行为的统计，即在表现期初全金融机构的正常客户中，在表现期内在整个信贷市场出现违约行为的比率，也就是违约客户数占正常客户数的比例。

第三节　工具类产品服务

工具类产品服务是指征信机构根据金融机构的需求对数据库的数据进行较高层次的处理和分析，开发出关联查询服务、评分模型、资产管理工具等分析支持类应用程序，并将结果提供给金融机构，运用于营销、风险管理与控制中。工具类产品是征信机构开发的重要产品系列，充分体现了征信机构的专业水平，是征信机构核心竞争力的集中体现，很多市场化的征信机构都在积极对外提供此类服务，以提升自己的影响力，拓展自己的盈利点。

一、关联查询服务

随着经济的快速发展和经济活动的日益复杂化，企业间通过联合和控制来加快资本集中、实现规模经济、降低运行成本、提升竞争力的行为已比较普遍，也为法律所认可，但关联企业往往借助复杂的关联关系逃避监管部门和授信机构的风险审查，给风险识别和管理带来更多信息不对称，导致多头授信和过度融资，使潜在的金融风险逐步积聚和蔓延。因此，金融机构在识别企业及其关联方的关系、掌握关联企业群整体信贷业务变动状况、防范关联企业群的信用风险等方面需求迫切，通过征信机构系统功能实现集团关联企业的信息识别和风险预警成为急需的技术信息支持。国内外均在开发关联企业服务，用于欺诈防范和整体信用状况分析。

（一）关联关系的相关定义

1. 关联关系的含义

各个国家或用抽象的方法揭示关联企业的含义，或用列举的方法界定关联企业的范围。美国《国内税收法典》中规定，任何两个或两个以上组织、贸易主体或经营主体共同隶属于一个利益主体，或者直接、间接地受控于同一利益主体，即为关联企业。德国《股份公司法》规定，关联企业是指若干个法律上独立的企业通过一定的联系而组成的统一的经济实体，具体包括如下情形：一个企业的多数权益（包括资产、股份或表决权）为另一企业所掌握，一个企业直接或间接对另一企业施加支配性影响，两个以上相互持有对方 1/4 以上股份的相互参与企业，相互间订有关联企业合同的、法律上独立的企业。日本的《特别税收措施法》对关联企业的定义是：两家公司各自 50% 以上的股份直接或间接被一个企业或个人所拥有；一个公司直接或间接拥有另一家公司 50% 以上的股份；基于特别关系，一家公司拥有另一家公司的决策权，包括一方占有另一方经营者或决策者的 50% 以上或者一方有代表权者连任另一方的经营者或决策者；两个法人中一方的资金相当程度上依靠另一方的借贷或担保。

在我国，根据《税收征收管理法实施细则》，关联企业是指有下列关系之一的公司、企业和其他经济组织：（1）在资金、经营、购销等方面，存在直接或者间接的拥有或者控制关系；（2）直接或者间接地同为第三者所拥有或者控制；（3）在利益上具有相关联的其他关系。《中华人民共和国公司法》中对关联关系的描述是：关联关系，是指公司控股股东、实际控制人、董事、监事、高级管理人员与其直接或者间接控制的企业之间的关系，以及可能导致公司利益转移的其他关系。

可见，各个国家目前对关联企业尚无统一、具体、量化的界定标准，但关联企业都有统一的特点：关联企业间存在着从属关系或共同从属关系，如母子公司之间存在着从属关系，同属同一母公司的两个子公司之间存在着共同从属关系；关联企业之间的连接纽带包括股权参与、契约合同和人事身份连接；关联企业之间的形成是基于特定经济目的的，这种特定的经济目的可以加强竞争、垄断市场、逃避税收等。

2. 企业关联关系的类型

通过对企业高管人员信息、法人代表亲族信息、资本构成信息等内容的深度挖掘和信息匹配，可以形成以所查询借款企业为核心的特定企业群，关联关系主要包括如下几种：

（1）投资关联关系：以企业资本构成信息为基础，通过对出资信息进行匹配形成的特定关联关系。根据企业间的投资关系，将其细分为对外投资、被投资和相互投资三种，并根据具体出资金额计算投资比例。

（2）担保关联关系：以借款人担保合同信息为基础，通过对担保信息进行匹配，在企业间形成的特定关联关系，并且根据合同中担保方与被担保方的关系将担保关联进行了细分，包括对外担保、被担保和相互担保三种关联关系。

（3）高管关联关系：对所查询企业的高管人员（包括法人代表、总经理、财务负责人、企业出资人）在其他企业担任法人代表、总经理、财务负责人职务或在其他企业进行投资或担保的情况进行关联，在这些企业间形成的特定关联关系。

（4）企业担保人关联关系：根据企业担保合同中自然人的担保信息，对该自然人在其他企业兼任法定代表人、财务负责人、总经理或对其他企业进行投资或担保的信息进行匹配，形成的企业间的特定关联关系。

（5）集团母子关联关系：以企业集团公司信息为基础，对上级公司信息进行匹配，在企业间形成的特定关联关系。

（6）家族关联关系：以家族企业成员信息为基础，将法人代表亲族中自然人在其他企业的信息进行匹配，在其家族成员所在企业间形成的特定关联关系。

当然，关联关系还有很多种，比如实际控制人关联等，需要在实践中不断探索，从事物的本质出发去分析，不断丰富关联关系，形成对一个集团全面的风险识别。

（二）关联查询服务

征信机构通常按照一定的规则绘制出企业关系的复杂大网，生成关联企业名单、关系结构图，挖掘出企业和企业之间直接或间接的关系，识别出其中的潜在风险和影响因素并给出预警提示，向查询机构展示并推送提示信息。关联查询服务主要用于贷前审批、贷后管理、贷款清收、坏账催收等环节，能够为授信机构风险判别提供参考，有助于有效识别集团企业关联结构，掌握集团客户信贷业务概况。企业关联查询服务通常包括企业间关联关系的查找、关联计算与预警以及动态网络推演。

1. 关联关系查找

征信机构基于企业信息数据，梳理出企业之间以及企业与个人之间的多种关系数据，使用这些关系数据建立“关系图模型”，显示的内容包括企业属性信息（企业名称、机构号等）、关系属性信息（投资、担保、出资比例等）、企业间远近亲疏。

2. 关联计算与预警

一旦基于企业间真实投资担保等关系成功建立模型，其拓扑结构决定了其功能，其衍生出的一些网络属性就能被量化，从而可以计算得出龙头企业、担保圈加和风险以及关联闭环风险等量化值，进而实现本阶段的另一个目标——预警。当计算出的量化值达到预定的阈值时，就可以给出预警。例如，当某一被担保企业的担保对手企业超过 30% 出现不良贷款情况时，征信机构就可以向授信机构发出预警，要求其关注风险。

3. 动态网络推演

动态网络推演是借助网络动力学特性进行动态推演，根据预设的企业间关系模型规则，模拟某企业融资或倒闭对相关企业的影响程度。这类服务相对比较难一些，因为涉及大量的计算，对征信服务的要求非常高，需要强大的系统支持能力。

二、信用评价类产品

信用评价类产品主要是指运用统计和数据挖掘方法，利用反映借款人资信状况的信息，建立预测其未来发生信用违约可能性的信用评分模型。信用评分模型的种类有很多，按照评分对象可以分为客户层级、产品层级和账户层级，按照评分所预测的未来表现结果可以分为欺诈风险评分、破产评分、收益评分、债务催收评分等。征信机构通用信用评分由于使用范围广泛，已经成为一项重要的金融基础设施，成为信用风险衡量的一个标杆，因此，我们在第四章中将其作为基础征信产品对待。下面我们重点介绍按评分预测的未来表现结果的不同来设计的产品。

（一）欺诈风险评分

欺诈风险评分模型包括申请欺诈风险评分模型和交易欺诈风险评分模型。申请欺诈风险评分模型预测信用卡申请为欺诈的概率，为银行发现和拒绝欺诈性申请提供科学依据；交易欺诈风险评分模型运用先进的数据挖掘和模型技术来预测信用卡交易为欺诈的概率，为银行发现和拒绝欺诈性交易提供科学依据。

一般而言，对于征信机构来讲，只是在申请欺诈上可以提供相应的评分，而交易欺诈评分更多地是商业银行自行开发的客制化评分。

（二）破产评分

破产评分模型用于预测信息主体破产的概率，不包括其他的坏账因素，因为破产前的信用行为往往有别于其他违约行为的不同特征，破产带来的损失也较一般的坏账率高，与通用信用评分有一定的互补性，因而在账户管理方面有广泛的应用，特别对于低端客户的管理发挥重要作用。

（三）收益评分

收益评分模型是利用消费者在征信机构的信用历史记录预测其未来给授信机构带来收益的潜力。其表现变量是信用卡账户开户后第一年的净收益，预测变量的预测力最强的通常是衡量消费者以前和现在循环信贷倾向和额度利用率的变量。收益评分模型可应用于信用卡账户管理中，对收益评分高的账户可提高信用额度，鼓励信贷消费；对于收益评分高的睡眠卡（说明该用户倾向于大量使用其他银行的信用卡），可采取适当的优惠措施来激活睡眠卡以提高收益。

（四）债务催收评分

征信机构通过建立债务催收模型或评分的方式，向商业机构或收账公司提供更高效地进行收账工作的数量化分析产品。例如，国外一些征信机构在客户违约程度（早期、中期和晚期恢复）的基础上，开发债务催收评分模型，通过从最早的违约信号到后期和债务恢复全流程来有效地管理违约客户。还有的征信机构开发出了债务回收评分，通过评分来识别哪个账户最具有回收潜力，以提高资产组合和收账的管理水平。该类评分运用的特征变量可以从已经催收成功的案例中去寻找，各国情况不一样，可以调整相应的指标。

三、其他工具类产品

（一）监控和评估工具

监控和确保信贷质量是所有授信机构都必须完成的一项工作。近年来，随着巴塞尔新资本协议的推出，这一工作显得更为重要。巴塞尔新资本协议要求授信机构遵守最佳实践风险管理指导方针，更加重视自身监控贷款组合质量的能力。因此，有些征信机构在这方面也加强了服务，提供一些监控和评估服务，主要有以下几种：

一是批量筛选。该服务通过对客户现有的通用评分进行批量使用的方式，来定期筛查客户的信贷情况，使授信机构可以对其整个信贷资产组合的风险状况进行及时监控和跟踪。

二是监控和报告。国外一些大型的个人征信机构一般也会向授信机构提供客户风险监控类服务来帮助授信机构有选择性地管理重点客户，甚至还定期提供对某个特定领域（如房屋按揭市场风险变化）的监测报告。

（二）资产管理工具

征信机构通过提供风险分析模型和决策平台，帮助商业机构跟踪监测其投资组合的信用风险状况，提高对客户信用状况变动的响应速度和效率，以确保投资收益和利润。例如，国外一些征信机构开发的组合管理评分模型产品，就是基于征信机构通用信用评分建立的模型，该模型对机构用户的组合管理大有用处，尤其是能将客户在征信机构现有的所有风险暴露考虑在内以准确地数量化信用风险。借助征信机构通用信用评分，建立在客户行为信息基础上的评分模型能够有效支持机构用户的组合动态管理。该模型与申请评分模型进行有效结合，更能提升风险预测能力，在数量化分析信用风险方面可以发挥更大的作用。

（三）压力测试工具

征信机构开发压力测试工具，主要是为了帮助授信机构对违约率进行动态评估，并评估经济环境变化对资本金状况的影响。该产品可以根据经济运行状况计算的加权风险资产，识别最优的经济周期因变量和评估中长期组合风险状况。例如，韩国的一些征信机构开发了专门服务于商业银行的压力测试服务，帮助商业银行进行不同情景模拟，以测试商业银行在未来的系统性风险情况。当然，这方面使用的数据不仅包括征信机构的数据，还会使用一些宏观经济数据，将其结合起来进行分析。

第四节　解决方案类服务

征信机构凭借其多年积累的在数据整合、数据分析、风险管理等方面的专业经验和分析技术，将自身提供的数据类产品、数据库信息、用户数据，以及自身开发的通用的或为用户量身定做的分析工具融入到用户管理策略中，帮助其建立、优化或重整账户开立、贷款审批、交叉营销、账户管理、债务催收等业务流程，使用户更快、更方便、成本更低地作出风险管理或营销决策。通常，这类解决方案可以是一个应用软件——根据客户的特殊要求量身定做，并由客户自己的技术人员进行维护；或者是一个征信机构解决方案——具有常规性特质，并由征信机构主持。

与前面讨论的数据类和分析工具类产品服务相比较，解决方案类服务是征信机构提供的一种高端服务，也是征信机构为用户提供的定制的、全面的顾问式服务。它需要征信机构的专家和技术团队深入到用户端，利用其专业经验，教会用户如何在其业务流程中应用征信数据类和工具类产品优化、重整其流程，并帮助其实施。大多数征信机构在国外拓展业务时，在无法获取该国信用信息时，一般都会通过提供解决方案类服务逐步拓展市场。

征信机构立足于客户需求而开发的解决方案类征信产品多种多样，国外最常用的有营销解决方案、信贷审批解决方案、贷后管理解决方案，以及数据管理、合规性、软件技术等其他类解决方案，目前此类产品在我国还没有成熟的经验。

一、营销解决方案

征信机构利用其拥有的信息主体的各类行为信息，包括购买习惯、生活方式，或者利用授信机构、制造商、零售商等所拥有的其客户的信息，运用数据分析、模型开发以及营销管理方面的经验，为用户提供市场营销方面的解决方案。

首先，征信机构往往给提出这方面需求的机构提供商业策略顾问和营销顾问服务。在提供这种服务时，征信机构会利用几个方面的数据，包括自身拥有的数据（包括营销数据和信贷数据等）、服务对象拥有的客户信息、公开渠道获得的信息等，基于家庭收入分析、信用支付能力分析、债务比率分析等，对客户群体进行全面分析，提出系统性的商业策略，并将其应用于用户业务流程中，帮助用户确定最有价值的目标市场。

其次，征信机构往往也会利用数据，通过使用客户销售成本预测与分析、客户贡献度分类分析、客户账龄分类分析、呆坏账分析、客户账户活跃度等营销工具，帮助用户筛选出满足不同层次需求的产品，从而实现交叉销售。例如，有些征信机构开发信用迁移解决方案，帮助用户按照其设定的授信标准，对客户信用状况进行评估。当客户的信用状况发生变化，达到用户的新的授信标准时，及时向用户发出信息提示，便于用户及时调整营销策略，提高市场反应率。

最后，有些征信机构也会利用自己的数据优势和专业能力，为用户提供全套营销策略解决方案，对自身的客户群和潜在客户群进行全面分析，根据客户的风险偏好，帮助客户定制产品规划的策略，并通过模型分析等手段帮助客户建立潜在客户筛选、客户交叉销售、潜在流失客户挽留等营销策略，并对整个营销管理流程进行优化，包括内容和流程确定、活动效果分析等。

二、信贷审批解决方案

将获得新客户的成本降到最低的能力是授信机构提高利润率的一个主要驱动因素，许多授信机构都对放贷流程进行了整合，以便能够使用自动化的贷款申请程序。征信机构利用自己的经验和技术，帮助授信机构更好地实现这方面的系统设计。在提供此类贷款申请程序的解决方案时，需要考虑以下三个方面：一是一系列的标准电子化数据获取界面，将客户信息按一定格式存储以备分析使用。二是通过软件自动处理，审核申请人是否满足借款条件。三是通过决策引擎将数据引入规则和评分模型，再提供给操作人员有关该贷款审批的决定，如接受、观察或拒绝等。该结果会进入待处理行列，直到将最终决定提供给拥有放贷审批权限的人员。另外，在新客户获取环节，征信机构通过综合使用规则逻辑、欺诈评分建模一系列解决方案来防止、发现欺诈行为。

根据客户技术能力的不同，征信机构开发的这类解决方案类征信产品的复杂程度也有所不同。高级决策系统能够管理决策程序的所有方面，包括客户细分、战略部署（如贷款期限、贷款额度和产品特性等），甚至还可以管理用于测试客户风险偏好的“支持／挑战”战略。例如，有些征信机构为商业银行提供风险决策引擎解决方案，帮助用户建立贷款申请风险管理流程，包括核查申请人的信用表现、合规性筛查、欺诈预防工具的应用等，帮助客户在数秒内作出是否开立账户的决策，为客户快速有效地批量发放信用卡、办理房贷和车贷等业务提供信息支撑。

三、贷后管理解决方案

对于循环授信类信贷产品，需要在整个信贷生命周期内进行有效管理，主要包括额度管理、超额授权和重新发卡等应用场景。因此，对于这类产品需要更为严密的监控手段。

首先，国外一些征信机构设计出很多贷后管理解决方案来解决信贷产品管理面临的问题，并提供有关客户关系管理方面的战略决策。例如，国外一些征信机构通过把通用信用评分和用户的业务流程相结合，帮助零售银行以及信用卡、零售信贷和电信业务用户管理其整个信用风险控制和客户关系管理流程，实现全流程的自动化决策。虽然相比较而言，这些复杂的系统解决方案的要价较高，但是却已逐渐成为零售信贷市场信用风险管理的主要组成部分。

其次，征信机构除了帮助授信机构优化某一特定业务流程外，也为授信机构提供全流程解决方案，包括优化贷款审批、账户管理和债务催收的流程和制定管理策略等，该服务的主要对象为中小银行和信用社。例如，在国外，有些征信机构为授信机构提供账户管理策略服务，这项服务主要包括在信用状况发生变化时，除向客户主动提示外，还对引起超过额度、逾期等情况的因素进行分析，提出有针对性的管理策略建议；对账户的信用状况进行评估，及时调整信用额度；根据债务催收评分，对高风险账户的信用状况评估，分别给予注销账户、追偿、委托债务催收机构以及出售给第三方等策略建议。

四、其他常见的解决方案类征信产品

（一）数据管理解决方案

数据管理解决方案针对的服务对象主要是一些大型的制造业或零售商等机构，这些机构拥有多个数据平台或业务系统，如客户关系管理系统、订单系统、供应商管理系统、潜在客户系统等，但系统间的数据缺乏有效整合，无法有效分析数据价值。数据管理解决方案就是利用征信机构的数据库管理经验、拥有的商业信息、专业的数据匹配和验证程序以及一整套的分析工具和技术，帮助用户重整散落于不同系统间的客户、供应商等主体的信息，将各系统间混乱而缺乏条理的数据转换成干净、准确的数据，并对这些数据进行分析，如成本预测与分析、客户贡献度分类分析等。这样，用户就可以任意进行目标设定，迅速获得相关客户或供应商的信息，从而提升其营销策略的有效性和客户关系管理能力。数据管理解决方案提供建立和维护数据库、数据清洗、数据整合①、

① 征信机构利用Connexus等技术来识别来自不同渠道的同一客户的信息，并统一整合。

数据扩充[①]、数据分析[②] 等一系列解决方案。

一些大型征信机构为商业银行提供客户数据管理解决方案，帮助其建立了客户数据库，通过数据清洗、整合和匹配，找出最有用的信息，并进行分类。这些商业银行在制定客户促销策略前，往往需要先从其数据库里面查一查，看看客户是否有此类需求、多少人有需求、成本收益如何等。通过这样的筛选，直接降低了其促销成本。

（二）合规性解决方案

各国适用于金融机构的监管法规较多且比较复杂，金融机构必须在日常经营管理中满足监管当局设定的指标要求。例如，要执行巴塞尔新资本协议的高级内部评级法，就要求授信机构不但能够计算出违约概率，还必须计算出违约损失和风险暴露。为帮助用户符合监管规定，征信机构利用其拥有整个金融机构信用数据的优势和数据分析技术，利用其更为强大的分析能力，开发出了一些高级模型、软件解决方案和咨询服务，进行组合，形成完整的合规性解决方案，帮助金融机构满足监管机构要求。有些征信机构甚至将一些合规性筛查工具融入信贷决策流程之中来提高风险评估的效率，或开发出一些高级评级模型并融入内部合规审查流程中，为银行满足监管要求提供解决方案。

（三）软件技术解决方案

一些征信机构建立了技术服务平台，帮助用户电子化获取数据，在线利用其在数据管理和模型开发方面的软件和应用程序，为用户提供信息化技术（IT）解决方案，帮助用户更快、更便捷地开展业务，也取得了很好的效果。例如，益博睿为汇丰银行提供数据整合技术解决方案，利用益博睿的科耐克（Connect+）数据整合软件，使其能够访问和整合来自多个数据源（包括信用

---

① 利用征信机构的数据丰富用户的客户或供应商数据，如补充客户的生活方式、兴趣爱好、购买习惯等信息。

②由征信机构的一组专业团队进行，通过数据分析，建立客户价值和行为模型，量化对商业行为的影响，并根据分析结果为用户的营销战略和实现该战略的具体措施提供建议。

机构和其他第三方数据提供商）的数据。汇丰银行通过科耐克所创建的共通界面，能够把位于世界各地的第三方数据访问权进一步标准化，即如果汇丰银行在进行决策时需要外部数据，科耐克将用于判定和获取最适合的信用信息来源。随后，科耐克收集数据并将数据整合为一致的格式，再传回汇丰银行。艾克飞提供的数据整合工具（Connexus）帮助使用机构对来源于任何渠道的信息进行整合，无论消费者的姓名和地址如何变化，都可利用历史记录帮助使用机构准确识别出客户。

当然，征信机构面向市场提供的解决方案绝不止这么多，经过不同的产品组合，就会产生不同的解决方案。解决方案永无止境，有些专注于微观，有些专注于宏观（如一些征信机构开发的行业解决方案等）。因此，市场化的征信机构在这方面的探索和努力不会止步，这也将成为市场化征信机构的一个重要利润来源。

参考文献

[1] 王晓明：《不断提高征信系统服务功能》，载《中国金融》，2011（21）。

[2] 王征宇、于江、黎晓波、陈全生、曹岱：《美国的个人征信机构及其服务》，北京，中国方正出版社，2003。

[3] 李连三、曹亚廷：《国外征信机构的产品开发及对我国的启示》，载《河南金融管理干部学院学报》，2008（3）。

[4] 郭清马：《关联企业信用风险溯源及防控机制优化》，载《湖南财经高等专科学校学报》，2009（4）。

[5] 张国平：《关联企业的法律特征及其与企业集团的关系》，载《南京师大学报（社会科学版）》，2007（4）。

[6] 吕强、杨瑞成、王丰磊、杨静：《一类存在欺诈销售行为的企业信用风险预警研究》，载《统计与决策》，2011（13）。

[7] 耿凤桂：《征信系统与金融统计监测系统信贷数据差异比较》，载《内蒙古金融研究》，2013（12）。

第六章

征信机构的业务延展：金融反欺诈服务

欺诈是很宽泛的概念，涉及的领域众多。对信贷市场而言，欺诈日益成为一个突出的问题。欺诈不仅给放贷人造成经济和声誉上的损失，也给消费者带来损害，其影响也日益加大。反欺诈离不开信息的支持，反欺诈服务提供方基于信息收集、比对与分析而展开一系列服务和产品的研发。

欺诈属于操作风险范畴，与信用风险密切相关。征信机构的业务已经突破服务信用风险管理领域，深度介入到利用征信信息及其他来源信息，帮助金融机构防范欺诈，征信机构的反欺诈服务已经成为征信机构业务发展的一个重要方向。因此，深入研究反欺诈需要的信息支持、征信机构在反欺诈服务和产品领域的实践、我国征信系统在提供反欺诈服务方面的市场空间具有重要意义。

第一节　金融欺诈概述

一、金融欺诈现状

欺诈普遍存在于各个行业，在经济金融领域，主要是指以获得经济利益为目的的错误的或犯罪性的欺骗。金融服务业因其产品的复杂性、信息技术系统的复杂性以及与金钱交易紧密的关联性，成为受欺诈影响最大的行业之一，欺诈的平均损失率也高于各行业的平均值。

近年来，国内外金融领域的欺诈形势日益严峻。Kroll 咨询公司《2013/2014 年度全球反欺诈报告》调查指出，金融机构因欺诈而遭受的损失占其营业收入的 1.5%，比上一年增加 1 倍多，在欺诈行为方面的风险敞口加大了 79%。一些欺诈调查和统计结果显示，2012 年，仅全球信用卡的第一方申请欺诈已造成 185 亿美元的损失，预计 2016 年这一数据将达到 286 亿美元；[①] 2010 年英国信用卡欺诈涉及金额 3.65 亿英镑，意大利身份欺诈造成的信贷损失为 16 亿 ~ 20 亿欧元[②]。2013 年，我国信用卡已确认欺诈金额达到 1.3 亿元人民币[③]。从国内银行了解的整体情况看，欺诈无论从事件数量还是涉及金额都呈现逐年上升的趋势。

在金融行业之外，电信等其他行业的欺诈最终也会牵涉到金融领域，归入金融欺诈范畴。因此，金融欺诈牵涉范围广，其实际损失实际上难以估算。在任何一个国家，欺诈风险往往是被低估的，很多机构不愿意过多地将自身被欺诈的信息披露出来，自行暴露仍然是目前很多机构发现欺诈的主要渠道，

① 来源：FICO 反欺诈资料。

② 来源：欧盟金融协会（Eurofinas）与欧盟征信协会（ACCIS）联合发布的反欺诈研究报告。

③ 来源：《2014 年信用卡产业白皮书》。

意味着很多欺诈并没有被发现，通过统计数据了解到的只是冰山一角。[①]

除了最显而易见的经济损失外，欺诈给金融机构带来的还有不可估量的声誉损失。调查发现，德国超过 1/4 的金融机构遭受了欺诈带来的严重非经济损失（如声誉受损、业务关系恶化、员工积极性下降等）[②]。这意味着，当客户成为欺诈受害人的时候，很可能对金融机构的产品或服务的安全性失望，客户信任度的丧失及社会声誉度的损失对金融机构来讲是很难补救或挽回的。

二、当前金融欺诈的主要类型

金融欺诈的具体形态多种多样，常见的诸如身份欺诈（身份盗用、伪造虚假身份）、申请信息欺诈（虚增收入信息、虚假信贷信息）、窃取他人银行卡信息、伪造银行卡、不按合同目的使用信贷、非法处置抵押品、设备漏洞欺诈（非法获得访问终端设备的细节并利用其作案获利）、内部员工诈骗、开设空壳公司、骗取保险赔偿金等。金融欺诈形态转变快速，新手段层出不穷。人们根据一定的分类标准将这些形态归于不同的类型，从而便于抓住各种欺诈形态的本质，有的放矢地进行防范、控制和处理。

（一）按实施主体分类

按照实施主体不同，欺诈可分为第一方欺诈、第三方欺诈和集团性欺诈。三种欺诈的实施主体不同，其复杂性也逐一递增，造成的损失规模从小到大，反欺诈难度也不断加大。

第一方欺诈是账户持有人本人实施的欺诈行为。在信贷领域，第一方欺诈表现为欺诈者通过伪造虚假申请信息来骗取信贷，却在获得信贷后不偿还债务。欺诈实施人使用的是自己的真实身份，没有第三方受害人。这种欺诈具有多频低损的特点，即发生的频率较高、造成的单笔损失相对较小。

---

① 普华永道2006年发布的《银行和保险业经济犯罪情况调查报告》显示，欺诈风险仍然被低估，只有1/5的金融机构合理评估了欺诈风险。

② 来源：普华永道 2006 年发布的《银行和保险业经济犯罪情况调查报告》。

第三方欺诈是第三人实施的欺诈行为，表现为欺诈者在当事人毫不知情的情况下通过窃取、冒用其身份，或伪造虚假身份而实施的各种欺诈。比如，有的欺诈者先通过钓鱼、木马病毒传播等手段，非法获取客户的贷记卡或借记卡账户信息，再进行取款、伪造卡片、盗刷等行为。第三方欺诈导致被冒用身份的消费者或账户持有人成为直接受害人，属于刑事犯罪行为。

近年来，第三方欺诈呈现出由个体作案、单一作案向有组织的集团性犯罪方向演变的趋势，逐渐形成犯罪链条，这类欺诈被称为集团性欺诈。欺诈集团既包括个人欺诈集团，也包括企业欺诈集团。这类欺诈发生频次较少，但一旦发生，被欺诈方的损失额度巨大。

（二）按发生的业务环节分类

按照发生的业务环节不同，欺诈可分为申请欺诈和交易欺诈。

申请欺诈是欺诈者在账户申请阶段，通过欺骗行为获得金融产品和服务，其中既包括虚报申请材料的第一方欺诈，也包括通过身份欺诈（使用虚假或伪造身份）达成目的的第三方欺诈。

交易欺诈是欺诈者在交易阶段实施的欺骗行为，利用伪卡、盗卡进行交易或利用非法获取的他人银行卡信息进行无卡交易（如网上支付）等，可见交易欺诈均属于第三方欺诈。交易欺诈主要出于欺诈风险较高的产品，包括信用卡、借记卡和电子银行。

由于两类欺诈所处环节不同，防范过程中所需要的信息、工具、技术以及侦测防范的侧重点也有很大不同。比如，对于申请欺诈，重点要进行身份验证和申请信息核对，对身份信息的全面性、准确性要求较高；而交易欺诈发生在短短几秒内，为了维持较好的用户体验，必须以很高的效率完成信息的实时侦测，因此对数据分析和信息技术的要求较高。

（三）其他分类

按照性质和程度不同，欺诈还可以分为软欺诈和硬欺诈。软欺诈是尚未达到报案起诉的程度的欺诈事件，有时称为机会欺诈，比如前面提到的第一方欺诈，通过设计虚假条件获得金融服务。硬欺诈则达到报案级别，是赤裸裸的欺诈。第三方欺诈、集团性欺诈、交易欺诈都属于硬欺诈。

此外，根据实施者的所属身份，可分为内部欺诈和外部欺诈。内部欺诈是金融机构内部员工故意骗取、盗用资产或违反监管规章、法律或公司政策导致的损失，有时是内外部人员勾结，合伙作案。外部欺诈则由金融机构以外人员实施。内部欺诈是目前金融机构欺诈损失金额最高的类别。相比外部欺诈呈现出的高频低损的特点，内部欺诈的特点则是低频高损。

欺诈关系类型如图 6-1 所示。

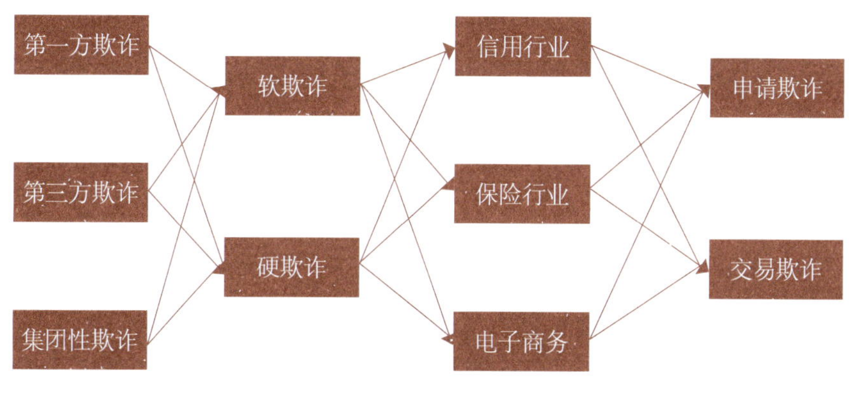

图 6-1　欺诈关系类型

三、金融欺诈风险管理与反欺诈服务

对于信贷机构而言，欺诈风险与信用风险存在本质差别。欺诈是一开始就以欺骗为目的、给第三方或交易对手方带来风险的行为。欺诈风险是由欺诈实施者的主观行为造成的，有变化多端、难以预测的特点。信用风险则不同，申请者在达成信贷交易协议时并没有欺骗性行为，然而，随着时间的推移，申请者自身的偿还能力出现了问题，可能发生违约行为，给交易对手带来损失。因此，在巴塞尔资本协议Ⅲ 中，欺诈风险被归为操作风险范畴，与信用风险的资本计量标准不同。欺诈风险管理所需的手段也与信用风险管理截然不同，金融反欺诈服务因而成为有别于征信业务的一块相对独立的业务。但是，两者却又紧密相连，因为银行在业务全流程管理中往往需要同步考量信用和欺诈两类风险。

反欺诈涉及欺诈预防、监测、调查以及必要情况下采取法律行动等诸多步骤。金融机构需要数据来核实是否已经发生或正在发生欺诈行为，还需要具备信息验证能力，比如申请人的身份是否真实、卡交易是否是本人进行的等。此外，还需要对某些业务中客户提供的资料进行准确性查证。在此过程中，需要充分调动金融机构的内外部力量。在机构内部，需要根据本机构面临的欺诈威胁和事件特征，制定企业级的反欺诈政策，并对其不断进行更新完善；而且，需要构建先进的欺诈风险信息管理系统，引进反欺诈技术和工具，针对各业务条线建立相应的欺诈监测业务流程，并将监管机构的相关合规性指引应用于内部流程中，从而对欺诈风险点进行有针对性的防范部署。

此外，外部的第三方反欺诈服务机构是提升反欺诈能力的重要力量。由于反欺诈服务的支撑点是数据和技术，因此反欺诈服务也可分为数据型和技术型。不同的反欺诈服务机构关注的欺诈涉及产品类型不同，涉足的欺诈业务环节不同，业务优势也不尽相同。有的机构主要提供反欺诈所需要的充足的数据支持以及自动化、智能化的数据分析工具，有的机构专注提供反欺诈所需的各种先进的信息技术手段。根据所掌握的数据资源不同，有的机构侧重于提供交易欺诈服务，有的机构则在申请欺诈服务方面更有优势。

征信机构是反欺诈服务的主要提供方之一。从国外实践看，征信机构往往是覆盖全行业的欺诈信息数据库的构建者。凭借其与金融机构、公共机构之间已经建立的网络优势，征信系统中的数据资源，以及具有公信力的、专业化的第三方信息服务者的地位，征信机构在整合信贷业欺诈信息并提供各种反欺诈所需的增值产品和服务方面具有独特优势；而且，征信机构提供反欺诈服务的另外一个优势是能够兼顾欺诈风险管理与信用风险管理，有利于帮助金融机构实现流程的整合与优化，提高业务处理效率。

反欺诈服务通过对欺诈风险进行针对性监测和管理，帮助放贷人减少或避免欺诈损失，同时保证信贷的健康扩张，并有力地打击欺诈活动。对于放贷人而言，反欺诈服务使得放贷人避免了用“一刀切”的办法统一收紧放贷标准来降低违约率，降低了欺诈对放贷规模和盈利的影响。

第二节　反欺诈的信息基础与服务类型

信息是成功防控金融欺诈的基础，贯穿欺诈识别、评估、控制、缓释、监测和报告的整个风险管理流程。因此，金融机构首先要充分利用内部数据库、外部数据库以及公共信息。反欺诈服务通过信息比对、欺诈规则分析、预警、风险评估与量化、事件分类处理等手段实现对欺诈的事前防控和事后经验总结，从而形成良性的信息流循环，并将信息升华为更有价值的反欺诈知识，促进金融反欺诈整体水平的提升。

一、信息基础

（一）需要的信息

可靠的信息源、充分的信息共享（特别是欺诈信息共享）是实施信息比对和深度分析等高级反欺诈手段的前提。由于商业银行自身的信息有限，尽可能获得外部数据的支持成为确保反欺诈策略可行性与发挥最大效用的必要条件。这些信息主要包括身份验证信息、客户背景信息、欺诈“黑名单”和“灰名单”（已确认欺诈和疑似欺诈信息）、资产和抵押信息等。

1. 身份验证信息

（1）客户（或潜在客户）的基本信息。对个人客户而言，包括居民身份证件信息、姓名、出生日期、工作单位和电话、住址、手机号码、电子邮箱、电子认证信息等。对于企业客户而言，包括企业名称、企业唯一的身份代码（如机构代码）、地址、电话、关联企业等。对于现有客户，这些信息可以从内部获取；对于新客户，可从公安部门身份信息核查系统、征信系统以及其他电子身份验证工具提供机构查得或得到比对结果。

（2）其他身份验证参考信息。包括死亡和失踪人口信息数据库（识别冒用失踪和死亡人口身份的欺诈）、电信实名制信息、邮递信息、企业关联信息等。这些信息从公安部门的死亡和失踪人口信息数据库、电信运营商、邮政部门、征信系统、企业黄页获取。此外，随着移动互联技术的发展，IP 地址、上网终端设备信息、生物识别信息等也成为互联网身份欺诈的重要比对要素。市场上有专门的科技公司提供基于此类信息的技术型反欺诈服务。

2. 客户背景信息

客户背景信息主要用于核对客户所提供申请信息的真实性和准确性，包括学历和婚姻信息、社会保险缴纳信息、法院信息、企业工商注册信息、缴（欠）税信息、企业所有人或主要管理层人员信息。这些信息可从政府相关部门的公开信息数据库获取。

3. 已确认欺诈信息和疑似欺诈信息

该信息用于比对发现利用欺诈历史记录中的相关信息再次进行欺诈的行为，包括已确认欺诈分子和嫌疑欺诈分子使用过的身份信息（姓名、身份证件、性别等）、工作单位和邮寄地址、电话、电邮以及已确认欺诈的类型和发现方式。单个金融机构掌握着自身客户的欺诈“黑名单”（已确认欺诈）和“灰名单”（疑似欺诈）信息。此外，一些全行业或跨行业的欺诈数据库是欺诈信息的重要比对信息源。

4. 资产和抵押信息

不动产、车辆的登记信息可用于核查资产信息，并监控重复抵（质）押、多头授信等欺诈风险；不动产估价信息可用于判断申请人是否有足够的收入居住在此地。此类信息基本来源于政府部门的不动产和动产登记系统。

（二）信息共享机制

金融领域欺诈具有流窜性的特点，欺诈者，特别是第三方欺诈者经常对不同的金融机构进行试探，寻找其风险管理体系中的漏洞，手段也愈加老练。因此，预防措施也要与时俱进，确保能够有效处理欺诈。要实现这一目标，同业数据共享尤为重要。

目前，服务于反欺诈的数据库有以下几种。

1. 全国性欺诈信息共享数据库

虽然放贷人建有内部的欺诈信息数据库，但如果不能共享这类信息，信息对反欺诈发挥的作用依然有限，如能建立全国性、全行业的反欺诈数据库，各银行把在日常信贷业务流程中识别出的存在欺诈的业务进行信息共享，则能够大大提高欺诈分子的犯罪机会成本。因为比起单个机构的欺诈信息，更广泛的信息共享范围使得欺诈规则的分析更加全面、准确，量化风险模型的预测能力更强，信息的反欺诈效用能够得到更大程度的发挥，从而提升欺诈侦测的成功率。

全国性欺诈信息共享数据库一般采集两类欺诈信息中的一类，或者两类都采集：一是已确认欺诈的信息，二是疑似欺诈的信息。数据库所覆盖的信息范围因参与共享的机构性质而有所不同。有的专门采集金融信贷业的欺诈信息，有的则覆盖金融信贷、保险业、电信业甚至其他行业的欺诈记录，因为这三个行业的欺诈活动有很大的关联性，而且这三个行业的机构对欺诈信息都有同质化的、强烈的需求。全国性欺诈信息共享数据库一般采用互惠性的会员制机制，谁向数据库贡献欺诈数据，谁就能够得到数据库的服务。

很多国家建有全国性欺诈信息共享数据库，但各国的具体做法不尽相同。荷兰建有一个反欺诈数据库“金融机构信息系统(Information System of the Financial Instituions, IFI)。该系统收录了金融机构发生的各种欺诈事件的登记信息，包括发票造假、身份盗用、钓鱼网站诈骗、信用卡欺诈等可能影响金融机构安全的欺诈事件，所有银行和金融机构都加入该系统。在英国，有两个主要的反欺诈数据库：一个是西弗斯（CIFAS）全国性反欺诈数据库，拥有 300 家会员机构，涵盖英国绝大多数的银行、保险及电信机构，采集已确认是欺诈的信息，并通过英国的全国性征信机构以及其他反欺诈服务提供机构向所有贷款机构提供信息服务；另一个数据库由征信机构益博睿建立，会员包括金融机构、电信机构和保险机构，既采集已确认的欺诈信息，也采集金融机构的信贷申请信息，收录了房屋按揭、汽车金融、保险、银行卡、贷款、现金 / 存款账户等跨行业的金融产品欺诈记录。此外，韩国等很多国家的征信机构也建立了覆盖所有信贷机构会员的反欺诈数据库。

欺诈信息共享数据库采集的欺诈所涉业务的详细信息，一般包括欺诈人申请所用的地址、姓名、生日、单位、工作地址和电话、欺诈类型、上报机构、上报时间等。数据库主要为防范业务申请欺诈提供信息比对和欺诈预警。会员金融机构的新客户审批部门有权查询数据库，先向数据库系统发送新申请件的信息，系统收到信息后，将其与数据库中已有的欺诈记录和申请信息记录进行匹配，并将匹配结果（匹配或不匹配两种）反馈给金融机构。有的数据库还会辅以一定的欺诈监测规则，一旦有规则被触发，系统立刻反馈结果，金融机构对其采取进一步调查措施，必要时与欺诈记录的上报方联系，进行核实。此外，数据库还可以与其他风险防范系统（如征信系统）关联，将预警标识添加到有关的消费者信用报告中，便于放贷人在查询信用报告时对客户进行甄别。

除了为会员提供服务外，反欺诈数据库还为反欺诈智能分析研究提供了数据样本，便于了解各类欺诈的特点以及发展现状、趋势等，从而有利于整个行业更好地应对欺诈。

2. 申请信息共享数据库

历史申请信息用于防范欺诈的另外的重要信息，包括被确认为欺诈的申请信息，以及不是欺诈的申请表记录，前者一般被纳入欺诈信息共享数据库中，后者则可以通过建立跨机构的专门数据库进行共享。其价值体现在：根据一定的欺诈侦测规则，将新申请表信息与历史申请信息进行比对，发现异常状况。

一是确认申请表信息项（见表 6-1）之间是否一致。比如申请人的工作电话与工作地址、工作单位的一致性，申请人姓名与工作电话、手机号之间的一致性。二是查找现有客户的新申请与其历史申请记录中信息项的不一致情况，比如同一个身份号码但不同的生日、同样的电话但不同的工作单位。三是发现申请频率异常。例如，当同一申请人在一定时间内多次发出信用申请，或同一个地址、邮件的信息被用于申请多次信用等异常情况发生时，属于欺诈的可能性很大。一些欺诈团伙的常用手段就是将同样的虚假申请资料向不同地区、不同银行投递，利用各地银行申请处理系统没有联网的漏洞，通过多次投递寻找机会。四是识破有关联性的集团性欺诈。集团性欺诈的各个申请人提供给银行的资料、地址、电子邮件、手机号、座机号都存在一定的关联性，多数情况下他们把这些不实的信息项进行组合，递交给银行审核，实施申请欺诈。如果把这些数据集中起来，通过比对和关联分析就能发现集团性欺诈的一些痕迹。

表 6-1　信贷申请表信息项

申请	身份证号	申请人姓名	申请日期	类型	金额
C03001	×××	李四	2015 年 1 月 1 日	个人贷款	1000000 元
手机号	**电子邮箱**	**工作电话**	**工作单位**	**工作地址**	**家庭住址**
×××	lisi@163.com	×××	××× 公司	北京市朝阳区 ××× 号	×××

申请信息共享数据库一般由征信机构建立。因为征信机构不但可以依托已经与金融机构搭建起来的信息共享网络，而且可以将申请信息共享数据库与征信系统、反欺诈信息共享数据库相结合，利用三方面的信息资源提供更全面的反欺诈信息服务，并把其他反欺诈工具和手段一起应用起来，提高反欺诈产品的高效性、灵活性和多样性。

3. 身份验证信息核查系统

身份验证信息核查系统通过把分散在各个公共部门的身份验证信息，如证件信息、身份代码信息、社保信息、保障性住房信息、医疗保障信息、纳税信息等进行整合，提供联网身份核查服务。在意大利，政府2011年通过立法要求以这种方式筹建一个供金融机构和电信公司使用的身份验证信息核查系统，它将把一些公共行政部门的数据库联网，包括收入署、社会保险署等部门掌握的相关数据，可服务于授信业务中的客户身份验证，并能够根据一定的指引实时监测欺诈，对可疑欺诈发出预警。

二、金融反欺诈服务的主要类型

在拥有反欺诈服务所需要的内外部数据资源之后，通过采用一些反欺诈技术和工具对各种可能导致欺诈的要素信息的比对和分析，能够快速排除潜在的欺诈。

从类型上看，金融机构可采用的通用反欺诈服务可分为数据类、工具类、解决方案类。数据类主要是基于信息结果比对而提供的身份验证、欺诈侦测等服务；工具类是基于数据分析，进行欺诈规则分析、欺诈行为特征分析和欺诈风险量化评分模型的建立；解决方案类更进一步地将已经具备的数据类、工具类手段整合后，为反欺诈侦测、预警和处理服务提供一站式的解决方案，将反欺诈的手段进一步延伸到风险分类和如何自动派送到后台团队做进一步处理。此外，反欺诈服务还会根据金融机构的个性化需要，为信贷机构开发搭建企业级反欺诈流程管理系统所需的各种软件，帮助放贷人实现反欺诈的集中管理。

（一）针对申请阶段的反欺诈服务

欺诈行为越早被发现，造成的损失越少，因此授信机构必须获得一些数据来及时核实是否已经发生或正在发生某种欺诈行为，反申请欺诈服务也就成为防范欺诈的第一道屏障。

申请欺诈可分为第一方申请欺诈（虚假资料申请）和第三方申请欺诈（虚假身份申请）两类（见表6-2）。第一方申请欺诈具体可能表现为工作资质造假、虚增收入和资产信息。第三方申请欺诈往往是贷款中介和欺诈专家直接参与进行的团伙性欺诈行为，它们会通过设立空壳公司、伪造文件（如职业证明、抵押品证明等）来达到欺诈目的，具有规模大、欺诈手段变化快、损失大的特点。

表 6-2　金融反欺诈服务概况

欺诈的分类	在申请阶段的表现	针对性的反欺诈服务
第一方申请欺诈	伪造资料开立信贷账户	欺诈侦测、评分、预警
	信贷滥用	
	信用评分欺诈	
第三方申请欺诈	盗窃他人身份开立账户	身份验证
	信用卡账户伪造或盗用	
第三方交易欺诈	支付欺诈	内部设立反交易欺诈解决方案

申请欺诈具有难以控制以及统计上难以预测的特性。申请欺诈一旦得逞，将导致银行遭受直接损失。2013 年，我国信用卡领域的申请欺诈损失占比为 18.9%，是损失仅次于伪卡的欺诈类型。实际上，由于对欺诈损失界定得不明确，被发现的申请欺诈只是一部分，只有一些损失被纳入了催收范畴。

针对申请欺诈可采用的手段包括以下几种。

1. 身份验证

验证申请人的身份信息是否属实是银行防范申请欺诈的关键。银行在接到一笔信贷申请时，先要对申请人的申请表信息真实性进行验证。由于内部数据有限，银行往往需要外部数据的支持。身份验证服务利用多种内外部数据源对申请表的各项信息进行比对，发现冒用别人身份证申请或持有假身份证申请的状况。

身份验证所核实的内容包括申请人提供的身份证件材料是否真实、是否有工作、其申请中所提及的一些业务是否还在正常运营。此外，还需查证申请人提交的资料中的信息（如工资水平、教育背景、工作年限、婚姻状况、资产状况、信贷历史等）是否准确。

身份验证需要较多的外部数据支持，对单个机构而言，单独获取每一个外部数据源，进而进行流程整合和应用，需要耗费大量的人力和物力，第三方身份验证服务便应运而生。第三方机构利用其专业性整合各类有价值的信息后，提供一站式身份验证服务，嵌入放贷人的审批流程前端，既有利于放贷人全面、有效、快速核对申请人的身份，又便于灵活添加、删除所使用的信息项，而且降低单个机构的验证成本投入。

2. 欺诈侦测与预警

该服务基于预先已设定的规则，将新的申请表数据与历史申请表数据进行比对和数据分析，对潜在欺诈行为进行侦测，并在锁定欺诈风险较高的申请人后及时向金融机构发出预警提示，便于其对这样的申请件进行区别处理（见表6-3）。侦测主要从以下方面进行信息比对。

表 6-3　基于规则搭建反欺诈评分并提供分类预警示意

预警等级	总分数	规则1	规则2	规则3	规则4	规则5	规则6	规则7	规则8	规则9	规则10
高预警风险	200	A01	B03	C01	—	—	—	—	—	—	—
各规则得分		130	50	20	—	—	—	—	—	—	—
原因 1		工作单位是已确认欺诈数据库中的欺诈单位									
原因 2		工作电话与他人的电话号码相匹配									
原因 3		手机号码在一个月内有变化									

（1）与已确认欺诈数据库进行结果比对。将申请表中的信息与内外部已确认欺诈记录“黑名单”进行比对，发现异常，比如使用了欺诈分子使用过的虚假地址、电话、工作单位、盗用或伪造的身份证件等身份信息。

（2）自动检测、分析、发现申请信息内含的逻辑错误。比如，申请人的电话和单位（或地址）不匹配；检查申请人行为异常，如手机号码变动频繁、一定时间内有多次信贷申请等。在侦测的基础上，即可对金融机构就所发现的欺诈申请人发出预警。

3. 申请欺诈评分

申请欺诈评分是在欺诈侦测规则的基础上，利用内外部数据，根据各规则的得分权重，对申请人在欺诈侦测中的不同结果进行欺诈风险量化评估，从而以统计的方式表示欺诈可能性，并对申请件的欺诈风险进行系统排序。

根据评分结果的高低，对申请人进行风险分类（一般分三类），以便做不同的后续处理。第一类是欺诈风险较高的申请人，其申请会被自动拒绝；第二类是无欺诈风险的申请人，直接通过此流程进入审批环节；第三类是欺诈风险不确定的申请人，放贷人只需对筛选出的这一人群进行进一步的人工核查，从而降低了人工核查的工作量，提高了审批效率。

4. 欺诈报告

对于申请欺诈评分超过一定阈值的申请人，出具一份较为详细的欺诈报告，显示出申请人欺诈风险较高的原因，便于审贷员进一步对申请人进行检测，确定最终是否属于欺诈。

5. 案件分类处理

经过前面阶段的侦测，当有欺诈嫌疑的申请被核验出来后，需要进行分类，再自动派送给不同的后台审核团队，采用不同的调查和处理方式进一步分析处理。

6. 全自动化反欺诈流程

通过整合以上手段，打造出一整套自动化的欺诈侦测、预警和案件管理流程（见图 6–2）。这样，当收到申请后，系统自动根据申请表信息进行欺诈评分计算，根据评分结果对申请人欺诈风险进行分类；对于第一类人发出高风险预警，其申请会被自动拒绝；对第三类人使其通过欺诈侦测环节直接进入后续的审批环节；对第二类人表现出一些欺诈疑点的，系统发出欺诈嫌疑预警，并提供欺诈报告，详细披露此人在各类欺诈规则下的表现情况，放贷人只需参考欺诈报告进行进一步有针对性的人工核查即可。自动化反欺诈流程能够整合利用各种反欺诈产品的优势，在反欺诈的同时提高审批效率。

如果能够整合已确认欺诈数据库、申请信息共享数据库和征信数据库等多种资源，便可以对欺诈进行一站式的侦测、预警、解决和处理。

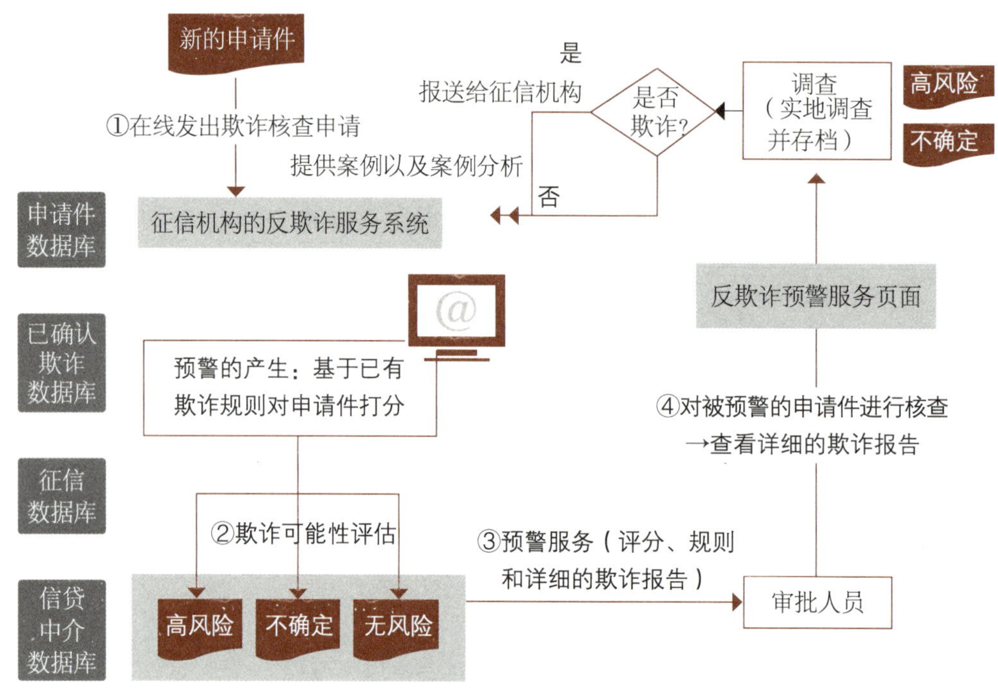

图 6-2　申请欺诈预警服务流程示意（例样）

7. 集团性欺诈深度分析

对于复杂的欺诈集团，仅凭借以上手段难以应对，需要根据各来源的信息进行关联分析，并且对全国欺诈形势、特点等进行全面深度分析。其中，对于个人欺诈集团的分析，主要利用电话、地址、单位等信息，基于一定的规则与“黑名单”信息进行比对和关联分析，勾勒出欺诈集团的形态。对于企业欺诈集团，通过对已确认欺诈企业的集团所属关系、共同法人、投资关系、担保关系等进行企业关联关系分析，勾勒出潜在的欺诈集团。

（二）针对交易欺诈的服务

交易欺诈一般指涉及卡交易活动的伪冒克隆卡交易、丢失被盗卡交易、未达卡交易和非面对面交易等类型欺诈。

由于交易欺诈的侦测和举证离不开交易数据，所以掌握交易数据的银行卡交易处理机构在提供针对交易欺诈的服务方面具有独特优势。有些技术比较成熟的征信机构、评分建模公司也会提供防范交易欺诈的技术类外包服务，比如帮助一些规模较小的放贷人开发内部的交易欺诈处理流程。针对交易欺诈的服务一般是利用交易监控类信息系统，根据客户交易行为设置交易规则，监测欺诈可疑情况。

近年来，随着网络交易的发展，网络欺诈日益猖獗，互联网公司利用其所掌握的用户地址、电子邮箱、COOKIES、手机等信息，也开始提供防范交易欺诈的身份验证服务。一些以防黑客技术见长的机构通过技术手段对用户使用的手机、笔记本电脑、平板电脑等上网设备的 IP 地址的真实性进行侦测，可识别交易实际发生地与账户持有人所在地不符合的欺诈行为，也为反交易欺诈注入了一股新的力量。

对金融机构而言，反欺诈服务的好处是不言而喻的。反欺诈服务提升了反欺诈的专业性和针对性，帮助放贷人更有效地降低了欺诈风险和损失，也减少了人工排查欺诈的工作量；而且，通过把反欺诈更有机地整合到信贷管理流程当中，提高了反欺诈的效率和成效。对于社会而言，反欺诈服务也进一步改善了消费者的服务体验，为创造一个良好的金融服务环境作出了贡献。

（三）面向消费者的反欺诈服务

欧盟金融协会的反欺诈调查表明，识别出欺诈的时间越早，其带来的损害越小。而消费者自身可以在提早防范第三方欺诈中发挥重要作用。

身份被盗用或信用卡被盗刷是消费者面临的最常见的欺诈。随着信息化时代的发展，商户的数据库信息外泄、在社交网站分享个人生活信息、利用非法渠道购买身份信息和信用卡信息等都可能造成消费者的身份信息被盗。由于举证困难，受害的消费者往往不得不为欺诈者的行为埋单，还要付出时间和金钱成本去解决问题。因此，作为弱势群体的消费者更需要反欺诈服务的帮助。

面向消费者的反欺诈服务源于法律的强制要求。随着消费者权利保护力度的增强和制度的完善，一些国家在法律法规中要求征信机构为欺诈受害人提供反欺诈服务。比如，美国2003年通过了对《公平信用报告法》进行修订的法案——《公平及准确信用交易法》（*The Fair and Accurate Credit Transactions Act*），其中增加了帮助消费者应对“身份盗用”的相关条款（见605A条）。该条款规定，当消费者确认或怀疑自己已经成为欺诈行为（包括身份被盗用或账户被盗用等其他欺诈行为）受害人或可能将成为欺诈行为受害人时，有权要求征信机构在其信用报告中放置预警标识，警醒放贷人谨慎放贷，还可以免费查询一次信用报告，并设立了全国性的欺诈报警系统。

这种权利基本属于事后预警。仅凭借消费者自身的力量，要想防范欺诈于未然，还有很多困难。为了解决这一问题，国外一些征信机构将面向消费者的反欺诈服务进行了延伸，将身份保护与个人信用监测相结合，为消费者提供包括信用报告欺诈敏感信息监测、敏感信息变化通知、身份保护、欺诈解决、信用恢复、咨询等在内的一系列反欺诈服务，一方面帮助消费者更专业、有针对性地防范、侦测潜在欺诈，另一方面对已发生的欺诈提供及时、快速、专业、有效的解决办法。

1. 在信用报告中添加身份盗用预警标识

在美国，法律要求征信机构免费为消费者提供该服务。当消费者发现自己可能成为第三方欺诈的受害人时，即可向征信机构提出请求，要求在其信用报告中添加身份盗用预警标识，展示给查阅其信用报告和信用评分的金融机构。

如果消费者不主动要求撤除身份盗用预警标识，该标识将在消费者的信用报告中保留90天甚至更长时间。预警的内容是告知所有查询使用该消费者信用报告和信用评分的放贷人，该消费者没有授权任何人以其名义申请新贷款或调增现有信贷账户的授信额度，预警可以按消费者要求提供联系电话，以备放贷人在审批此人名下的新信贷项目时验证身份使用。

2. 身份保护监测与预警

为帮助处于弱势的消费者更好地保护自己的身份，征信机构提供身份保护预警服务，通过对可能导致消费者身份信息被盗用的一些行为进行监测，及时向消费者发出预警通知，以便消费者及时核查，采取保护措施。监测的目标包括以下几种。

（1）互联网监测。监测通过一些不法网站非法出售、交易个人信息的行为。

（2）地址变更追踪。监测消费者申请变更地址的行为。

（3）法院记录监测。监测法院记录中使用消费者的身份进行的犯罪行为的情况。

（4）信用报告变更监测。当消费者信用报告中与欺诈有关的个人信息发生变动，比如出现新的查询记录、新开立的信用账户等时，及时通知消费者关注，防患于未然。

3. 信用报告锁定

消费者一旦发现自己的身份被盗或有被盗嫌疑，可向征信机构申请锁定其信用报告，不许第三方查询其信用报告，从而避免放贷人通过冒用其身份的信贷申请。待问题解决后，征信机构会根据消费者申请解锁其信用报告查询。

4. 信用修复

信用修复是针对已经成为欺诈受害者的消费者提供一系列恢复其信用的服务，包括从其信用报告中删除欺诈相关的数据（欺诈人所用的地址、欺诈账户、欺诈受害期间发生的信用报告查询记录等）、与放贷人联系关闭欺诈账户、在信用报告中添加欺诈预警标识以及提供如何解决问题的相关咨询服务。

从国外经验来看，使用身份保护服务的消费者往往比其他消费者信用活跃，信用评分也更高。例如，在英国，西弗斯反欺诈数据库也面向消费者提供防欺诈注册服务（Protective Registration），消费者如遭遇钱包遗失、信息泄露等可能会有身份欺诈危险的情形，可以申请在西弗斯数据库中添加欺诈预警标识，会员机构在贷款审批等环节查询数据库，当了解到消费者有欺诈预警标识时，将采取多项措施进一步核实申请人的身份，最大限度地避免身份欺诈带来的风险和损失。

第三节　基于征信系统的反欺诈服务

借鉴国外征信机构反欺诈产品和服务的经验，结合当前我国金融机构面临的欺诈问题及征信系统的数据特点，基于全国统一的企业和个人征信系统，将来可以提供一些反欺诈增值产品和服务。我们的初步考虑是重点从打造信息系统入手，开发比对、预警、分析、评分等一系列反欺诈增值服务，形成既与征信系统相区别、相对独立的反欺诈服务体系，又与征信系统形成有机补充、信用风险管理信息服务与反欺诈服务相结合的一体化服务体系。

一、建立反欺诈服务所需的信息系统

建立反欺诈服务所需的信息系统可从几个方面着手：一是通过征信系统与各种公共数据源的联网核查，建立较为完备的企业和个人申请人身份信息比对交叉验证系统。二是采集信贷申请人在授信机构申请信贷业务时首次提交的申请信息，建立申请信息数据库。三是推动信贷机构共享欺诈信息，为提供基于欺诈规则的欺诈预警和评分服务打造数据基础。

（一）身份信息比对交叉验证系统

目前，在对借款人身份进行验证、防范申请诈骗方面，国内一些商业银行通过与公安部等部门进行合作，查询公安部户籍信息系统，调查工商企业登记信息，并结合人民银行征信系统和本行信贷系统中收录的借款人基本信息，对申请人身份真伪进行验证。商业银行与外部公共数据库合作不仅需付出一定费用，而且需要自行开发相关系统，对关联的各个系统的数据进行匹配、比对和分析。为了提高身份验证的效率，征信系统可以与各个相关政府部门合作，整合各种有用的公共信息资源，为信贷机构提供借款人身份验证的一站式信息核查服务，从而降低放贷人自行开发身份验证比对系统的成本，并提高验证的准确性和便利性。

1. 共享信息

在个人身份信息比对交叉验证方面，可以与公安部的居民身份信息（包括护照、港澳通行证信息等）、居民户籍信息、全国死亡和失踪人口数据库、驾驶执照信息，教育部学籍学历信息，民政部婚姻信息，邮政部门的邮政地址信息，电信公司的电信信息（固定电话和移动电话），社会保障部门的个人基本信息，税务部门的个人缴税信息等联网交叉核对，快速确认个人提供的身份信息的真伪，在身份验证关建立防范欺诈分子的第一道屏障。

在企业身份信息比对交叉验证方面，可以与工商注册部门的企业登记注册信息（含年检信息）、全国组织机构代码机构的组织机构代码信息、各电信公司的用户基本信息、邮政部门的邮政地址信息、税务部门的税籍信息、海关部门的进出口信息等联网核查。此外，还可以与网商平台进行信息共享，抓取企业基本信息，对利用空壳公司进行欺诈等企业或集团性欺诈行为进行识别和防范。

2. 共享机制安排

目前，征信系统已经与公安部的身份档案系统联网。实现联网核查，一方面需要相关部门的信息公开和信息电子化达到一定的水平，建有集中式的数据公开平台，便于外部数据库系统（如征信系统）与其进行对接和信息抓取；另一方面需要各政府部门打破本部门的信息壁垒，提高信息共享意愿，将自身拥有的信息资源提供给社会上有需要的机构，进行信息的再利用，促使信息在经济活动中发挥更大价值。

从我国目前政府信息的公开情况看，还难以满足以上条件。如果我国能借鉴国际经验，通过专门的法律推动公共信息的公开和再利用，对以上两方面进行规范和要求，将大大加快身份联网系统的建立进程，增强其完备性。比如，意大利政府就通过颁布专门的法令，要求整合各政府部门所掌握的个人和企业身份信息资源，建立统一的、跨部门的身份核实信息平台，为需要进行信息核查的行业，特别是金融业等欺诈高危行业提供必要的身份验证服务。此做法值得倡议和借鉴。

此外，还可以采用市场化机制，通过征信机构与各部门签订数据核查协议的方式，选择性地与那些电子化、集中化程度较高的部门实现数据联网核查，为金融机构提供身份信息的一点核查验证服务，并将用户支付的服务费用的一部分提供给公共机构，用于覆盖其为配合信息核查系统的打造而进行的相关基础性投入（如数据质量检查、端口开发等）。鉴于我国的公共部门数据公开还不是很完善，我们应根据各部门的信息自动化基础和数据质量情况，在可行性分析的基础上，分阶段、分部门依次推进。

（二）全国性反欺诈信息共享数据库

目前，我国还没有类似国外的全国性反欺诈信息共享数据库。银行业、保险业、电信业这些欺诈高危频发行业还未能将欺诈信息加以有效地集中共享和采集利用。只有行业内部少数机构之间建有一些欺诈信息共享联盟，但是共享的信息内容也很有限，不能对信息价值进行进一步开发利用。一些金融机构因为竞争关系不愿意共享欺诈名单。这为欺诈分子利用欺诈信息的分散化、孤岛化、碎片化进行频繁作案、跨界（跨行业、跨机构、跨地区）作案留下可乘之机。

欺诈信息共享的不充分还限制了我国市场上反欺诈服务和产品的有效研发，使得市场上缺少全局性的反欺诈信息服务，各个金融机构不得不在反欺诈上“单打独斗”，投入不少，但收效却不能尽如人意。此外，国内对欺诈的全面统计、欺诈形势分析和预测也是缺失的，主要原因就是没有可靠的、权威的数据。依靠公安部门力量打击的只是欺诈犯罪中的一小部分，更为巨大的欺诈威胁潜伏在未知之下，成为国民经济潜在的巨大威胁。欺诈信息共享数据库能够解决反欺诈的信息不对称问题，为全行业性欺诈信息服务提供有力的信息支撑，减少公安部门的办案压力，从根本上把欺诈分子暴露在阳光下。

如果借鉴国际经验，通过依托具有公信力的第三方机构来推动打造欺诈信息共享数据库，将对反欺诈工作带来里程碑式的转变，把当前被动防范的工作局面扭转为主动防御，通过打造透明的信息网络，让欺诈分子无所遁形。国外的实践也已经证明，征信机构在发起打造欺诈信息共享数据库方面拥有独特优势，是合适的第三方人选，因为它具有较强的公信力，而且能够整合所有信贷机构进行共享。征信机构建立欺诈信息共享数据库，有利于一站式地为放贷人提供身份验证、欺诈侦测、分类处理等一系列多样化的反欺诈服务，使反欺诈流程更顺畅地整合到信贷审批流程中，提高服务效率。

随着我国征信业的逐渐成熟、发展，全国性的征信系统已经建立，建设欺诈信息共享数据库的主体要件已经具备。我们完全可以借助征信系统和商业银行之间已经形成的强大的、覆盖全国的信息化网络，整合各机构欺诈“黑名单”和“灰名单”的详细信息档案，建立欺诈信息共享数据库，打造惠及金融信贷业、保险业、电信业的反欺诈服务体系。

1. 建库之前对规避法律风险的考量

一些金融机构在共享欺诈“黑名单”信息上还存在顾虑：认为要共享的是实际发生法院判决的欺诈案例，而这种案例数量较少；如果报送疑似欺诈案件的信息，可能会冤枉好人，进而遭遇法律风险和声誉风险。而从国外征信机构建设反欺诈数据库的经验看，只要案件达到了欺诈的报案标准（不一定真的报案或得到法院判决结果），就可以被归类为已确认欺诈，其信息就可以进行共享。对于疑似欺诈案件，也可以通过报数机构准确地描述与每一个欺诈案件有关的数据项，避免法律纠纷和声誉风险。此外，征信机构有必要对参与欺诈信息共享的机构进行特别培训，使其了解数据报送的重点注意事项，即应该做什么、不应该做什么。有一些具体的措施可以借鉴。

（1）明确对报数机构的要求。把每一个与欺诈案件有关的数据或信息都报送到数据库中，按照一定的系统规则对已确认欺诈数据库中的案例相关数据进行更新，建立必要的内部流程来履行其应尽的职责。

（2）建立标准的欺诈案件描述结构。对数据库所采集的、用来描述同一个欺诈案例的不同主体信息（身份证、地址、电话号码等）要进行准确的、相互关联的定义。

（3）及时预警。每当数据库中的一个数据项被用于开户或信贷申请时，必须马上通知金融机构。

（4）准确描述欺诈案件。要做到不管欺诈案件如何复杂，数据库都能够通过回答以下所有问题，并准确描述整个案件。为此，报数机构在报数之前就需要明确：①申请人身份是受害者还是欺诈人、是否应该报警；②是否知道欺诈人是谁（个人身份、电话和地址信息的真实性，是否使用了虚假地址和电话等）；③欺诈的类型属于单人欺诈还是有组织的集团性欺诈（包括有多少个人和公司牵涉其中）；④为了避免误判和遭遇声誉风险，必须要看其他放贷人怎么看待同样一位申请人，如果申请人是其他放贷人认定的好客户，或者其他授信机构认为这个人很可能是被错怪了，就不应上报该案件，即必须确保每一个案件确凿无疑，没有任何疑点和误判风险。

（5）对记录的信息进行风险定义。通过使用各种风险定义来描述每个欺诈案例，以此来规避冤枉好人和不必要的法律风险，包括：①对信息主体进行风险定义，包括已确认的欺诈者、可疑分子、身份被盗用、值得信任、被保护、无评论；②对记录的每一个欺诈案例进行风险定义，包括已发生、未发生等；③对描述数据主体的每一个数据项进行风险定义：风险度如何（虚假、有风险、可疑、未知）、是受害者还是欺诈者的风险等。

（6）明确数据的来源。对于数据库中描述每一个信息主体的信息来源，选择描述性的定义，比如申请账户、第三方、值得信任的客户、值得信任的第三方、政府部门等。

为了能够不断完善对欺诈案件的描述，还可建立互联网站来听取用户反馈意见，吸纳好的改良建议。

2. 信息共享机制

在欺诈信息共享数据库运行机制上，可由征信机构建设、运行和管理，所有征信系统报数机构以会员方式加入欺诈信息共享联盟，基于平等、自愿、互利互惠、免费服务的原则在会员机构之间共享欺诈信息。

3. 共享的信息

先从信贷领域欺诈信息共享起步。会员机构上报信贷业务中经调查确认的欺诈事件（包括申请欺诈和交易欺诈）和疑似欺诈事件，涉及的欺诈人（或疑似欺诈人）所用的身份信息（姓名、出生日期、证件号码）、联系信息（家庭地址、家庭电话、手机号、电邮）、职业信息（公司名称、公司地址、联系电话）、欺诈的具体类型和业务描述等，以及上报机构和时间。重点是在如何设计描述的信息项上，可以参照上文提到的风险规避措施。

未来，待数据库的效应逐步显现后，共享的欺诈记录范围可以逐步拓展到保险、证券、电信等领域，共享骗保、电信诈骗等信息，加强各领域欺诈信息的互联互通。

4. 数据库功能

欺诈信息共享数据库应能够自动把信贷申请人使用的电话号码、地址信息、身份证件关联起来。数据库的系统架构要非常灵活、模块化，从而能够对快速变化的市场和欺诈的最新发展情况进行相应调整，保证把解决欺诈的最新方案快速、简单地反映到系统中。系统还应具备提供报告和统计数据的功能，以满足统计总体欺诈水平和欺诈手段的需要。

（三）企业和个人申请信息共享系统

征信系统目前只采集了银行审批通过的借款人信贷信息，缺少对欺诈行为有重要识别价值的信贷业务申请信息。从防范申请欺诈的角度看，采集信贷审批前申请人提供的申请信息，如联系电话、身份证有效期等信息，对欺诈人多次重复使用的电话、地址等进行提示，有利于防止团伙欺诈案件的发生。另外，采集此类信息对于欺诈评分产品也有重要作用。因此，可以整合各授信机构的信贷申请信息，建立借款人历史信贷申请信息数据库，通过汇总申请表信息，进行比对分析，为商业银行提供申请欺诈预警和评分等增值服务。

信贷机构在收到借款人的信贷申请后，将申请信息报送至申请信息数据库，具体可包括借款人基本信息（姓名、证件号码、性别、生日、学历、婚姻状态、住址及职业信息等）以及信贷申请信息（申请表编号、申请业务类型、金额、申请日期等），申请记录的状态为“处理中”。当信贷机构批准申请或拒绝申请后，需要更新报送申请记录的最新状态（“已批准”/“拒绝”/“取消”），如批准申请，再后续向征信数据库上报该笔业务的详细还款记录。

（四）建立其他信息验证系统

当前，在第一方申请欺诈中，往往是通过伪造个人的收入信息、房产信息、单位信息等来实施欺诈，因此需要对如下信息实现共享验证：个人住房公积金信息、个人社保信息、个人纳税信息、个人房产信息、企业和个人的法院被执行人信息和民事判决信息、企业和个人的行政处罚信息、企业的纳税信息、企业进出口信息等。对于信用信息，直接与征信系统相比对即可。上述信息既可以采用信息落地方式、联网核查方式，也可以采用联网验证方式（信息拥有方只给予一个定性的判断）等。同时，上述信息也需要同步与征信系统实现共享，以用于信用风险衡量。

二、依托信息产品可以提供的反欺诈产品和服务

（一）申请欺诈预警服务

依托申请信息共享系统，通过对申请表信息进行分析，设置若干欺诈侦测规则，对触碰规则的申请发出欺诈预警。规则可以包括以下内容：（1）当前申请表和历史申请表信息不一致、不合理或矛盾，如当前申请表中邮编地址和电话不吻合，当前申请表与历史申请表部分关键数据项（如地址、电话等）不一致；（2）申请频率异常，如同一客户频繁提出信贷申请、3个月内多地多次申请信贷等；（3）其他异常情况，如申请电话号码1个月内频繁变更、多人共用同一家庭地址或电话等信息申请信贷等。

欺诈信息共享数据库提供两种预警信息服务：一是向在查询信用报告时触发了欺诈信息共享数据库信息的人发出预警，二是向报送被触发风险信息的金融机构发出预警。

（二）全国欺诈关联关系分析

基于身份信息比对交叉验证系统、欺诈信息共享数据库、申请信息共享系统和其他公共信息验证系统四个数据库，结合企业和个人征信系统，根据欺诈关联之间的业务逻辑规则，建立定期更新的全国欺诈关联关系分析库，并利用目前征信系统的企业关联查询功能，进一步丰富和完善欺诈关联关系分析。

（三）申请欺诈评分

在充分掌控欺诈信息的基础上，根据相应的欺诈特征规则，结合信息主体提供的信息，开发申请欺诈评分产品。基于申请信息共享系统和欺诈信息共享数据库，对比欺诈行为的普遍特征，预测未来一段时间内发生欺诈的可能性，便于信贷机构在自动审贷流程中应用评分来区分欺诈高风险客户和低风险客户。

（四）反欺诈报告

该报告是不同于信用报告的独立报告。征信机构将来自各个数据源的信息与信息主体提供的申请信息进行比对，按照一定的业务规则，形成反欺诈报告。在报告中显示比对信息结果不一致之处，以及该身份名下是否曾有欺诈行为、相应的地址和电话是否有过欺诈行为。在此基础上，可给出欺诈关联关系分析的结果。

（五）身份验证服务

利用征信系统和身份信息比对交叉验证系统，根据金融机构业务需要提供实时身份验证服务。

（六）为信息主体提供反身份欺诈服务

一是提供反身份欺诈标识服务。对于由于钱包丢失、证件丢失等可能遭遇身份欺诈的受害者，在确认主体身份后，可以在信用报告中添加身份欺诈预警提示，提醒信贷机构在受理这些信贷申请时，对于借款人的身份认真核实，避免不法分子冒用身份办理业务的情况发生。

二是提供信用信息变化提示服务。对于申请该服务的信息主体，每天自动监测信用报告中信息的变化，当信用报告中信息主体的地址信息、联系电话、信贷记录发生变化时，通过邮件、短信等方式及时提醒信息主体关注，防止身份被盗用。

参考文献

[1] Kroll 公司：《2013/2014 全球反欺诈报告》，2014。

[2] 何毅勇、余挈：《关于银行业反欺诈的思考》，载《银行家》，2013（4）。

[3] 何咏薇：《征信数据在放贷机构欺诈管理中的应用》，会议交流材料，2012。

[4] Eurofinas and ACCIS（2012）, Fraud Prevention and Data Protection: A Eurofinas - ACCIS Report on Fighting Fraud in Consumer Lending.

[5] CIFAS（2014）, Fraud scape 2014.

[6] KazimDerman（2008）, Fraud Detection and Prevention System of The Credit Bureau of Turkey, for World Consumer Credit Reporting System.

[7] Johon Marsden and Chris Thomas（2014）, Key Development in Fraud and How Credit Reference Agencies Can Help.

[8] Moonbae Sohn（2008）, Financial Fraud: The Usual Suspects? - KCB Experience, for World Consumer Credit Reporting System.

第七章

征信服务渠道

2008 年国际金融危机以来，世界各国不断加强对金融消费者的权益保护，进一步强化基于不断完善的征信系统进行负责任借贷的监管理念，信用报告被广泛应用于经济和社会活动的方方面面，征信系统机构用户、信息主体、社会第三方（包括司法部门、政府部门等）对信用报告的查询需求日益强烈，社会各界对各类征信增值服务的潜在需求不断上升。如何在深入研究征信行业规律、借鉴征信发达国家经验的基础上，利用先进的信息技术手段，积极推进征信服务渠道建设，是各国征信机构面对的共同挑战。有序搭建面向机构客户的专网服务和面向小型机构与社会公众的互联网服务，做好现场服务、自助服务、代理服务与信函服务等多通道的征信服务渠道布局，有利于切实保障社会公众合法权益，推动信用报告和其他征信服务在金融经济生活中发挥更大的作用。

第一节　征信服务渠道概述

一、渠道的含义

渠道（Channels）原指水渠、沟渠等水流通道，引入到商业领域后，被引申为商品销售和流通的路线。产品或服务转移所经过路径的服务渠道，则一般由参与产品或服务转移活动以使产品或服务便于使用或消费的所有组织单位构成。美国营销协会（AMA）认为渠道包含企业内部的组织单位和外部的代理商、批发商与零售商等。

根据中间商介入的层次，服务渠道按级数划分为零级渠道、一级渠道、二级渠道、三级渠道。一般而言，渠道越长、越多，企业产品市场的扩展可能性就越大，但与此同时，企业对产品销售的控制能力和信息反馈的清晰度也越低。其中，产品或服务直接由生产者销售给消费者的零级渠道，是提供专门产品和服务的企业采取的主要服务渠道策略。征信机构作为提供专业化的信用信息产品和服务的企业，一般而言，往往采取更加贴近授信机构等机构客户和信息主体（个人和企业）等征信产品消费者的直销服务策略，通过不同的网络专线、不同的服务终端、不同的服务方式，建立完善的信息产品服务渠道，提高自身的征信服务水平。

服务渠道建设的根本任务，就是把生产经营者与消费者或用户联系起来，使生产经营者生产的产品或提供的服务能够在恰当的时间和地点以恰当的形式传递给恰当的消费者或用户。但是，服务渠道的作用不仅仅是产品销售，还是品牌传播的载体、消费者需求和市场状况的直接回馈，这一点更为重要。服务渠道战略的选择和实施，涉及企业服务愿景的追随和信赖、利益结构的设计和分配、严格的管理和奖惩以及对营销组织的动员和控制，是企业发展过程中极为重要的战略内容，征信机构也不例外。

二、征信服务渠道概述

历史上，技术进步浪潮下服务渠道的变革有时甚至导致整个生态链的优化和重构，这在目前互联网经济上可见一斑。按照熊彼特的创新性破坏理论，技术进步是驱动长期经济增长的决定性力量，也是影响经济周期的关键因素。互联网信息浪潮不仅使信息的收集和传播变得更加容易，而且使信息流动方式向去中介化、双向互动、移动通信、去中心化、信息数字化等方向转变。信息传播方式决定了与之对应的产业组织形态，当信息机制改变时，渠道随之改变，产业组织形态必然也随之改变。产业对渠道的依赖程度越大，互联网信息革命的冲击也就越大。趋势已经日益明显，伴随着电商的崛起，实体商店正大面积枯萎，原先的一系列批发中间环节不复存在，由此引发就业和资源的大规模重新配置。目前，互联网金融对传统金融业的挑战，也正是在渠道意义上挑战传统的银行和资本市场（在产品结构和产品设计上，互联网金融还是交易各方的跨期价值交换，是信用的交换，与银行、保险、资本市场等所经营的产品没有区别），互联网改变金融交易的范围、人数、金额和环境，从某种程度而言，互联网技术是对金融业在渠道端的一次深刻而持久的重构。

在互联网浪潮下，服务渠道的另一个变化是把消费者拉进来，让他们自我服务，形成自我循环。在这方面，通过把工作流推送出去，不仅可以让消费者自己动手，节约企业的人力成本，也可以提升客户体验。类似的案例俯拾即是。例如，通过手机银行客户端，客户可以自行处理原本需在柜面办理的诸多非现金业务。

作为专业从事信用信息“来料加工”的信息服务机构，征信机构从诞生之日起，就非常重视信息产品面向消费者的服务渠道，从授信机构之间通过专网建立的共享信息专向流动渠道，演进到通过互联网建立的面向小型授信机构、企业信息主体、信息来源与需求的第三方的更加便捷的信息采集和反馈查询渠道。在面向企业和个人等信息主体的征信服务渠道上，从信息主体到征信机构的临柜查询、信函查询，逐步演变到通过互联网网页或移动互联网终端进行在线查询，以及在代理机构网点进行现场查询、在自助终端进行自助查询服务等，新的服务渠道不断更新换代，征信服务能力不断提升。未来，更为便捷地将征信服务的工作流推送出去，让各类机构和个人消费者在征信服务平台上进行自我服务，通过渠道网络工作流实施大规模的服务渠道创新，将逐步成为征信行业在渠道建设方面的核心内容。

第二节　专线网络服务和互联网服务

作为知识型、信息密集型产业，现代征信业在组织结构、业务流程、业务开拓以及客户服务等方面，日益体现出以知识和信息为基础的特征。这种行业属性决定了现代征信业必须以飞速发展的信息技术为支撑。依托网络技术的进步和互联网的发展，征信机构迫切需要通过方便、快捷、安全的网络手段，拓宽与机构用户、信息主体和第三方用户之间安全、高效的信息报送和服务输出渠道。

一、面向机构用户的专线网络服务

征信机构设立的目的是促进授信机构间客户的负债信息共享，服务于授信机构对借款人信用风险的管理和控制。信用信息共享联盟内各成员授信机构按照平等、互助的共建共享精神，通过征信机构这一核心信息交换中心及其与各成员间的专线通道，实现客户及其信用信息的流动和交互。

在征信业刚刚起步的时候，征信机构采集征信数据和提供征信服务往往采用人工调查和抄录的方式，大量的信息通过调查员进行实地调查，或者到特定的场所（如法院的公告栏）抄录的方式进行采集，征信机构提供征信产品和服务也更多地是依赖纸质、影印等方式。从20世纪80年代开始，以商业银行为代表的征信数据源机构，以及一些大型的征信机构纷纷建立起庞大的计算机系统，用于处理越来越复杂的授信业务和征信业务，征信数据的采集和征信机构的服务方式也开始进入信息化、数字化、网络化时代。

从纸质化信息报送和查询时代，到电子化、网络化时代，信息共享效率在不断提升，尤其是在互联网时代，通过专线网络（简称专网）为机构用户提供高效、安全的征信服务已经成为征信机构面向机构用户服务的主流。征信机构正是依托与各机构用户间的这一专网，实现面向机构用户的便捷、安全、高效的征信服务。

现阶段，征信系统面向机构用户的专网服务，一是通过在征信系统与机构用户之间铺设一条专用的线路——物理专用信道实现，线路只给机构用户独立使用，其他的数据不能进入此线路，以密钥进行数据的安全传输和流动。二是虚拟专用信道——在一般的信道上为机构用户保留一定的带宽，使机构用户可以独享这部分带宽，就像在公用信道上又开了一个通道，只让相应机构用户使用，而且机构用户的数据是加密的，以此来保证可靠性与安全性，如虚拟专用网络（Virtual Private Network，VPN）的远程访问技术，在公用网络上建立专用网络进行加密通信。比较而言，前者安全性好，成本也更高，而VPN等虚拟专用信道通过对数据包的加密和数据包目标地址的转换实现远程访问，可通过服务器、硬件、软件等多种方式实现，具有成本低、易于使用的特点。

目前，专线网络服务方式也是征信机构面向机构用户的主要征信服务渠道，具有以下特点：一是可以实现高速访问和查询服务。征信数据和信息服务具有信息量大、实时性强的数据传输特点，为保证征信系统的数据及时、完整、准确入库，特别是为授信机构提供实时、准确的查询服务，征信系统的专线网络可在确保安全的情况下，满足高速访问和查询需求。二是安全性能好。专线网络通道实现物理隔离和端到端连接，既是政府、金融机构等大型机构内部组网和数据传输的主要方式，也是通过使用国际通用的标准接口方式，实现与大型金融机构“系统与系统”间批量查询的主要服务方式。三是专线网络具有灵活自由的特点，可选择多种带宽及线路类型，灵活组建内部信息化网络，接入地域、设备协议、承载业务限制较少，有利于征信服务的拓展和延伸。

为弄清征信机构对成员授信机构专网服务方式的内涵，可通过分析数据处理和对外服务流程加以阐释。征信机构与数据处理、信息查询相关的报文服务器，以及相应的数据库及其功能分别如下：首先是报文服务器，相当于一个缓冲器，用于暂时存放报送机构报送的报文数据。其次，是存放、加工、整合各报送机构报送数据的基础库。由于信息主体的信用信息不断发生变化，因此基础库的信息也在不断更新，同时报送机构报送的所有历史数据也都保存在基础库中。基础库中的数据定期迁移到查询库、报表库及其他库等产品库中，借此通过专线网络途径对外提供征信服务。征信机构与客户间的数据流程和产品服务见图 7–1。

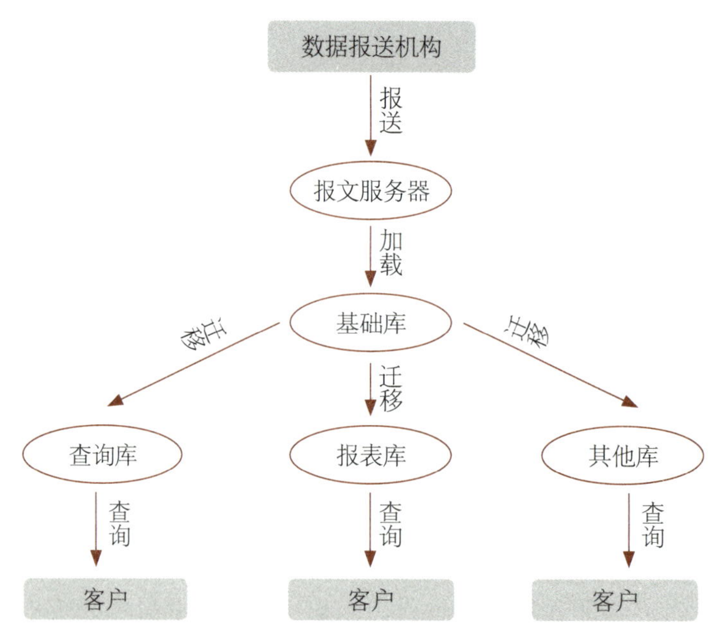

图 7–1 征信机构与客户间的数据流程和产品服务

其中，查询库负责对外提供信用报告的查询服务。查询库中包含信息主体的基本信息、信贷信息、非银行信用信息等。从基础库到查询库的迁移过程是对同一信息主体的信息进行汇总、整理的过程，信息主体的信用报告由查询库中的相关记录生成。商业银行等查询用户以姓名、证件类型和证件号码等为关键字，通过与征信机构间的专线网络在线使用征信机构提供的征信服务，结果以信用报告等多种征信产品的形式展示。

报表库中保存了由基础库向报表库迁移过程中经过统计、汇总形成的各类统计报表，并对外提供查询服务。其他诸如用于存放信用评分、风险评估、重要信息提示、关联关系等信息的数据库，通过专线网络向机构客户提供查询服务。

在我国，全国集中统一的企业和个人征信系统目前通过人民银行的金融专线网络，与各银行业金融机构一级法人和人民银行省会分支机构建立了一口对接的征信服务主渠道。各全国性银行通过专线网络实现与征信系统专线网络的一口对接，而地方性金融机构则通过专线网络与人民银行省会分支机构对接，间接完成与征信系统网络间的连通，借助银行业金融机构内部网络，实现了全国范围内企业和个人信用信息的集中统一入库、集中统一查询（见图 7–2）。征信系统数据库全国集中，与金融机构一点接入，查询服务效率高，实现秒级响应，查询服务按照统一的制度、标准、授权和管理原则，实现安全与高效并重的目标。

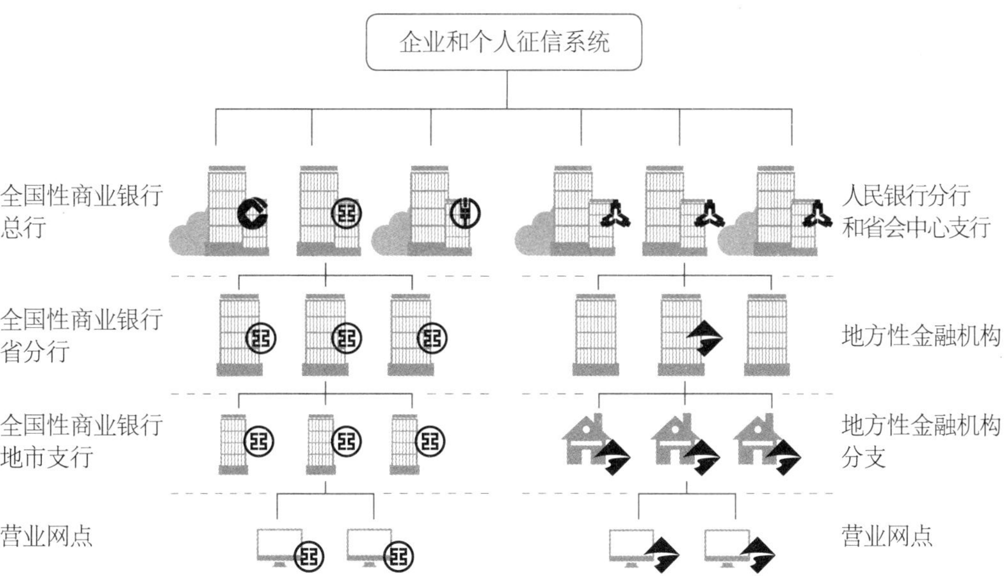

图 7–2　征信系统面向机构客户的专线网络产品服务网络

关于信用报告基于专线网络的征信服务，目前，征信系统主要提供三种服务方式：一是通过手工登录征信系统页面，实现单笔信用报告查询需求的提交、查询结果的反馈和信用报告的打印等功能；二是对于大型银行业金融机构，通过开发接口查询程序的方式，自动提交单笔查询需求，并反馈征信数据项进行自动解析的接口单笔实时查询方式；三是在接口程序的基础上，通过批量提交查询需求包，反馈征信数据项进行自动解析的接口批量非实时查询方式。

在面向机构用户的服务中，专网服务方式具有不可替代的重要作用。仅以全国集中统一的征信系统为例，截至 2015 年 3 月底，企业征信系统通过专网服务的机构用户累计达到 1886 家，开通查询用户 14.9 万个，日均查询 27.3 万次；个人征信系统为 1695 家机构开通信用报告查询权限，开通查询用户 13.3 万个，日均查询 111 万次（见图 7–3）。

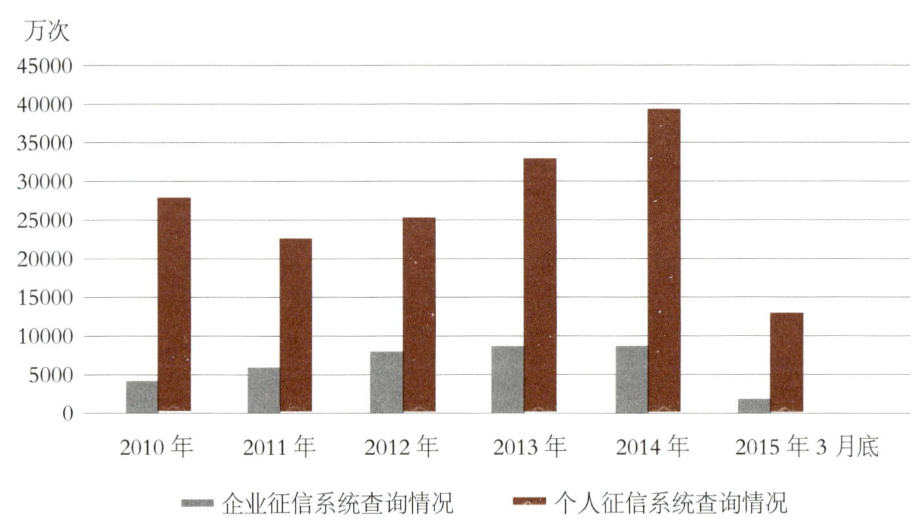

图 7–3　2010 年至 2015 年 3 月底通过专线网络提供的查询服务

专网征信服务渠道具有信息安全、成本较低、效果显著的特点。以全国统一的征信系统为例，根据相关研究，加入征信系统的所有授信机构在使用征信系统方面，年均成本很低，专网服务成本几乎可以忽略不计，整体成本也很低，但是在收益方面，根据人民银行征信中心的调查，2011—2014 年，仅 21 家全国性商业银行使用企业和个人征信系统就年均分别拒绝高风险客户申请 3529.97 亿元和 1504.03 亿元，分别预警高风险贷款 3319.6 亿元和 835.3 亿元，分别清收不良贷款 230.97 亿元和 154.63 亿元。

另外，根据清华大学课题组的相关研究，2008—2012 年，征信系统平均每年改善了 4103 亿元的消费贷款质量。2012 年，征信系统促进大型、中型、小微型企业新增贷款分别为 347 亿元、370 亿元和 6750 亿元，分别占同类新增贷款总额的 3.21%、3.08% 和 27.55%。

征信系统对个人住房贷款和信用卡透支额的影响分别如表 7–1 和表 7–2 所示。

表 7–1　征信系统对个人住房贷款的影响　　单位：亿元，%

	2008 年	2009 年	2010 年	2011 年	2012 年	平均值
对信用记录良好的借款人增加的发放额	745.94	2219.02	2340.70	1199.90	1457.65	1592.64
占个人住房贷款的比重	7.47	9.41	9.16	6.02	6.41	7.69
对信用记录不良的借款人减少的发放额	243.82	638.53	814.68	576.94	674.78	589.75
占个人住房贷款的比重	2.44	2.71	3.19	2.90	2.97	2.84
个人住房贷款质量得到改善的金额	989.76	2857.55	3155.38	1776.84	2132.43	2182.39
占个人住房贷款的比重	9.91	12.12	12.35	8.92	9.38	10.54
增加个人住房贷款的金额	502.12	1580.49	1526.02	622.96	782.87	1002.89
占个人住房贷款的比重	5.03	6.70	5.97	3.12	3.44	4.85

表 7-2　征信系统对信用卡透支额的影响　　单位：亿元，%

	2008 年	2009 年	2010 年	2011 年	2012 年	平均值
信用记录良好的申请人增加的透支额	1079.48	905.93	1748.41	1969.43	2366.24	1613.9
占信用卡透支额的比重	31.44	25.20	27.68	20.30	22.15	25.35
信用记录不良的申请人减少的透支额	6.50	106.37	193.62	388.18	327.00	204.33
占信用卡透支额的比重	0.19	2.96	3.06	4.00	3.06	2.65
改善信用卡透支额质量	1085.98	1012.3	1942.03	2357.61	2693.24	1818.23
占信用卡透支额的比重	31.63	28.16	30.74	24.30	25.21	28.01

二、面向小微机构和消费者的互联网服务

（一）小微机构的互联网接入和查询服务

尽管专网服务具有安全、高效的特点，但是由于前期程序开发成本高、接入周期长等弊端，对于小额贷款公司、融资性担保公司等小型授信机构而言，通过专网接入渠道并非最佳选择。搭建小微机构接入的互联网平台，并借助互联网的服务渠道，实现对小型授信机构的征信服务（见图 7-4），正在成为很多征信机构的选择。甚至对于一些社会化征信机构而言，这几乎是唯一渠道。

在美国，邓白氏为中小企业提供基于信用建档的相关信用管理服务，就是通过互联网渠道来实现的。中小企业通过互联网向邓白氏提供企业背景、业务信息、业主信息和财务报表等综合信息，借助邓白氏创建企业的邓白氏信用档案获得邓氏编码、基础商业信息报告并参与邓白氏评级等。在此基础上，中小企业还通过互联网随时更新其付款行为信息，生成和维护一个完整的、信息不断更新的付款历史记录，提高企业的邓白氏评分。邓白氏正是通过互联网平台

的建设，实现了对中小企业的信用档案建立、信用水平监测与改善等征信服务。

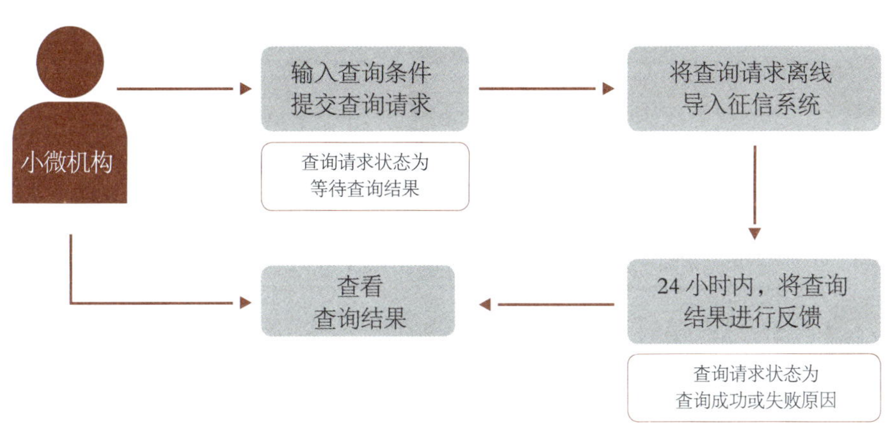

图 7-4　面向小微机构的互联网信用报告服务流程

在我国，人民银行牵头建设的企业和个人征信系统既服务于商业银行等授信机构的信用风险管理，也服务于小额贷款公司、融资性担保公司等其他小型授信机构对征信服务的需求。征信系统为小型机构和社会公众提供便捷的征信查询服务，是建设和完善征信系统的内在要求。

2013 年，为解决小额贷款公司和融资性担保公司等小微机构接入征信系统效率低、接入成本高的问题，人民银行征信中心面向小微机构建立了互联网接入平台，满足小微机构对企业和个人信用报告查询、数据采集上报和异议处理等征信服务的需求。小微机构需要查询信息主体的信用报告时，可通过互联网系统提交查询请求，系统每天在固定时点将互联网的查询请求导入内联网，由内联网生成信用报告，第二天将信用报告结果导入互联网供用户查看（见图 7-5）。未来，这一交付效率将会进一步提升。

小微金融机构通过互联网平台，可与商业银行一样享受对企业和个人信用报告在线查看和本地保存等征信服务。在查询合规监管上，人民银行征信中心实时监控查询量与业务信息上报数量情况，对于存在滥用查询权限或不执行查询制度的，可视情节严重程度在适当范围内采取暂停、取消查询权限等措施，并在查询授权上采取和商业银行专网渠道征信查询服务一样的要求。

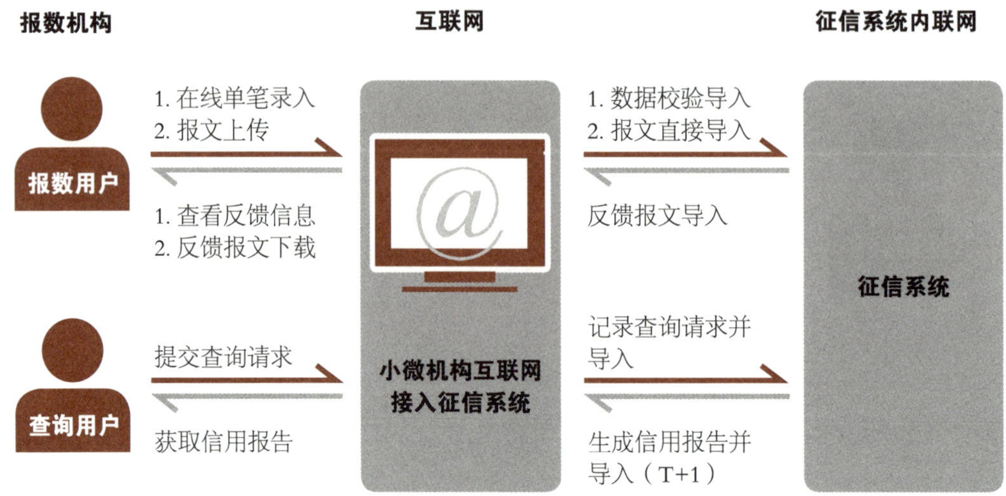

图 7–5　面向小微机构的互联网接入渠道示例（以征信中心为例）

未来，通过不断提升征信系统内部专网和互联网的交互能力，依托不断完善的互联网征信服务平台，面向征信系统机构用户，特别是中小机构用户提供各类信息风险评估产品，包括数据类产品、工具类产品、防欺诈类产品等，是征信服务渠道建设的重要方向。依托互联网服务的高度便捷性、连通一切的能力，通过一系列征信服务的快捷、高效交付，实现对授信机构客户信用风险的评估和管理，将成为征信行业征信服务渠道建设的主流。

（二）对消费者的互联网信用报告查询服务

2008 年国际金融危机以来，全球关于消费者权益保护的浪潮高涨，美国出台了《多德—弗兰克华尔街改革与消费者保护法案》，成立了消费者金融保护局；欧洲推动数据保护立法改革，加大对消费者保护力度。我国“一行三会”均成立了消费者金融权益保护部门，2013 年开始实施的《征信业管理条例》也重点加强了社会公众（即个人信息主体、消费者）权益保护。根据世界银行国际征信业委员会制定的《征信通用原则》对消费者权益保护方面的指引，消费者对信息采集、处理和查询流程与条件有知情权，消费者对征信系统采集的本人信息享有使用权，消费者对自身信息的准确性有异议权，消费者有权决定自身信息的特定目的采集和使用。在新的形势下，切实为消费者提供本人信息查询服务，是满足消费者知情权和使用权的基本要求。

另外，消费者也是征信体系的重要参与方之一，他们不但享有征信服务的权利，也有向银行等数据源单位提供真实准确信息的职责。由于消费者是自身信息的第一责任人，通过对消费者的查询服务，有利于及时发现征信系统中的错误数据，提高征信系统数据质量。

随着互联网的迅速普及，特别是近年来移动互联网的迅猛发展，互联网已经成为消费者获取信息的最佳渠道。目前，益博睿、环联、艾克飞、科瑞富等几大征信机构均提供互联网信用报告查询、异议处理等征信服务渠道。例如，在美国，主要征信机构均在各自官网的显要位置，为消费者提供信用报告、信用评分查询和异议处理、反身份盗用等征信服务的渠道入口，通过简单的用户注册流程和严格的身份信息核对流程，消费者可以通过互联网便捷、透明地进行征信产品和服务的选择，阅读各种信用报告知识介绍，了解信用报告是怎么回事、如何保护个人身份信息等，实现个人征信服务的个性化、7×24 小时在线服务。互联网查询服务与传统的临柜查询等方式相比，在服务时效性、服务准确性和服务标准化等方面优势非常明显。

在我国，鉴于互联网具有成本低、覆盖广、服务便捷的特点，为进一步提升面向公众的征信查询服务能力，人民银行征信中心在充分研究、保障信息安全的前提下，在全国范围内循序渐进地推进个人信用信息互联网服务平台建设。自 2013 年 3 月至 2014 年 5 月，人民银行征信中心分五批次先后面向江苏、四川、重庆、北京、山东、辽宁、湖南、广西、广东、浙江、天津、新疆、上海、湖北、青海、河北、安徽、内蒙古 18 省（市、自治区），开展了通过互联网查询本人信用报告服务试点工作，取得良好效果，并于 2014 年 9 月底实现全国推广。社会公众可通过互联网进行注册，提交查询申请并获得通过后，基本可以在 24 小时内查询到本人的信用报告、个人信用信息概要和个人信用信息提示。

同时，为切实保障信息安全，一方面，人民银行征信中心借鉴国际经验做法，对网上查询设置了严格的身份验证程序，即需要通过私密性问题验证或数字证书验证的方式确认个人身份的真实性，避免因身份被盗用引发的信息泄露风险。另一方面，人民银行征信中心从健全信息安全制度、强化信息网络安全保护策略、采用先进的信息安全技术手段和基础设备、建立完善的应急响应机制等方面，建立全方位的信息安全管理体系，努力防范因病毒和黑客的攻击所引起的网络拥塞、系统崩溃和数据丢失，最大限度地保障信息安全。

为进一步使消费者更加便捷地通过互联网查询本人信用报告，自2014年10月20日起，人民银行征信中心与中国银联合作，推出新的身份验证方式——银行卡身份验证。凡持有带银联标识（目前支持16家银行）的银行卡（包括信用卡和具有银联在线支付功能的储蓄卡）的个人，通过互联网查询本人信用报告均可使用银行卡验证方式验证身份，身份验证结果实时反馈，申请查询的个人信用报告仍为次日交付。目前，人民银行征信中心正在做技术准备工作。下一步，信用报告的交付效率将会进一步提高。

银行卡身份验证方式与原有的两种身份验证方式（数字证书和私密性问题）并行使用，用户可以任选其一进行身份验证。新增的银行卡身份验证方式拓展了身份验证渠道，具有覆盖面广、验证效率高、安全有保障等特点。

截至2015年3月底，互联网服务平台累计访问量达1.04亿人次，累计注册人数785.8万人，累计申请查询个人信用信息2891.3万次，其中，申请信用报告查询量达1160.8万次。仅2014年，通过互联网为信息主体提供的查询量就已经迅速增长到668.9万次（见图7-6），超过人民银行网点临柜查询量的一半以上，这也进一步说明了互联网服务方式在面向消费者征信服务上的优势不断显现。

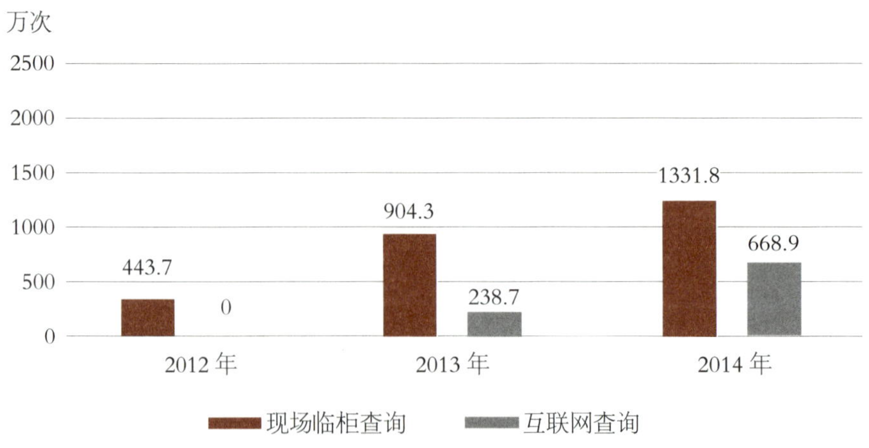

图7-6　2012—2014年消费者通过互联网查询本人信用报告趋势

用户注册后登录互联网服务平台，根据需要选择信用信息产品，并进行身份验证，通过验证的用户成功提交查询申请（见图 7-7）。信用信息产品加工完毕后（一般是在成功提交查询申请后的第二天），平台会向用户发送含有身份验证码的短信。用户可在收到身份验证码的 7 天内，登录平台使用身份验证码查看查询结果。

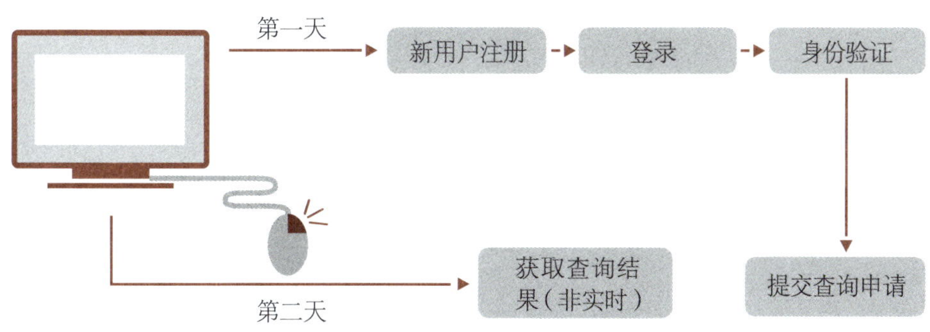

图 7-7　面向消费者的互联网信用报告服务流程

平台提供个人信用信息提示、个人信用信息概要以及个人信用报告三种产品服务（样本参见图 7-8、图 7-9、图 7-10）。个人信用信息提示以一句话的方式提示注册用户在个人征信系统中是否存在最近 5 年的逾期记录；个人信用信息概要为注册用户展示其个人信用状况概要，包括信贷记录、公共记录和查询记录的汇总信息；个人信用报告为注册用户展示其个人信用信息的基本情况，包括信贷记录、部分公共记录和查询记录的明细信息。

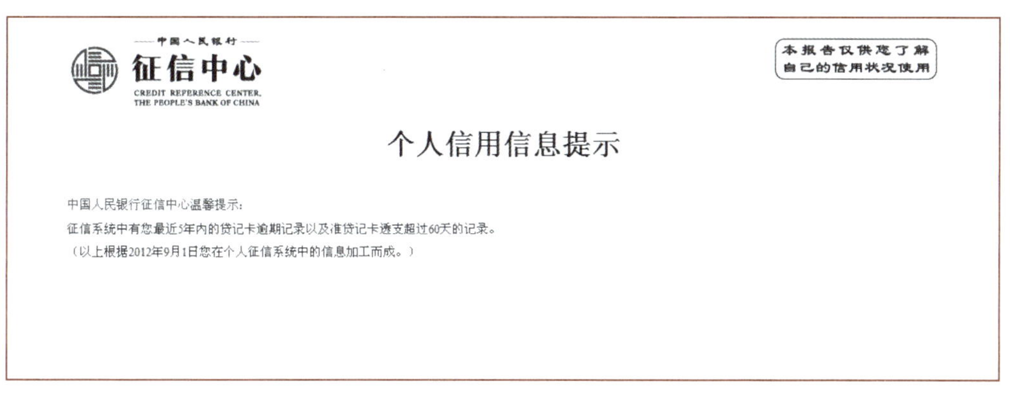
—— 中国人民银行 ——
征信中心
CREDIT REFERENCE CENTER,
THE PEOPLE'S BANK OF CHINA

本报告仅供您了解自己的信用状况使用

个人信用信息提示

中国人民银行征信中心温馨提示：

征信系统中有您最近5年内的贷记卡逾期记录以及准贷记卡透支超过60天的记录。

（以上根据2012年9月1日您在个人征信系统中的信息加工而成。）

图 7-8　个人信用信息提示样本

征信中心

CREDIT REFERENCE CENTER, THE PEOPLE'S BANK OF CHINA

本报告仅供您了解自己的信用状况使用

个人信用信息概要

报告编号：2010113003000014210351　查询时间：2010-11-30 09:30:15　报告时间：2010-11-30 09:30:15

信贷记录

这部分包含您的贷款、贷记卡、准贷记卡及其他信贷记录。

您有1笔资产处置信息，2笔保证人代偿信息。

您有5笔贷款，其中3笔尚未结清，目前仍逾期的有2笔，最长逾期61-90天，最近5年内发生过90天以上逾期的有2笔。

您有3个贷记卡账户，其中2个尚未销户，目前没有逾期，最近5年内没有发生过90天以上逾期。

您有3个准贷记卡账户，其中2个尚未销户，目前透支超过60天的有2个，最长透支61-90天，最近5年内发生过90天以上透支的有1个。

公共记录

这部分包含您最近5年内的欠税记录、民事判决记录、强制执行记录、行政处罚记录及电信欠费记录。

您有1笔欠税记录，1笔民事判决记录，1笔强制执行记录，1笔行政处罚记录，1笔电信欠费记录。

查询记录

这部分包含您的信用报告最近2年被查询的记录。

3家机构贷款审批查询，2家机构贷后管理查询，2次本人查询，此外，2010年您通过互联网进行了3次查询。

说明

1. 本报告由中国人民银行征信中心出具，依据截至报告时间个人征信系统记录的信息生成。除查询记录外，其他信息均由相关机构提供，征信中心不保证其真实性和准确性，但承诺在信息汇总、加工、整合的全过程中保持客观、中立的地位。
2. 本报告仅供您了解自己的信用状况，请您妥善保管。因本人保管不当造成个人隐私泄露的，征信中心将不承担相关责任。
3. 本报告仅包含影响您信用状况的概要信息，如需了解您在个人征信系统中更详细的记录，请访问平台中的个人信用报告查询功能。
4. 更多咨询，请致电全国客户服务热线400-810-8866。

图 7–9　个人信用信息概要样本

征信中心

CREDIT REFERENCE CENTER, THE PEOPLE'S BANK OF CHINA

本报告仅供您了解自己的信用状况使用

个人信用报告

报告编号：2010113003000014210351　查询时间：2010-11-30 09:30:15　报告时间：2010-11-30 09:30:15

姓名：李云龙　证件类型：身份证　证件号码：**************5419　已婚

信贷记录

这部分包含您的信用卡、住房贷款和其他贷款记录。金额类数据均以人民币计算，精确到元。

信息概要

	资产处置信息	保证人代偿信息
笔数	5	5

	信用卡	住房贷款	其他贷款
账户数	7	3	4
未结清/未销户账户数	4	2	3
发生过逾期的账户数	4	1	1
发生过90天以上逾期的账户数	4	0	0
为他人担保笔数	0	0	1

逾期记录可能影响对您的信用评价。

发生过逾期的信用卡账户，指的是曾经“未按时还最低还款额”的贷记卡账户和“透支超过60天”的准贷记卡账户。

资产处置信息

图 7–10　个人信用报告样本

（三）面向消费者的其他互联网信息服务

近年来，随着互联网技术特别是移动互联网技术的发展，征信机构不但利用互联网完善对消费者的信用报告信息查询服务，而且通过互联网与消费者建立的直接渠道优势，为消费者提供有关其信用水平、财务状况、消费决策等行为的信息服务。例如，益博睿旗下的消费者服务公司不但提供信用报告的查询服务，还提供信用评分、信用状况监测、反欺诈提醒等信息服务，以电子邮件、手机短信等形式向消费者提供其信用报告变化情况、欺诈处理和信息保护服务，为早期预警和发现欺诈提供信息服务。

由于征信机构具有联系消费者和授信机构的天然优势，通过在消费者和授信机构、信用销售服务提供商之间搭建信息交流平台，为消费者的汽车贷款、信用卡、住房抵押贷款、信用消费、在线购物、在线教育等方面提供信息支持，为各类授信机构提供优质、可靠的获客渠道，也是近年来征信机构通过互联网为消费者提供服务的重要内容。例如，益博睿公司通过网站（lowermybills.com），为消费者提供一站式网络终端服务，为需要住房按揭的消费者和可提供相应信贷服务的机构提供信息匹配服务，消费者在该网站上填写基本信息并授权网站获得其信用信息，网站可以及时推送合意的信贷服务提供商供消费者选择，消费者也可以根据该网站提供的信贷服务商提供的信贷产品的价格、期限、条件等基本信息进行选择和申请。

第三节　现场服务和自助服务

一、现场服务

由于征信系统几乎涉及每一个有经济活动的人，这其中有许多人习惯到现场去查询信用报告，如有异议也能当面沟通交流，因此，现场查询，包括委托其他机构提供现场代理查询，仍然是征信机构向个人提供信用报告查询的重要渠道。

总体而言，现场服务是重要的征信服务渠道，但是因为其成本较大、便捷性差，社会化征信机构一般不愿意使用这一方式。现场服务主要是服务于不适用互联网、对查询时间要求不高，以及有特殊需要的人群等，目前，该服务渠道有走下坡路的趋势。

在欧洲，奥地利最大的征信机构——KSV1870公司(Kreditschutzverband1870)在2012年以前主要通过公司“立等可取”窗口提供现场查询服务，但由于查询体验差，本国人戏称其为经过漫长的“立等”过程方“可取”信用报告的古老查询方式。尽管只有入门领表、填表的5分钟和窗口查询、打印的5分钟的事情，但是由于人力、办公等成本限制，五六个办事窗口一直无法满足庞大的“立等”排队客户查询需求。同时，由于个人信用记录的私密性高，KSV1870公司原则上不接受非客户本人的查询申请，本人临柜的唯一查询服务渠道无法在便捷性和安全性之间取得有效平衡。这一局面在2012年随着通过互联网提交查询需求才有所改变，临柜查询的压力也才有所缓解。在美国，由于高昂的人工服务成本，临柜查询方式越来越成为征信机构面向社会公众服务工具箱里的稀客。

在我国，企业和个人征信系统建设的十多年来，人民银行征信中心始终围绕保障社会公众的征信知情权、使用权等，全力做好面向社会公众的征信现场查询服务。

自征信系统2006年全国联网运行至今，人民银行征信中心不但通过征信宣传教育，普及个人信用的意义，宣传征信系统的作用及其运行机制，还通过人民银行分支机构建立了社会公众查询信用报告的渠道，为社会公众提供信用报告免费查询、打印和咨询服务。随着公众查询服务需求的增加，服务网点从初始阶段全国31个省（自治区和直辖市）的人民银行分支机构，扩展到全国300多个地市（州）的人民银行分支机构，直至放开到全国2000多个县级的人民银行分支机构，方便社会公众就近便捷地免费查询本人信用报告，切实保障社会公众的征信合法权益。此外，人民银行征信中心还开通征信系统客户服务热线电话400-810-8866，配置必要的在线征信客户服务人员，为全国的社会公众提供本人信用报告查询、信用报告解读和异议处理等服务。

现场临柜查询这一服务渠道，一方面极大地满足了部分信息主体对本人信用报告的查询、知情需求，第一时间受理了信息主体的异议处理申请，以其直观、可靠的特性取得了信息主体的认可；另一方面也正为越来越多的民间借贷、房屋租赁等社会性活动提供征信报告的查询和受理服务。但是，近年来，随着征信系统使用范围的扩大，社会公众对查询自己信用报告的需求越来越强，通过人民银行征信中心网点查询本人信用报告的数量每年翻倍增长，客户等待时间长、客户服务体验差已是不争的事实。尽管现场查询在满足部分中老年等特殊人群的查询需求上具有不可替代的渠道作用，但是在服务能力的可拓展性方面显然已经接近极限，拓展新的查询服务渠道显得十分必要。

二、自助服务

自助服务终端以“24 小时自助服务”为设计理念，可实现信用报告和信用信息的查询、异议处理的受理和查询等基础性征信服务。它可以缓解传统服务厅人流量过大的问题，弥补原来营业时间上的不足，避免顾客在征信服务厅办理业务的漫长等待，使顾客感受到轻松、便捷、体贴的服务。自助服务终端是对营业厅服务的延伸与补充，具备节省人员开支、降低营业成本、24 小时连续工作、无差错运行等优点，可放置于银行网点、机场、大型商场等公共场所。此外，还可以通过征信增值产品的开发，通过配套设备实现基础征信服务向增值服务的拓展延伸。

目前，人民银行征信中心在积极征求各方意见的基础上，正在加紧研究，进一步从社会公众的便捷程度、信息安全、使用效果和建设成本等方面，充分评估自助查询渠道建设的优缺点，有序推进信用报告查询等征信服务渠道建设工作。

（一）ATM 和自助查询机

我国在推动面向信息主体的征信服务方面已经远远走在了国际前列，正在尝试通过更为多样化的渠道提供服务，已经开始使用信用报告自助查询服务终端作为新的服务渠道。关于自主查询终端，我们利用人民银行的优势，主要有两个考虑：一个是与自动柜员机（ATM）相结合，基于金融专网，该机器与征信系统和银联数据相连，当银联通过对该客户的身份核实后，该机器可以立即为客户提供信用报告查看和打印服务。这种功能可以在 ATM 上实现，也可以在独立的自助查询终端实现。自助查询终端与征信系统和公安部身份联网核查系统相连，利用人脸识别技术，与公安部给出的身份信息相比对，如果匹配成功，即为核实身份通过，为其提供信用报告查询和打印服务。目前，中国金融电子化公司开发的自助查询终端使用的就是这种思路。上述两个建设路径，第一个路径的核实身份更为准确，几乎可以完全准确匹配，但是，系统改造成本较大；第二个路径的核实身份依赖于身份证件照片与人脸的相互比对，误差尽管会稍大一些，但从试用情况看，成本较小，试用效果很好。

中国金融电子化公司已经开发出信用报告自助查询终端，通过人脸识别技术等技术手段核实用户身份，为社会公众提供查询服务，自助查询终端已经在全国一些现场查询网点开始推广使用。另外，人民银行征信中心也在积极探索通过 ATM 等自助终端设备为社会公众提供查询服务，核实身份可以使用社会公众的银行卡来实现。但是，ATM 涉及不同厂商，型号多样，改造比较困难，以后，我们将根据科技进步情况，逐步推动这方面的工作。

目前，我们已经在全国主要的信用报告现场查询服务网点推广使用信用报告查询终端，包括人民银行现场查询服务网点和代理机构的现场查询服务网点，覆盖全国 31 个省（自治区、直辖市），争取尽早实现人民银行每个现场查询服务网点均有信用报告自助查询终端的目标。

（二）手机等移动终端

4G 时代的开启和智能移动终端设备的普及，为移动互联网的发展注入了巨大的能量。根据中国互联网络信息中心（CNNIC）第 35 次《中国互联网络发展状况统计报告》的统计，截至 2014 年底，我国手机网民规模达 5.57 亿人，占网民总人数的 85.8% 。我国网民上网设备中，手机使用率达 85.8%，平板电脑使用率达 34.8%。移动互联网的稳定快速发展、移动智能终端的快速普及和日臻完善，带动了 APP 行业的迅速崛起，APP 应用逐渐覆盖了衣食住行各个领域。用户以前通过 PC 实现的功能应用现在基本上都能通过 APP 实现，如获取资讯、购物、查看地图等。以金融类 APP 为例，商业银行等传统金融机构已将 APP 作为其新门户，将传统电子银行业务转移到 APP，并尝试整合提供越来越多的功能，如工商银行等大型银行 APP 提供买电影票、订飞机票、手机充值、医院挂号查询、商户优惠活动等生活社交服务。在征信行业，国外征信机构基本上已经开始通过 APP 应用对外提供服务，例如益博睿、艾克飞等。除传统征信机构外，还有一批信息服务公司（本身不采集数据）从征信机构购买服务，并与自己具有特色的服务整合起来，通过 APP 对外提供，例如在线信用积分查询公司（Credit Karma）等。

APP 作为登入移动互联网最便捷的方式，为征信机构开辟了一条新的渠道。目前，我国通过 APP 向信息主体提供信用信息服务的机构主要有三类。

一是提供记账理财相关服务的机构。这类机构通过 APP 实现对个人财务数据、收支流水、资产等的管理，为用户提供信贷、投资、理财建议和投资产品选择，信用报告查询只是其中一个服务内容。这类机构使用的信用报告来自人民银行征信中心，通过将征信中心互联网服务内置于其 APP 中来实现，并未获得征信中心的授权。

二是芝麻信用、腾讯征信等互联网征信公司。这类公司基于自身开展互联网业务，尤其是通过网上交易和支付、即时通信工具等所掌握的信息，利用 APP 对外提供信用信息服务。

三是一些地方政府公共信息平台也开始尝试通过 APP 对外提供信息查询服务。例如，上海市公共信用信息服务平台的 APP 提供在线查询信用报告服务，目前个人所查到的信用记录为该平台所收录的信息，包括信息主体的基本信息、登记信息、资质信息及一些行政处罚、司法判决信息等。

人民银行征信中心也在积极研究依托移动互联网，开发 APP 应用软件，为信息主体提供便捷的综合类征信服务，将来利用征信系统开展 APP 服务的一些设想大致如下：

1. 信用报告查询服务

提供简版个人信用报告查询，对比展示主要信息项（如信贷账户数及账户状态、对外担保情况、公共信息、查询记录等）的变化情况。

2. 信用评分查询服务

直观、明了地展示征信中心自行研发的信用评分数值、数值的变化、数值在对社会平均水平中的相对位置等，让信息主体对自己所处的风险等级及变化趋势等一目了然。对影响评分的主要因素以及所占权重等进行说明，让信息主体了解影响自身信用评分的因素。

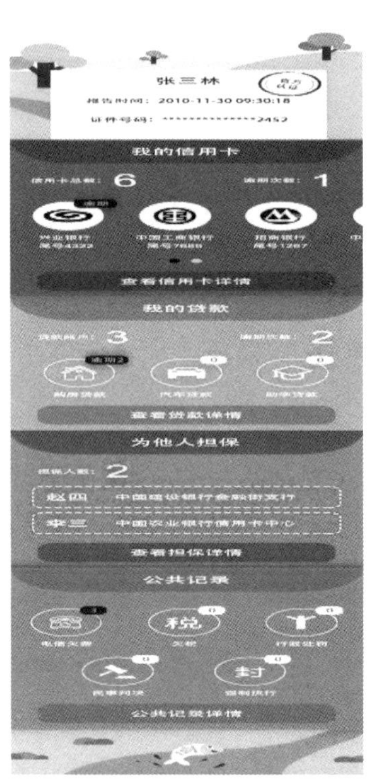

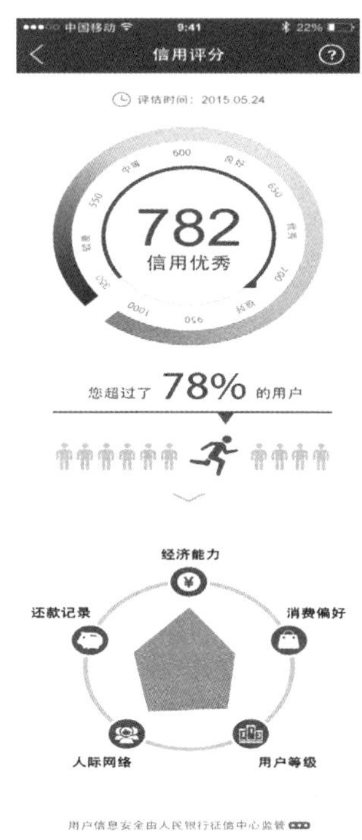

3. 身份验证服务

具体包含两方面服务内容：一是利用征信系统收集的身份信息，与公民身份信息系统和组织机构代码信息核查系统、企业工商注册登记系统等联网，为信息主体提供本人身份验证服务。二是从信用报告中提取有关信息主体的身份信息，生成身份报告，用于满足消费者信用交易或经营活动时身份的确认，如房东租赁房屋时对租户身份的确认等。

4. 信用变化预警服务

主动向信息主体提示其信用记录发生的关键变化，让信息主体尽快知晓自身信用状况变化。例如，开立新的信用账户（信息主体得到了一笔新的贷款或信用卡）、信用记录被查询、有不良信息发生等。

自助服务终端和移动服务终端这两种新服务渠道的探索，是新形势下高科技手段的应用，为征信中心提供了便捷、高效的渠道服务方式，具有高可靠性、可扩充性，可弥补临柜现场服务不足的缺陷，提高了征信机构的服务能力和服务水平。

第四节　代理服务与信函服务

一、代理服务

在国外，对于大型的征信机构而言，有很多代理机构致力于帮助其收集数据，代理信用报告查询服务，特别是在线代理查询服务越来越成为代理服务的新渠道。例如，在美国，联邦贸易委员会从保护信息主体权益出发，根据《公平信用报告法》（FCRA）的监管要求，建立了免费查询网站（annualcreditreport.com），集中受理信息主体在三大征信机构查询本人信用报告的需求。这家网站隶属的中央资源有限责任公司（Central Source，LLC），是由三家征信机构合资创办的、提供三大征信机构报告的服务机构，也是联邦交易委员会独家授权为消费者提供年度免费信用报告的唯一渠道。此外，线上信用查询服务商如Credit Karma等第三方公司也为美国消费者个人提供个人信用报告、评分的线上代理查询服务。2014年，仅Credit Karma一家公司就有近2000万的用户以线上代理的方式享受美国征信机构的征信服务。

（一）线上代理服务

在我国，推动商业银行网银查询是线上代理渠道建设的有益尝试。目前，互联网个人信用信息服务平台验证身份的一个重要方式是中国金融认证中心下发的密钥（Userkey），而工商银行、农业银行、中国银行、建设银行等大型商业银行使用的都是自己开发的密钥，不能应用于互联网个人信用信息服务平台，因此，通过大型商业银行各自的网银系统为其客户提供信用报告查询服务是一个可以尝试的方法。

人民银行征信中心在推动此项工作中，实际上实现了“双赢”的局面：征信服务通过商业银行的网银渠道给付信息主体，帮助人民银行征信中心推广征信服务，帮助信息主体更快捷地获得征信服务；商业银行也可以将征信服务作为对客户的一项增值服务提供给对方，达到有效推广网银、吸引客户的目标。因此，很多商业银行非常愿意本着“互利共赢”的原则与人民银行征信中心进行合作。

在合作模式上，商业银行网银代理渠道的基本思路是：银行网银用户登录商业银行网银系统提交查询申请，商业银行网银系统将查询请求通过专线报送征信系统。征信系统接受查询请求，通过接口将查询结果反馈给商业银行。商业银行将查询结果导入本行网银系统中。网银用户在网银系统中查看自己的信用报告。此项工作正在积极试点当中，力争在不久的将来，在全国性银行中全面推广。

（二）线下代理服务

由于征信系统覆盖面广，现实中还是有许多人习惯到现场去查询信用报告，有了异议也能当面沟通交流，因此，提供现场查询非常必要。但是，如果仅仅为了信用报告查询而单设现场查询网点，又存在成本过高、无法负担的问题，因此，积极探索委托其他机构代理信用报告查询，可以有效降低成本，发挥规模经济效应。例如，基金公司、保险公司往往是通过代理方式委托商业银行等机构代理自身产品推广。

在线下委托代理查询方面，借助商业银行等代理机构覆盖城乡的网点，开展信用报告代理查询服务，能够在短时间内覆盖更多的社会公众，提高社会公众的查询便捷程度，又节约了成本，是一个较好的选择。目前，人民银行已经启动此项工作，前期运行效果不错，如成都等地。但是，由于代理查询面临着很多挑战，包括成本的分担问题、信用报告查询管理问题、与商业银行等代理机构的业务冲突问题等，需要深入考虑，在当前互联网查询已经广泛铺开的情况下，这种服务模式的有效性还需要进一步确认。

在选择代理机构的过程中，要遵守一些基本的原则：一是网点众多，代理人员专业素质高；二是不会造成信息泄露，产生不公平竞争。一些大型的代理机构如商业银行等在严格的制度管理下可以具备代理条件，例如，建立本机构使用信用报告和代理查询信用报告严格分离制度、代理查询服务人员培训制度、定期抽检制度，对违反规定者进行严厉处罚等。

在代理信用报告查询服务中，需要高度重视社会公众权益保护问题，切实防止违规查询、使用个人信用报告。选择合格的代理机构，制定严格的代理机构代查信用报告管理制度，做好代理查询人员的培训工作，定期和不定期地检查代理查询中存在的问题，切实防止信息泄露等重大信息安全事故。

二、信函服务

信函服务是一个古老的传统服务渠道，对于一些对信用报告时效性要求不高的人群较为适用，目前在一些国家和地区仍在使用。例如，在欧洲的奥地利，上文提到的征信机构 KSV1870 公司在 2012 年开通互联网受理信用报告查询需求之前，信用报告仍是主要通过信函寄达信息主体附近的邮局。KSV1870 公司在线受理客户的查询需求后，会通过挂号信的方式向信息主体寄送一份通知单

（一般在递交网上申请后的 3 ～ 5 天内），通知单上并不会具体标明待领取的为何物，本人据此到指定邮局领取个人信用报告，领取的期限一般都在半个月左右。在规定时间内，携带个人身份证明以及邮局的通知单到规定的邮局办理，在邮局窗口完成身份核对、费用缴纳后，即可以获得纸质版个人信用报告。

在美国，根据《公平信用报告法》的监管要求，联邦贸易委员会也为信息主体提供了通过信函查询本人信用报告的渠道。信息主体将填写后的“年度信用报告查询申请表”寄往位于亚特兰大的年度信报服务中心，发起本人信用报告的年度免费查询需求，服务中心会通过邮件方式，将纸质的信用报告寄达信息主体本人。

在我国，一些比较传统的人士和中老年人可能比较喜欢信函往来的方式，这一方式也适用于一些偏远地区，为这些人群提供信用报告查询服务也是人民银行征信中心的责任。因此，人民银行征信中心也已经启动这方面的研究工作，探索建立通过信函查询信用报告的工作机制。

通过信函提供信用报告查询的核心是身份验证。人民银行征信中心将借鉴其他征信机构的一些做法，采用多种措施进行核实身份，将来核实身份的设想可以为：个人提供身份证正反面复印件、最近 30 日内公安部门出具的户籍证明原件、医保卡或驾照复印件。当然，在信息化非常便捷的情况下，未来也可以考虑高科技的一些核实身份手段。在材料齐全的情况下，后续的处理方式可以为：经审查材料合规，可以出具信用报告并将信函寄往其户籍所在地。如果要求寄往工作单位，则需提供工作单位开出的工作证明原件；如果要求寄往家庭地址，家庭地址与户籍地址不符的，则需提供居住地证明文件，如房产证明等。

未来，人民银行征信中心将建立信函查询管理流程，为信息主体提供信函查询服务，包括信息主体的身份核实、信用报告查询及邮递工作。

在实践中，随着多种便捷查询渠道的开通，通过信函查询个人信用报告工作的需求不是很强烈，人民银行征信中心首先将集中精力，建设互联网查询渠道、代理查询渠道和现场查询渠道，待互联网查询和代理查询建成并实现全国覆盖、现场查询服务进一步完善后，再视情况推动通过信函形式提供信用报告查询服务。

参考文献

[1]《征信前沿问题研究》编写组：《征信前沿问题研究》，北京，中国经济出版社，2010。

[2] 本书编写组：《征信理论与实务》，北京，中国金融出版社，2009。

[3] 李稻葵等：《征信系统对中国经济和社会影响研究》，清华课题，2014。

[4] 林铁钢：《征信概论》，北京，中国金融出版社，2012。

[5] 吴晶妹：《现代信用学》，北京，中国人民大学出版社，2009。

[6] 郑磊：《国外征信体系模式》，载《金融博览》，2013（2）。

[7] 戴根有：《建立我国征信体系的思考》，载《河南金融管理干部学院学报》，2005（1）。

[8] 苏宁：《积极推进我国征信体系建设》，载《中国金融》，2004（7）。

[9] 郑牟丹：《征信体系的美、日模式》，载《西安金融》，2002（7）。

第八章

权益保护与社会责任

信息主体权益保护在一国征信市场健康发展中处于非常重要的地位，如果不能很好地处理信息主体权益保护问题，征信市场的发展将会面临严峻的挑战，因此，系统地研究信息主体权益保护是一国征信制度构建的核心问题之一，选择什么样的信息主体权益保护方式，将直接影响征信市场的信息共享内容、方式等，也关系到每个社会公众的切身利益，需要深入分析。另外，鉴于征信机构具有很强的社会性，其服务的外部性效应很高，因此，征信机构的社会责任重大，需要从立足金融、服务社会的视角，全面推动征信服务广泛应用于社会各个方面，营造良好的社会信用环境。

第一节 国外主要国家的信息主体权益保护

一、国外关于信息主体权益保护的相关内容

征信活动是对个人或企业信用信息进行收集、整理、保存、加工、使用的活动。征信在缓解信贷市场信息不对称、便利融资的同时，还可能因过度采集、不当使用信息造成对信息主体权益的侵犯，特别是对个人隐私权的侵犯。在信息主体权利没有得到法律明确界定的情况下，信用信息采集、处理和使用随时都有可能对信息主体权益造成严重侵犯。如果信息主体合法权益得不到有效保护，将增加信息采集的难度，加大市场交易成本，影响社会公众对征信体系的信心，将直接限制征信体系发挥作用。如何既促进征信业健康发展，又适当保护信息主体权益，寻求征信业务发展与信息主体权益保护之间的平衡并作出合理的制度安排，已成为各国征信业健康发展的关键问题。信息主体权益保护旨在平衡信息隐私性、安全性与提高征信信息可获得性之间的关系。

随着征信体系在发挥金融基础设施作用、提高信贷可获得性、防范信用风险、促进经济社会发展方面的作用逐渐显现，越来越多的国家积极制定征信法律和监管框架，为征信活动营造良好的法律环境。建立完善的信息主体权益保护法律制度，符合国际金融危机后发达国家普遍的立法趋势和经验做法。主要发达国家和地区多采取专门立法的方式保护信息主体合法权益。由于每个国家的社会经济、政治生活不同，征信市场发展程度不同，隐私文化不同，各国的征信法律制度框架也各不相同。征信法律制度框架 一般包括信用报告法、数据保护法、银行法、消费者权益保护法、公平授信和消费信贷法，以及有关个人隐私和公司秘密保护的法律条款，有些国家还颁布了专门的征信法律。从法

律内容来看，大多数国家的征信法律主要是针对个人信息的保护，而涉及企业的很少。与企业相比，个人处于弱势地位，需要更多的法律保护。企业征信数据主要包括注册资本、法人代表等基本信息，企业大多数属于有限责任，以净资产负责，在此种情况下，需要公布企业财务报告等与生产经营有关的信息等，对其信息保护主要是商业秘密保护。因此，一般情况下，对涉及企业商业秘密的信息保护属于《公司法》、《破产法》等商法调整的范围。

就目前国际经济、政治地位以及对其他国家个人数据保护立法的影响力来说，个人信息主体权益保护立法主要有欧盟模式和美国模式。欧美国家在制定本国的征信法律时都充分考虑了相应的国际公约，但在平衡个人权益保护与征信业发展方面有不同的倾向性。实践表明，立法的不同倾向导致不同国家征信业发展程度不同。欧盟国家征信起步时间与美国大致相同，但是由于欧盟国家更为重视个人隐私的保护，对征信机构的限制较多，在征信业发展方面落后于美国。

（一）欧盟国家信息主体权益保护立法及监管

作为地区性政治组织和经济联盟，欧盟在个人数据保护方面较为严格，始终将保护个人隐私放在第一位，认为数据保护与隐私权既有联系又相互区别，对个人数据保护制定了统一法律规定，并执行严格和具体的监管措施，要求征信机构对信息主体权益进行严格保护。欧盟个人数据保护立法目标是在所有成员国实现最低水平的数据保护。1995 年欧盟颁布的《关于个人数据处理和自由流动的个人数据保护指令》（以下简称《欧盟数据保护指令》）是欧盟数据保护法律制度的核心。作为统一各成员国的法律，它制定了一系列需要所有的成员国实施的原则和规则。该指令在内容上包括一般性规定、合法性的一般规则、司法救济、责任与制裁及成员国贯彻措施四部分。1997 年欧盟颁布的《数据保护指南》将个人数据认定为一项基本人权，应受到严格保护，并规定个人信息采集使用需得到事先授权，赋予个人获取原始数据，更正或删除数据，反对某些数据处理方法，禁止采集种族、宗教等敏感信息等权利。

在欧盟数据保护指令指导下，欧盟国家完成了本国数据保护立法或修改工作，该法令统一和强化了欧盟国家的隐私保护。欧洲多数国家制定了《数据保护法》，如1998年法国《数据保护法》、1996年意大利《数据保护法》、1998年英国《数据保护法》、1998年瑞典《个人数据保护法》、1999年西班牙《个人数据保护法》、2002年德国《联邦个人数据保护法》、2004年意大利《个人数据保护法》等。欧盟国家以个人数据保护为主要立法对象，征信数据只作为个人数据保护法的规范对象之一。欧盟国家数据保护法的使用范围不仅包括个人信用活动，还包括医疗、市场营销等一系列可能涉及个人信息交易、共享、传播的活动。

欧盟各国都有法律规范信贷业务，对征信机构的信息收集和使用也有法律约束。但由于欧盟各国有着各自不同的隐私文化，对《欧盟数据保护指令》也存在不同的理解，各国涉及征信机构的法规不同，反映在征信数据上，就是征信机构采集的数据在范围、种类和是否涉及敏感信息方面存在差异，数据的广度和深度差异巨大。

在征信监管方面，欧盟国家采用政府主导模式。欧盟数据保护指令奠定了欧盟在世界上最高水平的数据保护体制，很多欧盟国家建立专门的征信监管部门。英国根据《消费信用法》规定从事信用信息服务的征信机构必须申请许可证，英国公平贸易办公室负责对征信机构发放许可证。英国《数据保护法》规定设立数据保护专员办公室和数据保护法庭。该法还专门规定数据控制人的通知义务及数据保护专员的监督审查，禁止未经登记的数据处理等。2004年法国修改后的《数据处理、数据文件及个人自由法》规定国家信息与自由委员会负责个人数据处理监管，负责批准敏感数据的处理，必要时强制实施安全系统标准规则，接受与实施个人数据处理相关的权利投诉等。

当前，互联网大数据时代带来新的数据采集与使用方式，对现有个人信息保护制度带来巨大挑战。在一直以严格的个人数据保护制度著称的欧洲，面对互联网时代的隐私保护需求，欧盟正在积极构建互联网时代的隐私保护框架。2012年1月，欧盟启动了对个人数据保护立法框架的全面改革，出台《有关“涉及个人数据的处理及自由流动的个人数据保护指令”的立法草案》，着手制定统一、严格的《欧盟数据保护条例》，以取代1995年《欧盟数据保护指令》。欧盟理事会于 2014 年底公布了条例草案。此次立法改革强调数据保护是一项基本权利，数据保护权利需要与其他基本权利之间取得平衡，还要满足公共安全的需要。新条例对数据控制人在安全处理数据、数据外泄时及时响应措施、取得数据主体对处理目的授权同意等方面增加了新的义务要求，新增了可携带权和被遗忘权等数据主体权利。新条例保护框架将对一系列商业活动中的数据应用产生巨大影响，其中私营征信机构将是受潜在冲击和影响最大的。

（二）美国信息主体权益保护立法及监管

美国是一个信用经济高度市场化的国家，是世界上征信业最为发达的国家之一。20 世纪 60 年代以来，美国制定了 16 部关于信用管理的法律法规来规范授信、保护个人隐私以及保障信息公开等，是世界上信用法律框架最为完备的国家。其中，最为核心的是 1971 年《公平信用报告法》（*The Fair Credit Reporting Act*，FCRA）。作为专门的征信法律，《公平信用报告法》的立法目的及调整范围是，围绕个人信用报告相关行为，规范征信机构、信息提供者和信用报告使用者的责任和义务，制定合理的程序，明确消费者的征信权利，保护消费者权益，确保信用报告的准确性和公正性，引导建立征信行业标准，促进征信业健康快速发展。与欧盟国家相比，美国的征信立法更为注重促进征信行业发展，这种单独的征信立法具有更高的执行效率。世界上很多国家参照美国的征信立法实践，制定了本国专门的征信法律，如俄罗斯、韩国、印度、泰国等。

美国在征信机构掌握的个人数据保护上强调征信机构的自律，同时辅以政府的监管；对征信机构采集信息的类型不进行限制，但严格规范了数据使用的用途和目的，防止滥用个人信息。因此，《公平信用报告法》规范的是数据使用用途而非收集数据的类型，规定获取和使用信用报告一般无须消费者授权（除非用于雇佣目的和使用医疗信息）。1996 年、2003 年、2010 年国会分别对《公平信用报告法》进行过三次重大修订，1996 年法案增加了消费者报告使用者，特别是雇佣单位使用信用报告的责任和义务，并对异议处理提出规制要求；2003 年法案增加了提供免费信用报告、应对“身份盗用”、设立全国性的欺诈报警系统等相关条款；2010 年法案增加了《信息提供者规则》。

美国个人征信监管机关主要为美国联邦贸易委员会，对征信机构和零售商、金融机构、雇主、保险机构等信用报告使用者拥有监管权，主要负责金融消费者权益保护。2008 年国际金融危机后，按照 2010 年美国《多德—弗兰克华尔街改革与消费者保护法案》（以下简称《多德—弗兰克法案》），2011 年 7 月美国消费者金融保护局（Consumer Financial Protection Bureau，CFPB）正式成立，作为独立的联邦机构，将信息主体权益保护作为其金融消费者权益保护的一项重要内容。2012 年，根据《多德—弗兰克法案》，联邦政府整合各部门的消费者权益保护职能，将年收入大于 700 万美元的大型征信机构纳入消费者金融保护局管辖。根据该局统计，2012 年受其监管的 30 家左右大型征信机构收入约占整个市场的 94%。2012 年，美国消费者金融保护局提出了落实修订后《公平信用报告法》的实施细则——《规章 V》（*Regulation V*），与其众多消费者相关法规并列，制定了监管手册。

美国是对隐私权系统立法最为发达的国家。美国保护隐私权的法律框架，覆盖了宪法、联邦、各州等层面。经过多年发展，美国建立起比较完备的隐私权法律保护体系。1974 年的《联邦隐私权法》是美国保护个人隐私权的专门法律，是美国隐私权法的最重要的组成部分。另外，联邦及一些州都分别制定了一系列保护隐私权的专门法律，除了消费者信用领域的《公平信用报告法》之外，还有《联邦电子通信隐私权法》、《金融隐私权法案》、《健康保险隐私及责任法案》等。

随着信息技术的发展，美国联邦政府及各州不断出台、修改完善隐私保护的相关立法，完善行业自律机制，从而使隐私权保护能紧跟时代步伐。为应对互联网大数据时代的消费者隐私及数据安全保护，构建起较为完善且独具特色的大数据环境下的隐私保护体系，2015 年 2 月 27 日，奥巴马政府发布了《消费者隐私权法案》（*Consumer Privacy Bill of Rights*）（草案）。自 2012 年隐私权白皮书发布以来，奥巴马政府一直致力于推动这份立法草案，它将成为美国隐私法律的基准。该法案赋予消费者获取和更正由第一方或第三方持有的自身数据的权利，也向企业提出了数据安全方面的要求，旨在促进在大数据应用的过程中适当保护个人信息。该法案明确定义了“个人资料”，即由相关实体掌握的、不得通过合法手段以外的方式向公众普遍提供的任何资料。在此基础上，对个人隐私权利明确规定了几项基本原则：一是透明度原则，即消费者有权无障碍地理解和获取有关隐私及其安全保障的信息；二是安全性原则，即消费者有权要求自己的数据得到安全和负责任的处理，数据控制机构应以合理适当的方式保障个人数据准确与安全，建立个人资料准确性、完整性的争议和解决办法等；三是问责制原则，提出了十分详细具体的问责事由，涵盖企业员工行为控制、内部数据保护评估等方面，使事后问责更为明确具体等。

二、信息主体权益保护制度安排

个人征信法律制度作为规范信用信息采集、整理、加工、使用等行为的外在约束，规定征信各参与方，包括信息主体、信息提供者、征信机构、信息使用者的权利和义务；规定可以采集的数据范围、使用目的和数据保存期限，赋予信息主体权利，制定消费者异议解决机制，目标是能够适当、有效保护消费者隐私安全，寻求信息公开与个人隐私保护的均衡，确保消费者对征信体系的信任。大多数国家通过征信立法赋予某个政府部门对征信各参与方进行监管的权力，以保障征信行为的依法合规。

（一）数据保护的国际准则成为许多国家制定个人信息保护法律的依据

国际法方面，联合国、经合组织（OECD）和欧洲委员会先后制定个人数据保护有关公约，以经合组织 1980 年颁布的《关于隐私保护与个人数据跨界流动的指导方针》、欧盟 1995 年颁布的《欧盟数据保护指令》为代表。上述公约的目标和主要内容大致相同，保护个人信息不是为了限制个人信息流动，而是对个人隐私权的尊重和保护，同时也是对个人信息的规范管理，让个人信息能够被社会合法获得。这些国际准则作为一般原则在各个国家的个人信息保护立法中均有体现。

经合组织《关于隐私保护与个人数据跨界流动的指导方针》提出了保护个人信息的八项基本原则,成为许多国家制定个人信息保护相关法律的依据。这八项原则包括：一是收集有限原则，即个人信息的收集必须合理、合法、公正，必要时应该通知信息主体并征得其同意。二是保障数据质量原则，在收集、处理个人信息时必须确保数据的完整、准确、及时。三是目的明确原则，即在收集个人信息之前必须明确收集目的，不得超出目的范围收集。四是使用限制原则，即限制数据使用范围，不得超范围使用和披露数据，并且不得随意提供给第三者使用。五是安全保障原则，即必须采取必要的安全保护措施来保障个人数据安全，防止个人数据泄露、丢失或者被非法获取等风险。六是公开原则，即必须以便利的方式让社会公众了解数据的性质、收集和使用目的、信息控制人的相关信息以及有关个人信息保护政策等。七是个人知情原则，即个人信息主体有权知道与个人信息相关的收集情况，包括个人有权在合理的期限内被告知、个人对于本人错误信息有权提出异议、异议属实的有权要求征信机构进行删除或更正。八是尽责原则，即个人信息控制者应对以上原则负责。

1995 年《欧盟数据保护指令》规定了六项保护原则：一是个人信息收集必须公正合法，数据采集目的描述具体、清晰。二是保证数据质量，确保个人数据的完整、准确、及时。三是透明原则，数据控制者取得数据主体明确同意即可进行数据处理；使用个人数据时需要取得信息主体授权同意，明确数据使用目的。四是数据处理者或与数据主体存在合法的合同关系等。五是除非个人明确同意或满足其他特例条件，禁止处理个人敏感信息，包括个人种族、民族、政治观点、宗教信仰等信息，并禁止处理有关个人健康的数据。六是数据保存不得超过一定期限（指为了某一目的进行数据处理所需要的时间）原则。

（二）明确信息采集范围、方式与促进征信业务发展紧密相关

从征信的目的和作用看，凡是对信息主体还款能力和还款意愿有影响的信息，都属于被收集范围。理想的法律框架应允许征信机构同时采集正面信息和负面信息，包括信贷信息和公共信息，允许从各种数据源进行全面征信，以帮

助信贷机构更好地进行信贷决策。

从各国征信实践来看，国外对禁止采集信息范围或敏感信息进行了专门界定。信息采集方式与促进信息开放、保证信息可得性、促进征信业务发展紧密相关。隐私保护较强的国家，对信息采集方式的规定较为严格，通常规定采集信息必须经信息主体同意。但多数国家为促进信息开放和征信业发展，通常规定采集信息无须信息主体授权同意，但采集的目的、手段要合法。

欧洲有很严厉的个人数据保护法来对征信活动进行规范。1995 年《欧盟数据保护指令》明确规定，数据主体拥有的一项基本权利就是数据的准确、及时；数据收集需要得到数据主体的同意，同时也明确了数据的使用有特定范围。许多欧盟国家制定的法律都规定了力度更大的隐私权保护。德国、意大利、瑞典等国严格限定所采集的信息要与信用活动直接相关，其中主要是以往的信用付款记录，而对有关个人收入、资产、纳税等方面的信息严禁采集，个人信用报告一般也不包括银行存款账户余额、种族、宗教信仰、个人健康状况、刑事犯罪记录和收入情况等信息。欧洲建立公共征信机构的国家（如法国、意大利）通过法律或决议的形式，强制性要求金融机构必须向公共征信机构定期报送信贷信息，欧洲公共征信机构收集信息一般不需要取得信息主体的同意。意大利规定采集正面信息要取得本人书面同意，采集负面信息无须本人同意。

美国《公平信用报告法》规定征信机构可采集的信息包括个人身份识别信息、贷款账户的余额、授信额度、偿还历史等与信用有关的公共记录。具有敏感性的个人信息，如思想、宗教信仰、健康状况、犯罪嫌疑、刑事犯罪历史等信息禁止采集，以免造成对个人隐私权的侵害。在信息收集阶段，为了不影响信息共享，信息提供者自愿报数，一般不需要信息主体授权，立法不对信息采集类型进行限制。采集信息无须信息主体授权同意。印度、俄罗斯、新加坡、马来西亚、中国香港等国家和地区也规定采集信息无须取得信息主体同意。

（三）确保数据的准确性是保护信息主体权益的核心问题

信用报告数据的准确性涉及信息主体对征信机构的信心，会直接影响放贷机构的风险管理效率，是保护信息主体权益的核心问题，是征信机构和信息提供者的法定义务。为规范征信机构加工、处理信息，许多国家和地区明确规定征信机构要采取措施保证信息的准确性、完整性、客观性、及时性。征信机构从事征信业务活动应当遵循独立、客观、公正的原则，保证信息质量，维护征信活动当事人的合法权益和社会公共利益。征信机构加工、处理信用信息，应当以信息的原始记载为基础，按照科学的评价体系与标准，对所采集的信息进行客观、公正的加工、整理，不得歪曲、篡改使用。征信机构应当保证其所建信用信息数据库的安全运行和数据及时更新，应当对数据库设置访问权限，防止数据被越权访问、丢失或被滥用。

以美国为例，美国《公平信用报告法》及其实施条例要求征信机构、数据报送机构设置合理的程序来最大限度地确保准确性。2009 年美国联邦贸易委员会等机构发布提供商规则，要求数据提供商建立和实施一系列书面政策和程序，提高数据准确性。2015 年，美国三大征信机构艾克飞、益博睿和环联公布了一项全国消费者援助计划，三家全国性征信机构将统一采取整改措施，改进当前异议处理流程，重点建立一个针对解决身份失窃者、欺诈受害者以及面临复杂争议状况（如两人的信用报告被弄混等）的高级异议处理流程，更主动地帮助消费者解决信用报告异议，加强对报数机构的监测，从而提高数据的准确性和完整性。

（四）规范个人信用信息使用行为是保护隐私权的基本措施

规范个人信用信息使用行为是保护隐私权的基本措施，是防止信息被滥用的必然手段，是促进交易公平合理的有效途径，是完善信用法律的客观要求。大多数国家和地区都重视通过严格限定信用信息的使用用途、明确信用信息的使用者必须征得信息主体的授权同意，保护被征信人信用信息安全及合法权益。

美国《公平信用报告法》通过严格限定信用报告的合法使用用途和目的来防止信息滥用，还规定征信机构有责任确认信息使用者的身份，确保报告的合法使用目的；否则，即使取得当事人同意，也属于违法行为。该法规定，个人信用报告只能在用于以下用途时提供，包括信贷与账款催收、承租 / 租用、政府用途、保险决策、由消费者提出的其他合法经营需要、雇用员工和儿童抚养费的执行。2012 年美国消费者金融保护局在新增的《规章 V》中，列明了目前获取个人信用报告的十类合法目的：一是受法院的命令或联邦大陪审团的传票要求；二是受消费者本人书面委托；三是应消费者申请进行授信或账户审查或账户催收；四是在消费者书面授权下为就业目的，包括雇用和进行提拔决定；五是应消费者申请进行承保；六是由消费者发起的合法商业交易申请；七是为复查消费者账户资格；八是为政府部门颁发执照或其他社会福利；九是潜在投资人或服务商或现有承保商出于对消费者信用评价，或对现有债务或预付款风险评估需要；十是政府有关部门出于儿童抚养相关决策需要。

许多欧洲国家将信息的使用限定于特定目的，要求经过当事人书面授权。建立公共征信机构的国家（如法国、意大利）将公共征信机构的信息严格限制在中央银行和金融机构间流动，为防范信贷风险、金融监管和执行货币政策服务，并要求征信机构在向第三方披露信息之前必须征得被征信人书面同意。

（五）赋予信息主体享有的基本权利构成对其全方位保护

国际经验表明，信息共享与信息主体权益保护之间存在着矛盾，信息共享得越充分，信息主体需要对自身权益放弃得越多。每个国家在对征信业进行规范时，都要考虑两者之间的平衡。因此，在要求信息主体让渡了一定的隐私权或敏感信息之后，许多国家的法律会赋予信息主体一定的权利，比如知情权、同意权、重建信用记录权、异议权和救济权。这五项权利构成了对信息主体全方位的保护。在信息主体权益保护的实践中，需要征信机构、数据报送机构和数据使用机构共同履行在数据合法采集与使用、异议处理、保障信息准确与安全等方面的责任和义务。

1. 知情权

知情权是指个人有权向征信机构了解征信系统和自己的信用状况。世界银行建议：信息主体应被告知征信机构的存在，尤其是当信息被用于作出对他们不利的决定时，应当让他们了解这一情况。充分保护信息主体知情权是信息主体行使其他权利的基础。美国、英国、法国、比利时、意大利和巴西等多数国家法律明确规定，个人有权查询自己的信用报告，并且有权每年获得一定的免费查询机会，一般是 1 ~ 2 次。超过免费查询次数的，个人就需要在支付一定费用后获得自己的信用报告。

美国《公平信用报告法》明确规定了消费者享有知情权，即消费者有权从征信机构处获得本人信用信息，并充分了解征信机构对自己信用状况的评价及依据。征信机构负有向消费者本人披露信用信息的义务。据此，消费者本人在提出书面申请并符合一定条件的情况下，便可得到本人的信用报告。该法规定，信用报告中有不利于消费者的内容时，应把相关征信机构的名称、住址等通知给该消费者。在美国，已经基本形成了征信机构、金融机构、相关政府部门协同推进的立体、多面的征信机构宣传教育格局。2011 年美国联邦储备委员会和联邦贸易委员会联合发布新规则，赋予消费者更具有实质性的知情权，要求授信机构在借贷交易中对消费者作出不利决定时，承担向消费者提供免费信用报告、信用评分及其使用情况的义务。英国《消费信贷法》规定：提供信贷者在利用征信机构获得消费者信用报告作出放贷决策时，应当披露征信机构的名称和地址。

2. 同意权

同意权是指个人享有是否同意征信机构采集或被他人、有关机构使用其信息的权利。《公平信用报告法》规定消费者有权选择自己的信息不能用于就业目的，消费者的雇主或者潜在雇主查阅个人信用报告时必须得到消费者本人的书面授权。而针对信贷和保险产品的主动市场营销行为，消费者也有权拒绝。数据报送机构和使用机构等如果要使用消费者信息进行市场营销，需要取得信息主体的书面同意。

欧盟国家一般规定，征信机构采集个人信息以及个人信息对外使用时都要经过个人授权同意。欧盟在 1998 年《数据保护指南》中明确数据的收集需要得到数据主体的授权同意。但这些规定一般用来规范私营信贷信息登记机构，欧洲公共征信机构收集信息一般不需要得到信息主体的授权同意。同时，从法律上规定了数据的特定使用范围。但在不同的欧洲国家，基于不同的数据类型、数据主体有不同的同意方式，有些信息采集、使用是需要明确地告知、同意的，有些信息处理是需要清晰地告知、同意的，有些可以通过一般性条款取得同意，有些可以通过数据主体签署具体协议的方式获得同意。

3. 重建信用记录权

重建信用记录权是指个人不良信息超过保存期限时，信息主体有权要求征信机构予以删除并重建信用记录。征信服务在减少交易主体之间信息不对称的同时，也重在构建“守信激励、失信惩戒”机制，因此应给予信息主体重建信用记录、修复自身信用的机会，需要为负面信息设定保存期限，避免长时间存在的负面信息成为一直影响个人信用交易的“污点”。征信发达国家一般都制定了有关正面信息和负面信息保存期限的法律，以促进征信业的健康发展。

美国《公平信用报告法》规定，正面信息保留 10 年，负面信息则区别对待，如个人破产记录保存年限为 10 年，自被裁定破产救济之日起或法庭宣判之日起算；民事诉讼、民事判决、逮捕记录、缴纳欠税滞纳金记录、被追收或被冲销坏账负面记录只能保留 7 年，自民事执行日期、拖欠税款缴清之日或刑事服刑、释放或假释之日起算。

欧盟对信用信息的使用期限没有统一规定。英国个人违约或债务未被清偿的记录保存 6 年，破产记录保存 15 年。德国个人违约或债务未被清偿的记录保存 5 年，破产记录保存 30 年。在意大利，规范私营征信机构信息保存期限的法律是《征信机构行为和专业化从业法令》，借款人的授信申请信息在征信系统中只能保存 6 个月；但若申请被拒，或者主动放弃，则该申请信息只保留 1 个月。关于负面信息的保存期限是按照违约时间长短来分档的，违约不超过两个分期付款周期或两个月的负面信息的保存期限，自负面信息被消除之日起不超过 1 年。对于违约超过两个分期付款周期或两个月的负面信息的保存期限，自负面信息被消除之日起不超过 2 年。正面信息的保存期限，自行为终止之日起不超过 2 年。

4. 异议权

异议权其实是知情权的延伸。信息主体认为自己的信用信息有错误、遗漏时，有权向征信机构提出异议，并要求征信机构进行核查，将其信用信息补充完整，对错误信息进行更正，删除过时的信用信息。信息主体异议权的保障主要通过对征信机构行为的规范实现。信息主体对其信息的异议权、更正权和请求删除权是信息公正、准确的保障，对于提高征信信息的全面性、准确性、及时性具有重要意义。

美国《公平信用报告法》规定，消费者有权对与自己实际情况不符的信息提出异议，征信机构应对消费者异议进行内部核查，并应在接到消费者异议申请后 5 个工作日内，将所有关于异议申请的信息提供给数据提供机构。消费者还可以直接向数据提供机构提出异议申请。数据提供机构应承担提供准确信息和更正错误信息的义务。在异议处理环节，报数机构应直接受理异议并进行严格的调查，如果信息确实不准确、不完整，应向征信机构报送正确的信息；如无法核实信息是否准确、完整，则应删除或永久隐藏异议信息。在实践中，美国消费者金融保护局重点处理征信异议投诉，根据《公平信用报告法》和其他法律法规逐项核查报数机构的合规情况，处理征信异议工作中不作为的报数机构，保护消费者的征信权益。消费者在对争议结果不满意时，有权在信用报告中附上一份简要个人声明。

英国《消费信贷法》规定，个人有权要求征信机构删除或修改其信用报告中的错误信息。征信机构在收到个人异议通知的 28 天内，应当向信息主体通知错误信息是否已经得到删除或修改。对异议结果不满意时，个人可以要求征信机构在其信用报告中加入一条他自己所拟的声明，并获得加入该声明的信用报告。意大利征信机构科锐富要在收到异议申请后 15 天内，将错误标识插入信息主体的信用报告中，并在 30 天内将错误信息更正过来。

5. 救济权

救济权是指当信息主体认为信息提供者、征信机构或信息使用者在征信过程中侵害其权益时，有权向有关监管部门投诉（行政救济）或向司法机关提起诉讼（司法救济）。救济权的享有包含两个方面：一是惩戒违反法律义务的主体，二是纠正侵害行为并对受损的权利主体给予补偿。国外有关征信法律也对信息主体的救济权进行了明确。如意大利《个人数据保护法》中规定如果数据主体被禁止行使对自身信息查询、要求修改或更新的权利，那么他可以通过法院或直接向数据保护委员会提起诉讼。

6. 被遗忘权

当前，为适应互联网大数据时代对个人隐私保护的需求，欧盟正在推动个人数据保护法的修改。在欧盟关于个人数据保护立法的新条例草案中，欧盟委员会提出两种新型权利——个人信息被遗忘权和个人信息可携权。

被遗忘权提出的背景是：2011 年，一名西班牙男子在谷歌上搜寻自己的名字时，发现一篇 1998 年有关他因断供而被迫拍卖物业的新闻报道，他认为其隐私被侵犯，于是将报社及谷歌公司告上法院，要求报社删除该篇报道，同时也要求谷歌公司删除这篇报道的搜索链接。2014 年 5 月 13 日欧盟最高法院欧洲法院作出最终裁定认为，个人应该享有被遗忘权，即在某些信息属于“不足够、无关系或已过时”的情况下，信息应该被遗忘，因此，该西班牙男子有权要求谷歌从搜寻结果中移除有关个人资料的相关链接。自此开始，公民是否应享有被遗忘权在全世界展开讨论。《欧盟数据保护条例》草案第 17 条新提出被遗忘权。狭义的遗忘权是指用户不再需要使用互联网服务时，有权要求互联网企业删除其全部数据。而广义的被遗忘权不仅包括上述权利，还包括用户有权要求互联网企业删除不属实的，或者不利于个人名誉、利益的个人信息。

7. 个人信息可携权

个人信息可携权是指个人可以无障碍地将其个人数据及其他数据资料从一个信息服务提供者转移到另外一个信息服务提供者，比如用户把自己在一家社交网站的照片、评论以及其他资料转移到另外一家社交网站。《欧盟数据保护条例》草案第 18 条规定，个人数据可以通过自动处理系统，即以通用的电子格式，无障碍地从一个操作实体系统直接转向另外一个实体系统。该规定要求不仅限于社交网络服务，还包括云计算、网络服务以及智能手机应用以及其他的自动化数据处理系统。

上述两项权利进一步加强数据主体的权利，用于应对大数据时代社交媒体和其他在线服务对个人带来的不确定风险。可携权使得个人可以无障碍地以通用的电子格式，将个人数据从一个数据服务提供者转移到另外一个数据服务提供者，强化了数据主体获取自身数据的权利，减少了转换服务提供商的成本。被遗忘权使得数据主体有权要求数据控制者删除其不喜欢的个人信息，进一步限制数据控制者利用数据进行个人特征分析。欧盟提出的被遗忘权主要从事后追认的角度赋予个人对信息和数据的控制权。

（六）不断增强信息提供者的责任

在信息主体权益保护的立法实践中，发达国家越来越重视信息提供者在征信业务活动中的作用，通过不断增强其在数据报送、异议处理、信息查询及使用等方面的责任和义务，来提高数据质量和采集、使用的合规性。美国《公平信用报告法》经过多次修改，并于2010年通过了《信息提供者规定》，强调信息提供者需采取合理的程序确保数据准确性、完整性和及时性，以保护消费者的权益。根据规定，信息提供者需处理直接异议，发现有误信息时，需及时提供正确信息，并向所有接收该信息的征信机构通报；消费者自愿撤销信用账户时应通知征信机构，否则会影响自身信用水平；需明确接收身份盗窃通知的地址，且如果接到征信机构或者消费者通知，所提供的信息涉及身份盗窃，应采取合理程序确保不再提供该信息。

三、国际信息主体权益保护经验的启示

（一）保护信息主体权益是征信立法的重要内容

国际征信实践和立法经验表明，各国尽管征信系统建设模式不一，具体规定各异，但其立法目的多在信息主体合法权益保护和公正合理扩大个人数据开

放之间进行平衡。其中，对个人信息主体合法权益的保护则是各国法律关注的核心。目前，我国社会信用体系建设的法律框架还需要进一步完善，国务院先后颁布了《政府信息公开条例》、《征信业管理条例》、《企业信息公示暂行条例》，已经进入到了有法可依的新的历史阶段，但仍存在一些问题，如有些规定还比较原则，操作性不强，需要进一步细化；个人信息保护没有专门的法律，仅仅散见于相关法律法规，不成体系。下一步，还应继续加快顶层制度设计，完善法律框架体系，研究制定全国性法律，如“个人信息保护法”等。同时，还要以部门规章、地方立法或政府令等形式出台监管规则、实施细则等，形成多层次、操作性强的征信法律制度体系。

（二）信息主体合法权益与信息主体自身、征信机构、报数机构法定义务关系密切

通过立法规定个人享有的各项权利，规定信用信息提供者、使用者和征信机构的义务及法律责任是必要的。知情权、异议权、同意权、重建信用权和救济权等都是个人信息主体合法权益的组成部分。同时，信息主体权益的实现有赖于征信机构、信用信息提供者、信用信息使用者的义务履行。信息主体也应该树立良好的信用意识，规范自身信用行为，做一个负责任的借款人，向数据报送机构和征信机构提供真实、准确的信息；数据提供者应该向征信机构提供准确、及时、完整的数据；征信机构应当确保数据的准确整理、加工和数据安全，并提供优质高效的征信服务；数据使用者应当正确使用从征信机构获取的信息，不得用于法律规定用途之外的其他用途，或者向第三人提供，妥善保管相关数据。

（三）设立专门的信息主体权益保护机构是有效的救济途径

被征信者享有的权利、损害救济途径与法律保护的效果密切相关。在征信活动中，个人隐私权的保障是通过专门的监管机构确立和保障来实现的。例如，美国对侵害个人征信权益的行为，规定了行政责任、刑事责任、民事责任，并由专门机构联邦贸易委员会来保护个人隐私权。美国的金融监管改革方向更加

体现出加强金融消费者权益保护的发展趋势，美国金融监管改革方案中一项重要内容就是建立独立的金融消费者权益保护机构（消费者金融保护局）。澳大利亚证券和投资委员会负责保护金融消费者权益，该机构独立于负责审慎监管的审慎监管局。加拿大设立金融消费者管理局，专门负责金融消费者保护相关工作。因此，我国在完善征信体系时，应该进一步加强征信监管部门和金融消费者权益保护部门对个人信息的保护。

第二节　我国信息主体权益保护的制度安排

一、我国信息主体权益立法现状

立法保护信息主体权益是各国的通行做法，发达国家均建立了比较完备的信息主体权益保护法律体系，但我国个人信息保护立法还不完善，尚未形成统一、全面的法律体系。目前，还没有涉及信息主体权益保护的专门法律，还没有一部专门的个人信息保护法出台。现行法律规定或者过于原则、操作性不强，或者法律层次低、效力不足，并且散落在诸多法律条文中，不成体系，存在相互冲突、交叉。2013 年 1 月 21 日，国务院发布的《征信业管理条例》（本节均简称《条例》）是我国首部国家级的征信业管理法规，它的出台有利于规范征信机构、信息提供者和信息使用者的行为，保护信息主体权益，规范征信业健康发展，标志着我国征信业从此步入有法可依的轨道，对我国征信业的发展具有里程碑意义。

在法律法规层面，个人隐私权与信息主体权益有着密切联系，而法律对公民隐私权采取间接保护。例如，《消费者权益保护法》、《民事诉讼法》、《刑事诉讼法》以及《行政诉讼法》等均只提及对个人隐私的保护条款，不够明确系统，如不得公开、不得侵犯、不得泄露、不得供第三方查阅等，而没有具体划定个人隐私的信息范围和披露程度。与征信直接相关的法律更多地散见于《民法》、《刑法》以及《商业银行法》等有关法律。这些立法大多数为原则性规定，并没有明确地针对个人信用征信中涉及的权益保护问题加以具体的规范。例如，《宪法》第三十八条规定，中华人民共和国公民的人格尊严不受侵犯。《民法通则》第一百零一条规定，公民、法人享有名誉权，公民的人格尊严受法律保护。《刑法》第二百五十三条规定，国家机关或者金融、电信、交通、教育、医疗等单位的工作人员，违反国家规定，将本单位在履行职责或者提供服务过程中获得的公民个人信息，出售或者非法提供给他人，情节严重的，处三年以下有期徒刑或者拘役，并处或者单处罚金。《侵权责任法》第二条规定："侵害民事权益，应当依照本法承担侵权责任。本法所称民事权益，包括生命权、健康权、姓名权、名誉权、荣誉权、肖像权、隐私权、婚姻自主权、监护权、所有权、用益物权、担保物权、著作权、专利权、商标专用权、发现权、股权、继承权等人身、财产权益。"在金融领域的立法《商业银行法》、《证券法》、《保险法》中，也有保护个人金融信息的条款。《政府信息公开条例》规定，行政机关原则上不得公开个人隐私。《全国人大常委会关于加强网络信息保护的决定》对个人网络隐私权的保护提出新要求。

在《条例》出台前，涉及个人隐私的法律、规章非常多（见表 8-1），但立法层次比较低，对信息主体权益的保护规定不统一、不全面。我国的地方信用体系建设还处于起步阶段，各地推进程度不同。一些地方性法规和规章也对个人信用信息的征集与使用作出了规定，但地方立法在《条例》颁布前发布，规定内容不一致，区域信息主体权益保护具有局限性，且信用信息割据现象突出，有些立法内容存在不相容、相互抵触的情况。

《条例》作为行政法规，是法律的延伸和细化，也是众多部门规章和规范性文件的立法依据，起着承上启下的作用。"承上"是指《条例》对《民法通则》、《刑法》等法律中关于个人隐私和商业秘密保护、维护个人信息安全等原则性规定进行了细化；"启下"则是指《条例》将是众多部门规章、地方性法规和规章的直接上位法。

表 8-1　个人信息保护现行法规汇编

序号	类别	效力	名称	颁布文号或日期
1	综合	法律	《刑法》	2011 年 2 月 25 日修订
2			《民法通则》	2009 年 8 月 27 日修订
3			《侵权责任法》	2009 年 12 月 26 日
4			《消费者权益保护法》	2003 年 10 月 25 日
5			《统计法》	2009 年 6 月 27 日
6			《居民身份证法》	2003 年 6 月 28 日
7			《护照法》	2006 年 4 月 29 日
8		行政法规	《全国人民代表大会常务委员会关于加强网络信息保护的决定》	2012 年 12 月 28 日
9			《中华人民共和国电信条例》	国务院令第 291 号
10			《互联网信息服务管理办法》	国务院令第 292 号
11		部门规章	《规范互联网信息服务市场秩序若干规定》	工业和信息化部令第 20 号
12			《电信和互联网用户个人信息保护规定》	工业和信息化部令第 24 号
13			《网络交易管理办法》	国家工商行政管理总局令第 60 号
14			《互联网电子邮件服务管理办法》	信息产业部令第 38 号
15			《互联网安全保护技术措施规定》	公安部令第 82 号
16			《计算机信息网络国际联网安全保护管理办法》	公安部令第 33 号
17			《侵害消费者权益行为处罚办法》	国家工商行政管理总局令第 73 号

续表 1

序号	类别	效力	名称	颁布文号或日期
18			最高人民法院、最高人民检察院、公安部、国家安全部、司法部《关于建立犯罪人员犯罪记录制度的意见》	法发〔2012〕10 号
19		司法解释	《最高人民法院关于确定民事侵权精神损害赔偿责任若干问题的解释》	法释〔2001〕7 号
20			《最高人民法院关于审理侵害信息网络传播权民事纠纷案件适用法律若干问题的规定》	法释〔2012〕20 号
21		指引	《网络交易平台合同格式条款规范指引》	工商市字〔2014〕144 号
22			《信息安全技术　公共及商用服务信息系统个人信息保护指南》	GB/2 28828-2012，2013 年 2 月 1 日起实施
23		行业自律公约	《中国互联网行业自律公约》	2001 年 12 月 3 日
24	未成年人信息	法律	《未成年人保护法》	2006 年 12 月 29 日修订
25			《刑事诉讼法》	2012 年 3 月 14 日修正
26		司法解释	最高人民法院关于适用《中华人民共和国刑事诉讼法》的解释	法释〔2012〕21 号
27	个人寄递信息	法律	《邮政法》	2009 年 4 月 24 日修订
28		部门规章	《寄递服务用户个人信息安全管理规定》	2014 年 3 月 19 日
29	个人健康信息	法律	《侵权责任法》	2009 年 12 月 26 日
30			《精神卫生法》	2012 年 10 月 26 日
31			《母婴保健法》	2009 年 8 月 27 日修正

续表 2

序号	类别	效力	名称	颁布文号或日期
32			《传染病防治法》	2013 年 6 月 29 日修正
33		部门规章	《人口健康信息管理办法（试行）》	国卫规划发〔2014〕24 号
34		司法解释	《最高人民法院关于审理名誉权案件若干问题的解释》	法释〔1998〕26 号
35	个人金融信息	法律	《商业银行法》	2003 年 12 月 27 日修订
36		行政法规	《个人存款账户实名制规定》	国务院令第 285 号
37			《征信业管理条例》	国务院令第 631 号
38		部门规章	《证券期货业信息安全保障管理办法》	中国证监会令第 82 号
39			《关于加强商业银行与第三方支付机构合作业务管理的通知》	银监发〔2014〕10 号
40			《关于加强证券期货经营机构客户交易终端信息等客户信息管理的规定》	中国证监会公告〔2013〕30 号
41			《中国人民银行关于银行业金融机构做好个人金融信息保护工作的通知》	银发〔2011〕17 号

二、《条例》关于信息主体权益保护的主要规定

《条例》中贯穿了国际经验的立法理念，确立了征信业务活动所遵循的制度规范，明确了个人信息主体享有的五项基本权利，规范了信息采集和使用，对征信机构、信息提供者和信息使用者的义务作出了明确规定，并明确了相关法律责任。

《条例》始终注重加强个人信息主体权益保护，《条例》的 47 个条款中有将近一半直接涉及个人信息保护，对个人信息的保护要远远强于对企业信息的保护。在企业信息保护上，由于企业信息公开有助于企业诚信经营，形成良好的商业环境，《条例》尽量地促进企业信用信息的开放、透明。另外，《条例》

规定，征信机构不得采集法律、行政法规禁止采集的企业信息，如商业秘密。此外，《条例》的一系列规定尽可能地扩大了履行个人信息保护职责的机构范围：征信机构、金融信用信息基础数据库、信用信息提供者、信用信息使用者、向金融信用信息基础数据库提供信息的机构、通过金融信用信息基础数据库查询信息的机构。

在信息公开和信息保护的边界上，《条例》对个人信息以保护为原则，除获得信息主体的授权外，采集、保存、加工和使用信息主体没有依法公开的信息，就构成对个人隐私的侵犯。对于企业信息，以公开为原则，法律、行政法规禁止采集的信息除外，如商业秘密等。

（一）对从事个人征信业务的征信机构加强监管

在市场准入方面，《条例》对从事个人征信业务的征信机构和从事企业征信业务的征信机构规定了不同的设立条件。基于对个人信息安全保护的原则，对从事个人征信业务的征信机构的管理更加严格，需要经过征信业监管部门审批，取得个人征信业务经营许可证后方可开业。而对企业征信业务开展的管理则比较宽松，只需按照《公司法》进行注册登记后向征信监管部门备案即可。同时，提高从事个人征信业务的征信机构的准入门槛，如主要股东信誉良好，最近 3 年无重大违法违规记录，注册资本不少于人民币 5000 万元，有保障信息安全的设施、设备和制度、措施等。

（二）规范征信业务规则，明确信息主体的五项基本权利

《条例》完善征信业务规则，规范信息的采集和使用，防范征信机构过度采集个人信息和滥用个人信息，对个人身份信息和个人隐私保护起到了有效的保护作用。

1. 明确了禁止和限制采集的个人信息的范围

禁止采集的信息是与个人信用无关的隐私信息，对此类信息绝对禁止采集。对限制采集的信息，如财产信息，如果采集，需要告知个人不利后果并取得书

面同意后。《条例》第十四条规定："禁止征信机构采集个人的宗教信仰、基因、指纹、血型、疾病和病史信息以及法律、行政法规规定禁止采集的其他个人信息。征信机构不得采集个人的收入、存款、有价证券、商业保险、不动产的信息和纳税数额信息。但是，征信机构明确告知信息主体提供该信息可能产生的不利后果，并取得其书面同意的除外。"

2. 个人信息主体的五项权利

一是知情权。企业和个人作为信息主体，对于征信机构掌握的自身信用信息享有知情权。实现这一权利的途径就是向征信机构查询信用报告，掌握自己的信用状况。从而了解到征信机构采集的信息是否有不良信息，所有信息是否准确、完整、及时，是否存在违规查询的情况等。《条例》中主要有三条规定保障个人知情权。第十七条规定："信息主体可以向征信机构查询自身信息。个人信息主体有权每年两次免费获取本人的信用报告。"第十五条规定："信息提供者向征信机构提供个人不良信息，应当事先告知信息主体本人。"规定信息提供者在不良信息产生后、报送信息前向个人提前告知不良信息情况，能够让信息主体及时了解自身不良信息，发现问题并及时纠正，减少不良信息给信息主体造成的不良影响，同时还可以督促信息主体尽快还款。第十九条规定："征信机构或者信息提供者、信息使用者采用格式合同条款取得个人信息主体同意的，应当在合同中作出足以引起信息主体注意的提示，并按照信息主体的要求作出明确说明。"这项规定用于约束征信机构、信息提供者、信息使用者把不公平条款强加给个人的情况，强调了上述机构对个人信息主体的提示和说明义务，以保障个人能够充分知悉条款给自己带来的影响，并能够在此前提下作出是否同意信息采集、使用及对外提供的决定。

二是同意权。《条例》中有四条规定保障个人对自身信息被采集、查询、使用以及对外提供的同意权。其中，在同意被查询和对外提供时，《条例》对信用报告的用途没有作出限制，只要与信息主体约定并取得信息主体的同意就行，以适应现在信用报告广泛应用的客观需要，由信息主体自主决定信息使用用途。第十三条规定，采集个人信息应当经信息主体本人同意，未经本人同意不得采集。第二十九条规定，从事信贷业务的机构向金融信用信息基础数据库或者其他主体提供信贷信息，应当事先取得信息主体的书面同意。第十八条规定，向征信机构查询个人信息的，应当取得信息主体本人的书面同意并约定用途。第二十条规定，信息使用者应当按照与个人信息主体约定的用途使用个人信息，不得用作约定以外的用途，不得未经个人信息主体同意向第三方提供。

三是重建信用记录权。按照国际惯例，《条例》对个人不良信息也规定了5年的保存期限，且低于国外保存期限。第十六条规定，征信机构对个人不良信息的保存期限，自不良行为或者事件终止之日起为5年；超过5年的，应当予以删除。规定不良信息的保存期限，目的是让有不良信息的个人，通过修复自身信用行为，积极履约、还款，提高信用意识，而获得重建信用的机会。

四是异议权。《条例》通过建立信息纠错机制，保障信用信息准确，防止错误信息对信息主体带来的不良影响。第二十五条规定："信息主体认为征信机构采集、保存、提供的信息存在错误、遗漏的，有权向征信机构或者信息提供者提出异议，要求更正。征信机构或者信息提供者收到异议，应当按照国务院征信业监督管理部门的规定对相关信息作出存在异议的标注，自收到异议之日起20日内进行核查和处理，并将结果书面答复异议人。经核查，确认相关信息确有错误、遗漏的，信息提供者、征信机构应当予以更正；确认不存在错误、遗漏的，应当取消异议标注；经核查仍不能确认的，对核查情况和异议内容应当予以记载。"异议处理机制涉及征信机构与信息提供者的核查、处理、纠错、答复等义务，这需要双方通力合作，提高处理效率。《条例》明确了信息主体提出异议的两个渠道：可以向征信机构提出，也可以向报送信息的机构直接提出，以便提高处理效率。实际上，是把异议信息接收、核查、处理的责任人从征信机构扩大到信息的提供者，方便信息主体提起异议，并有效、及时地得到解决。同时，在操作上，还规定了"异议标注"、"个人声明"这两个保护信息主体合法权益的有效手段。"异议标注"是要求征信机构和信息的报送机构通过对异议信息及时进行标注，提示信息使用者被标注的信息存在异议，让信息使用者充分考虑信息存在错误或遗漏的可能，以便对信息主体进行更为全面的了解。"个人声明"为信息主体提供了一个对异议结果仍不满意的自我解释方式，从而为信息使用者提供更多的信息参考。

五是救济权。《条例》规定了信息主体可以行使行政救济和司法救济权，使得自身相关权利得到实现或者使自身受到的伤害、损失能得到补救，对各种侵权行为进行制止、警示。第二十六条规定，信息主体认为征信机构或者信息提供者、信息使用者侵害其合法权益的，可以向所在地的国务院征信监督管理部门派出机构投诉或直接向人民法院起诉。

3. 明确征信机构负有保障信息准确和安全的义务

一是切实保障信息主体信息安全。《条例》要求征信机构在信用信息采集、保存、整理、加工和对外提供过程中建立健全内部管理制度，积极采取有效措施维护系统信息安全，完善内部风险控制和操作流程合规处理，防止工作人员违规查询，对外泄露信息。《条例》第二十二条规定："征信机构应当按照国务院征信业监督管理部门的规定，建立健全和严格执行保障信息安全的规章制度，并采取有效技术措施保障信息安全。经营个人征信业务的征信机构应当对其工作人员查询个人信息的权限和程序作出明确规定，对工作人员查询个人信息的情况进行登记，如实记载查询工作人员的姓名，查询的时间、内容及用途。工作人员不得违反规定的权限和程序查询信息，不得泄露工作中获取的信息。"

二是保障信息的准确性。征信机构保障信息的准确性是提高核心竞争力的本质要求。《条例》第二十三条规定："征信机构应当采取合理措施，保障其提供信息的准确性。征信机构提供的信息供信息使用者参考。"信息的准确性是保护信息主体合法权益的核心问题，它涉及信息主体对征信机构的信任、信心。由于信用信息的来源很多，信息质量各不同，征信机构难以绝对保证对外提供信息的准确性。因此，《条例》规定征信机构应采取合理措施保障其对外提供信息的准确性，信用报告只具有参考作用，不是决定性的。征信机构只对因故意或过失等导致信息错误，造成信息使用者损失的情况承担责任。从市场竞争的要求来看，征信机构要获得用户的肯定和盈利，首先需要保障数据质量。征信机构应采取多种措施采集较高质量数据，建立有效的纠错机制，提高数据清理、处理能力，及时更新信息。从国外征信法律规定看，许多国家都规定征信机构遵循保障数据准确性的“合理程序原则”。益博睿发布的《2015 全球数据质量研究》结果表明，高数据质量能赚取更多利润。国际大型征信机构都在积极采取措施，设法改善数据质量，包括不断完善数据质量管理系统、通过优化异议申请发现数据质量问题等。

（三）严格法律责任

《条例》对征信机构、金融机构、信息提供者、信息使用者违反《条例》规定泄露个人信息，非法采集、查询和使用个人信息等侵犯个人合法权益的行为，均设定了严厉的行政处罚措施（罚款、吊销个人征信业务经营许可证等），明确了这些民事主体的赔偿责任和刑事责任，防范信息倒卖和不当使用。

第三节　异议处理与信息修复机制建设

一、国外个人信用修复机制的发展

随着信用交易发展以及信用信息开放，征信产品服务在提供中不可避免地产生不良信用记录修复的问题，主要涉及信息主体对错误信息的异议及更正权、对不良信息的解释说明，以及征信机构对不良信息的保存期限问题等。因此，信用修复机制应运而生，对完善国家社会信用体系建设发挥了重要作用。西方发达国家的个人信用修复机制之所以能够很好地发挥作用，主要依赖于国家法律及征信行业的支持。以美国为代表的发达国家认为，信用修复主要是服务于消费者个人，为市场创造一个健康的社会信用环境，促进信用交易发展。通常政府部门是信用数据修复政策的保证者、监督者，也是信息主体合法权益的保护者。美国以及欧盟国家出台了信用修复管理法律框架，对各类失信行为的惩罚，对不良信用记录的程度、保存期限及信用可修复及不可修复的范围进行区别判断，通过信用信息修复标准、法律裁决、审核体制进行个人信用信息修复。

（一）征信法律体系中有关信用修复机构的内容

目前，国外的个人信用修复服务通常由个人信用修复机构等中介服务机构提供。例如，在美国、英国、丹麦、德国，有大量第三方咨询公司为信息主体提供流程化、专业化、个性化的信用修复服务，包括如何清理、重组债务，如何加强理财以便清偿债务等。通常的步骤包括两方面：一是评估信息主体的信用报告或不良信用记录，针对信息主体认为存在错误的内容，指导信息主体提交异议报告，敦促征信机构进行更正。二是对确认是信息主体自身问题导致的不良记录，按照严重程度分类，并相应提出解决策略，引导信用记录向良好状态发展。

具体而言，信用修复服务机构主要充当政府部门、征信机构和个人用户之间的沟通桥梁，在指导改善个人资产负债状况的同时，争取政府部门、授信机构等对其恢复信任。信用修复服务机构的职责是帮助、指导信息主体积极采取措施修复自身信用状况，主要包括：一是获取各大征信机构为信息主体提供的信用报告，对其中的不实信息进行筛选和提炼，并以规范格式向征信机构提出异议，敦促其尽快修改并恢复原有信用状况。二是对确实存在的不良记录，向征信机构主动发起解释，对其产生原因进行补充说明，以获取相关信贷机构的信任。三是评估信息主体自身不良记录的严重程度，对于目前仍处于拖欠状态的，尽可能全额归还，或申请延期，避免信用状况继续恶化。四是评估自身还款能力，尽快申请抵押或担保类信贷产品。如以房产、车产或冻结部分存款为抵押，办理短期贷款产品，并确保按时还款，从而在信用报告中展示最近一段时期内还款记录良性化的发展趋势。五是选择较容易获得审批的零售机构或百货公司，申请消费信用卡，购买产品分期付款，按时还款，重新积累信用。六是对于历史申请而始终未开通使用的信用卡，尽快开通使用并按时还款，在信用报告中展示良好的还款行为。

（二）国外对信用修复服务的监管

发达国家高度重视对信用修复服务的监管，通过严格的制度来约束信用修复机构的行为，防止出现欺诈。

在美国涉及征信的 17 部法律体系中，直接涉及信用修复的有两项，《公平信用报告法》和《信用修复机构法》主要明确了公众对自身不良信用记录的知情权、修复权。美国《公平信用报告法》提出："消费者有权每年从征信机构得到一份免费的信用报告，有权获得征信机构所计算的信用评分，金融机构报送负面信息应通知消费者（通知时间不得晚于报送后 30 日）。"此外，该法还规定"银行和其他信息提供者要及时对消费者的问题作出反应；征信机构要及时注销过时信息，尽力确保信息的准确性，将信息一年免费披露一次给消费者，提供的信息应有合法理由"。

美国《信用修复机构法》规范信用信息的收集和披露，纠正不正确的信用信息，同时打击非法实施的消除负面信息的行为。其明确规定："信用修复机构是帮助消费者修复其信用记录的营利性专业信用服务机构，信用修复机构的欺诈行为应受到限制。"《信用修复机构法》提出，如果信息主体的信用报告上存在不准确的信息，信息主体有权直接请征信机构进行更正，不准确信用记录的更正不允许收取任何费用。经征信机构调查后，无法确定信息主体要求更正的信息是否错误的，信息主体需要填写一份个人声明。此外，《信用修复机构法》规范了合同形式和内容。通常，一个信用修复的合同包括信息主体需要付的费用，所提供服务的描述，可行性的保证，一个预估服务完成的日期或时间段，信用修复机构的公司名称、公司地址和有权取消合同的一个提示文件等。同时《信用修复机构法》禁止其对信息主体的信用记录作出虚假的或者误导性的陈述，并禁止其参与任何欺骗性活动。信用修复机构在完成服务之前不得收取任何费用。签约时，信用修复机构必须告知信息主体其依据州法和联邦法享有的权利，让消费者在文件上签名，并保存两年。违反《信用修复机构法》的机构将承担民事责任，赔偿金包括信息主体遭受的任何实际损失，或者相当于信用修复机构收取的费用、惩罚性赔偿以及律师费。

在英国，个人信用管理法律体系主要明确了个人信用数据的获取权、使用权以及信用报告中个人数据的保存期限。英国法律规定超过 6 年的已结清、已转出不良信用信息将不再保留在个人信用报告中。对信息主体认定是数据错误而导致的不良记录，信息主体可申请异议处理核查。在德国，法律对个人信用数据的获取、保存和使用等方面都有严格规定，征信机构只有在法律允许或经用户同意的情况下，才能提供信用数据；禁止在信用报告中公开消费者收入、银行存款、生活方式和消费习惯，以及超过法定记录期限的内容。

总体来说，征信发达国家对于信用信息（无论正面信息还是负面信息）的保存都规定有一定的法律时限，超过保存期限就会删除。这为信息主体修复自身的不良信用记录提供了可靠的基础。

（三）国外对异议处理机制的监管

根据国际金融公司《征信知识指南》，信息主体拥有对信用报告中不正确、不完整的信息进行纠正的权利，也就是异议权。当信息主体向征信机构提出异议时，法律框架一般要求征信机构或信息提供者展开内部核查，确认错误信息产生的源头，并采取正确的措施更正错误信息。通过错误信息更正机制，能够使得错误信息得到识别和更正。数据错误可能发生在数据链中的各个环节，谁出错就应由谁来承担责任。如果借款人对异议处理结果仍不满意，可以申请通过司法途径予以解决，也就是信息主体的救济权。这两项权利的实现，一般由一国数据保护机构或征信监管机构予以保障。如在大多数欧盟国家，是由个人数据保护机构、中央银行的一个部门或其他监管机构进行监管的。

国际上，规范征信活动的法律规定一般都要求建立异议处理的详细流程。如果个人直接通过司法程序来处理错误信息异议，通常会给信息主体带来沉重的负担和成本。因此，各国和地区在征信法律框架中都努力建立健全有关异议处理的快速、低成本解决方案。在很多国家和地区，法律框架要求征信机构与信息报送机构通力合作，建立有效的异议处理机制，加速异议处理进程，提高异议处理效率。这个异议处理机制应当是透明的、有规定期限并易于操作，明确信息主体在对错误信息提出异议时需要采取的具体措施，例如怎样添加个人声明、潜在成本、期限和预期结果等。整个异议处理流程一般会在 15 ~ 30 天完成。

在异议处理机制中，一般要求信息提供者和征信机构对存在异议的信息进行标注。标注就是一个简单的标记，注明信息存在异议。添加“异议标注”的目的是让当所有征信系统用户查询该信用报告时都能看到这个标注信息，提示授信机构该信息属于异议信息，应酌情参考。信息提供者和征信机构应联合建立异议处理的快速机制。信息提供者在将异议处理结果反馈给征信机构之前，应尽力核查信息的潜在错误，并快速更正错误信息。当信用报告中的错误信息已经被更正时，征信机构应采取适当的行动，快速通知信息使用人相关信息更正情况。征信机构应在适当情况下向信息主体提供一份近期对其进行过查询的用户名单，以确保这些用户都得到了信息被更正的通知。

在美国，《公平信用报告法》为消费者提供至少是互联网查询等免费获取信用报告的渠道，同时还提供电话、信函等多种形式的异议申请渠道，帮助信息主体及时发现错误信息并进行处理。美国大部分信用交易记录异议主要通过信用报告的互联网处理系统（E-OSCAR 系统）来解决，其处理流程如下：指定异议申请原因代码，征信机构进行内部审查；将异议转送数据提供机构；数据提供机构对异议申请进行调查核实并反馈结果；更新信息并发布更新通知。

二、我国个人信用修复机制发展现状

随着我国征信体系建设的逐步推进，个人信用修复机制也已初具雏形。与国外个人信用修复机制类似，我国个人征信系统高度重视不良信用记录产生的原因，并着力在科学分析研究的基础上提出恰当的解决策略，以期在法律法规的支撑下，为信息主体提供一个可修复自身信用记录、重建良好信用的机会与途径。例如，我国《征信管理条例》第四章第二十五条明确提出：“信息主体认为征信机构采集、保存、提供的信息存在错误、遗漏的，有权向征信机构或者信息提供者提出异议，要求更正。征信机构或者信息提供者收到异议，应当按照国务院征信业监督管理部门的规定对相关信息作出存在异议的标注，自收到异议之日起20个工作日内进行核查和处理，并将结果书面答复异议人。经核查，确认相关信息确有错误、遗漏的，信息提供者、征信机构应当予以更正；确认不存在错误、遗漏的，应当取消异议标注；经核查仍不能确认的，对核查情况和异议内容应当予以记载。”目前，我国个人信用修复机制主要体现在信用信息更新制度、异议处置流程、自主解释说明三方面业务。

（一）基于生命周期的信用信息更新制度

我国目前已引入信息生命周期模式，不再展示超过5年的不良信息，只要信息主体不再发生违约行为或及时结清相关业务，就可获得重建信用的机会。

参考国际惯例，我国《征信管理条例》规定，个人不良信息的保存期限，自不良行为或者事件终止之日起为5年；超过5年的，应当予以删除。在不良信息保存期限内，信息主体可以对不良信息作出说明，征信机构应当予以记载。

（二）面向信息主体的异议处置流程

目前，征信中心已建立一整套完备的异议处理流程，当信息主体对自身信用报告中的信息存在异议时，可以发起异议申请，要求征信中心与授信机构对记录的真实性和准确性进行核查。

首先，个人信用报告中设有“异议标注”的信息段，征信中心在接收到信息主体对本人信用报告中信息提出的异议后，将在该信用报告中添加异议标注，表示该信用报告可能存在有误信息。添加了异议标注的信贷交易记录，一定程度上说明该笔交易中的信息存在争议，需进一步核实甚至修改，为信息主体修复信用提供了一个过渡期。

其次，征信中心会立即启动并进行异议事项的内部核查。如果异议信息是由于个人征信系统的数据处理过程造成的，征信中心会对异议信息予以更正。如果异议信息不是征信中心的问题，则征信中心会向授信机构发起外部协查通知，要求其在接到外部协查函后开展对异议信息的核查，找到原始凭证进行核对，异议信息经核查确实有误的，向征信中心报送更正信息。

（三）针对信贷机构及个人的自主解释说明

个人信用报告中设有“本人声明”的信息段，一般是对于无法核实的异议，申请人可以向征信中心提交 100 字以内的个人声明。个人声明为非主观恶意违约的信息主体提供了一定的解释空间，供信用报告的阅读者更加客观地分析判断其信用水平。

三、建立完善我国异议处理及信用修复机制的对策建议

与国外相对发达成熟的信用修复机制相比，我国目前的信用修复业务体系虽已初步建立，但依然存在法律法规较为笼统、实施主体相对单一、流程标准缺乏精细等问题，建议在以下四个方面进一步深入研究。

（一）完善法律法规，细化明确信用修复相关条款

在《征信业管理条例》框架下，进一步研究制定相关管理办法及实施细则，特别是针对信用修复业务的范围界定、前提条件、实施主体、工作流程、责任义务等增加具体表述，为个人信用修复机制的建设开展作出明确的政策和操作性指导。

（二）建立科学完备、便于操作的个人信用评估修复标准

在我国个人信用修复机制法律法规的基础上，进一步统一规范信用信息保存和展示年限，细分不良信息的评估指标。将违约者分级分类，对影响面小、程度较轻或非主观因素造成的不良信息记录弱化处理，同时突出不良记录的修复过程，而非历史违约情况。

（三）构建形式多元、规范有序的异议上报处置渠道

要围绕信用修复标准清晰划定信息主体、报数机构、征信中心以及其他相关政府部门和机构的职责权限，为信息主体提出异议、出示证明、依法判定、

更新记录搭建通畅桥梁，切实降低不良信息带来的负面影响。

（四）构建互联网异议处理机制

借鉴美国三大征信机构的在线异议处理系统以及美国互联网异议处理网站（E-OSCAR）经验，征信机构通过基于互联网的异议处理系统，将消费者的异议核查请求发送给数据报送机构，并将异议申请人的基本信息、异议描述信息及相关证明材料发送给数据报送机构，由数据报送机构和征信机构本身展开内部核查，快速进行异议处理。网上异议处理服务内容包括信用报告错误修改、申请信用报告冻结、身份盗用处理（添加欺诈预警）等。该系统要有全流程的监控和对所有处理流程的在线反馈机制，让信息主体明白异议已经进行到哪个步骤、如何联系相关人员等。通过开发互联网异议处理渠道，改变现场异议处理模式，提供完善的网上异议处理流程，建立全方位的异议处理阶段跟踪机制，实现异议处理的全流程管理；也可以利用异议处理渠道，提供信用报告冻结、欺诈警示标记等新型服务，进一步提升异议处理效率。

第四节　征信机构的社会责任

一、企业社会责任构成

征信机构的社会责任源自企业社会责任理念。社会责任是一个企业在寻求利润最大化之外所承担的增强社会福利的一种义务。从当前国际组织对企业社会责任的界定和实践看，企业社会责任总体上包括三个方面的内容。

一是经济责任。通过向市场和社会提供满足需求的产品和服务，获取利润，实现股东或所有者的财富增值；尊重客户的基本权利，包括对客户服务的知情权、产品质量保障权、投诉权等，保障利益相关者的合法权益；促进自身竞争力的提升，实现可持续发展。二是法律责任。要求企业遵纪守法，按照法律制度规定开展业务，履行法律义务。例如，企业依法设立，依法经营，照章纳税，按照法律及公司章程进行利益分配，依法防范风险，支持国家社会经济发展。三是公益责任，指法律没有规定的行为与活动，是企业为社会公众、社会公益、国家利益自愿承担的责任。

二、征信机构社会责任构建及措施

征信机构是整合企业和个人信用信息并对外提供数据服务、帮助授信机构防范信用风险的机构，具有调节经济、服务金融的金融基础设施作用。征信机构担负着确保系统安全高效运行的重大职责，负责保证征信系统的可持续运营，向利益相关方报告情况，还要遵守相关监管要求，保障信息主体合法权益，维护信息安全。

征信机构最大的特点是具有较强的自然垄断性，这种特殊性和垄断性要求征信机构所承担的社会责任比一般企业更加重大。因此，征信机构应该顺应国家宏观调控的需要，加强社会责任意识，立足金融，服务社会，在推动社会信用体系建设、促进信贷市场发展、推动金融普惠、助力公共部门履职、提升社会公众信用意识、促进社会和谐发展等方面积极践行社会责任，把经济、社会、资源等要素科学地纳入征信机构自身的战略发展之中，积极推动与数据报送机构、数据使用机构和社会公众的联动，不断完善自己的社会责任，增强自身的品牌效益和社会效益，赢得社会公众对国家征信体系建设的认可，成为促进社会信用体系建设的基石。具体来看，征信机构的社会责任主要体现在以下几个方面。

（一）在全社会建立“守信激励、失信惩戒”机制

社会征信体系正常发挥作用，需要依靠征信机构建立起一套有效信用信息的记录和传播机制。征信机构的核心作用是建立企业和个人信用信息共享平台，通过收集、整理、保存、加工企业和个人基本信息、信贷信息以及反映其信用

状况的其他信息，依法提供查询服务，降低信用交易的信息不对称，提升信贷资产的质量和数量，促进宏观经济发展。征信机构应坚持全面征信理念，努力实现信息在更大范围内共享，在全面、准确整合信息主体信贷信息的同时，大力推动各类非银行信息和非传统征信信息采集，建立健全覆盖社会成员的信用记录，全面反映信息主体信用状况，在全社会建立“守信激励、失信惩戒”机制，提升社会信用意识，优化国家的信用环境。

（二）有效提升金融机构风险管理水平

征信体系是一国金融基础设施的重要组成部分，也是获得便利金融服务的必要条件。征信系统应该对良好和公平的信贷发放提供有效支持，从而提升信贷市场的效率和竞争力。要实现这一点，征信机构应该切实保障征信系统的安全、高效，从授信机构的实际需求出发，为信贷市场发展以及金融机构防范风险提供多元化的信息支持和征信产品，帮助金融机构负责任地放贷，对金融稳定作出贡献。征信机构通过向信贷机构提供有利于降低信贷组合风险和交易成本、提高风险管理水平、识别潜在的过度负债问题的客观信息，积极推动征信服务在信用风险管理中的应用，多视角、全方位反映信息主体信用状况，推动金融机构信用风险管理手段转变，推动定量分析、批量审批、自动化决策在金融机构信用风险管理中广泛应用，提高审贷效率，优化贷款流程，帮助金融机构有效地降低信用风险。

（三）维护信息主体合法权益

由于征信机构收集、整理、加工个人和企业信用信息，征信机构要依法负责保护个人隐私和企业商业秘密，建立健全信息主体合法权益维护机制，切实保障信息主体的知情权、同意权、异议权、重建信用记录权和救济权。征信机构应在本国法律和监管框架许可的范围内，合法合规采集、加工、提供数据产品。征信机构应该保障个人和企业数据在本机构保存、加工、对外提供是安全、有保障的，避免信息泄露和非法使用。另外，应为个人查询自己的信用信息提供查询渠道，允许个人对自己报告中的错误信息提出异议并获得更正。

（四）全面助力普惠金融发展

普惠金融是一国金融体系的重要组成部分，在服务弱势群体、惠及民生、助力实现人生梦想方面具有重要作用。征信机构帮助中小企业和弱势群体建立信用档案，促进信息透明，助力其获得金融服务；开辟多种服务渠道，面向社会公众开放信用报告查询，每年免费提供信用报告查询服务，推动信用报告用于信用交易活动，便利交易开展。这样，征信机构就使信贷机构得以将信贷对象扩展到那些信用良好的借款人，包括信用信息较少的个体、个体创业人员以及中小企业借款人。

（五）加强信息主体征信教育工作

国际金融危机以来，各国都加大了对信息主体的征信教育工作，包括加强信息主体对征信系统、信用报告基本知识、如何维护良好的信用记录、与征信有关金融知识的了解，以及了解征信系统、信用报告对他们生活的影响，自己享有哪些与征信相关的权利和义务等，全面提高信息主体的金融素养，让信息主体了解征信，掌握必备的征信知识，保障其征信知情权。随着全球金融市场努力倡导更多负责任的金融实践，在征信宣传教育中，要倡导个人为自己的信用行为负责。人们已经认识到，征信机构在帮助信息主体获得必要的信用知识，以及深化信息主体对信用记录在获取融资方面所起积极作用的认识等方面都可以发挥作用。

许多征信机构已经充分认识到消费者征信教育的意义，并将征信知识宣传项目纳入了机构战略，积极采取措施，通过多种渠道加强征信知识宣传教育，推广征信服务，努力实现征信普惠。特别着眼于加强对个人的信用管理和征信知识教育，使信息主体更多地了解如何管理好自己的信用，为自己的信用行为承担更多的责任。具体包括：面对面的课程辅导，在线征信知识辅导，通过网络、广播和电视等大众媒体、免费新闻媒体、社交网站、微博、微信等多种形式发布信用报告基本知识、改进信用记录提示，向信息主体提供金融财务方面的建议、给予信息主体提升信用的指导等。

构建征信机构社会责任履行机制是一个复杂的系统工程，它涉及征信机构自身、法律法规、社会公众监督等多个方面。构建与社会发展相适应的征信机构社会责任履行机制，需要征信机构自身努力和外部环境的共同构建。从征信机构自身来看，要树立社会责任意识，自觉履行社会责任；加强企业文化建设，在机构内部治理中融入社会责任的治理观念与方式。从外部环境看，征信机构履行社会责任的效果还需要利益相关者的激励与约束。

征信机构要切实履行社会责任，构建符合全球化与市场经济发展的社会责任履行机制，具体应从以下几个方面采取措施：一是征信机构树立社会责任意识，构建有利于履行社会责任的公司治理机构，加强企业文化建设。二是加强利益相关者对征信机构的约束、监督，促进征信机构履行社会责任。切实调动信息主体、信息提供者、信息使用者对征信机构履行社会责任的监督；加强信息主体、同业竞争者、新闻媒体、社会公众、政府部门对征信机构的监督，促进征信机构更好地履行社会责任。三是完善征信法律法规，对征信机构履行社会责任的行为进行科学评价，约束并激励征信机构履行社会责任，促进征信机构和谐发展。

三、征信中心作为征信系统专业化运行机构的社会责任

为解决信用交易活动中的信息不对称的问题，推动信贷市场健康发展，维护金融稳定，人民银行组织金融机构于2006年建成了征信体系的基础设施——全国集中统一的企业和个人征信系统（以下简称征信系统），实现了信用信息全国共享。2006年，经中编办批准，人民银行设立中国人民银行征信中心，作为直属事业单位专门负责征信系统的建设、运行和维护。2013年3月15日施行的《征信业管理条例》，明确了征信系统是国家金融信用信息基础数据库的定位。

作为专业化的征信机构，征信中心依法履职，积极推进征信系统建设，保障系统安全稳定运行，加快系统升级优化，加强产品研发与应用，不断提升系

统的社会公信力，切实维护信息主体合法权益，努力践行征信机构的社会责任，使得征信系统作为金融基础设施的信贷支持作用得到有效发挥，为推动社会信用体系建设作出了积极的贡献。

（一）征信系统建设成效显著

1. 征信系统覆盖范围广泛

全国集中统一的企业和个人征信系统作为信用信息共享平台，在全国范围内收集个人和企业信用信息，以银行信贷信息为核心，还包括企业和个人基本信息以及反映其信用状况的非金融负债信息（如电信缴费等信息）、法院信息和公共信息等，基本上为国内每一个有信用活动的个人和企业建立了信用档案，全面、真实记录个人和企业在银行借债还钱、遵守合同和遵纪守法情况，并主要以信用报告的形式向金融机构、信息主体、政府部门等提供查询服务。目前，征信系统已经建设成为世界上规模最大、收录人数最多、收集信息最全、覆盖范围和使用最广的信用信息基础数据库。截至 2015 年 3 月底，征信系统已经收录了 8.61 亿自然人（其中有信贷记录的自然人为 3.58 亿人）、2060 万户企业及其他组织（其中有中征码的企业及其他组织为 1018 万户）；金融机构累计查询个人信用报告 22.2 亿次。立足社会融资规模口径，征信系统接入了所有商业银行、信托公司、财务公司、租赁公司、资产管理公司和部分小额贷款公司等小微机构，部分保险公司信用保险业务开始接入，基本覆盖各类授信机构。经过与报数机构的密切合作，征信系统数据质量保持在较高水平，实现信贷信息次日更新、信用报告查询秒级响应。征信系统 30 多万个信息查询端口遍布全国各地的金融机构网点，信用信息服务网络覆盖全国。

2. 征信产品与服务不断优化

征信系统形成了以企业和个人信用报告为核心的征信产品体系，征信中心出具的信用报告已经成为国内反映企业和个人信用行为最权威、最可靠的“经济身份证”。征信中心为信息主体提供多种便捷的信用报告查询服务：一是现场查询，目前遍布全国的2100多个人民银行分支机构都可以提供查询服务，二是提供通过互联网（网址为http://www.pbccrc.org.cn）查询本人信用报告服务。并积极开拓个人信用报告自助查询、网银查询、商业银行代理查询等其他服务渠道建设，满足社会公众的多样化需求。此外，基于征信系统的海量数据创新开发增值产品，为金融机构加强风险管理提供信息支持。

3. 信息主体权益保护全面展开

不断完善信息主体权益保护工作体制机制，努力履行征信中心的社会责任。认真按照《征信业管理条例》要求，在保障系统安全稳定运行的基础上，依法开展信息采集，合规提供查询服务；高度重视内控机制建设和信息安全工作，建立了全方位的信息安全管理体系。2012年，征信系统通过国家信息安全保护三级测评要求，安全测评指标位居前列。征信中心承诺并践行每年两次向社会公众提供免费查询信用报告服务。通过开设400-810-8866客服电话为百姓提供信用报告咨询，组织金融机构积极开展信用报告异议处理服务，提高异议处理效率，切实维护信息主体的知情权、异议权和更正权。征信系统建成以来，经过各方努力，个人异议处理的平均回复和解决天数基本上在7天左右，总体回复率和解决率持续保持在95%以上。

4. 多层次的征信服务宣传活动深入开展

征信系统建设12年来，围绕宣传征信系统建设及应用成效、推介征信产品与服务和普及信用报告知识这些主题，采取多种形式面向征信系统用户和社会公众开展了系列宣传活动，扩大社会对征信系统的认知度，促进征信系统应用，引导社会公众关心自己的信用记录，帮助社会公众正确解读信用报告、规范信用行为、提升信用意识。一是通过建立征信中心网站，利用《金融时报》、《中国金融》、中央电视台、新华社、人民网、微博、微信等媒体资源，投放公益广告等多种渠道宣传征信知识、推广征信服务。二是利用《中国征信》杂志平台，面向金融机构用户，加强征信系统建设经验交流，宣传征信中心服务动态，加强沟通协调，共促征信系统发展。三是开展专项宣传，通过多次参加国际金融展、“金融消费者保护局金融知识普及月”活动，开展征信知识进学校、进社区、进农村等活动，树立品牌形象，推介征信服务。四是积极向国际组织及国际征信机构宣传我国征信系统建设经验。利用参加欧洲征信协会会员大会、世界消费者征信大会、亚洲商业信息协会年度论坛、全球金融基础设施大会等国际会议的契机，宣传我国征信系统建设和应用成果，努力提升我国征信系统的国际影响力。

（二）征信系统应用成效显著

征信系统经过十多年建设历程，征信服务能力显著提高，立足金融，服务社会，应用广泛，成效显著，已成为我国经济金融领域重要的基础设施，促进了社会信用体系建设和信用环境的改善。

1. 征信系统提高了我国企业和个人的信用意识，改变了企业和个人信用行为

随着我国经济发展，社会各方对征信产品和服务的需求日益增长。征信系统的应用，提高了社会信用意识和社会公众遵纪守法意识，使企业和个人日益关注自己的信用状况，积极积累信用财富，在全社会形成“守信激励、失信惩戒”的激励约束机制，整个社会的信用行为为之改善。良好的激励约束机制使拥有良好信用记录的企业和个人在融资、商业交易等方面获得了公平、便利的发展环境，使拥有不良记录的企业和个人在享受金融服务等方面受到限制或付出更高的成本，从而受到惩戒。政府部门关于企业和个人的遵纪守法信息和行政处罚信息纳入征信系统后，有关违法记录还将会影响银行对企业和个人的贷款，促使公众重视在非银行领域的信用记录，自觉遵守有关法律法规，提高了公众遵纪守法意识。

2. 征信系统提高了政府部门行政管理能力，促进了其他行业信用体系建设

征信系统逐步扩大信息采集范围，把各级政府部门和司法机关在行使职权过程中产生的与经济主体有关的信息整合纳入系统。这些信息随着信用报告的使用而得到有效传播，减少了政府部门行政过程中面临的信息不对称风险，提高了政府部门和司法机关依法行政能力和政策执行效果，促进了行业信用建设。

征信系统在政府部门、司法机关履行职责过程中，依法为其提供信用报告、关联信息查询服务等，对于审核相关方身份、确认其信用状况具有重要价值。征信系统的应用为建设地方信用体系提供了支持。地方政府部门在履行财政贴息项目审查、中小企业扶持计划资质认定、企业信用分类管理等行政管理职责中，将企业信用报告作为审核条件之一；在集中采购、项目招投标、招商引资等民事活动中也将企业信用状况作为评价指标之一，有效支持了地方信用体系建设。

3. 征信系统促进了我国信贷市场健康发展，提升了信用风险管理水平

征信系统为我国信贷市场提供了“信誉抵押品”，创造了更多的融资机会。传统信贷市场中，借款人主要依靠住房、土地等实物实现信用增级，这使得缺少合格抵押品的借款人无法获得贷款支持。征信系统应用以后，借款人依靠“信誉抵押品”即可获得融资支持，提高了社会公众融资的便利性，增加了融资机会，促进了信贷市场发展。

征信系统缓解了我国中小企业融资难。征信系统加强对小微金融机构征信服务，缓解了中小企业融资难。近年来，征信中心一直在积极推动小微金融机构全面接入征信系统并为其提供征信服务，帮助其更好地服务于中小企业融资。2014年建成小微机构互联网接入系统，有效提高了接入效率、降低了接入成本，小微机构接入数量快速增长。此外，征信系统帮助小微企业建立信用档案，积极采集非银行信息，促进小微企业信息公开，帮助其获得融资支持。

征信系统改变了我国商业银行信用风险管理模式和管理理念。通过加强征信系统中海量信用数据的应用，改变了我国商业银行信用风险管理模式和管理理念，增强了我国商业银行信用风险管理能力。金融机构以征信系统数据为基础，开发信用风险管理模型，提高了贷款决策和风险定价的科学性，在信用风险管理模式上实现了从定性分析向定量分析转变，信用风险管理能力不断提高。

征信系统提高了我国商业银行信贷审批效率。征信系统广泛应用于我国商业银行经营决策流程，缩短了商业银行了解客户和贷款审批时间。目前，我国大部分商业银行已将征信系统数据嵌入到本行信贷审批系统中，实现信贷审批决策自动化，提高了信贷审批效率。

征信系统协助我国商业银行提高信贷资产质量。金融机构利用征信系统及早发现潜在信贷风险，信贷资产质量明显提高。据人民银行征信中心调查显示，2014 年，21 家全国性商业银行利用征信系统拒绝高风险客户的信贷申请 4990 亿元，预警高风险存量贷款 4587.4 亿元，清收不良贷款 370.3 亿元。

4. 征信系统促进了宏观经济增长，改善了我国信用环境

清华大学中国与世界经济研究中心 2014 年公布了《征信系统对中国经济和社会影响研究》研究课题。研究表明，征信系统通过对信用信息的收集和共享，降低了信贷市场的信息不对称，提高了信贷资产的质量和数量，促进了消费和投资，进而促进了宏观经济增长。征信系统在 2012 年拉动了约 0.33 个百分点的 GDP 增长，促进小微企业贷款增加额占比近三成，促进城镇就业新增额占比一成多。

征信系统的广泛应用改善了我国信用环境。世界银行在每年公布的《全球商业报告》中，将各国信用信息指数分为 0 ～ 6 级。信用信息指数是世界银行用来反映一国从公共或私人征信机构获取信息的难易程度以及所获信息的范围和质量的指标，分数越高表明一国的征信体系可以提供给授信机构的信用信息越多，对借款人的权益保护越完善，越便利贷款决策。2007 年，由于全国统一的企业和个人征信系统建成运行，世界银行在其发布的《2007 全球营商环境报告》中指出，我国的信用信息指数从 3 分提升到 4 分。2013 年，我国出台《征信业管理条例》，从法律上进一步规范了信息主体权益保护。《2014 全球营商环境报告》指出，由于《征信业管理条例》的出台，我国的信用信息指数由 4 升到 5，达到东亚太平洋地区的平均水平，并推动我国信贷融资便利度排名从第 82 名提高到第 73 名。信用信息指数的上升，反映出我国社会信用体系日益健全、授信决策更为便利以及信用信息环境不断改善。

我国的社会信用体系建设是一项长期、艰巨的工作，涉及经济主体生活的方方面面。征信系统是我国覆盖范围最广、信息最为丰富的信息服务平台，在提高社会信息透明度方面发挥着重要作用。它依靠覆盖全国的网络，及时传播经济主体的信用信息，改变了我国各类经济活动主体的信用意识和信用行为，

在全社会形成“守信激励、失信惩戒”的激励约束机制，“守信光荣、失信可耻”的理念深入人心，“珍爱信用记录，享受幸福人生”的现代信用文化逐步形成。征信系统已经成为我国社会信用体系建设的核心，将继续对我国社会信用体系建设发挥基础性作用。

参考文献

[1] 国际金融公司：《征信知识指南》，2012。

[2] Stuart .K Pratt：《美国私营信贷登记机构的业务和监管》，引自《征信立法国际研讨会文集》，北京，中国金融出版社，2010。

[3] 世界银行：《征信通用原则》，2011 年 9 月。

[4] 中国人民银行征信管理局：《英国征信业及其法律制度研究》，引自“中国征信体系建设立法研究”课题，2006。

[5] 中国人民银行南昌中心支行：《美国提高信用报告准确性的做法和启示》，中国人民银行办公厅《送阅信息》，2013（3）。

[6] Neil Munroe：《欧洲信贷登记市场——欧洲征信协会的观点》，引自《征信立法国际研讨会文集》，北京，中国金融出版社，2010。

[7] 袁新峰、赵强、甘瀛：《浅议美国消费者征信行业》，载《中国征信》，2015（2）。

[8] 库勒著，旷野、杨会永译：《欧洲数据保护法：公司遵守与管制》（第二版），北京，法律出版社，2008。

[9] 甘瀛：《美国〈公平信用报告法〉立法思路和精神解析》，载《中国征信》，2015（4）。

[10] 穆怀朋：《〈征信业管理条例〉的法律地位及意义》，载《中国金融》，2013（6）。

[11] 安建主编：《征信业管理条例释义》，北京，中国民主法制出版社，2013。

[12] 滕华君：《我国商业银行社会责任分析》，载《现代经济信息》，2014（21）。

[13] 熊良俊：《谈我国商业银行的社会责任》，载《中国金融》，2008（24）。

第九章 征信合作与数据跨境流动

在全球征信市场上，征信机构之间除了存在激烈的竞争，也保持着密切的合作。征信机构之间通过股权合作、业务合作、技术合作等多种合作方式，实现了优势互补、互利共赢，有效促进了征信市场的有序竞争和健康发展。随着经济全球化进程的日益深化，征信机构跨国、跨区域的合作更加频繁，不仅加快了经济欠发达国家 / 经济体征信体系的构建和发展，提升了全球征信市场的整体水平，也为推动征信数据跨境流动创造了有利条件。征信数据的跨境流动满足了经济全球化过程中的信息需求，促进了跨境信用活动的顺利开展。

第一节　征信合作

一、征信合作的背景与动因

在一国之内，征信行业属于自然垄断行业，但从全球范围的视角看，征信行业则充满了竞争。一直以来，征信机构之间并没有因为担心竞争而不进行合作，恰恰相反，征信机构之间通过相互合作、资源互补，实现单个机构无法达到的市场协同效应，提高了自身核心竞争力，实现利益最大化，推动了整个行业的发展。

（一）征信合作是促进征信市场有序竞争的需要

马克思在《资本论》中提出协作是最简单、最基本的内部分工形式，是企业的最初形式。为了节约生产成本就需要协作，由此导致了企业的产生和规模扩张，以及跨企业的生产协作即合作。合作可以使企业在技术、资金、人力、信息及其他资源上实现优势互补，是重要的资源配置机制。鉴于征信行业的自然垄断特征，征信机构之间开展合作的过程也是不断实现资源集中、优化竞争优势、细分市场份额、建立有序竞争机制的过程。

以美国为例，个人征信市场经历了从快速发展到并购整合，最终形成目前由益博睿、艾克飞、环联、伊诺斯四大征信机构为主体，其余 400 余家小型或专业型征信机构共存的成熟市场格局。最初，美国市场上存在上千家地方性信用信息服务公司，这些公司之间并没有相互的信息往来和合作。20 世纪 90 年代至 21 世纪初，银行跨区经营活动不断发展，全国性的征信需求推动了全国性征信机构的出现，经过多次整合并购，形成了目前的市场格局。此外，征信市场上还出现了专门从大型征信机构购买信息并在进行深加工后出售信息产品的信用报告分销商、专门提供信用信息分析服务的机构以及一些定位于发薪日贷款、房租、电信和公用事业等专业化领域的特殊征信机构。各类征信机构各司其职，满足市场用户的多样化需求。

（二）征信合作是征信机构自身业务发展的需要

为了更好地满足市场客户的需求，当单家征信机构不能独自开发新技术与新产品时，可以通过与其他征信机构开展合作，有效提高征信机构自身的业务、技术和服务水平，实现单家征信机构不能完成的业务和技术创新，通过协作实现互利共赢。征信机构之间通过合作，统一业务标准和规则，联合开发产品和服务，提升了服务能力。在美国，征信协会（CDIA）建立了统一的信用报告格式，统一了各征信机构的数据采集标准（Metro2），使得商业银行等数据上报机构向各家征信机构报数可以采用同样的格式，这一合作大大降低了数据上报机构的报数成本，提升了征信机构的运营效率。

此外，大型征信机构也通过并购的方式，不断丰富和扩大自己的产品覆盖范围，为用户提供一揽子信用产品和增值服务。例如，一些征信机构并购专门开发反欺诈产品的公司，对已有的反欺诈产品进一步丰富；在大数据分析技术兴起的当下，通过收购一些提供大数据深度分析和智能决策的机构，引入先进的数据分析工具，为用户提供更完备的信用风险管理解决方案。

（三）征信合作有利于促进全球征信市场的均衡发展

从全球视角来看，各国征信业发展参差不齐，发达国家由于信贷市场发展较快，因此征信业发展比较成熟，而新兴市场国家则刚刚起步。在一些征信业刚起步的国家和地区，信用文化发展滞后，国际金融公司及一些知名征信机构也在尽量促成这些国家对征信的了解和关注。相较于其他行业，征信业相对封闭，各征信机构间通过合作分享最佳征信模式实践，能够帮助尚未建立或正在建立征信体系的国家通过借鉴国际经验，充分发挥后发优势，实现发展壮大甚至赶超的目标。

世界上一些领先的征信机构在国际征信市场上非常活跃，它们不断寻找发展机会，通过参股、控股、技术援助等形式拓展海外市场，输出经验和技术，加快全球市场布局，纷纷在印度、巴西、印度尼西亚、菲律宾等国拓展征信业务，扩大业务范围。在这些新兴市场，本土征信机构及征信监管部门往往也愿意支持国际合作，以谋求本国征信机构在启动阶段和技术升级过程（如数据质量、增值产品开发、合规性操作等）中获取技术帮助。此外，通过借鉴他国做法，统一征信数据库建设的业务和技术标准，可以为将来推动信用信息共享奠定良好的基础。

二、征信合作的形式

征信机构之间合作形式多样，从实践看，主要有业务合作、数据合作、服务合作、技术合作、股权合作等。前几项合作为一般性合作，合作的目的是更好地发挥各自优势，改善征信产品，提升服务效率；更深层次的合作则通过股权合作，进行联合运营和战略融合，实现利益捆绑。

（一）业务合作

征信机构之间有频繁的业务合作往来。在基础产品方面，由于各家机构信用报告产品中采集的数据项、更新的频率、覆盖的范围有一定差异，为了向客户提供更好的服务，美国三大征信机构通过业务合作，开发三合一信用报告（3—in—1 Credit Report）产品，将消费者在三家征信机构的全部信息整合形成三合一信用报告分别向用户提供。此外，征信机构之间在信用评分建模、开发各类增值产品如信贷决策和反欺诈工具、构建违约预测产品和风险模型等过程中，也联合各方优势进行经验互补。

一个较为成功的案例就是信用评分产品的开发。一方面，美国三大征信机构纷纷与知名的信用决策方案提供商费埃哲公司（FICO）合作，由费埃哲公司使用三家征信机构的数据，采用先进的信用风险评估建模技术推出各种不同的评分产品（该评分在美国已经被广泛接受），通过多种渠道向用户提供，合作双方实现共赢；另一方面，三大征信机构还联合开发了名为“VantageScore”的评分产品，该评分产品目前虽然使用量远低于FICO评分，但是作为三家机构在该领域经过探索和业务合作开发出的产品，也丰富了市场上评分产品的类型。

（二）数据合作

征信机构采集的数据不仅包括传统的来自各金融机构的金融信用信息，同时也包括一些来自非正规金融体系的信贷信息，以及法院等部门的公共信息，还有近年来兴起的公用事业缴费等替代数据。由于差异化发展的需要，征信系统一般从不同的渠道采集信息，通过数据交换与合作，可以各自丰富获取信息的范围和内容，改善信用报告及其他增值产品。例如，在美国，有一些专注于采集公共信息或替代性信用信息的机构，它们通过与合作伙伴协商，定期自动获取或人工录入这类信息，成为专业的公共信息或替代性信用信息征信机构，并与大型征信机构开展数据合作。还有一些瞄准小众市场的第三方数据收集和销售商，主要集中在短期高息贷款领域，将采集的短期高息贷款信息通过协议的方式提供给大型征信机构使用。

在一些国家，私营的个人征信机构与中央信贷登记系统并存，由于中央信贷登记系统的信息基本覆盖了正规金融体系数据上报机构的基础信息，合格的私营征信机构被允许从中央信贷登记系统获取基础信息，再加上通过协议方式从非金融授信方收集的其他信用信息，为客户提供更为丰富、完整的信息视图。

（三）服务合作

征信机构在向消费者提供信用报告查询、异议处理等服务时，为了便于消费者的使用，以联合搭建服务平台等方式为用户提供一站式服务。例如，根据美国《公平信用报告法》的规定，消费者有权每年从三家征信机构分别获取一份免费信用报告。为了更好地为消费者提供免费信用报告查询服务，三家征信机构共同经营免费信用报告查询网站（Annual Credit Report.com），为消费者提供便利服务。

美国几家全国性征信机构还联合建立了基于互联网的“完整和准确信用

报告在线处理系统”（On-line Solution for Complete and Accurate Reporting，E-OSCAR），为系统用户提供统一模式的异议自动化处理服务，减轻了系统用户的异议处理负担，大大提升了服务水平。该系统包括两大部分：一是自动异议核查系统，二是自动通用数据表格。通过该平台，征信机构可将异议核查请求发送给数据提供机构，经数据提供机构查证后，核查结果和更新信息将反馈至平台供征信机构查看。

此外，征信机构之间也互相代销信用报告及评分等增值产品，通过各自建立的销售渠道，为客户提供多样化的产品和服务。例如，消费者不仅可以在几大征信机构网站购买评分产品，也可以在开发评分的合作机构（如FICO）网站，以及通过其他信用服务提供商的信用监测或身份盗窃保护服务购买评分产品。

（四）技术合作

征信机构在技术方面的合作包括转让技术经验、提供软件解决方案、提供平台建设服务等。一些国家为了培育本国征信机构，对外资机构持股本国企业有一定限制。国际征信机构主要通过提供技术支持的方式与当地征信机构开展合作。由于要建立高效安全的征信数据库，为客户提供有效和安全的信用报告传输服务，征信机构需要建立一定的技术设施和通信网络，使其能够从各类数据源采集数据，进行加工处理，这往往需要具有较强的数据库管理能力。一些新兴市场的征信机构由于缺乏足够的信息技术实力，为此要付出高昂的成本且见效甚微。在这种情况下，有经验的征信机构可以作为技术合作伙伴加入，帮助本土征信机构快速建立具备国际领先水平的、高效的数据库系统。

例如，2006年9月，埃及第一家征信机构艾斯科（I-Score）成立后，接受国际金融公司的建议，通过竞标方式与邓白氏南亚及中东有限公司达成协议，成为技术合作伙伴，由邓白氏在数据库建设方面提供技术支持。印度信用信息公司的商业信用征信系统就由邓白氏以授予软件使用许可的方式提供技术支持，其个人征信系统由美国环联公司提供技术支持。还有的机构则将系统的运营直接外包给国际知名征信机构，借助这些机构的数据平台，实现初创阶段最低的成本投入。例如，捷克、斯洛伐克等国家的本土个人征信机构均选择意大利科锐富作为外部服务提供商，它们的征信系统均运营在科锐富在意大利的数据中心。

（五）股权合作（战略合作）

股权合作是征信机构为了达到某种战略目的的一种深层次的合作方式。通过股权合作，征信机构能够迅速占领市场，实现自身追求盈利、追求扩张和资本增值的目标。益博睿和科锐富是较为成功的案例（见表 9–1 和表 9–2）。益博睿依赖公司在征信技术、数据处理、产品和服务开发等方面的优势，在全球开展了大量海外并购，拓展海外业务，一系列的股权合作为益博睿与其他国家的全面征信合作带来新的契机。科锐富在全球 9 个国家设立公司，在欧洲直接设立了 4 家征信机构，合伙设立了 2 家征信机构，征信数据库资源逐步扩大，已经发展成为提供跨地域、多领域综合信用产品的集团公司，其全球性的业务战略布局已经基本形成。

表 9–1　益博睿主要股权合作一览

序号	时间	合作事项	达成效果
1	2005 年	与俄罗斯的国际信息服务集团（Interfax Information Services Group）合作成立了益博睿—国际征信机构（Experian-Interfax Bureau of Credit Histories）	是全俄首个征信机构
2	2006 年 10 月	并购爱沙尼亚征信机构（Krediidiinfo）	有效地扩大了其在北欧市场的份额
3	—	与韩国最大的征信机构 NICE（National Information and Credit Evaluation）合作	为韩国市场提供欺诈防范和信用评分方案等一系列高附加值的产品服务
4	2007 年 6 月	收购巴西最大征信机构 Serasa 公司 65% 的股权	有助于益博睿在巴西开展各项征信业务，确立了益博睿在信贷服务和决策分析等高附加值产品市场的地位
5	—	收购罗马尼亚 Expert Credit Bureau 公司和 Prologia 公司	增强了益博睿在法国市场的风险管理能力

注：“—”代表年份不详。
资料来源：益博睿公司网站。

表 9–2　科锐富（CRIF）主要股权合作一览

序号	时间	合作事项	达成效果
1	1999 年	收购 QUI 信用评估有限公司（Qui credit Assessment LTD.）	完善 CRIF 在财务分析、报表分析和监督等方面的服务
2	2005 年	收购捷克征信机构（Czech Credit Bureau）和斯洛伐克征信机构（Slovak Credit Bureau）100% 的股权	
3	2001 年	与北美自由贸易区的环联公司进行战略联盟	一个是在墨西哥的环联 CRIF 决策解决方案公司（Trans Union Crif Decision Solutions S.A.de C.V.），另一个是在中南美和加拿大的环联 CRIF 决策解决方案公司（Transunion Crif Decision Solutions LLC）
4	2005 年	与俄罗斯国家银行联合会共同发起成立了地方征信机构	为俄罗斯的银行及金融机构的信贷风险管理活动提供服务和支持
5	2006 年	收购 INFIN	提供有关斯洛伐克公司和市政当局信息增值服务
6	2007 年	收购波兰公司 InfoData	提供有关波兰和外国公司的商业信息增值服务、高质量的数据和信用调查报告
7	2008 年 7 月	收购得克萨斯的 Teres Solutions	在金融服务市场领域为直接 / 间接贷款业务提供精良的数据和高级的解决方案
8	2008 年	与华夏国际信用集团合作，成立了华夏科锐富	为中国市场提供消费信贷风险咨询和信息服务等相关业务
9	2009 年	收购邓白氏意大利分部	进一步增强了 CRIF 在意大利商业信息领域方面的业务能力
10	2010 年	成为印度 High Mark Credit 公司和越南 PCB 的合作伙伴	
11	2014 年	收购债务催收领域内的领军企业 Recom 的大部分股权	拓展了其在土耳其的业务

续表

序号	时间	合作事项	达成效果
12	2014 年	收购了 High Mark Credit Information Services（一家为印度的小额贷款、零售消费、中小微企业以及企业借款人提供征信信息的业内领先征信公司）的多数股权	
13	2014 年	在迪拜收购了邓白氏阿联酋（阿拉伯联合酋长国主要的数据和商业信息的提供商）	

资料来源：科锐富公司网站。

三、世界上主要的征信合作平台

征信机构之间通过组建征信协会等形式建立征信合作平台。协会作为促进征信机构之间沟通、互动、合作的第三方平台，汇聚经验，引导行业自律，促进征信立法和行业标准的完善，为征信行业发展营造良好的氛围。目前，全球主要的征信行业组织包括国际征信标准委员会（International Committee of Credit Reporting,ICCR）和区域性的征信行业协会，如欧洲征信协会（Association of Consumer Credit Information Suppliers,ACCIS）、美国征信协会（Consumer Data Industry Association,CDIA）、亚太—中东征信协会（Business Information Industry Association,BIIA）、拉美征信协会（ALACRED）等。这些行业组织旨在促进全球征信行业的交流合作，推动征信业法律环境完善、标准化建设及机构的自律管理。

（一）国际征信标准委员会

国际征信标准委员会（原名征信标准国际工作组）由世界银行集团于 2009 年第二季度牵头成立，工作组成员来自世界银行、国际清算银行、国际货币基金组织、国际开发银行等国际机构、部分国家（包括中国）中央银行以及欧美、亚太地区的区域性征信协会等，共有成员 26 名。

委员会的主要工作目标是建立国际通用的信用行业各项标准，为各国征信制度的建立和规范、征信监管环境的完善提供指导和支持，促进全球征信业的健康发展，促进金融普惠。委员会近年来主要研究发布了《征信通用原则》、《〈征信通用原则〉评估办法》、《中小企业征信通用原则》等文件，目前正在研究撰写《征信在金融监管中的作用》等报告，指导各国金融监管部门充分、合理利用征信数据。

1.《征信通用原则》

2009—2011 年，委员会首项任务就是研究制定《征信通用原则》（*General Principles for Credit Reporting*）。经多番讨论，《征信通用原则》于 2011 年 9 月正式对外发布。作为全球第一个适用于各国征信体系发展与规划的参考指引，《征信通用原则》从制定征信政策、确定监管原则、征信体系规划和征信基础设施建设几个方面，为参与征信体系建设和发展的各个利益相关方提出了核心性建议与指引，以达到改善金融服务的可获得性和覆盖面、创造公平市场环境、为借款人和信贷机构提供安全高效的征信服务等征信体系建设的共同目标。目前，该原则已作为重要的金融监管原则被纳入金融稳定委员会①的标准汇编②（Financial Stability Board Compendium of Standards）。

《征信通用原则》重点针对征信体系的五项关键要素——数据、数据处理、治理安排和风险管理、法律和规制环境、数据跨境转移提出了相应的原则，同时对征信体系相关参与方的责任进行了明确和规范，并提出了建立有效征信监管体系的若干建议。

2.《〈征信通用原则〉评估办法》

为了更好地帮助一国基于《征信通用原则》梳理、确定其征信体系的发展现状及存在的不足，2012—2014 年，委员会制定完成了《〈征信通用原

① 金融稳定委员会2009年成立于瑞士巴塞尔，是2009年G20峰会决议设立的全球性金融监管体系，又称为“全球中央银行”，成员机构包括20多个国家的中央银行、财政部和监管机构以及主要国际金融机构和专业委员会。我国财政部、人民银行、银监会以及香港金融管理局均为该委员会成员机构。

② 详见http://www.financialstabilityboard.org/cos/cos_110907.htm。

则〉评估办法》（*Assessment Methodology for the General Principles for Credit Reporting*），制定了根据《征信通用原则》评估一国征信体系的安全性、有效性的具体指导性意见和可操作的具体方法措施。该办法将被国际货币基金组织与世界银行联合进行的金融部门评估规划（Financial Sector Assessment Program, FSAP）所采用。

专栏：征信通用原则

数据

通用原则1：征信系统应当拥有准确、及时和充分的数据（包括正面信息），应当系统性地从所有相关并可得的信息来源采集数据，并且保存足够的时间。

数据处理

通用原则2：征信体系应当拥有严格的安全性和可靠性标准，并且是高效的。

治理安排和风险管理

通用原则3：应确保征信服务提供者和征信数据提供者的治理安排达到可靠、透明和有效地管理业务风险，并使用户公平地获得信息的目的。

法律和规制环境

通用原则4：有关征信的总体法律和规制框架应是明确的、可预测的、无歧视的、均衡的，并对数据主体和消费者权利提供支持。法律和规制环境应包括有效的法庭和庭外异议处理机制。

数据跨境转移

通用原则5：如果具备适当的条件，恰当时，可以推动数据的跨境转移。

主要参与者的职责

职责A：在平等的基础上，数据提供者应当向征信服务提供者准确、及时、完整地报送数据。

职责B：其他数据源，特别是掌握公共记录的机构，应当为征信服务提供者获得其数据库中的数据提供便利。

职责C：征信服务提供者应确保数据处理的安全性，并提供优质高效的服务。所有的使用者，不管是发挥贷款功能或履行监督职责的用户，都应该能够在公平条件下获得这些服务。

针对有效监管的建议

建议A：征信系统应当受到中央银行、金融监管当局或其他相关政府部门适当的和有效的监管和监督。很重要的一点是，应当明确一个或多个政府部门作为主要监管机构。

建议B：中央银行、金融监管当局或其他相关政府部门应当拥有有效履行监管和监督征信系统职能所需要的权力和资源。

建议C：中央银行、金融监管当局或其他相关政府部门应当明确界定并披露对征信系统进行监管的目标、职责及主要措施和政策。

建议D：中央银行、金融监管当局或其他相关政府部门应当根据各国的实际情况，采纳征信体系的通用原则，并持续贯彻实施。

建议E：中央银行、金融监管当局及其他相关政府部门，不论是国内的还是国际的，应在适当的情况下加强彼此之间的合作，促进征信系统的安全性和有效性。

3.《中小企业征信通用原则》

2011年发布的《征信通用原则》侧重于个人征信领域，考虑到中小企业征信活动参与方更广，具有一定特殊性，委员会于2013—2014年研究制定了《中小企业征信通用原则》。《中小企业征信通用原则》界定了“中小企业征信”讨论的范畴，剖析说明了改善中小企业征信环境对于促进中小企业融资获取有重要作用，并重点对全球中小企业征信现状、问题进行了分析，提出了十项政策建议。

表 9-3　调查问卷情况

	数据提供者	公共记录机构和其他数据来源	信用报告服务提供商	用户	监管当局	数据主体（中小企业）
可能的行动 1：监管当局设法增加中小企业正面和负面数据的报告	X		X		X	
可能的行动 2：监管当局强制要求报告关键财务信息，寻求提高中小企业的透明度					X	X
可能的行动 3：中小企业寻求确保提供充分而可靠的数据给债权人	X			X		X
可能的行动 4：公共部门机构作为其他数据来源，应寻求促进信用报告服务提供商获取数据，对身份数据加以验证		X	X			
可能的行动 5：公共记录机构 / 公共登记机构作为其他相关数据的来源，应使信用报告服务提供商能够轻松、高效地获取数据		X	X			
可能的行动 6：政府作为其他相关数据的来源，将需要规定明确的政策，规定公共部门机构收集的信息和公共记录中包含的信息有哪些允许的用途		X	X		X	
可能的行动 7：商业信用信息公司和消费者征信机构寻求合作来改善产品			X			
可能的行动 8：监管当局寻求提升对于商业信用报告体系的监督能力					X	
可能的行动 9：信用报告服务提供商和监管当局寻求提高跨境共享数据的一致和协调程度			X		X	
可能的行动 10：监管当局推动并参与全球调查		X	X		X	

（二）区域性的征信行业协会

1. 欧洲征信协会

欧洲征信协会成立于 1996 年，总部位于布鲁塞尔，是根据比利时法律注册的非营利性国际组织。欧洲征信协会是目前欧洲最有影响力的征信协会组织，现有会员（Full Membership）31 家（均为欧洲个人征信机构）、准会员（Associate Membership）3 家（均为欧洲以外地区的征信机构）。欧洲主要的征信机构基本上都是其成员，如英国益博睿公司、瑞典优西（UC）公司、意大利科锐富公司、荷兰征信局（BKR）公司、德国夏华公司等征信机构。

协会成立宗旨是促进欧洲征信机构间的合作交流，在欧盟征信相关立法中为会员争取权益，并帮助欧洲征信机构与世界其他地区征信机构互相了解与沟通，尤其是在与全体会员的利益有直接或间接关系的事务中，或发生涉及征信行业机构利益的国际性问题时，面对政府机构、公共部门和其他相关的第三方，为会员争取利益。

基于此宗旨，协会近年来致力于完善消费者征信相关立法，代表会员加入了欧盟委员会2008年成立的信用历史专家组（Expert Group on Credit Histories），确保《欧盟数据保护法》在各成员国内贯彻落实，以促使法律环境向着有利于征信业持续发展的方向不断改善。协会在其成员中开展了中小企业信息市场调查，通过收集大量关于中小企业的数据，凭借其在数据收集、汇总及分析方面的经验，向从事中小企业贷款或服务的机构提供服务支持。此外，协会还代表其会员参加欧盟关于抵押信贷和资本充足率指引（Capital Requirement Directive）等监管政策的谈判。各成员可以基于协会这一合作平台，获得协会的专业人士和专业技术支持，并能够参加协会组织的会员大会，参与个人征信数据保护、相关法律的制定和实施、跨境数据共享等各种专题会议，使本机构的诉求能够得到满足。

2. 美国征信协会

美国征信协会成立于 1906 年，会员包括美国 250 多家从事个人信息服务的相关机构，它们提供反欺诈、风险管理、信用报告、抵押报告、债务催收等各类与个人信息相关的服务。协会要求所有会员机构所提供的个人报告必须符合美国《公平信用报告法》中对个人报告的定义，并且必须遵守美国与个人征信服务相关的法律法规。协会不吸纳非美国的征信机构加入。

协会宗旨是保证个人信息被妥善地采集、保存和使用，推动征信活动更好地服务于风险管理和为消费者提供公平授信，并制定征信行业标准。基于这一宗旨，协会为其会员机构提供满足征信立法要求的征信咨询、培训等支持性服务，制定征信行业标准，向社会公众普及信用权益保护相关知识。协会非常注重在征信机构和社会公众征信服务需求方之间搭建起信息交流平台，通过及时反馈社会公众对征信行业的需求，帮助会员优化服务内容和质量。

专栏：世界征信大会

世界征信大会是欧洲征信协会与美国征信协会合作主办、由不同国家主要征信机构承办的全球性征信业大会。大会每隔两年举办一次，自1998年以来，已举办过9届，为全球征信机构搭建了广泛的业务交流对话平台，参会者主要是各国从事个人征信的商业机构或协会，也有部分官方性质的征信机构，就征信行业发展趋势及热点问题进行交流探讨。大会还成立了全球消费者信用报告委员会（CCRWC），吸收全球主要征信机构组成了全球消费者信用报告网络（Global Consumer Credit Reporting Network，GCCRN），对世界范围内影响征信业发展的问题进行定期监测。

注：第四届世界征信大会在北京举办（2004年）；第八届世界征信大会在台北举办（2012年）。

3. 亚太—中东征信协会

亚太—中东征信协会 2005 年成立于中国香港，是由邓白氏等几家企业征信机构发起设立的会员制公司，也是亚洲地区一个重要的征信行业协会。成立初期，会员以亚太地区的征信机构为主，近年来开始逐渐吸纳一些亚太地区以外的征信机构。协会现有会员单位 27 家，其中正式会员 11 家、准会员 16 家，包括亚洲、美洲、欧洲的企业征信机构、评级机构，主要提供信用风险管理和解决方案、进行信用评级、开展市场调查和商业信息咨询、提供消费者信息服务等业务。

协会宗旨是搭建行业内中立、开放的交流平台，引导会员应对企业征信行业发展所面临的挑战，严格遵守征信行业的行业准则，包括中立地提供信息、开展信息主体权益保护等。基于此宗旨，协会举行商业信息论坛，召开年会以及各种专题研讨会等，组织征信机构、用户、政府、监管机构等探讨企业信用信息使用的最佳实践等近年来业内关注的议题，并向正式会员提供信息、行业报告和新闻等。

第二节　跨境数据流动

跨境数据流动（Transborder Data Flow，TDF）这一概念于20世纪70年代首先由经合组织（the Organization for Economic Cooperation and Development，OECD）采用，具体是指点对点的跨越国家、政治疆界的数字化数据传递。当今社会，任何一个国家都不可能孤立地存在和发展，经济的发展更是离不开全球大市场。社会经济的发展要求物资、人员、信息等生产要素在全球范围内自由流动，这是一国经济得以高速发展的重要前提。网络技术的发展则为信息的自由流动提供了可能，通过互联网，各种信息得以在国内、国际迅速传递，大大提高了信息的利用效率，而其带来的问题也极为复杂。由于各国个人数据保护体制差异较大，个人数据跨境流动面临很多障碍和挑战。

一、征信数据跨境流动的背景

（一）经济全球化带来数据跨境流动的需求

随着经济全球化程度的不断加深，各国都以关税同盟、自由贸易区、联系国协定、合作协定伙伴等形式建立了双边、多边的紧密贸易联系，如欧盟建立的泛欧—地中海自由贸易区、欧盟—墨西哥自由贸易区，美国建立的北美自由贸易区、欧美自由贸易区，中国建立的中国—东盟自由贸易区与现阶段的“一带一路”国家战略，依靠与他国建立的双边与多边机制，借助区域合作平台，发展与沿线国家的经济合作伙伴关系，打造政治互信、经济融合、文化包容的利益共同体。在信息不对称情况下，信息资源成为重要的生产要素。经济全球化推动信息的国际流动，而信息技术的快速发展也为大量数据的跨境转移提供了可能。由于国际贸易往来日益增加，企业和消费者的流动更加频繁，金融市场也变得越来越泛区域化和全球化，对信息主体的境外征信服务产生了迫切的需求，由此也带来了征信数据跨境流动的诉求。

（二）征信数据跨境流动发挥的重要作用

通过建立征信数据跨境流动机制，可以帮助金融机构、贸易伙伴及相关方监测和了解信息主体在多个市场的信用情况，这样一是有利于优化信用资源配置，在信用信息充分开放和共享的条件下，信用资源不断向信用状况良好的市场主体集中，使信用状况良好的市场主体更有机会选择优质的信用产品和服务，提高整个社会的信用水平；二是有利于建立贸易伙伴之间的相互信任关系，降低交易成本，为企业国际投资贸易往来提供信用保障；三是有利于授信机构有效甄别借款人信用风险的大小，增加跨境借款人的信贷可获得性，为制定有效的信用风险管理决策提供信息参考；四是有利于维护金融稳定，一国可以依赖征信数据防范他国企业或其海外子公司的经营风险和关联交易风险的传递。总的来说，建立双边、多边的征信数据跨境流动机制，对于促进全球信贷市场发展、帮助防范金融风险、促进国际贸易和人员往来具有积极的意义。

此外，推动征信数据的跨境流动，还有利于促进个人与企业增强信用意识，主动自觉维护自身信用，将积累的资质、荣誉如实记录到信用档案，以便未来在更广的活动领域内传播，增强其在国际市场的核心竞争力，提升诚信形象，在市场活动中赢得客户及合作伙伴的信任，依赖自身信用财富，获取更便捷、更优质的服务。

二、征信数据跨境流动面临的主要问题

（一）数据保护立法制度的限制

如何在不同国家不同的法律框架下使信息依据清晰、透明的规则流动，确保信息安全，保障信息主体合法权益，是征信数据跨境流动面临的最大的挑战。为有效保护个人信息，同时也为了便利信息的有序流动，许多国家或地区的个人信息保护法均规定了一些基本原则。1980 年经合组织发布了保护个人数据隐私和跨境流动指引(the OECD Guidelines on Protection of Privacy and Transborder Flows of Personal Data)，为了在隐私保护和信息自由流动之间找到一个平衡点，提出了八项原则：（1）收集限制原则；（2）数据质量原则；（3）列明目的原则；（4）使用限制原则；（5）安全保护原则；（6）公开原则；（7）个人参与原则；（8）责任原则。

在个人信息保护立法模式方面，欧盟和美国在全球最具影响力。

欧盟将数据保护看作一项基本人权，在欧盟数据保护立法方面最具里程碑意义的是 1995 年欧洲议会和欧盟理事会颁布的《个人信息处理和数据自由流动中个人数据保护指令》（以下简称《欧盟数据保护指令》）。该指令的目的是保护信息主体权益，消除欧盟各国对数据流动的原有制度阻碍，促进内部市场一体化。随后，欧盟各国纷纷根据该指令制定和修改了本国的个人数据保护法。根据《欧盟数据保护指令》，欧盟规制数据跨境流动分为欧盟境内成员国间、欧盟与其境外国家两个层次，各国数据保护水平的充分性是欧盟决定推行跨境信息流动的基本原则。欧盟成员国之间按照《欧盟数据保护指令》的要求建立同等的数据保护制度，为数据在成员国之间自由流动奠定基础；如要向欧盟境外转移数据，则要求满足以下一些条件，如第三国经欧盟认定在数据保护制度方面达到了充分保护水平、信息主体明确同意向外转移、未经欧盟认定的成员国采取了充分的数据保护措施等。

美国将个人信息保护建立在隐私权保护基础上，强调个人权利与商业利益、表达自由之间的平衡。美国没有专门的个人数据保护法，而是针对重点，分行业和部门立法，更依赖于市场自律。欧盟禁止将数据转移到欧盟以外数据保护

不充分的国家，给美国的贸易经济带来了巨大的压力，最终导致了安全港系统（Safe Harbor System）的建立，允许符合适当保护条件且同意接受该系统约束的美国公司接收从欧盟转移的数据。

此外，有一些国家也没有专门的数据保护立法，对于跨境数据流动的规则也不明确，数据主体隐私和权益保护问题无法得到有效解决，因此，也阻碍了数据流动特别是征信数据跨境流动的进程。

（二）各国征信体系标准存在差异

世界各国的政治、经济、文化背景各有不同，征信体系建设相关的制度、规范、特征也不相同。各国征信系统建设的标准实际上存在较大的差异，客观上也对征信数据跨境流动带来了障碍。例如，各国采集信用数据的范围不同，有些国家全面采集个人和企业的正面和负面信贷记录，而有的国家由于立法的限制仅采集负面信息。此外，信息采集的标准存在差异，如信贷业务类型划分标准、采集的数据项、数据采集频率、数据上报最低限额、信用报告产品的形式与设计等均有很大差异。同时，各国征信数据库系统架构和技术实现水平也参差不齐，使得在法律允许的假设条件下开展数据转移和交换存在一定困难，这也是未来跨境数据转移过程中需要解决的问题之一。

（三）对于国家金融信息安全的担忧

征信数据跨境流动为促进贸易经济的发展和经济全球化进程创造了基础条件，但它在提高社会整体福利水平的同时，也给国家金融信息安全带来了挑战。一国的征信数据具有非常大的政治、经济价值，一般由本国的征信机构所掌握，并在本国的法律框架下得以保护，一旦泄露或被他国征信机构所掌握，不仅会对信息主体带来各种侵权的风险，包括对个人隐私权的侵犯、对知识产权和商业秘密的侵犯等，更严重的情况则会冲击一国金融信息的安全，危及一国金融和政治基础的稳定。因此，尽管征信数据跨境流动问题被提升到国家战略的高度，受到广泛重视，但它实际上被视为一把“双刃剑”：一方面，各国政府提倡促进征信数据在各国之间流动，支持贸易经济的发展；另一方面，各国也审慎地通过各种制度规范加强信息保护，避免危及国家安全。

三、征信数据跨境流动的模式与国际实践

征信数据跨境流动的可行模式可以归纳为以下四种：一是征信机构交换数据模式，指征信机构之间通过协议方式定期交换借款人信用数据；二是征信机构代理查询模式，指本国征信机构委托境外征信机构作为代理方，向境外信息使用方提供征信查询服务；三是信息主体发起传输模式，指由信息主体自身发起，实现征信数据的跨境转移；四是统一征信系统服务模式，指相关国家发起建立统一的征信系统，或由同一家征信机构提供服务的方式。

（一）征信机构交换数据模式

这一模式一般需要相关国家或征信机构之间签订数据交换协议，商定数据交换标准，通过统一数据传送接口等方式定期实现跨境借款人信息的批量快速转移，以高效地满足境外信息使用机构的信息需求。以欧盟为例，2003 年，为促进公共信贷登记系统之间的数据交换，欧盟 7 个成员国（比利时、德国、西班牙、法国、意大利、奥地利、葡萄牙）签署了中央银行行长谅解备忘录，约定对负债超过 2.5 万欧元的借款人的信用数据按季度通过专线网络进行交换。该协议同时适用于法人和自然人的信用信息交换，但目前主要集中于法人主体，信息交换的内容局限在公司借款人的负债总量。中央银行可将其所接收的数据用于银行监管，授信机构也可通过本国的公共信贷登记系统，跨国查阅与其存在借贷关系的受信方的相关信息，评估信用风险。

一些区域性征信协会也积极鼓励各成员开展信用信息共享与互换。欧洲征信协会的部分成员（如德国、荷兰、比利时、意大利、瑞典、波兰和奥利地等国私营征信机构）通过签署《征信机构数据交换双边协定》（CBDE-Contract），在遵守各国数据保护制度的前提下推动数据的跨境流动。

（二）征信机构代理查询模式

在这种模式中，境外征信机构作为代理方，帮助本国授信方间接从他国征信机构处获取借款人的信用信息。在这种代理查询的模式下，两国征信机构之间需要签订代理—查询协议，通过单笔信用报告查询请求实现单个借款人信用信息的间接转移，满足授信方的信息使用需求。由于不存在大批量的征信数据转移，该模式相对较安全，代理机构需遵守相关约定，确保信息在传输和对外提供过程中的安全性。

（三）信息主体发起传输模式

信息主体发起传输模式可以分为两种：一是信息主体从本国征信机构获取自身信用报告，并提供给境外授信方使用；二是由信息主体委托本国征信机构直接向境外授信方发送信用报告。随着互联网技术的飞速发展，信息可在国与国之间便捷地无障碍传递。很多征信机构都建立了基于互联网的征信服务平台，满足信息主体查询自身信用报告的需求，提高便利性，同时也为信息主体主动向境外合作伙伴提供信用报告提供了支持。以上两种模式，在信息主体授权的条件下，实现了将信息快速、便捷地向境外传输。这种由信息主体主动发起的数据跨境流动不受各国数据保护法的限制，未来也将成为跨境征信数据转移的一种主要形态。

（四）统一征信系统服务模式

实现跨境数据传输最便捷的方式是通过建立区域内统一的征信系统，实现对各国标准统一的征信服务。这种模式下跨境数据实质上是集中管理的，所以实践起来有一定难度。如欧洲中央银行 2014 年开始建设的统一信贷登记系统项目（Analytical Credit Dataset Project，简称 AnaCredit Project），以更好地满足欧洲中央银行及其他监管部门对于信贷市场监管、货币政策分析、金融市场统计和研究的需求；此外，实力较强的私营征信机构通过采用“中心—辐射”模式，建立一个单独的、跨国运作的征信机构来为多个小规模的市场提供服务，如环联通过这种模式为中美洲部分国家提供统一的征信运营服务。

专栏：欧盟统一信贷登记系统项目

由于目前欧盟各成员国中有些国家建有中央信贷登记系统，有些国家只有私营征信机构，并且各成员国征信机构所覆盖的信贷产品类型、所采集信贷的额度门槛、数据项的定义、借款主体的身份标识、数据的明细度都存在差异，信用数据存在着存储分散、数据标准不一、缺少明细信贷数据等问题，这些问题不利于欧洲中央银行实施有效监管。因此，在欧盟拟建立“单一监督机制”（Single Supervisory Mechanism，SSM）的背景下，欧洲中央银行2014年上半年开始建设统一信贷登记系统项目。

该项目拟实现统一采集、存储、提供欧盟各成员国的信用数据，完成各成员国信用数据在欧洲中央银行层面的汇总，从而更好地满足欧洲中央银行及其他欧盟监管部门对于信贷市场风险分析和监管、货币政策分析、金融市场统计和研究的需求。欧洲中央银行也将于2015第二季度发布《中央信贷登记系统条例》，为系统运行和管理提供制度保障。

欧洲中央银行于2014年2月24日通过了《关于欧盟中央银行体系采集明细信贷数据准备工作组织的决定》（ECB/2014/6），确定了统一信贷登记系统的工作实施框架、欧洲中央银行及各成员国需进行的准备工作和各项工作的完成时间表、数据采集标准的制定等。

1. 项目大体将分三阶段实施：2014年到2016年底之前，完成长期数据采集框架和各相关准备工作；到2017年下半年，统一信贷登记系统一期建设完成并正式上线运行；从2017年下半年至2019年，完成系统的二期建设。

2. 已确定的数据采集基本框架

覆盖业务范围：贷款（Loan）、金融衍生工具（Derivatives）及表外敞口（Off-balance Sheet Credit Exposures）。此外，系统将和欧盟中央证券数据库（Centralised Securities Database,CSDB）、证券持股统计数据库（Securities Holdings Statistics Database，SHSDB）互联，向用户提供包括证券在内的全面风险暴露和负债情况。

覆盖的数据源机构和借款主体：系统一期建设覆盖的数据源机构主要是银行（含国外分行），先期重点采集非金融法人实体和其他法人组织的借款、个体户经营性贷款、个人住房贷款等信息，均逐笔采集；系统二期建设将把覆盖的数据源机构扩大到从事贷款、金融工具业务的金融公司（含国外分支机构）和其他放贷机构，并采集其他贷款信息。

专栏：中美洲的“中心—辐射”模式

在中美洲运营的环联中美洲（TransUnion Central America）是一个成功实践“中心—辐射”模式的机构。该机构成立于1999年，目前在危地马拉建立了“中心”，并在洪都拉斯、萨尔瓦多、哥斯达黎加和尼加拉瓜建立了区域“分支”，覆盖3800万人口。历史上，由于缺少全面征信的个人征信机构，中美洲消费者和中小微企业的信贷获取受到抑制。在这些国家分别发展单独的征信机构所需成本与它们的市场规模并不成比例。一个征信系统服务5个国家是最优的解决方案。

各国的征信机构（辐射点）共享和利用“中心”现代化的、先进的技术系统，有利于提高使用效率；而且，创建一个单独的、跨国界的征信服务系统有利于5国间征信产品和服务设计的标准化，非常有利于跨国经营的贷款机构。

第三节　我国的征信合作与数据跨境流动

我国征信业起步较晚，征信业监管环境、征信机构业务发展阶段与国际上其他国家存在一定差异。大力开展征信合作，对于快速提升我国征信业整体水平、提升征信机构竞争力具有非常深远的影响。而随着我国参与区域经济一体化进程的加快，征信业的合作面临着新的发展机遇。深化合作，推动征信数据的跨境流动，将有助于改善区域投融资环境，促进共同发展。

一、我国征信业未来合作展望

随着2013年3月15日《征信业管理条例》(以下简称《条例》)的正式实施，我国征信市场步入规范化发展阶段，各类征信机构发展进入快车道，目前已有从事企业征信业务的备案机构60多家、已获得个人征信业务经营牌照的机构8家。一方面，人民银行征信中心运营金融信用信息基础数据库；另一方面，各征信机构进行市场化运作，形成全方位、多层次和互补的一个征信业格局。加强征信机构彼此合作，同时引入国际征信业成熟发展经验，将有利于促进中国建立一个发达的征信市场，增强我国征信行业的国际影响力。

（一）内地征信机构之间的合作

人民银行征信中心和其他市场化征信机构在采集数据的范围、数据种类、提供产品和服务方面都有较大差异。金融信用信息基础数据库主要从各类从事信贷业务的机构采集企业和个人的信贷信息，此外也采集部分公共信息。而目前成立的市场化征信机构则更多应用互联网和大数据等新技术，收集更大范围的、反映消费者和企业履约能力和履约意愿的信息，创新征信产品与服务，满足社会不同群体对于征信产品多层次的需求。

未来，在充分借鉴国外征信机构的合作模式、坚持依法合规、有效保障信息安全、保护信息主体合法权益的基础上，可以探索全国集中统一的征信系统与各市场化征信机构之间合作的可行性，提升征信市场整体运行效率。此外，还可以通过建立征信行业协会，搭建征信机构之间交流分享的平台，互相借鉴，鼓励征信机构之间开展业务、技术等多方面的合作，实现优势互补，促进行业健康快速发展。

（二）两岸三地征信业合作

在《内地与香港关于建立更紧密经贸关系的安排》（CEPA）和《海峡两岸经济合作框架协议》（ECFA）框架下，两岸三地进行更密切、更广泛、更深入经济交往的大趋势已经不可阻挡。以征信合作为桥梁，进一步推动两岸三地金融经贸共同发展具有重要的意义。为促进两岸三地征信业的交流合作，中国人民银行征信中心联合香港、台湾的征信机构自2010年开始发起开展两年一届的“两岸三地征信交流与合作研讨会”，就两岸三地征信业发展现状和未来发展趋势、征信系统信息采集和产品开发、征信制度完善、新技术在征信业中的发展应用等主题开展深入交流。两岸三地征信业相关机构和专业人士共聚一堂，以全球化的眼光交换新的思想理念，以前瞻性的视角发掘征信业发展和合作，取得了很好的效果。

目前支持两岸三地征信机构开展深度合作的法律法规尚不明了，但是，在两岸经济金融政策持续开放、共建稳健安定的区域金融和贸易环境的大背景下，两岸三地征信机构合作有很大的发展机遇。未来可以探索合作思路，采用分阶段、循序渐进的方式逐步深化合作内容。例如，可以通过协议约定、代理查询等方式实现信用信息的共享互换；建立统一的信息服务平台，实现两岸三地征信机构之间的业务合作；通过股权合作等方式联合成立征信机构，利用各自优势，开展更深层次的数据挖掘、信贷风险管理工具开发等合作，提升对两岸三地商业银行等用户的服务水平，实现跨区域征信机构的融合，推动两岸三地征信业协同发展。

（三）参与国际征信市场交流合作

目前我国征信机构已经与多家国际征信组织、多家征信机构之间开展了广泛的交流与合作。中国人民银行征信中心派代表自2009年参加了国际征信标准委员会，为引进国际先进经验、增加我国在世界征信领域的话语权发挥了积极作用。中国人民银行征信中心、台湾财团法人联合征信中心均是欧洲征信协会准会员，定期参加该协会组织的一些研讨会、年会，并积极输出两岸征信业发展的特色经验。此外，我国一些市场化征信机构与美国、欧洲的一些发达的征信机构之间建立了交流合作往来关系，与新加坡、韩国、日本等亚洲国家的征信机构也有密切联系和业务往来，在战略制定、业务发展和产品开发过程中借鉴国际征信业发展经验，提高核心竞争力。

为了进一步发挥区域合作的重要作用，为我国与各国之间的经贸、投资、融资合作提供优质的信用服务，未来需要积极加强区域征信市场发展和征信合作研究，探索协调各国的征信发展模式和监管政策，加强区域内征信机构间的合作。在国际合作的过程中，行业协会发挥着重要作用，未来我们也需要积极参与推进亚太地区等征信行业组织的组建，增强亚洲征信机构在征信行业的话语权。在借鉴国际征信业先进发展经验的同时，还要对外输出我国的特色发展经验和先进技术，宣传我国征信业发展成绩。

二、推动征信数据跨境流动的重要举措

（一）加快和完善数据保护法律制度

欧盟等国家和地区相关法律有关跨境数据流动的规定，其核心均是要在跨境数据流动过程中，确保数据保护的充分性，切实保障信息主体的权益。因此，推动征信数据跨境流动应当首先建立和完善本国的数据保护相关法律制度。目前，我国对于信息主体数据保护尤其是个人数据的保护，相关立法比较分散且过于原则，不利于落实。

因此，迫切需要参考国外立法经验，推动制定一部专门的个人数据保护法：一是要赋予信息主体相关权利，包括知情权、选择权、异议更正权等，并建立起一个接受信息主体投诉、处理投诉和解决争议、落实赔偿和处罚的行政或司法机制，保障信息主体享有充分的救济权；二是应明确在数据采集、处理、加工和对外服务过程中各参与主体的职责，保障基于合法、合理和适当目的的数据采集，整个过程公开透明，确保数据质量，并采取必要的措施确保安全和特定目的的使用等。只有健全数据保护的相关法规，达到数据保护的充分性要求，

建立我国对于跨境数据流动的原则和具体操作指引，才能为未来推动征信数据跨境流动扫清障碍。

（二）完善征信数据跨境流动监管规定

目前《征信业管理条例》中，对于征信机构向境外机构或者个人提供信息并没有予以明确，应尽快细化有关规定。在数据交换便利化大幅提高的时代，可能出现非法信息转移或者监管空白区域，一定程度上影响征信业的正常秩序。在制度设计上，要坚持对等原则，实现互利互惠的双向征信数据跨境流动，确保征信机构之间在交换信息的范围、内容等方面对等，确保公平性。应建立有效的执行监管机制，赋予监管部门足够的监管资源和职权，对跨境产生的潜在风险进行识别和适当管理。对于数据输出机构，则应严加管理，建立责任追究机制，确保数据跨境流动的安全性。

（三）升级征信系统业务和技术标准，与国际接轨

即使征信机构之间没有直接的跨境信息共享，统一数据采集格式也有利于债权人和监管机构实现信息共享。统一不同国家征信系统建设的业务规则、技术架构的标准，可以大大降低数据跨境转移的成本，提升效率。我国征信机构在建立和升级征信系统的过程中，应充分借鉴国际经验，参考国际征信业标准和最佳实践经验，在信用信息范围的定义、采集内容、数据规范、存储规则等方面做到与国际接轨，为未来实现跨境批量数据转移奠定良好基础。同时，在评分模型设计、增值产品开发、充分利用大数据和云计算技术等方面积极创新，做好各种技术准备，便于对转移数据的再加工和利用，充分发挥数据的价值。

（四）鼓励信息主体参与数据跨境流动

根据国际立法经验，在信息主体同意的情况下，信用信息实际上可以无限制、无障碍地实现跨境转移，这对于一些尚未建立数据保护法或法律不够完善的国家来说，是唯一的可行途径。随着互联网征信服务的飞速发展，由信息主

体主动发起直接对境外机构提供信息或授权本国征信机构对外提供征信信息，未来有很大的发展空间。未来，我国应加强对信息主体的宣传教育，提升信息主体的信用意识，推动信息主体在主动传播自身信用信息过程中积极发挥作用。同时，征信机构应完善对信息主体、第三方合作伙伴的服务机制，提升互联网征信服务的效率和安全性，确保通过这种方式转移信息的安全性，保障信息主体合法权益。

参考文献

[1] 尼古拉·杰因茨：《金融隐私——征信制度国际比较》，北京，中国金融出版社，2009。

[2] 中国人民银行征信管理局：《征信立法国际研讨会文集》，北京，中国金融出版社，2010。

[3] 丁惠强：《征信数据跨境流动监管研究》，载《征信》，2011（2）。

[4] 刘荣、温广虎：《欧盟成员国消费者信用信息数据跨境共享模式及实践》，载《征信》，2011（3）。

[5] C.Kuner 著，旷野等译：《欧洲数据保护法》，北京，法律出版社，2008。

[6] 陈莹、郑荫立：《欧盟国家征信数据跨境流动的经验与启示》，载《福建金融》，2014（8）。

[7] 《征信前沿问题研究》编写组：《征信前沿问题研究》，北京，中国经济出版社，2010。

[8] 戴根有：《征信理论与实务》，北京，中国金融出版社，2009。

[9] 王景瑞：《国际征信数据跨境流动规则的比较研究——基于欧盟和美国的规则和实践》，载《吉林金融研究》，2013（3）。

[10] 高明：《欧盟跨境数据流动的法律探究》，载《法制与社会》，2011（10）。

[11] 许英、陈霞：《征信数据跨境流动与信息安全》，载《中国金融》，2012（17）。

[12] OECD，Guidelines on the Protection of Privacy and Transborder Flows of Personal Data,adopted by the OECD Xouncil,Paris,23 September 1980,Preface.

[13] OECD（2006），Report on the Cross-Border Enforcecment of Privacy Laws.

[14] Directive 95/46/EC,O.J.L.281,23 November 1995.

[15] European Commission,Decision 2000/520/EC on the Adequacy of the Protection Provided by the Safe Harbour Privacy Principles and Related Frequently Asked Questions Issued by the US Department of Commerce,O.J.L.215/7,25 August 2000.

第十章 征信行业的发展方向

随着 IT 技术的进步、互联网的全面普及、移动互联的广泛应用、物联网的快速崛起，大数据时代已经来临，数据规模迅速扩大，新型征信模式正在探索，征信领域不断拓展。我国征信行业应迅速顺应新形势发展的需要，积极拥抱新时代，紧紧把握发展方向，加快提升行业服务水平，加快追赶步伐，稳步推进我国征信行业快速、规范发展。总体来看，未来征信行业发展的主要方向有大数据时代的征信服务开展、突破信息采集约束而对信息主体的全面资产负债信息覆盖、征信服务技术的进步与征信服务的创新与突破等。

第一节　大数据时代的征信服务

互联网普及是大数据时代到来的基础，正是由于互联网技术的普遍应用，包括在社交领域、电子商务领域、供应链领域、企业生产经营领域等，信息的沉淀和大规模收集才成为可能，这直接导致大数据时代的诞生。而大数据时代的诞生，对于征信行业具有强大的冲击力，颠覆了我们传统征信的一些理念，征信行业的生产、经营、组织方式正在发生悄然的变革，以积极适应大数据时代的新变化。

一、大数据的内涵、特征及行业发展

（一）大数据的内涵

近年来，随着移动互联、社交网络、电子商务、云计算的出现和快速发展，以及以智能手机、平板电脑为代表的新型移动设备的出现，音频、视频、图像、文字等形式的数据呈指数级增长。《纽约时报》2012 年 2 月的一篇专栏中称，大数据时代已经降临，在商业、经济及其他领域中，决策将日益基于数据和分析而作出，而非基于经验和直觉。

关于什么是大数据，目前并没有较为统一的定义，不同的人有不同的解读。麦肯锡将大数据定义为无法在一定时间内用传统数据库软件工具对其内容进行抓取、管理和处理的数据集合。而根据维基百科的定义，大数据又称为巨量数据、海量数据、大资料，指所涉及的数据量规模巨大到无法通过人工在合理时间内截取、管理、处理并整理成为人类所能解读的信息。国际数据公司将大数据定义为为更经济地从高频率的、大容量的、不同结构和类型的数据中获取价值而设计的新一代架构和技术。

（二）大数据的特征

大数据的特征一般认为有以下五个：海量的数据规模（Volume）、快速的数据流转和动态的数据体系（Velocity）、多样的数据类型（Variety）、数据的真实性（Veracity）、巨大的数据价值（Value）。

1. 海量的数据规模

目前，单一数据集的规模级别已经由 TB 跃升 PB 至乃至 ZB[①]。国际数据公司最近的报告预测称，至 2020 年，全球的数据量将扩大 50 倍。产生如此巨大的数据量，一是由于各种传感器的使用，让我们能够感知并量化更多的物理量；二是由于互联网通信技术的提升，网络交流的数据量呈指数级增加。与此同时，随着电子产业的不断发展，数据存储的成本急速降低，这也是促进全球数据量增长的重要原因。

2. 快速的数据流转和动态的数据体系

这是指数据获取、存储以及挖掘有效信息的速度能够更好地满足在线数据实时处理的需求。通过高性能的传感器、电脑处理器与性能优化的算法，企业不仅可以快速获取、存储数据，并且能够实时处理、分析数据，并将有用信息反馈给用户，以便用户及时作出正确决策。

3. 多样的数据类型

随着传感器种类的增多以及智能设备、社交网络等的流行，数据类型也变得更加复杂，具有多样性的特点。大体上，数据可以分为三类：一是结构化数据，又称为行数据，存储在数据库里，可以用二维表结构来逻辑表达，如信贷数据、财务系统数据、信息管理系统数据、医疗系统数据等；二是非结构化数据，如视频、图片、音频等，其特点是不方便用二维表结构来逻辑表达；三是半结构化数据，如 HTML 文档、邮件、网页等，其介于结构化数据与非结构化数据之间。

① $1ZB=1024EB=1024^2PB=1024^3TB=1024^4GB$。

4. 数据的真实性

这是 IBM 公司归纳出来的数据的一个基本特征——真实性，即数据的重要性在于对决策的支持，数据的规模并不能决定其能否为决策提供帮助，数据的真实性和质量才最为关键。追求高数据质量对大数据而言本身就是一个二元悖论，我们必须承认大数据中存在的不确定性，通过数据融合、模糊处理等多种处理手段，结合多个可靠性较低的数据相互验证等，来发现数据规律，寻找大数据中的真实性。

5. 巨大的数据价值

在数据量呈指数级增长的同时，蕴含在数据中的有用信息量却没有按照同样的比例增长，这使得大数据中有价值的数据所占比例很小，价值具有稀缺性、不确定性和多样性。因此，大数据分析方法最大的价值就体现在从海量不相关的各种类型数据中，运用机器学习、人工智能或数理统计等方法深度挖掘出对未来趋势与模式预测分析有价值的信息，并运用于工业生产、金融监管、医药卫生等各个领域，从而创造出新的价值。

（三）大数据行业发展

目前，从全球情况看，大数据分布的行业主要集中在互联网领域（电子政务、电子商务、社交网络、搜索信息）、来自大量传感器的机器数据（如可穿戴设备、电力 / 电网 / 石油、自动化工作制造业、电信设备等）、行业数据（金融行业、气象领域、医疗交通、电信信息等）。

根据国际数据公司的研究，2008 年全球产生的数据量为 0.49ZB，2009 年数据量为 0.8ZB，2010 年增长至 1.2ZB，2011 年更是高达 1.82ZB，相当于全球每人产生了 200GB 以上的数据 , 预计 2020 年将达到 35.2ZB。全球数据量走势见图 10-1。

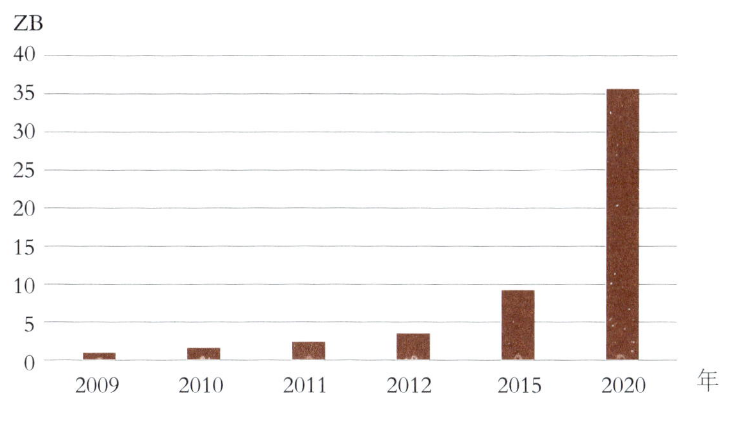

图 10-1　全球数据量走势

我国的大数据行业主要集中在互联网、通信、金融、公共部门等，大数据已经比较广泛地开始应用到生产、经营、交易、营销等领域。其中，互联网公司的主要代表有阿里巴巴、百度、腾讯、搜狐、新浪等，通信公司的代表有中国联通、中国移动、中国电信等，金融部门包括银行、证券、保险等，公共部门有工商管理部门、税务部门、公安、质检部门等。随着产业互联网的发展，越来越多的企业也正在源源不断地产生着大数据，用于监控生产机器运行、第一时间了解企业生产经营情况、帮助企业决策等。

二、国外大数据时代的征信服务变革

《大数据时代》一书的作者将大数据时代的思维变革概括为：数据更多，运用全体数据；数据更杂，不讲究数据的精确性，而是把混杂性作为一种常态；数据更好，讲究相关性而非因果关系。但是，对于传统征信行业而言，对于数据的准确性、及时性、全面性要求很高，在大数据时代，这一要求是否发生变化呢？

大数据时代的到来也就是十多年的事情，国内外征信机构都在探索如何快速地适应大数据时代的来临。在大数据时代，国外很多大型征信机构对自身的定位正在悄然发生变化，迅速地从征信机构向信息服务机构转变，不仅服务于征信行业，也广泛运用大数据，涉足数据营销领域，丰富自身的数据来源，充分利用自己的专业技能，提升数据服务能力。

站在征信立场上，国外征信机构在运用大数据从事征信活动时，主要是运用多种来源的数据，通过相互验证，了解信息主体的信用状况。大数据的应用主要是帮助那些弱势群体，包括年轻人、少数族裔、小微企业等，这些群体往往没有信用记录，无法对其进行信用评分，或者信用评分较低，无法进入正规金融体系。通过大数据征信，可以丰富授信机构掌握的这些群体的信息，增加评价的维度，帮助授信机构更好地了解其信用状况。

这里需要注意的是，大数据征信还有一个大的特点，即每一类数据都不足以对信息主体的信用状况进行判断，信息的准确性也不一定很高（价值的稀疏性），但是，可以通过综合其多维度的数据，剔除数据噪音，形成一个相互印证、相互支持的信息链条，从而得出该信息主体信用状况的一个判断，这一点只能通过大规模、多维度的信息处理，发现数据与违约率之间的客观规律，应用到信息主体的信用评价上。有人把这一过程通俗地表达为“信用画像”。因此，大数据征信可能不适宜为信息主体出具一个信用报告，但基于大数据的违约模型构建可能会成为大数据征信服务的一种常态。

从国外征信实践看，国外在涉足大数据征信时，除了依赖传统的授信信息外，还有如下几个层次：一是非传统数据的应用，主要是水、电、煤气、通信、房租等缴费信息，这是应用最为广泛的数据；二是广泛地应用公共数据，包括缴税、法院判决等信息；三是广泛的社交信息、电子商务信息、支付结算流水信息、公共互联网平台产生的信息、物联网产生的信息等，如考察信息主体的朋友圈、交通出行规律、书写习惯、网上浏览习惯等，来更全面地识别信息主体的信用状况。

目前，国外有一些金融机构，如 ZestFinance 等，正在致力于打造自己的征信终端平台，实现信息在自己运营平台上的汇集，从而帮助开展授信业务。此外，国外也涌现了一些新型的征信机构，如美国的支付信用信息公司等，它们积极利用大数据开展征信活动，弥补传统征信的缺陷。

但是，从国外情况看，法律法规和监管部门对于信息主体权益保护是非常严格的，并且正在进一步加强。我们仅以电信信息的使用为例，美国有专门的《电信数据法案》对运营商进行法律的约束，美国联邦贸易委员会（Federal Trade Commission）在保护信息主体权益方面扮演着重要角色，美国电信运营商数据的使用、分析都需要向政府部门进行申请，并且仅限使用于所申请的单一项目。因此，美国电信运营商收录的信息比较广泛，包括电视、手机、固定电话的信息；信息的挖掘使用主要是供平台内部使用，目的是为了更好地服务客户；对外提供的只能是群体的总体信息，不是能够定位到个人的个人特征信息。

在欧盟等国家，《个人数据保护法》正在修订，关于个人信息的保护正在加强，典型的一项权利是被遗忘权，即权利人有权要求相关机构删除有关他们的个人数据，同时阻止个人数据的进一步传播，这一点前文已经进行了分析。

因此，在国外，大数据征信反而没有国内火爆，在数据利用方面受到更多的限制。例如，互联网公司采集、分析用户在互联网上留下的痕迹，并根据结果推送广告时，会给予信息主体充分的选择权（有多项选择），可以由信息主体自由选择授权，而不是采用“霸王条款”要求必须全部授权才能使用相关服务，赋予了信息主体充分的自由权利，即使信息主体不允许自身信息被采集，仍然可以享受到相关服务。

另外，国外更注重信息与信用状况的直接关系。例如，他们往往认为，有与钱发生关系的授信活动的数据才能很好地反映一个人的信用状况，并且越来越多的证据表明，个人的行为在网络上与现实中会有很大的偏差，如果数据维度和信息量不够多，往往会导致误判。

三、大数据在我国征信业的应用

我国在信息保护方面的法规建设还有很多地方不完善，大数据应用可能更为普遍。许多拥有大数据的机构，包括电商企业、金融机构、电信企业等，都在积极地运用大数据进行客群分析，甚至一些机构开始利用自身沉淀的数据面向社会提供征信服务，一种有别于信息从第三方采集的征信模式已经诞生，我国征信业正在发生深刻变革。

在征信领域，运用大数据主要是将征信机构的客群进一步拓展，更多地关注一些弱势群体，包括农民工、产业工人、年轻白领、乡镇居民、小微企业等，对传统征信起到重要补充作用。随着这些人群进入到金融体系，信用历史逐步积累，开始进入传统征信领域，从而实现大数据征信与传统征信之间有机的融合。

（一）我国大数据征信使用的信息

目前，我国一些机构，尤其是征信机构，已经开始利用大数据开展征信活动，对外提供或拟提供征信服务。大数据征信的内容主要表现在以下几个方面。

1. 身份确认

个人身份信息的确认主要是通过对个人的用户注册信息及其网络行为信息进行分析，综合判断多方数据来源，交叉比对，验证一个人的身份信息。这里的身份有两类，一类是互联网虚拟身份，另一类是个人真实身份信息，两类身份可以合二为一，也可以分开使用。在互联网世界，有时并不一定非要了解客户的真实身份，也可以只对客户的互联网身份进行了解，并针对客户开展相关服务。关于企业身份信息，主要是通过电子商务上的身份信息核对来确认。

2. 个人的日常行为信息

个人的日常行为信息主要体现在互联网上的网络注册信息、搜索信息、社交网络信息、网页浏览信息、网上言论和文章，在电信运营商处留下的信息，通过可穿戴设备、移动定位技术等留下的信息等，包括性别、年龄、职业、单位、兴趣爱好、行动轨迹、联系方式、社交圈、朋友圈等。这些信息常常以标签的形式出现，例如，可以打上个人性格、特征、教育背景、是否有作假嫌疑等标签。

3. 信息主体的交易信息

个人的交易信息主要包括个人在各种购物平台、支付平台等活动留下的信息，如信息主体的购买行为、支付行为、收货地址、消费水平、消费习惯、联系方式等。企业的行为信息主要是在电商平台上留下的交易金额、交易笔数、退货率等交易信息，网页点击率、访问深度、停留时间等店铺访问情况；在线支付账户的现金流入和流出数据；发货及发货速度、效率等物流数据；客户对店铺的服务评价等；在第三方支付、网银、刷卡等活动中留下的交易流水信息，包括交易金额（借方或贷方）、交易时间、交易渠道等信息；在供应链网络交易、保理业务系统和交易平台上的订单、应收账款、存货、资金支付和运输仓储信息等。

（二）大数据征信的服务内容

一些市场化征信机构和数据服务机构开始尝试利用大数据，面向社会提供服务，主要用于信用风险管理和市场营销两方面目的。此外，一些市场化征信机构和数据服务机构也会利用大数据对市场进行宏观分析，辅助授信机构的战略决策等。

1. 用于信用风险管理

随着互联网金融的发展，利用互联网大数据进行借款人身份识别和风险评估的需求日益增加，我国目前已经有部分电商平台及电信公司、社会化征信机构等开始尝试向互联网金融公司或其他授信机构提供信息，帮助识别借款人身份，防止欺诈，管理信用风险。目前的应用一般是在申请人授权后，由掌握数据的机构直接提供给网络借贷机构，或者网络借贷机构以借款人的身份用借款申请人在电商平台、电子邮箱等的用户名和密码登录相关平台获取相关数据。如果接洽得好，数据可以从后台获得，不仅可以得到申请人当前的购买、消费等信息，还可以得到申请人的历史信息。

另外，对于企业的大数据，一些市场化征信机构或数据服务机构正在尝试通过电商平台、第三方支付机构等沉淀下来的数据，为授信机构提供相关网上交易信息、支付流水信息等，作为评价企业信用风险的重要依据；也有征信机构直接与授信机构和借款企业达成协议，直接接入企业的生产经营信息系统和内部管理系统，监控企业的生产经营信息、财务信息、供应链信息和应收账款信息等，帮助授信机构对企业的生产经营情况进行全面的监控。

2. 用于市场营销

由于市场化征信机构和数据服务机构以盈利最大化为目标，因此，在开展大数据征信服务时，一个重要的方面是帮助授信机构寻找目标、开展客户推介等，这些授信机构可能是本集团内部的机构，也可能是一些外部机构。例如，一些征信机构或数据服务机构利用自己的渠道优势和信息优势，帮助授信机构推介授信产品，甚至一些征信机构已经与本集团内部的授信机构形成了从信息提供到产品推介，再到平台服务、风险防控等一体化的综合服务体系。

3. 用于宏观分析

客观地说，在大数据时代，宏观分析才是大数据最为典型的特征，因此，一些征信机构和数据服务机构利用大数据，对整个市场发展、舆情监测、情绪监控、市场跟踪、相关主题等进行分析，提供给授信机构使用。

四、我国大数据征信市场的发展方向

我国在大数据征信方面实际上已经走在了国际前列，很多拥有大数据的机构已经或者开始准备进军征信业，有些机构也开辟了多种新型的征信方式，我国大数据征信市场前景无限。从目前的发展态势看，我国大数据征信市场的发展方向主要体现在以下方面。

一是大数据征信将更多地依靠互联网公司等大数据机构的数据沉淀，而不是数据采集。原因是大数据的量非常大，数据的价值比较稀疏，需要通过大规模的数据运算来发现规律，因此，大数据征信往往是一些大数据拥有机构的一个副业，它们主要利用自身沉淀的数据开展大数据征信活动，而传统征信机构往往不具备采集和处理如此大规模数据的能力，传统征信机构的活跃领域主要是一些价值密度高的结构化数据。

二是大数据征信将更多地采用需求触发的征信活动。大数据征信面对的对象是海量的数据，如果采用传统的信息采集方式，面对价值较为稀疏的大数据，征信机构将面临巨大的成本，因此，大数据征信的发展方向将与资信调查类似，即只有在有需求的情况下，征信机构才利用自己众多的大数据入口，实时调取数据，生成对信息主体的征信报告或者是信用评估结果。这种处理方式将保证征信机构的轻资产状态，操作的关键点在于获得大数据入口。

三是大数据征信将会受到越来越严的管控。随着信息主体维权意识的提升，我国在公民和企业信息保护方面的力度将会越来越大，这是一个必然的趋势，而大数据征信涉及众多的个人隐私，包括资产类信息、行为类信息等，一旦操作不慎，会对信息主体权利造成严重侵犯，因此，我们可以预期，今后大数据征信必将被纳入更严格的法律监管框架之下，提升对信息主体权益的保护力度。

第二节　信息共享的新突破

近年来，从国内外情况看，征信行业一直在积极探索信息共享的新模式，寻找新的信息源，努力扩大征信覆盖范围，逐步跨越传统的信贷信息和公共信息采集范畴，将信息采集的触角伸向资产类信息、其他形式的负债信息，既努力形成对一个企业和个人的全面的资产负债分析，又努力实现对影子银行的覆盖，实现金融征信的全面化。目前，从国内情况看，这方面正在探索的信息共享主要包括企业债券信息、民间融资信息、支付结算流水信息等，我国征信体系正在努力实现对金融信用信息的全面覆盖，推动我国信用信息共享的新突破。

一、企业债券信息的共享

在国外，有些征信机构是采集企业债券信息的，如西班牙中央信贷登记系统所采集的信息中就有企业债券信息。在我国，尽管企业债券信息通过公开渠道都能查询到，但是，至今尚没有征信机构采集这方面的信息。从将信息整合在一起，为授信机构提供便捷服务的角度看，征信机构仍然有必要采集企业债券信息，整合在其信用报告中，全面反映企业的信用状况。

目前，债券融资正逐渐成为我国企业直接融资的重要渠道，通过征信机构分享企业债券融资有关信息可以更为便捷地全面反映企业的整体负债状况。随着近年来我国债券市场的快速发展，市场规模快速扩大，基础设施建设日趋完备，基本制度不断完善，征信机构采集企业债券融资有关信息也已具备了基础。

（一）企业债券信息包含的范围

我国债券种类很多，按照发行主体的不同，可分为国债、地方政府债券、金融债券、非银行金融机构债券、企业债券等。征信机构采集债券信息的目的是帮助授信机构了解非金融企业的信用状况，因此，不需要采集政府部门、金融机构等机构发行的国债、地方政府债券、金融债券等信息。国内非金融企业在我国境内发行的债券，主要有以下种类。

一是非金融企业债务融资工具（以下简称债务融资工具）。主要包括短期融资券、中期票据、中小企业集合票据、超短期融资券、非公开定向发行债务融资工具、资产支持票据等。债务融资工具在中国银行间市场交易商协会注册发行，在全国银行间债券市场交易，由银行间市场交易商协会对其发行与交易实施自律管理，并报人民银行备案。

二是企业债券。具有法人资格的企业发行的企业债券由国家发展改革委实行发行核准，同时由人民银行审核利率，证监会审核承销商承销资格，在银行间债券市场或证券交易所交易。

三是公司债券。上市公司发行的公司债券由证监会实行发行核准，可以申请一次核准、分期发行，在证券交易所或银行间债券市场交易。

（二）企业债券信息共享的基础

目前，我国尚没有征信机构采集企业的债券信息，但是，从制度层面看，采集债券信息没有法律障碍。首先，《征信业管理条例》对于采集债券信息未做限制性或禁止性规定，并且《征信业管理条例》规定，征信机构可以从信息主体、企业交易对方、行业协会等多种渠道采集企业信息。其次，债券信息公开程度很高。按照《银行间债券市场非金融企业债务融资工具管理办法》、《证券法》、《公司法》以及证券交易所发布的操作细则等规定，企业发行债券应通过指定渠道公开披露发行和偿付信息等（应披露的信息详细内容见附件）。

从实际操作层面看，债券信息采集基础较好。债券发行和交易电子化程度高，数据质量较好，采集基础较好，易于操作。从长期来看，债券发行量增长较快，市场潜力大，数据的持续性和更新率也能够得到保证。为保证数据质量及客观性、采集的可行性和可持续性，应从发行管理部门或登记结算机构采集信息，这也符合征信系统一贯坚持的从信用信息产生的源头采集信息的原则。这些机构包括：（1）中国银行间市场交易商协会。负责管理债务融资工具的发行注册，掌握征信中心需要的债务融资工具相关信息，并通过官方网站“孔雀开屏系统”供公众查询，通过输入企业名称、关键词等信息可在线进行检索。（2）中央结算公司。负责银行间债券市场的债券发行、登记托管、交易流通，掌握征信中心需要的在银行间债券市场发行的债券相关信息，并在中国债券信息网、中国货币网上公布。（3）国家发展改革委。负责核准企业债券发行，掌握征信中心需要的企业债券相关信息。（4）证监会。负责核准公司债券发行，掌握征信中心需要的公司债券相关信息，发行核准文件会在其官网上对外公布。（5）证券交易所。负责债券在交易所的发行、上市，掌握征信中心需要的在交易所发行的债券相关信息，并在交易所网站上公布。

（三）企业债券信息共享的内容

征信机构在采集信息时，主要应采集反映企业负债情况及偿还情况的信息。按照这一原则，采集的债券信息应包括发行主体、发行类型、发行总规模、已发行情况及到期偿付情况（特别是违约及延期支付本息的情况）、当期实际发行规模和期限等，以及发行主体的标识信息，包括证件类型和证件号码，如组织机构代码、机构信用码、贷款卡编码等，用于定位企业，将新采集信息与征信机构已有信息进行归集、整合。对于财务信息等，也应进行采集，这对于审核企业的信用风险状况有很好的帮助。债券的交易与转让信息、授信方的信息等与企业信用状况没有直接关联，没有采集的必要。

二、民间借贷信息共享

民间借贷自古就有，但是随着经济社会的发展，民间借贷的规模越来越大，涉及的人员越来越多，在有些地区，如温州、鄂尔多斯等，甚至已经成为一种非常普遍的借贷方式，一旦发生地区性风险，将对当地的金融生态产生重要的影响。推动民间借贷信息共享、促进民间借贷阳光化，对于及时掌握民间借贷市场的发展状况、监控民间借贷市场的风险、及时采取应对措施具有重要作用。

（一）民间借贷阳光化的必要性

1. 民间借贷阳光化可以减少逆向选择与道德风险

民间借贷隐蔽性强，在信息不对称条件下，逆向选择和道德风险一直是民间借贷规制中很难解决的问题。由于民间借贷属私下交易，借贷较分散，随意性大，且有很强的隐蔽性，很多资金流动没有办法纳入金融监测范围，加上民间借贷的双方对其合法性存有疑虑，不太愿意向外界透露实情，监测人员难以掌握真实情况，监测难度大，导致民间借贷监测数据的真实性受到影响。民间借贷阳光化可以增强民间借贷的信息披露程度，帮助民间借贷参与各方理性参与交易，了解交易各方信誉情况及风险情况，有助于减少民间借贷交易中的逆向选择和道德风险。

2. 民间借贷阳光化可以促进民间借贷市场进入正规金融体系

当前，民间借贷领域高利贷等问题的产生，与营利性民间借贷缺乏合法的身份、出借人需要更高的利率以补偿其合规风险有关。民间借贷阳光化能够解决营利性民间借贷的合法性身份问题，既可以让民间借贷摆脱灰色风险，降低交易成本和违约风险，又能够促进民间借贷市场的公平竞争，帮助民间借贷机构融入正规金融体系中，促进多层次信贷市场的形成和发展，推动普惠金融发展。

3. 民间借贷阳光化有助于维护金融秩序

民间借贷具有隐匿性，地方政府对本地资本市场供求状况和资金投向难以把握，使民间借贷往往集中于热点行业。资金流动盲目性导致产业结构、资金投向不均衡，不仅极易造成投资损失，更不利于经济发展和农村产业结构的合理调整。微观经济实体投资的非理性极易导致热点行业内部企业林立，难以形成适度竞争和合理联合，导致行业生产规模过剩，造成社会整体投资边际效益下降。当社会投资边际效益为负时，民间融资的风险就会加大。民间放贷人基于自己的利益判断作出趋利性选择，在高额利息回报的诱惑下，容易产生非法吸收公众存款、集资诈骗、高利转贷等涉嫌违法犯罪的行为，扰乱金融秩序。民间借贷阳光化可以促进民间借贷资金合理流动，便于建立科学的金融监测体系，了解资金投向、利率水平、融资期限、借款形式、抵押或担保形式、借款偿还情况等，及时掌控金融风险，维护金融秩序。

（二）建立民间借贷登记制度

建立民间借贷登记制度是推进民间借贷阳光化的重要手段，可以有效促进信息共享，推动信息透明，实现对借款人的纪律约束，规范民间借贷行为。目前，我国已经有一些地区建立了民间借贷登记机构，如温州和鄂尔多斯等，但是，从运行情况看，效果并不是非常理想，需要进一步完善。

1. 建立选择性强制登记制度

民间借贷是民事主体之间的民事活动，契约自由是民事主体活动的基本原则，因而国家无正当理由不得随意介入民间借贷。从历史上看，政府仅对民间借贷的利率、计息方式等有限方面进行规范，而没有强制要求民间借贷登记。1999 年新《合同法》通过后，也对之前存在的一些影响合同效力的要素进行了筛选，废除了“各级业务主管部门和工商行政管理部门应对有关的经济合同进行监督检查，建立必要的管理制度”的规定，限制了合同无效的判定依据范围，这些举措从根本上就是要尊重民事主体的契约自由，确保市场要素的自由流动和高效配置。此外，由于民间借贷合同数量多、参与主体多、金额不等、合同期限及形式等都千差万别，若对这些合同统一要求强制登记，不仅在法理上缺乏说服力，而且在现实中也难以操作。因此，需要进行选择性强制登记，将那些营利性民间借贷和大额民间借贷纳入强制登记范围。将大额民间借贷纳入强制登记范围的法理是其额度较大，一旦发生纠纷，对生产、生活影响较大，本着审慎原则，应当纳入强制登记范围。对于其他类型的民间借贷，可通过激励性制度设计鼓励这些民间借贷主体自愿参与民间借贷登记。

2. 确立选择性强制登记制度的法律地位

这方面可以借鉴应收账款质押登记公示对抗第三人的立法精神，由社会信用体系建设部际联席会议协调推动司法部门出台相关规定，在不违反《合同法》的前提下，在全国范围内推动建立大额民间借贷登记制度，只要达到规定的要求，并且将信息上报到相关的平台，包括签署的完整合同影印件，即视为已经登记，将来在发生纠纷且进入司法诉讼时，可以在审判中作为重要证据，起到加强双方签订合同效力的作用。

关于大额民间借贷的界定，可以参照《温州市民间融资管理条例》的相关规定。该条例规定，单笔借款金额在300万元以上的、借款余额在1000万元以上的、向30人以上特定对象借款等，需要登记备案。为了更广泛地收集信息，同时考虑到不发达地区的情况，在面向全国推广时，可以适当调低大额借款的最低门槛，例如，可以规定50万元以上的借款应当登记等。

3. 建立全国统一的民间借贷登记平台

在温州、鄂尔多斯等地试点取得经验的基础上，需要建立一个基于互联网的、面向全国的民间借贷登记平台，从国家层面对登记行为采取有效的激励机制，包括放宽利率限制、给予税收优惠、增强借贷合同的法律效力等，鼓励授信方主动将借贷信息在该平台上登记。同时，需要建立严格的核查机制，确保登记的正确性，防止虚假登记的出现。对于该平台的信息利用必须严格管理，切实保护信息主体的合法权益。在条件成熟时，将来可以实现与全国统一的企业和个人征信系统进行对接，并纳入到企业和个人的信用报告中，从而全面反映信息主体的信用状况。

（三）民间借贷信息共享的内容

民间借贷信息主要是个人与个人、个人与企业、企业与企业之间发生的借贷交易信息。从该类信息的本质上来看，实际上与银行信贷信息没有本质的区别。但是，这类信息却有自身的特点：一是合约都是个性化的，没有标准的格式，有些甚至是简单的口头订约；二是不可能是批量的信息，大多数都是单个的信息源，没有计算机系统的支持，以纸质化居多；三是信息的更新非常困难，没有有效的机制保证信息的及时更新；四是信息的内容更为敏感，尤其是利率信息等；五是信息的违约很难界定，在这个熟人社会的圈子里，往往碍于情面，或者其他原因，展期很随意等。

这些特点决定了民间借贷信息的共享应以简单、易懂为原则，将数据项简化到极致，从民间借贷的本质出发，去促进此类信息共享，具体的数据项主要包括借款人的基本信息，包括姓名、证件类型、证件号码、居住地址、婚姻状况、联系方式等；信贷信息，主要包括借款本金、履约情况（是否按时履约）、合同到期日期等。

这里有几点需要引起关注：一是借款利率不要涉及，否则将会严重影响民间借贷共享的积极性；二是要为民间借贷提供便捷的信息上报方式，尤其是要开通互联网服务；三是民间借贷的后续信息上报工作应尽量简化，时间间隔要拉大，避免授信方认为手续烦琐而不愿意填写；四是民间借贷共享难度较高，其中，应高度关注负面信息的共享工作。

民间借贷市场透明化、阳光化是一个非常艰巨的挑战，在推动民间借贷信息共享的过程中，很难像银行信贷信息共享一样，达到较高的数据质量，数据质量维护存在很大的困难。因此，在民间借贷信息共享过程中，建立高效、简洁、有激励机制的共享方式，对于民间借贷信息的共享将非常重要。

三、支付结算流水信息共享

支付结算流水信息共享在全球范围内还处于研究阶段，在实践中还没有国家实现该信息的共享，但是，国内外商业银行对于该类信息共享均有着很强的需求，主要是因为这类信息可以用于风险管理、资金流向监控、坏账催收等很多方面。这类信息之所以至今在全球范围内尚没有一家征信机构能够推动共享，原因主要在于该类信息具有很高的隐私性，属于个人的资产类信息，授信机构很难取得个人的授权，将此类信息进行共享。但是，近年来，形势正在悄然发生变化，随着新的征信形式的出现，支付结算流水信息共享正在变得越来越有可能，预计未来支付结算流水信息极有可能会实现共享。

（一）支付结算流水信息在信用风险管理中的重要作用

目前，国内外授信机构在开展较大金额的授信业务时，均要求信息主体提供支付结算流水信息，以了解个人的收支情况或企业的经营、销售情况，实现对信息主体资产—负债的全面分析，辅助决定对信息主体的贷款额度和贷款利率，避免信息主体的过度负债，监控信贷资金使用。支付结算流水信息应用场景分为贷前审批、贷后管理、评分模型构建等环节。

1. 贷前审批环节

授信机构在贷前审批环节使用信息主体的支付结算流水信息，用于评估信息主体的收支情况或经营情况，衡量信息主体的承债能力，并结合信息主体的负债情况及其填写的申请信息，进行综合分析，确定信息主体的贷款额度、贷款利率等条件。

支付结算流水信息在贷前审批环节起着非常重要的作用，是对信息主体进行全面资产—负债分析的重要基础数据，在授信风险评估中，其重要性处在与负债信息同样的水平上，甚至更强（对于没有申请过信贷的信息主体而言更是如此）。

2. 贷后管理环节

在贷后管理中，授信机构使用支付结算流水信息有两大用途：一是监控放贷资金流向，防止贷款用于非约定项目上；二是及时了解信息主体收支或经营变化情况，提前了解信息主体偿债能力变化，预警风险，做好贷后管理。

据授信机构有关人员介绍，目前，在贷后管理中，授信机构对信息主体属性类信息的依赖比例在逐渐下降，对支付结算流水信息、还款支付行为信息高度依赖，在已经能够通过征信系统掌握负债信息变动的情况下，如果能够实现支付结算流水信息共享，可以帮助授信机构及时掌握信息主体支付结算流水信息变化情况，形成完整的资产—负债分析闭环，授信机构信用风险管理水平将会大幅提升。

3. 评分模型构建环节

目前，国内已有相关授信机构将支付结算流水信息用于本行开发的信用风险评分模型中。将支付结算流水信息用于授信机构的信用风险评分模型中，可提高其识别风险的精准度。根据相关银行的经验，基于信贷信息建立的申请评分和行为评分模型的准确度指标科莫戈罗夫—斯米尔诺夫检验（K-S）值都在30% ~ 40%，但是，如果在评分模型中加入支付结算流水信息，将大幅提升申请评分和行为评分模型的预测准确率，K-S 值至少在 50% 以上（准确度已经很高了）。

（二）支付结算流水信息共享的原则与内容

根据调查，在推动支付结算流水信息共享时，需要确定共享原则，避免出现与信用风险评估无关的信息，坚持信息分享的适度性原则。在此基础上，提出支付结算流水信息共享应坚持的原则，以及支付结算流水信息共享应关注的主要内容。

1. 支付结算流水信息共享的原则

授信机构提出应确立支付结算流水信息共享的原则。授信机构相关人员指出，在推动信息共享时，与信用信息的共享一样，需要制定严格的数据采集规范，在确定的数据项范围内，按照规定的格式进行采集。其中，有些数据项可能会涉及一家银行的商业秘密，并不反映信息主体的收支或经营状况，因而不需要进行采集。具体包括：

（1）反映银行身份的相关信息不应采集。推动信息共享的目的是为了帮助银行进行风险防范，而不是用于催收，或者用于资金流向监管，因此，应当将能反映银行身份的相关信息进行屏蔽，类似于信用报告的处理方式。

（2）对信用风险评估没有帮助的信息不应采集。支付结算流水信息共享应以信息简化为原则，对判断客户信用风险状况没有帮助的信息一律不进行共享，如非经营类的交易信息，具体包括自动存取款机取现、汇款、购买理财产品等。

（3）支付结算流水信息应采集每笔明细信息。支付结算流水信息是可以进行造假的，因此，支付结算流水信息应采集每笔明细信息，归集到信息主体名下，每个账户的交易明细信息分别单列进行展示。对于一份支付结算流水信息报告中出现的同一个账号，用相同的符号代替。

（4）支付结算账户利率信息不应采集。利率信息是授信机构的核心信息，在利率市场化下反映了授信机构的核心竞争力，因此，不应采集此类信息，具体的处理方式可以与信用报告相同。

2. 支付结算流水信息涉及的主要数据项

支付结算流水信息主要包括两个方面：客户的基本信息和账户信息。客户基本信息主要反映信息主体身份特征，包括客户的身份信息、职业信息、住址信息、联系信息等；账户信息主要包括账号基本信息、账户变动信息、账户状态信息等。

（1）客户基本信息涉及的主要数据项。

个人基本信息涉及的主要数据项有个人姓名、性别、出生日期、国籍、国别、证件种类、证件号码、发证机关、证件有效期限、职业、工作单位、单位地址、单位邮编、家庭地址、通信地址、手机号码、固定电话号码等。

企业基本信息涉及的主要数据项有企业名称、组织机构代码证号、机构信用代码证号、经济性质、注册资金、注册地区、注册地址、注册有效期限、行业分类、行业代码、执照注册地址、小企业标识（如果是小企业）、办公地址、单位联系电话、经办人/联系人、单位网址、法人代表姓名、法人代表证件种类、法人代表证件号码、法人代表证件到期日、法人代表办公电话、法人代表手机号码等。

（2）客户账户信息涉及的主要数据项。

个人账户信息涉及的主要数据项有开户机构、客户账号、账户类别、开户日期、联行网点号、科目号、科目代码、币种、交易金额（借方或贷方）、交易时间、交易渠道、交易机构、对方户名、对方行名、转账标志、账户余额、累计利息、挂失标识、有问题标识、冻结标识、冻结金额、代理账户标识、销户日期、摘要信息等。

企业账户信息涉及的主要数据项有开户机构、客户账号、账户类别、开户日期、联行网点号、科目号、科目代码、币种、交易金额（借方或贷方）、交易时间、交易渠道、交易机构、对方户名、对方行名、账户余额、累计利息、集团账户标识、冻结标识、冻结金额、挂失标识、有问题标识、用途控制标识、销户日期、摘要信息等。

3. 支付结算流水信息共享的主要内容

以上涉及的支付结算流水信息数据项并不需要全部采集，按照支付结算流水信息共享的原则，支付结算流水信息共享的主要内容有以下方面。

（1）单个支付结算账户明细信息。关于客户的基本信息，可以进行比较全面的共享，这也是开展征信业务所必需的。

关于客户（包括企业和个人）的账户信息，可以共享的内容主要有客户账号（该信息只能用于信息整合，绝对杜绝对外共享）、支付结算账户类别、开户日期、科目号、科目代码、币种、交易金额（借方或贷方）、交易时间、交易渠道、账户余额、账户的相关标识等。

（2）支付结算账户的汇总信息。支付结算账户的汇总信息主要有月均成交额、月均成交笔数、月均单笔成交金额、同比或环比增长情况、月均流入额、月均留出额、净流量、大额交易情况等。统计对象分为两个类型：信息主体和单个账户。

（三）支付结算流水信息共享的法律障碍与解决方法

推动支付结算流水信息共享的最大阻力不在于授信机构是否愿意共享以及共享哪些数据项，而在于能否有很好的思路突破法律障碍，取得信息主体授权，顺利实现信息共享。

根据相关法律规定，支付结算行为属于个人存款行为，支付结算流水信息无论是存款信息，还是交易流水信息，均为个人存款信息，属于个人财产类信息，授信机构有为存款人保密的义务。

另外，《征信业管理条例》中明确规定，征信机构不得采集个人的收入、存款、有价证券、商业保险、不动产的信息和纳税数额信息。但是，征信机构明确告知信息主体提供该信息可能产生的不利后果，并取得其书面同意的除外。

因此，在推动支付结算流水信息共享时，必须克服这两道法律关卡，取得信息主体严格的授权。这里，支付结算流水信息共享的授权严格程度已经大大超过了信贷信息授权采集的严格程度。

为有效解决支付结算流水信息共享面临的法律障碍，关键是应采取措施，将信息主体的授权后移至信息主体必须提供授权的应用场景时再进行信息共享。幸运的是，现代科技已经可以帮助解决支付结算流水信息共享面临的法律问题了，如联网核查或信息托管等模式。

四、资产类信息共享

授信机构在进行信用风险评估时，不仅要看借款人的负债类信息，也需要看借款人的资产类信息，据此来判断借款人的偿债能力。长期以来，征信机构较少采集个人的资产类信息，这是对个人而言非常重要的隐私信息，是人权保护的重要部分。授信机构在信用风险管理中需要此类信息时，往往要求借款人自己提供此类资产信息；并且，此类信息的提供往往以适度性为原则，即借款人只要提供能够反映出其具有偿还借款能力的相应的资产类信息即可，不需要提供个人所有的资产类信息。这一点与负债类信息共享存在根本性的区别，负债类信息共享追求全面反映个人的所有负债，以防止过度负债现象的发生。

但是，近年来，国外一些征信机构开始尝试推动资产类信息的共享，以期对借款人进行全面的资产—负债分析。例如，国外有些征信机构为防止过度负债，开始推出“负债能力指数”及在信用报告中增加收入、负债/收入比率等信息，帮助授信机构开展关于个人的资产—负债分析。

资产类信息共享与负债类信息共享存在很大差别，资产类信息共享一般是以核查的方式来推动的，直接由征信机构与信息拥有机构进行联网，面向授信机构提供核查服务，此类信息不在征信机构停留、落地，可以与征信机构拥有的负债类信息在授信机构处进行结合分析，这样，既可以有效地避免资产类信息在征信机构落地的风险，又能够有效地实现实时查询、实时信息更新，确保了信息的及时性。

目前，国内一些公共部门面向市场化征信机构提供的信息服务就是通过这种联网核查的方式来进行的。此类信息的共享对数据拥有机构的系统要求很高，如果数据拥有机构有全国统一的行业信息系统，这方面的信息共享是很容易实现；但是，如果数据拥有机构在这方面的信息系统建设不能实现全国统一，这种联网核查将无法进行，征信机构还是只能采用传统的方式，前往相关机构主动采集此类信息。

随着我国《社会信用体系建设规划纲要（2014—2020年）》的实施，目前，公共部门在本部门或本行业信息系统建设的速度方面正在加快，如工商管理部门、税务部门、司法部门、不动产登记部门、民政部门等。人们可以期待，在不远的将来，这些部门将会在本部门或行业内建成全国范围内的信息系统，这将为资产类信息通过征信系统面向社会提供核查成为可能。

从授信机构的角度看，急需进行共享的资产类信息主要有税务信息、不动产信息等，尤其是税务信息的共享，不再仅仅局限在欠税信息方面，而应更多地集中在缴税信息方面，这方面的信息能够真实地反映出信息主体的收入状况，对于评价一个人的偿债能力具有重要意义。

在资产类信息的共享中，要高度重视信息主体的权益保护，未经信息主体明确授权并告知其可能产生的负面影响，任何机构均不能将信息提供出去，征信机构在推动此类信息的共享中要尽量保持距离，不接触数据，尽最大可能保护信息主体的权益。

第三节 信息开放与信息共享

信息开放与信息共享是推动征信业发展的两个轮子，信息开放在打造透明政府、推动商业发展方面有着巨大的价值，商业机构之间通过信息共享的方式来分享信息、共防风险的做法已经成为商业社会中维护贸易活动开展、信贷市场稳定的重要利器。在当今时代，信息开放与信息共享正在以前所未有的形式交织在一起，共同推动征信业的发展，在某种程度上，尤其是互联网信息机构将数据源开放时，信息开放的内涵变得更为宽广。

信息开放与信息共享是征信机构开展业务过程中经常遇到的两种信息获得方式，但是，信息开放与信息共享是两个不同的概念，能否分清两者的区别是影响征信业发展的一个重大问题，直接决定了不同种类的信息源机构与征信机构之间应该如何进行信息交互、信息主体的不同种类信息应该如何保护等，准确区分信息开放与信息共享对于帮助社会各界认清不同种类信息的性质及应采取公开还是共享方式推动信息透明化具有重要意义。

一、信息开放与信息共享的内涵及交互

信息开放是指信息通过各种手段面向社会公开，任何机构和个人如果需要相关信息，均可以通过查询获得，不仅包括政府部门信息，还包括商业部门信息。这里，对于政府信息开放来讲，信息开放又可以分为主动公开和依申请公开。信息共享是指某一行业的所有机构将各自拥有的同类信息拿出来，通过独立第三方进行共享，形成对其客户在该行业活动轨迹的全面展现。这里，信息共享的方式主要是在商业领域中应用，从征信机构的视角看，信息共享又可以分为强制性共享与自愿性共享。

一般而言，对于政府信息、司法信息等公共信息，是采用依法公开原则，任何人都可以获得。公共信息开放的理论基础是打造透明政府，维护社会公众的知情权，加强对政府的监督，防止政府运用公权力损害社会公众的福祉。对于金融信用信息（信贷信息、担保信息、信用保险信息等）和贸易信用信息，一般是采用信息共享的方式，信息只在参与共享机构之间共享。随着信息主体权益保护意识的加强，为维护信息主体的知情权，这类信息也面向信息主体开放。但是，这类信息属于商业经营信息，涉及授信方的商业秘密，因此，这类信息的共享在很大程度上是基于互惠的授信方权利的一种让渡，或者是基于金融体系稳定而由国家推动的授信方权利的一种让渡，并且，从受信方角度看，这类信息也是自身从事商业活动产生的信息，具有一定的隐私性，没有向非利益相关方提供的任何理由，就一个主体而言，也不涉及全社会公共利益，因此，只能是在经受信方（信息主体，包括企业与个人）授权的情况下，或者依据指定使用目的原则，向特定利益相关方提供，而不是面向全社会公开。

征信机构在开展业务时，对于金融信用信息和贸易信用信息基本上是采用共享的方式，对于公共信息则从公开渠道进行采集。因此，在现实中，就存在拥有公共信息的部门与征信机构之间关系处理的问题。许多公共部门一直想推动征信机构信息与其拥有的信息进行交换，实际上，这是一种错误的思想。由于一些公共信息可以反映信息主体的信用状况，例如，一个自然人在民事判决中没有履行其应承担的经济责任、一个企业在工商登记系统中显示已经注销、一个企业或个人欠税不缴等，均能显示其一定的信用状况，因此，国内外征信机构（或征信系统）在征信活动中除了依法采集商业信用信息外，也采集公共信息，以期全面反映企业和个人的信用状况。这里，征信机构（或征信系统）只是作为一名社会成员，依法使用公共信息，完全受法律保护，公共部门有义务向征信机构（或征信系统）提供公共信息。当然，公共部门在法律许可的情况下，可以适当收取一定的服务成本费。

但是，这一过程不具有可逆性，公共部门或者公共部门建立的跨部门公共信息平台不能从征信机构（或征信系统）收集反映企业和个人信用状况的商业信用信息，因为两类信息具有截然不同的属性，商业信用信息不能在公共信息平台上进行公开，而且这样做也将有悖于公共部门的职责，不属于依法行政的范畴。

因此，两类信息的属性决定了公共信息可以提供给征信机构，促进公共信息的公开及使用，而征信机构拥有的企业和个人的商业信用信息则不能提供给公共部门的公共信息平台进行公开。但是，征信机构在推动政府部门将公共信息纳入到征信系统的过程中发现，许多人混淆了两类信息的不同性质，坚持要求信息互换，他们认为在将公共信息提供给征信机构的同时，也应将征信机构掌握的银行信贷信息（属于商业信用信息的一种）提供给公共信息平台，导致征信机构采集公共信息存在很大障碍，影响了征信机构作用的发挥。

仔细研究发现，信息开放与信息共享既有联系，又有区别。信息开放没有特定对象，面向全社会，任何人都可以使用，都可以从数据中挖掘价值，为自己所用；信息共享则只是面向特定对象的数据开放，大家按照一定的规则，进行共享，互通有无，是交换数据的一种机制安排。两者之间存在程度的不同、使用对象的不同，信息共享的最大化就意味着信息开放。

二、信息开放的重大意义

信息开放被有些人比喻为 1994 年时的互联网，没有人能够确切知道它的未来究竟是什么样，但是，它无疑会带来新的变革，商业运作的方式将会得到改进。人们利用开放信息的目的是帮助确立新的投资、寻找新的合作伙伴、发现新的趋势、防范信用风险、解决面临的复杂问题等，防范信用风险仅是其中的一个部分而已。有人认为，信息开放的目的在于推进民主，让政府公开信息，以便纳税人了解他们税赋的去向；另外，为推动经济增长和增加就业，也需要信息开放。

信息开放实际上并不局限于政府部门和司法部门的公共信息，还包括从任何渠道可以获得的、以公开形式存在的、任何人都可以获得的信息，这些信息可以被重复使用，基本上是免费或成本很低、便于机读的。信息开放的范围主要包括政府和司法部门公共信息、公开发表的科研信息、公司运营的信息、在互联网网上公开的信息等。

信息开放对很多行业都有很大的推动作用，主要用途是帮助企业建立新的业务、为商业发展提供新的信息源（包括用于营销、生产经营、生活、信用风险防范等领域）、制定新的市场发展策略、市场情绪分析、提升商业环境的透明性等，被广泛应用于金融、医疗、教育、能源、农业等行业。

关于信息开放的价值究竟有多大，至今没有任何一个人能够给出准确的回答，但是，我们从一项评估就能看出信息开放的价值。有关专家估计，美国政府公布的气象信息、GPS 信息等带来的价值将超过 1000 亿美元。如果算上政府部门开放出来的其他公共信息用于帮助金融市场运作，这些信息的价值将更加巨大。

这里，关于不同角色的定位应分析清楚。从西方的观点来看，在信息开放中，政府部门通过利用税收，推动信息公开，是其使命所在，必须是免费的，或者是低成本的。政府的行为边界是推动信息开放，而不是在此基础上进行深入加工，应对市场各种需求，这一部分的任务由市场主体来做更为恰当，也只有这样，才能真正推动经济社会发展，充分利用市场经济的机制来推动信息的利用。

因此，信息开放非常重要，这正是我们在许多发达国家都能看到的现象，它们制定了推动政府信息公开的阳光法案或信息自由法案，在信息公开方面进行了成体系的布局和安排，尤其是在政府信息公开方面，建立便捷的通道，提供便捷的信息给付方式，方便社会各界使用，这其中也包括征信机构。因此，可以讲，信息开放是征信机构的重要信息源，现在许多新型的征信机构之所以能够开拓新的征信领域，离不开信息开放的支持。

三、信息共享的现实意义

并不是所有的数据都是可以开放的，许多数据，如关于生产经营、交易活动等信息直接牵涉到企业的商业秘密，涉及客户资源信息，是企业多年的努力经营积累下来的，企业作为商业机构，为维护自身商业利益，当然不愿意将这些信息拿出来分享。因此，我们在现实经济生活中可以看到，很多企业经常以各种手段保护自己的商业秘密，如采用商业秘密保护手段、申请专利、加强数据库保护等，保护自己的生产经营和交易信息。此外，就信用交易活动而言，信用信息还涉及受信方的自身权益，对受信方即借款人而言，这是一项比较隐私的信息，并不损害社会公共利益，没有必要让没有利益关系的相关方知晓此事。因此，这类信息不适合信息开放场景。

但是，对于在商业活动中产生的信用交易数据，授信机构从自身需要出发，推动信用信息在授信机构等利益相关方之间共享。人们发现可以有效地发挥守信激励、失信惩戒作用，于是，授信机构之间达成了一种默契：凡是在任何一家授信机构违约的受信方，整个授信行业中的任何一家都会参与到对该受信方的惩罚中来，同时可以发现受信方的过度负债倾向，从而达到保护自身、保护整个行业的目的。因此，在利益相关方之间分享这类数据、让渡这部分商业秘密，使授信机构感到无论是对自身，还是对整个行业，都会带来巨大的价值，有这种信息共享的意愿。当然，信息共享是需要用一系列的规则进行约束的，这方面我们在前面已经多有论述。

客观地说，信息共享的出现，是整个贸易活动开展、信贷市场发展的根基，信息共享带来的直接效益和间接效益非常巨大，直接促进了市场的发展，可以有效帮助授信市场防范风险，从而帮助商业世界里的信用交易活动找到一种有效的信用风险防范手段。我们从一些国家或地区信贷市场发展的实例中可以发现信息共享的重要意义。以韩国为例，韩国在 1998 年、2003 年、2008 年分别经历过亚洲金融危机、信用卡紧缩危机和国际金融危机，韩国政府吸取了经验教训，从 2002 年开始推动金融机构通过征信机构共享正面信息，尤其是在个人征信领域，构建了非常坚实的征信基础。2008 年的国际金融危机，韩国金融机构之所以没有受到大的冲击，可以说，金融机构间的信息共享发挥了很大的积极作用。

信息共享的重大现实意义就在于通过这种方式，实现了一些不能面向社会开放的信息的有效使用的问题，实现了信息的定向开放，成为维护各利益相关方权益的重要手段，也就是说，信息共享方式有效解决了私人生产的信息在更广泛范围内使用的问题，通过促进私人信息的使用，发挥信息的外溢效应，让信息产生更大的价值，帮助实现行业发展、社会福利提升。

四、未来的发展方向

近年来，从全球趋势观察，信息开放与信息共享已经越来越引起各方的关注，并被广泛应用在不同的场景中。在这一方面，打造透明政府、互联网数据开放、IT 技术手段支持等发挥了重要的作用。总体来看，未来在信息开放与信息共享方面将呈现出如下发展趋势。

（一）信息开放是大势

在传统征信领域，提到信息开放往往就是指公共部门的信息开放，包括政府部门和司法部门，但是，随着互联网技术的发展、电信机构对公民的广泛覆盖、移动互联的广泛应用，越来越多的信息由商业机构产生，并被开放给其他商业机构使用，信息开放已经超越公共部门范畴，并在很大程度上由私人机构提供的信息构成了主要部分。发现征信领域正在发生很多变化，一些机构利用私人机构生产并开放给外部使用的数据，在取得本人的授权下，已经可以开展一些独具特色的信息服务，征信的概念正在变得越来越模糊，征信机构正在向信息服务机构转变，其所承载的内涵正在扩展。

随着未来技术手段越来越先进，信息开放将是大势所趋，会覆盖到很多领域，以前在传统场景下无法完成的信息服务工作，在不断升级的技术面前，将变得非常容易，每个企业和个人的轨迹将会很容易被越来越完整地刻画出来。在公共领域，信息越来越被公布在社会各界容易获得的平台上，并且随着透明政府的推进，信息公开的内容也会越来越丰富；在私人领域，生产经营活动信息、供应链信息、互联网上的一些行为信息等将会被越来越多地开放出来并应用于不同领域。因此，未来的社会就是一个信息社会，人类的贸易活动、社会生活、金融交易等将会越来越依赖信息来进行。

（二）信息共享更丰富

同理，随着技术手段的不断升级，社会各界对信息共享将越来越司空见惯，信息共享这一促进信息流动的方式将会在更多行业里得到应用，在授信行业等领域的使用深度将会进一步加强，信息共享形式会更加丰富多样。

首先，在营销领域，从国内外情况看，一些信息服务机构已经建立了营销行为数据库，从相关信息源，包括百货公司、电视运营商、电商企业等收集企业和个人的消费信息，实现营销信息的整合，并服务于众多从事营销活动的商业机构。目前，这一领域的市场规模绝不逊于征信市场的规模。

其次，在授信领域，随着大家对信息共享理解的逐步深入，信息共享的内容也在不断丰富，例如征信机构已经开展全面的征信活动，广泛采集正面信息和负面信息；征信机构采集的信息不再局限于信贷业务，国内外有些征信机构已经采集了水、电、煤气与电信缴费等替代性数据并应用在授信风险评估中；反映信息主体信用状况的公共信息也被广泛应用于征信活动中。

因此，在未来的社会中，信息共享作为一种促进信息流动的手段将会被更广泛地应用，原因是这种信息流动是一种分享，可以被控制在特定范围内，具有足够的灵活性，能够在不同程度上、不同的主体间进行灵活安排，将会有力地推动合作经济的崛起和发展。

（三）公共部门推公开

在信息开放中，公共部门扮演着非常重要的角色，政府部门是信息开放的最主要推动者，这里的信息，既包括政府部门本身的信息，如行政执法信息等，又包括政府部门利用公共财政开发出来的一些数据，如气象数据等，这些信息不涉及具体的企业和个人，可以被更多地开放出来，给社会各界使用。

在信息开放中，公共部门应该有清晰的边界约束，应该更多地侧重于公共数据的生产、整理、公开。在依法的前提下，透明政府的职责要求是信息披露内容丰富、信息可获得的便捷性高、公平对待所有要获得信息的主体。超出这一职责范围，对数据进行深加工并应用于其他目的，则是商业行为，应交给市场去做。目前，在国内外市场上，都有一大批信息服务机构，这些机构利用公共信息或服务于客户营销，或服务于社会管理，或服务于授信管理，有些公司已经发展得很大。例如，美国利用气象数据的信息服务公司、利用地理数据的信息服务公司等，均将从公共部门拿来的信息进行深加工，然后为社会提供商业服务。

从全球范围看，公共部门信息开放的最佳实践是：首先，各个部门做好自己辖内的信息开放，包括数据整理、对外发布等，这是第一步，是最基础的工作，没有这一步，就没有信息的开放。其次，在有些国家，建立统一的服务平台，通过这个服务平台，可以跳转到各个公共部门的服务平台上去获取数据；或者有些国家干脆就不再做这种统一的服务平台。最后，市场化机构，包括征信机构在内，从各个政府部门的公共平台上获取信息，进行深加工，面向社会提供服务。

从上述分析可以看出，迄今为止还没有一个国家可以实现在一个统一的平台上面向社会发布所有公共部门的信息，主要原因是建设这一平台是一种重复劳动，并且信息的可持续更新、平台的运行维护等都需要付出巨大的成本，要想在众多公共部门间实现公共信息的统一共享，在实践中是非常困难的，再前进一步的国家也就是建立了一个统一的转链接平台。因此，关于公共信息的统一共享工作应交给征信机构或者其他信息服务机构去做，这样效率会更高，这也是国外公共信息公开并利用的重要经验。

（四）权益保护更严峻

在互联网大数据时代和打造透明政府的背景下，每个社会公众的行为几乎都可以实现被记录、被查询，这意味着每个社会公众将越来越变成一个“透明人”，我们的隐私会被严重侵犯，我们享受宁静生活的权利会受到严重干扰。试想，如果一个人的出行轨迹、所在位置等通过现代定位技术都暴露在商业机构面前，尽管这个人可以享受到便捷服务，但是，该人也毫无隐私可言，这是非常可怕的事情。因此，信息主体权益必须被保护，社会公众的隐私权必须受到尊重。

回顾征信行业的发展历史，就能够明白，信息开放（信息共享）与信息主体权益保护之间一直在做着动态的平衡调整。在有些国家，为推动经济的发展，对于信息主体的权益保护力度就弱一点；而在有些国家，对于信息主体的权益保护力度大一些，信息开放（信息共享）得就少一些。在当今时代，互联网大数据已经现实地存在那里，如何既能保护好信息主体的权益，又能推动信息的利用，是一个巨大的课题。到目前为止，美国、欧盟等都还在讨论如何在信息主体权益保护与信息开放（信息共享）之间寻求新的平衡。

我国也面临同样的问题，我国的互联网大数据发展已经全球领先，私人领域的信息开放程度非常大，而公共领域的信息开放落后于一些信用环境好的国家，正好与国外形成了一种相反的格局。在这种情况下，我国更需要加紧研究新形势下的信息主体权益保护问题，实现信息开放（信息共享）与信息主体权益保护之间的平衡。

第四节　技术进步与服务创新

征信领域取得的卓越进步和突破传统征信的一些做法，主要的影响因素是技术进步和服务创新。在技术进步的基础上，征信行业积极开展服务创新，努力推动新型服务模式发展，开创全面面向社会各界的征信服务，一个个专业化、细分化的征信领域正在形成，预示着国内外征信业发展正在走向一个新时代。

一、征信领域的技术进步

当前，IT 技术进步迅速，主要表现在移动互联、物联网、数据库技术（包括云计算、并行计算）等领域，这些技术现在已经广泛地应用到了征信领域（在我国征信业态中，均能见到这些新技术的身影），并将进一步深刻影响金融业的变革。

（一）移动互联和物联网

移动互联和物联网技术现在已经广泛、深入地应用到了人们的日常生活之中，应用更加便捷，已经几乎可以随时随地实现“连接一切”的目标，保证了实时、广泛的资源分享机制的形成，极大地、低成本地拓展了人们的社交网络（即时通信），报纸、杂志、电影、电视等领域正在发生深刻的变革（即时新闻、网络电视、网络视频等），人们的购物方式也发生深刻变化（对传统零售和批发行业造成巨大冲击），在线学习和在线游戏等已经随手可得、实时分享，生产经营已经实现了无缝衔接。

移动互联技术中，HTML5（应用超文本标记语言的第五次重大修改）规范于 2014 年 10 月底完成最终制定，并公开发布，相应开发工具的成熟及该标准的推行将会推动移动互联的快速发展；多平台或多架构应用开发工具是移动互联网发展的另一个重要技术，将会有效提升应用软件的适应性；移动定位技术的使用将使得传统的人员定位方式发生重大变化；新的 WiFi 标准的应用，将会提升 WiFi 的性能，帮助移动互联更便捷地进行；可穿戴设备和高精度敏感传感器的应用，使得人、物与互联网紧密地连接在一起，移动办公设备、智能家具、智能生活和娱乐、智能生产和经营管理等领域将会大发展。LTE(通用移动通信系统技术标准的长期演进)将显著提升数据传输效率，移动互联和物联网的数据上载速度将大幅提升，为移动互联和物联网的应用场景拓展进一步提供支持。

在征信领域，目前传统的征信机构和物联网对移动互联技术等应用得还不多，但是，在新型征信领域，这些技术已经在开始应用，有的征信机构借助物联网，已经开始实施对企业的生产经营等进行实时监控，并取得了很好的效果；有的征信机构已经开始通过移动互联网布局征信服务的渠道，包括开发出基于智能手机系统的征信服务应用软件，或者利用已有的应用软件作为平台，在服务中加入征信服务的内容；还有一些机构利用移动互联平台，开展面向信息主体的直接征信活动等。

（二）数据库技术

数据库技术作为底层的支撑架构，其本身的进步已经为大数据服务成为可能提供了坚实的基础，直接推动了大数据服务的开展，也为大数据征信提供了可能。云计算技术是分布式计算的一种，通过网络来提供动态可扩展的虚拟化资源。并行计算是相对于串行计算来说的，可以分为时间上的并行和空间上的并行，是指许多指令同时进行的计算模式。

1. 数据库技术进展

随着信息技术的飞速发展，在 IT 成本控制以及业务发展、创新需求之间不断的再平衡过程中，金融企业数据库技术经历了传统竖井模式、标准化模式、集中整合模式、企业私有数据库云（以下简称私有云）模式，以及企业私有云与共有云混合模式五个阶段。

传统孤岛式的、分散部署的竖井模式软硬件成本高昂，因事设库，运维成本及复杂度随着系统规模的扩大而大大增加，系统资源利用不均衡，服务性能低下，更为重要的是不能满足业务部门对成本和实效性的要求，成为制约业务发展的瓶颈。虽然许多机构认识到上述问题，通过技术标准化、整合等途径缓解了问题，但与业务发展的矛盾依旧没有根除。目前许多机构正处在从集中整合模式向企业私有云模式的升级改造过程中。部分机构已经发展到了私有云与共有云混合模式，实现了分散资源的高度集成、运维流程的标准化和自动化、数据生命周期的自动化管理、数据用户的自我服务，服务成本可科学量化和计量，许多数据中心的角色也正在从成本中心向服务中心转变。

很长一段时间内，传统关系数据库承担着行业数据管理的主体角色。随着互联网的广泛普及和应用，数据量与并发负载量呈指数级增加，需要处理的数据类型不断丰富，对内、对外服务水平要求不断提高，而且出于成本的考虑，传统关系数据库技术逐渐表现出一些不足，其地位受到了一定的挑战。在这种形势下，一系列新型的数据库技术相继推出，其中较为典型的包括近两年较为受人关注的以分布式计算平台（Hadoop）和非关系型数据库（NoSQL）为代表的分布式开源数据管理体系，以 EMC Greenplum（一种数据工作台，是一种验证环境，帮助验证分布式数据库的可扩展性）、Teradata（天睿资讯的数据仓库）、IBM PureData（IBM 的大数据一体机）为代表的大规模并行处理（MPP）架构体系，以及进展快速的数据库云技术体系（DBaaS）等。

2. 分布式开源数据管理体系

分布式开源数据管理体系是指采用分布式物理架构，结合开源软件的数据管理技术体系。开源软件是公开源代码的软件，具备可以免费使用和公布源代码的主要特征。分布式开源数据管理技术体系成员在一般情况下都不是标准的关系型数据库（SQL），或者根本不是关系型数据库，包括 Hadoop、NoSQL 以及介于 SQL 与 NoSQL 之间的 NewSQL（新型关系型数据库）等。分布式开源数据主要应用于数据库功能定制开发以及非结构化数据的分析处理，强调系统建设的硬件成本控制，对于数据处理能力一般具有良好的横向扩展性，但对于数据逻辑完整性保障的要求不高，以最近崛起的电商企业应用为代表。但是，在业界，这种数据管理体系与传统的数据管理体系往往并用，许多企业都是在综合成本—收益以及业务特性等方面的考量后决定具体的技术组织架构，决定两者如何进行组合应用。

3. 大规模并行处理架构体系

大规模并行处理架构体系是指采用分布式物理架构，结合标准的关系型数据库软件的数据管理技术体系，一般采用无共享（Shared Nothing）数据库架构模式。几乎所有大规模并行处理架构体系的数据管理设施，都是将以满足批量的数据统计分析需求为主的联机分析处理（OLAP）场景作为设计目标的。"每个集群节点只能访问自己的本地数据"的技术路线可以最大限度地解决联机分析处理场景中技术瓶颈的难题。因此，大规模并行处理架构体系的产品或解决方案被广泛应用于数据集市以及专业的数据决策分析系统，由于其具备高效的并行数据处理能力，对于处理海量的结构化数据有明显的优势。

4. 数据库云技术

数据库云技术是近年来新兴的一种技术，是指在平台服务层面实现数据库云计算服务的技术，它将集中数据管理的数据库资源进行分割、分配后，通过网络向分散的数据库用户提供云计算服务。目前最先进的数据库云技术也是主要依赖于分布式集群物理架构与关系型数据库。数据库云在技术上具备了资源动态可伸缩、动态切割与分配、混合负载与资源隔离等特性；在管理与运维模式上，可实现按需获取与计量的云计算服务模式。

数据库云技术在物理基础设施上也是采用于分布式集群的方案，仍然可以实现极为高端的水平可扩展性，以满足海量数据管理的需求，实现了集群整体资源的精细化管理，可以满足无共享数据库架构所擅长的以批量统计分析为主的联机分析处理需求，也可以满足共享架构所擅长的以随机、高并发的短查询和短交易为主的联机交易处理（OLTP）需求。另外，云计算技术提供了一种对其软硬件集群进行统一管理的工具，以方便企业进行统一的管理与监控。

5. 在征信领域的应用

目前，在我国征信领域，对于数据库技术的应用，也主要走两条路线。一条路线是传统的关系型数据库的路线，这一路线主要为传统征信机构使用，面对的数据类型基本上是关系型数据，利用这种数据库技术，可以更好地处理这类数据。另一条路线是分布式数据库的路线，这一路线主要为大数据征信机构使用，处理的数据多以非结构化数据为主，在处理并行计算、并行业务处理等方面具有很好的优势。

二、征信领域的服务创新

征信领域的服务创新是征信业快速发展的另一个重要支撑手段。从全球视野来看，在很长一段时间内，传统的征信行业一直在稳定发展，甚至由于这一行业信息的不透明，甚至给外界一种比较保守的印象（说来也是具有一定的讽刺性，一个致力于推动信息共享的行业，本行业的透明性却非常缺乏）。但是，近年来，随着新技术的突破性进展，征信行业的发展也迎来了自己的春天，主要表现在：征信服务客群越来越广泛，以前到达不了的群体现在能够到达了；征信服务内容越来越多元化，以前无法大规模推广的服务变得容易了；征信行业的性质也在演变，已经开始由原来的征信机构向信息服务机构转变了；征信机构的专业能力在不断提升，突出表现在大数据处理能力等方面。

（一）征信服务客群越来越宽

长期以来，征信行业的服务客群核心是授信机构和从事贸易信用的机构，这是因为信用交易主要集中在金融领域和贸易领域，征信机构的目标就是为这两类机构评估信用风险提供信息支持、分析支持或技术支持。但是，近 20 年来，由于技术进步和互联网的日益普遍应用，新的征信需求不断产生，信息主体愿意了解自身的信用状况，管理自身信用风险；越来越多的个人与个人之间的信用交易正在开展；在众多的服务场景，包括租车、租房、人力资源、婚介等领域，也对征信服务有一定的需求；征信不再是一项“高大上”的严肃活动，有时也可以针对一个虚拟的账户进行信用评价。在这种形势下，征信行业服务的客群也在悄然发生变化。

一是信息主体正在成为征信行业的一个重要客户群体。从国外情况看，征信行业面向信息主体的服务正在日益成为征信机构服务的一个重要部分，现在，国外有些征信机构在这方面的营业收入已经达到总收入的 1/4 以上水平。从收费状况看，与面向机构的收费相比，面向信息主体的收费更高，其中，现场服务的价格又高于网络服务的价格。信息主体获得征信服务的主要目标是掌握自己的信用状况，防止别人盗用自己的身份开展金融活动，用于在社会上开展一些活动等。从发展态势看，这方面的需求已经越来越强烈。

二是征信服务的客群已经可以脱离真实的主体而存在。现在，由于网络经济的快速发展，有些服务已经可以直接针对虚拟网络开展，有些征信机构可以直接针对某个虚拟账户开展征信服务，通过评估账户的行为给虚拟账户建立信用报告，进行信用评估，用于可信交易。从征信的严肃性看，征信服务已经出现走下神圣殿堂的迹象，正在进入寻常百姓家，而且还可以带有一定的娱乐性质，例如，信用评级等可以以多种活泼形式存在，甚至可以变成一个账户炫耀的资本等。

三是征信服务场景日趋多元化。从服务的场景看，征信服务也已经不再局限于传统的征信服务领域，越来越多的征信机构正在准备开展多元化、差异化的征信服务。由于我国的《征信业管理条例》具有很强的包容性，征信服务场景多元化的趋势在我国的市场越来越明显，例如，针对电商用户的、针对仓储用户的、针对物流用户的、针对社交网络上的客户群的服务等。我们可以看到，征信服务的应用场景是如此的多元化，以至于对这个市场的发展需要用新的视角来观察。在许多生活场景中，如租书、租车、订餐、应聘、相亲、快递、签证等领域，都可以应用。这一应用场景伴随着互联网的广泛普及，在便利性上已经没有任何问题了。

（二）征信服务内容越来越多

在大数据时代，征信机构在既有的法律框架下，可以从事的服务内容也变得越来越多，突出表现在信息内容的丰富、征信产品的多元和征信服务的覆盖范围广泛上。

一是在信息内容上越来越丰富。从全面征信的角度出发，征信机构可以采集的信息种类越来越多，采集的便利性也越来越高，尤其是大数据征信领域，现在可以囊括的范围已经非常广泛，完全可以根据大数据来描绘一个企业和个人的真实生产、交易和日常活动轨迹，让一个人“透明”已经越来越具有可能性。这方面可以依赖的数据有信贷数据、电商数据、公共信息、社交数据、生产经营数据、网上活动数据等。

二是征信产品越来越多元化。举个简单的例证，以风险预警产品为例，以前在互联网（包括移动互联）没有普及的情况下，风险预警产品尽管可以开发出来，但是形同虚设，无法准时抵达，无法起到有效的提醒作用。但是，在互联网时代，这一问题将不再存在，风险预警可以面向机构提供，也可以面向个人提供，并且可以保证实时抵达。这就使得征信产品的样式可以非常多元，针对不同的主体，可以开发不同的产品，从数据类产品到工具类产品，从组合管理服务到解决方案服务，从面向机构用户到面向全社会，征信产品的种类已经分得越来越细，征信市场的服务也越来越差异化、多元化，比拼服务的时代已经到来。

三是征信服务的覆盖范围越来越广。互联网的一个重要特征是“连接一切、汇集一切”，再遥远的客户，也可以用网络实现握手、实现互动。因此，征信服务借助于网络体系，可以并且已经将服务的触角伸得很远。目前，不仅市场化的征信机构在使用互联网提供征信服务，其他一些征信机构，如西班牙的中央信贷登记系统和人民银行征信中心运营的全国统一的企业和个人征信系统也已经实现了通过互联网提供征信服务。现在，一个中国人在全球各地都可以通过互联网查询自己的信用报告。

（三）由征信机构向信息服务机构转变

随着数据采集环境的改善，征信机构信息采集的难度有所下降，尤其是大数据征信领域有了长足的发展，征信机构的业务范围不断拓展，许多国外领先征信机构的信息覆盖范围不断拓展，征信机构作为一个专业的信息处理、服务机构的角色越来越突出，信息的范围早已不局限于传统的信贷信息领域，而是面向更多种类的信息采集，应用的目的更不仅仅在于信用风险管理，也包括市场营销等多元化目的，征信机构在更准确的意义上是一个信息服务机构。

这方面从国内外征信机构的发展就能够清晰地看出来。例如，国外的一些征信机构设立有营销数据库、保险数据库、车辆数据库等，服务于商业企业的营销、保险的营销和保险定价等业务，直接导致征信机构的服务多元化，有些机构甚至直接帮助代理运行一些数据库，从事外包服务。从国内情况看，一些大数据征信机构将来的服务方向已经渐露端倪，服务绝对不会仅仅局限在风险评估上，市场营销、风险评估、产品推介、沟通媒介等多元化、全系列服务的角色正在汇集于一身，征信机构变为信息服务机构的迹象非常明显，服务的内容已经是包括资产、负债、社交等多元化的信息。

（四）征信机构的专业能力在不断提升

征信机构在数据处理、征信服务方面的专业能力主要体现在两个方面：一是业务的专业能力，二是技术的专业能力。从国外征信机构的情况看，征信机构在这两个方面的专业能力越来越强，有些征信机构两者兼备，有些征信机构只专注于业务能力，而将技术能力外包，征信平台运行在外包机构的平台上。

随着近年来拥有大数据的机构在数据处理方面的积极探索，征信机构大规模、集成化、批量化的数据处理能力也在上升。

从国内情况看，尽管我国征信机构起步晚，但是起点较高，许多大数据机构、金融机构介入其中，这对于征信业的技术能力提升有很好的帮助。现在，国内的一些征信机构已经有了很好的数据源基础，数据库的架构也是比较灵活的技术架构，如果能够很好地解决本集团内部征信业务与金融业务的利益冲突，其专业技术能力不会弱于国外，我国征信行业有弯道超车的可能。

第五节　全国统一的企业和个人征信系统发展

全国统一的企业和个人征信系统（以下简称征信系统）是我国征信市场发展的重要基础，是我国重要的金融基础设施。中国人民银行征信中心在推动征信系统发展中，紧紧围绕自己的历史使命和战略愿景，努力推动征信服务，正确处理与市场化征信机构的关系，共同推进我国征信市场的繁荣，尤其在推动普惠金融发展方面，不进行歧视性对待，超越国际经验，公平、开放、包容地对待所有加入机构，尤其是小微金融机构。应该说，经过多年的努力，征信系统的建设取得了很大的成绩。

一、征信系统的建设和服务

关于企业和个人征信系统的建设历程，在前面我们已经进行了比较详尽的分析，这里，再简要地回顾一下。20 世纪 90 年代初，人民银行试点贷款证制度。1996 年，贷款证制度推广到全国。1997 年人民银行开始将贷款证信息电子化，建设银行信贷登记咨询系统，2002 年实现全国联网查询。

2004 年，人民银行决定启动银行信贷登记咨询系统升级工作，2006 年 6

月底企业征信系统实现所有中资、外资商业银行和有条件的农村信用社的全国联网运行，2006 年 7 月底完成全国范围内与银行信贷登记咨询系统的切换工作。

2004 年初人民银行开始组织商业银行建设全国集中统一的个人征信系统，2004 年底个人征信系统实现了 15 家全国性商业银行和 8 家城市商业银行在我国 7 个城市的联网试运行，2005 年 8 月完成与全国所有商业银行和部分有条件的农村信用社的联网运行，2006 年 1 月正式在全国联网运行。

征信系统正式面向全国运行以来，人民银行进一步优化企业和个人征信系统功能，改善系统运行环境，提升数据质量，积极推出新的征信产品和服务，推动企业和个人征信系统优化升级，取得了一定的成绩。

经过近几年建设，我国个人征信系统已经是世界上收录人数最多的个人征信系统，企业征信系统收录的企业和其他组织数也在全球众多的企业征信系统中位居前列。商业银行、信用社等从事信贷业务的金融机构绝大部分已接入征信系统，并按照“统一系统、统一管理、统一标准”的原则，实现了企业和个人信用信息的全国交换和全国共享。

为做好企业和个人征信系统的建设、运行和维护工作，经中编办批复同意，人民银行于 2006 年成立中国人民银行征信中心，作为人民银行直属事业单位，不以盈利为目的。2010 年，征信中心设立博士后科研工作站，为企业和个人征信系统建设提供前瞻性研究支持。2013 年出台的《征信业管理条例》正式明确由人民银行建设运行的全国统一的企业和个人征信系统为国家“金融信用信息基础数据库”。

从服务内容看，征信系统在建设过程中，努力响应市场需求，积极推动征信服务，除了提供基础征信服务——信用报告服务外，也努力推动征信增值产品的开发，满足商业银行、信息主体、政府部门等多方征信需求。

首先，面向社会提供信用报告服务。信用报告是征信系统的核心产品，征信系统面向金融机构和社会提供企业和个人信用报告服务。长期以来，人民银行征信中心不断充实信用报告内容，丰富信用报告版式，创造性地开发出将小微企业及其业主信用信息整合在一起的信用报告，提供在线单笔查询和批量查询等多种交付形式，很好地满足了商业银行等各方需求。目前，信用报告查询终端已经基本覆盖金融机构所有的信贷业务网点，面向社会公众的信用报告现场查询网点已经从省会城市扩大到地市和县级城市，目前全国已经有2100多个现场查询网点。另外，为满足社会公众日益增长的查询自身信用报告的需求，人民银行自2013年3月以来，开始在部分省市试点通过互联网为个人提供本人信用报告查询服务。2014年底，通过互联网查询信用报告服务已经覆盖全国。2015年1～3月，企业信用报告日均查询23.6万笔，个人信用报告日均查询153.2万笔。

其次，面向社会提供多元化的信息服务。除了信用报告服务外，人民银行征信中心根据商业银行等社会各界的需求，依托征信系统，提供关联企业查询，为金融机构防范集团风险提供支持；提供征信数据应用分析，为宏观统计分析提供支持；提供重要信息提示服务，帮助商业银行及时了解本行客户在他行信用状况变化，及时进行风险预警等。目前，这些产品已经在商业银行中得到广泛应用，与信用报告服务一起，构成了多元化的征信产品体系，有效地帮助商业银行防范了信用风险。

最后，积极开展征信新产品的研发工作。目前，人民银行征信中心正在依托征信系统，根据市场需求，研发新型征信产品。目前，信用报告"数字解读"产品的开发已经完成并开始验证试用，特征变量、历史违约率等也已经完成研发工作，多元化的征信产品体系正在进一步丰富。

二、征信系统对普惠金融的支持

普惠金融要求家庭和企业以合理的成本获取较广泛的金融服务（包括信贷服务），大型、中型、小型和新型金融机构并存，数量合理，分布均衡，服务形式多样化，"三农"、小微企业、低收入人群等弱势群体也可获得合适、便捷的金融服务等。征信系统在帮助弱势群体获得金融服务、推动小型和新型金融机构发展、实现广泛征信普惠、帮助金融机构合理确定金融服务价格等方面发挥着基础性作用。在大数据和互联网时代，进一步深化征信系统建设，对于完善我国金融体系、更好地推动普惠金融发展具有重要现实意义。

（一）征信系统坚定支持金融服务惠及弱势群体

国外经验表明，征信体系通过广泛、全面征信，以信贷信息为核心，广泛采集能够反映信息主体信用状况的其他信用信息，包括来自政府部门、司法部门的公共信息，以及水、电、电信等公用事业缴（欠）费信息，不仅能够帮助已经获得过信贷、信用记录良好的群体享受到金融便利，而且能够帮助那些没有申请过信贷、没有信贷记录的弱势群体进入正规金融体系，享受金融便利。

征信系统自建设以来，坚持广泛、全面征信，不仅全面收集来自授信机构的信贷信息，而且广泛收集反映信息主体信用状况的其他信用信息，主要是公共信息，包括公积金信息、社保信息、法院信息、税务信息、行政处罚信息、奖励信息、许可信息、认证信息、电信信息等。截至 2015 年 3 月底，收集的公积金信息涉及 9600 万自然人和 77.7 万户企业，收集的社保信息涉及 8300 万自然人，收集的电信信息涉及 750 万自然人和 10.15 万户企业，收集的法院信息涉及 59 万自然人和 5.9 万户企业等。

实证研究发现，非银行信息在帮助信贷服务难以惠及的弱势群体获得信贷方面的确发挥着重要作用。例如，可以帮助低收入人群、年轻人和老年人显著提升信贷审批通过率，可以帮助小微企业提升获得信贷的可能性，对那些曾经有过严重逾期还款的群体改善其信用可获得性也有显著影响。在人民银行征信中心收集的真实案例中，我们发现有些金融机构依靠征信系统提供的社保信息、公积金信息、电信信息、助学贷款等政策性贷款信息等，对那些从没有申请过商业贷款的低收入群体、年轻人等弱势人群发放了首笔商业信贷，对那些遵纪守法、遵守契约的小微企业给予了信贷支持，对支持金融服务惠及弱势群体发挥了重要作用。

（二）征信系统积极促进小型、新型金融机构发展

征信系统在本质上是一个信息分享系统，无论大中型金融机构，还是小型（小额贷款公司、村镇银行等）、新型（P2P 等）金融机构，均可以以平等的身份进行信息共享。小型、新型金融机构加入这一体系可以获得更多的优势，

因为相对于其信息贡献量，它们可以获得更大的信息共享量，获得更大的客户群，这对于小型、新型金融机构的健康发展具有非常重要的影响。而小型、新型金融机构主要服务于弱势群体，因而对于推动金融普惠具有重要作用。

我们发现，无论小型、新型金融机构是否接入征信系统，实际上，这些机构都在使用征信系统。目前，征信系统面向社会公众提供信用报告查询服务，其中较大一部分查询服务实际上是为了获得授信而进行查询并提供给这些机构的。因此，征信系统一直在为小型、新型金融机构发展提供支持。

为了更好地支持小型、新型金融机构接入征信系统，我们一直在积极探索合适的方式，帮助这类机构接入征信系统。目前，村镇银行、贷款公司和农村资金互助社的接入采用接口和非接口两种形式，其中，大部分是通过专网以接口的方式接入征信系统，使用非接口接入的方式比较少。小额贷款公司有四种接入征信系统模式：一是集中组织，一口接入；二是直接联网接入；三是依托商业银行接入；四是间接接入，即通过征信分中心报送和查询信息。

但是，考虑到小额贷款公司、融资性担保公司等小型金融机构接入金融城域网制约因素多、接入成本高、实施周期长、接入不方便等因素，人民银行征信中心开发了小微机构互联网接入系统，利用互联网为小微金融机构接入提供便捷服务，目前已经开始在部分省市试点，取得了良好效果。截至2015年3月底，企业征信系统和个人征信系统分别接入小微机构1034家和1285家。

另外，尽管面临监管政策不明、主体法律定位不清等问题，人民银行征信中心仍然通过间接方式，积极推动P2P机构等新型金融机构参与到信息共享中。目前先通过建设网络金融征信系统，实现P2P平台上的放贷信息共享，帮助P2P机构防范信用风险。待监管政策明朗后，将逐步推动符合条件的P2P机构接入征信系统。截至2015年3月底，由上海资信有限公司承建的网络金融征信系统已经接入P2P机构483家，收录客户数714339人，涉及贷款金额累计达到323.55亿元，日均查询3960笔，累计查询请求1181038笔。

（三）征信系统努力帮助社会公众实现征信普惠

实现金融普惠的重要基础之一是实现征信普惠，社会公众可以便捷地获得自身信用报告，用于了解自身信用状况，或者用于信用交易活动中，提升社会信用意识，便利信用交易活动的开展。为了维护社会公众的这一权利，人民银行征信中心一直努力通过各种渠道为社会公众提供便捷的征信服务。

一是面向人民银行所有分支机构开通信用报告查询权限，实现覆盖全国所有地区的目标。在人民银行任何一家分支机构，均可查询本人信用报告。另外，为了更便捷个人查询，在一些信用报告现场查询网点引入了个人信用报告自助查询终端，实现人机互动的信用报告查询。截至 2015 年 3 月底，通过人民银行现场查询和自助终端查询的累计查询量已达到 3518.5 万次。

二是面向社会公众开通互联网个人信用信息服务平台，实现通过互联网提供征信服务的目标。该平台自 2013 年开始面向部分省市试点提供互联网征信服务，2014 年 9 月已经实现覆盖全国的目标。截至 2015 年 3 月底，平台首页累计访问量已达 1.04 亿人次，申请注册用户数 785.8 万人，用户累计申请查询个人信用信息产品 2891.3 万次，信用报告查询 1160.8 万次。

三是尽量为社会公众通过互联网获得信用报告提供便捷验证渠道。一直以来，在互联网平台进行身份验证分为两种方式：数字证书验证和私密性问题验证。但是，鉴于两种验证方式比较严格，仍然会将一部分社会公众挡在门外，2014 年 10 月 20 日，人民银行征信中心与银联合作，推出银行卡身份验证方式，对于提高验证通过率、扩大受众面、提高身份验证的效率具有重要作用，大大便利了社会公众通过互联网获得自己的信用报告。

经过多年的持续努力，现在，全社会“褒扬诚信、惩戒失信”的理念已经深入人心，越来越多的社会公众认识到，具有良好信用记录能够享受到贷款额度、利率等方面的优惠，更加便利自身在社会上从事经济活动。另外，征信普惠的实现，也为小型、新型金融机构通过信息主体获得信息主体本人信用报告开辟了通道，为普惠金融的开展提供了很好的帮助。

（四）进一步提升服务普惠金融能力

当今世界，科技在飞速进步，大数据时代已经来临，互联网更加深入地融入到社会公众的生活之中，我们需要适应时代发展，进一步改进征信服务，更好地服务于普惠金融发展，主要有以下方面。

一是继续拓展信息采集范围。主要包括实现委托贷款和信托贷款信息的全面覆盖、推动小贷公司和融资性担保公司全面接入征信系统、实现公司债信息采集、实现 P2P 机构信息接入征信系统、实现公积金贷款信息的全面覆盖、推动与工商注册登记信息和税务信息的联网核查、扩大法院信息与行政处罚信息的采集范围等，最终实现征信系统对信用信息的全覆盖。

二是充分发挥互联网的作用，提供完善的互联网征信服务，深化征信普惠。主要包括：利用互联网服务的本质特征，对征信中心的业务形态进行重新构建，巩固、拓展传统金融机构客户群体，全面开发新的客户群体；全面改造传统征信服务，推出适合互联网特点的新征信服务，推动征信服务体系合理、服务及时、形式简洁友好、符合新客户群体需求；架起征信中心、金融机构、信息主体及其他各方便捷沟通、知识普及、权益维护的桥梁；促进跨界服务开展，促进金融机构授信产品信息透明，提升金融机构的竞争力，服务弱势群体。

三是充分利用大数据，弥补信贷信息不足的问题，帮助弱势群体获得金融便利。当前，通过互联网进行大数据挖掘，可以对企业和个人的行为习惯、交易情况、社交活动等进行全方位分析，许多商业银行、电商平台等已经开始这方面的尝试。下一步，人民银行征信中心将积极探索传统征信与互联网征信相结合的方式，推动征信系统发展迈上一个新台阶，开展全面征信，注重差异化发展，帮助弱势群体展示自身信用状况，实现更广泛的金融普惠。

三、征信系统的发展方向

征信系统发展是典型的市场需求推动型的发展模式，在没有法律法规、没有实践先例的情况下，人民银行根据市场需求和国际经验，主动作为，积极推动，探索前行。2013 年 3 月，《征信业管理条例》正式实施，其中明确规定征信系统为“金融信用信息基础数据库”，征信中心作为专业运行机构，负责建设、运行和维护。在这一定位下，征信中心需要正确处理征信系统与市场发展的关系，在我国征信市场上发挥基础性作用，与其他征信机构共同发展，实现共赢，繁荣市场。基于定位，征信系统的发展方向应该有以下五个方面。

（一）深耕金融领域，倾听市场需求

征信系统的定位为“金融信用信息基础数据库”，这一定位决定了征信系统服务的核心在金融领域。在这方面，必须从社会融资规模口径出发，实现对金融领域信用信息的广泛覆盖，必须立足金融领域，做好金融领域的征信服务工作，这是征信系统存在的根基，时刻不能忘记。另外，征信活动在本质上是一种商业活动，“在商言商”，在推动征信系统建设的过程中，需要倾听市场需求，及时顺应市场变化，行动果敢坚决，不为杂音所扰，及时满足市场需求。

（二）发挥平台作用，促进信息共享

互联网金融、大数据征信在国内已被最大化地演绎，如果这个话题变成一种激励人们前进的价值力量，对于大众创业、万众创新有着极大的推动作用，创新无限，对市场的影响难以估量。在这种情况下，征信系统必须有与新市场准入者平等的对话基础，这个基础就是互联网思维和互联网技术服务平台。从全球范围来看，作为中央银行运营的征信系统，征信中心已经先人一步建成了互联网信用报告查询服务平台，让征信服务在互联网平台上运行，这在全球也是领先的。目前征信中心正花大力气建设容纳更多服务功能的互联网征信平台。只有建设和利用好这个平台，我们才具备信用信息互联互通的技术条件和信息吸纳处理的能力，才能和市场新加入者在一个技术水准上展开对话、交流和竞争。在征信系统建设过程中，征信中心要秉承数据归集和数据处理、征信服务在互联网平台上进行的理念，充分利用这一平台，实现公共信息在更广泛范围内公开、共享，实现公共信息采集的新突破，同时在这个平台上拓展征信服务新的应用场景。

（三）扎根信息服务，参与市场竞争

征信中心首先是一个征信机构，然后才是一个依法受托管理、建设、运维全国统一的企业和个人金融信用信息基础数据库的专业机构，这种定位是符合历史发展逻辑的。征信市场开放以来，社会各方都在关注征信中心，担心征信中心与市场争利，阻碍市场发展。征信中心在发展中必须充分考虑这一担忧，在拓展征信服务范围与促进征信市场发展之间掌握好平衡。有人建议现在就要着手厘清业务边界，但都是市场参与者和建设者，同时也是竞争者，一开始就划定各自业务领域，划分市场份额，不符合市场配置资源的规律。只有包容发展，积极参与市场竞争，征信中心才能重塑价值链，突破"信用报告＋增值服务"的商业模式。"不面向市场提供服务，为其他征信机构留下发展空间，不与市场争利"这个命题是个陷阱，要力争避免落入这个陷阱。和其他市场化征信机构一样，大数据征信给我们这样一个逻辑：多维数据可以在征信领域广泛运用，关键是找到一种合适的商业模式，达到社会认同的商业效果。在这场竞争中，笔者相信征信中心可以与市场其他机构共同发展，一起推动我国征信市场走向繁荣。

（四）履行社会责任，改善信用环境

征信系统本质上是建立一个"守信激励、失信惩戒"机制，可以有效加强对借款人的约束，避免过度负债，改善信用环境，提升信用意识。另外，征信系统不能仅仅为大中型金融机构服务，还应做好为众多小微型金融机构服务的工作，促进金融普惠。同时，进一步加强异议处理，做好信用修复和信用教育等工作。征信中心在这方面做了大量的工作，体现了中央银行机构所特有的社会责任。特别要指出的是，征信中心承诺并践行每年两次向社会公众提供免费信用报告查询服务，积极拓宽服务渠道，有效地保障了信息主体的知情权。为公正、公平起见，从金融消费者权益保护角度，征信中心呼吁从事个人征信业务的机构要遵从行业惯例，至少每年向公众免费提供一次信用评估报告，让市场主体共同承担消费者权益保护的社会责任。

（五）维护中央银行声誉，服务宏观管理

征信中心是人民银行的直属事业单位，在推动征信系统建设过程中，需要时刻站在中央银行的角度，努力改进服务，维护金融稳定，维护公平正义，加强形象建设，关注社会反应，积极回应质疑，切实维护中央银行声誉。另外，征信中心应充分发挥征信系统作用，强化服务宏观管理职责，协助货币政策、调查统计、金融稳定、金融市场、金融研究等部门利用征信数据，开展重大问题研究，支持货币政策决策，支持宏观审慎管理，支持信贷市场分析。

参考文献

［1］潘功胜：在2014年征信工作会议上的讲话、在2014年全国性银行征信系统建设应用座谈会上的讲话。

［2］维克托·迈尔-舍恩伯格、肯尼思·库克耶著，盛杨燕、周涛译：《大数据时代》，杭州，浙江人民出版社，2013。

［3］克里斯·安德森著，乔江涛、石晓燕译：《长尾理论》，北京，中信出版社，2013。

［4］王晓明：《深化征信系统建设，助力普惠金融发展》，载《金融电子化》，2014（11）。

［5］王晓明：《迎接征信市场发展的春天》（在2014年征信中心工作会议上的讲话），征信中心网站。

［6］征信中心课题组：《大数据服务调研报告》，内部工作论文，2014。

［7］征信中心课题组：《大数据征信服务调研报告》，内部工作论文，2014。

［8］中国人民银行金融研究所课题组：《民间借贷登记制度问题研究》，2013。

［9］征信中心课题组：《新型信息技术考察调研报告》，内部工作论文，2014。

［10］征信中心课题组：《征信中心年报》（2013年、2014年）、《征信系统建设运行报告（2004—2014）》。

［11］征信中心课题组：《支付结算流水信息共享研究》，内部工作论文，2014。

［12］White House Report on Big Data: Opportunities and Values，2014.

后记

作为一个现代征信业起步较晚的国家，我国从一开始就重视顶层设计和制度安排，把社会信用体系建设视作发展社会主义市场经济的一项基础设施，把征信体系构建当成市场经济基础设施和金融基础设施建设的重要方面。同时，我国也非常重视各国征信体系建设的经验借鉴，征信制度设计在理论与实践两方面凝聚共识的前提下不断完善。这些共识包括：从信贷征信起步，由中央银行出面牵头建设；全国统一建库，由政府出面建设全国集中统一的企业和个人征信系统，形成覆盖全国的基础信用信息查询网络；加强征信业管理和征信法制建设，特别是要在信用信息披露与隐私保护之间寻求适当平衡；培育征信市场，适应不同征信需求，构建多层次、多方位的征信服务体系。

全国集中统一的企业和个人征信系统发展是典型的市场需求推动型的发展模式，在没有法律法规、没有实践先例的情况下，人民银行根据市场需求和国际经验，主动作为，积极推动，探索前行。2013年3月，《征信业管理条例》正式实施，其中明确规定全国集中统一的企业和个人征信系统为“金融信用信息基础数据库”，征信中心作为专业运行机构，负责建设、运行和维护。在这一定位下，需要征信中心正确处理征信系统与市场发展的关系，在我国征信市场上发挥基础性作用，与其他征信机构共同发展，实现共赢，繁荣市场。

在依法行政和社会治理、经济管理转型发展的大环境下，一些商业化征信模式的市场空间正在打开，中央银行主导的全国集中统一的征信系统不可避免地面临着去行政化、去垄断化、去专营化运营的态势，面临的市场竞争压力会与日俱增。2015 年 3 月底，已有 16 个省（市）的 68 家企业征信机构在人民银行完成了备案手续并开展经营，包括芝麻信用、腾讯征信等大数据公司在内的 8 家个人征信机构正在开展个人征信业务的准备工作。对我国第一批持牌经营征信业务的机构，对征信市场开放、互联网大数据征信新业态，征信中心持开放、包容、学习、参与的态度，这有利于我国征信市场的多元化发展。

大数据征信将为征信业注入新元素，有人认为这是对中央银行征信体系的“补充”，是对中央银行征信短板的修补，是征信市场差异化服务和竞争的引入。征信中心应客观、清醒地意识到新元素新在何处。新在数据分析维度的延展，新在征信应用场景的丰富，新在信息主体范围的扩大。同时，海量的网上交易流水数据和网络社交平台行为信息的集聚，也是对征信系统数据的“注水”过程，这就要看我们的定力、分辨力、数据的清洗处理能力。网上交易频次、交易爽约次数、网购假货差评、网购退货记录、网上社交行为等记录，无论描述性的、纪实性的还是属于“污点”性的，它们对征信有效数据的贡献度究竟有多大？仅有包容态度是不够的，需要我们具备专业的征信数据整理能力和技术手段。

社会上对中央银行主导的征信系统和市场化征信机构有几个认识误区：一是征信系统接入门槛高、成本贵。二是部分授信机构（如民间借贷机构、小额贷款公司、融资性担保公司、互联网金融企业级 P2P 平台等）无法对接中央银行征信系统。三是中央银行征信系统数据存在短板，银行信贷记录之外的信用信息缺失。四是征信市场放开后，有媒体记者感叹，互联网、大数据征信将极大地丰富传统征信数据；

也有人质疑，像腾讯征信、芝麻信用等通过海量的在线数据分析，用大量的用户网购行为数据和社交网络信息建立信用评估模型来判断用户的信用程度，可能因“数据噪音”产生模型失真，很难被主流金融机构所运用，互联网征信“看上去很美”，甚至有人怀疑这些市场机构的公信力。由于利益冲突的缘故，这些征信平台较难进行数据的共享和交换，社会公众很难指望它们成为一个独立的、公允的第三方征信服务平台。外部应用场景的非主流尴尬地位，导致这些机构的信用评估报告只能在其各自的闭环系统内发挥作用。对这些问题，我们都有正面的回应。

本书仅是对征信体系建设一些重要问题的认识和思考，谬误难免，敬请批评指正。在写作和统稿过程中，李连三博士做了大量的审校工作，我的同事华晶晶、张卉、丁治同、曹亚廷、陈炎、杨渊和中国人民银行征信中心两位博士后马艺桂、舒歆等同志为本书中间一些章节的撰写提供了大量的资料和文献，杜鲲、姬南、周翠翎等同志对写作也提供了文献帮助，在此深表谢忱！

2015年5月于北京